# 中华人民共和国
# 司法行政规章汇编

（2021）

中华人民共和国司法部　编

法律出版社
——北京——

图书在版编目(CIP)数据

中华人民共和国司法行政规章汇编. 2021 / 中华人民共和国司法部编. -- 北京 : 法律出版社, 2022
ISBN 978-7-5197-6980-2

Ⅰ. ①中… Ⅱ. ①中… Ⅲ. ①司法机关-行政管理-规章制度-汇编-中国-2021 Ⅳ. ①D926.1

中国版本图书馆 CIP 数据核字(2022)第 137289 号

**中华人民共和国司法行政规章汇编(2021)**
**ZHONGHUA RENMIN GONGHEGUO SIFA XINGZHENG GUIZHANG HUIBIAN (2021)**

中华人民共和国司法部 编

策划编辑 沈小英
责任编辑 沈小英 刘雪莲
装帧设计 李 瞻

**出版发行** 法律出版社
**编辑统筹** 法治与经济出版分社
**责任校对** 王 丰
**责任印制** 吕亚莉
**经　　销** 新华书店

**开本** 850 毫米×1168 毫米 1/32
**印张** 16.75 **字数** 517 千
**版本** 2022 年 8 月第 1 版
**印次** 2022 年 8 月第 1 次印刷
**印刷** 北京中科印刷有限公司

地址:北京市丰台区莲花池西里 7 号(100073)
网址:www.lawpress.com.cn
投稿邮箱:info@lawpress.com.cn
举报盗版邮箱:jbwq@lawpress.com.cn
销售电话:010-83938349
客服电话:010-83938350
咨询电话:010-63939796


**书号**:ISBN 978-7-5197-6980-2
**定价**:128.00 元
凡购买本社图书,如有印装错误,我社负责退换。电话:010-83938349

# 说　　明

一、为推进各级司法行政机关依法行政，我部按年度编辑出版《中华人民共和国司法行政规章汇编》，本书为2021年度汇编本。

二、本汇编收录了司法部发布及与有关部门联合发布的规章、规范性文件。

三、本汇编收录的规章、规范性文件按业务性质分类，同类规章、规范性文件的排列以发布时间先后为序。

四、本汇编发至县级以上司法行政机关。

五、本汇编具体编辑事宜由司法部立法一局负责。

中华人民共和国司法部

2022年8月

# 目　　录

## 一、国务院规范性文件



## 二、部 颁 规 章



## 三、部规范性文件

### （一）刑罚执行工作类

## （二）普法宣传工作类



## （三）人民调解工作类



## （四）人民监督员选任工作类



## （五）公共法律服务工作类



## （六）法律援助工作类

## (七)公证工作类



## (八)司法鉴定工作类

## (九)仲裁工作类



## (十)律师工作类

## (十一)国家统一法律职业资格考试工作类

## （十二）人事管理工作类

# 四、附　　录

## （一）律师协会工作类



## （二）公证协会工作类

# 一、国务院规范性文件

# 国务院办公厅转发司法部关于审理政府信息公开行政复议案件若干问题指导意见的通知

（2021年12月22日　国办函〔2021〕132号）

各省、自治区、直辖市人民政府，国务院各部委、各直属机构：

司法部《关于审理政府信息公开行政复议案件若干问题的指导意见》已经国务院同意，现转发给你们，请认真贯彻落实。

## 关于审理政府信息公开行政复议案件若干问题的指导意见

司法部

**第一条**　为进一步规范政府信息公开行政复议案件审理工作，根据《中华人民共和国行政复议法》、《中华人民共和国行政复议法实施条例》、《中华人民共和国政府信息公开条例》、《政府信息公开信息处理费管理办法》，结合工作实际，制定本指导意见。

**第二条**　公民、法人或者其他组织认为政府信息公开行为侵犯其合法权益，有下列情形之一的，可以依法向行政复议机关提出行政复议申请：

（一）向行政机关申请获取政府信息，行政机关答复不予公开（含部分不予公开，下同）、无法提供、不予处理或者逾期未作出处理的；

（二）认为行政机关提供的政府信息不属于其申请公开的内容的；

（三）认为行政机关告知获取政府信息的方式、途径或者时间错误的；

（四）认为行政机关主动公开或者依申请公开的政府信息侵犯其商业秘密、个人隐私的；

（五）认为行政机关的其他政府信息公开行为侵犯其合法权益的。

**第三条** 公民、法人或者其他组织对政府信息公开行为不服提出行政复议申请，有下列情形之一的，行政复议机关不予受理：

（一）单独就行政机关作出的补正、延期等程序性处理行为提出行政复议申请的；

（二）认为行政机关提供的政府信息不符合其关于纸张、印章等具体形式要求的，或者未按照其要求的特定渠道提供政府信息的；

（三）在缴费期内对行政机关收费决定提出异议的；

（四）其他不符合行政复议受理条件的情形。

**第四条** 公民、法人或者其他组织认为行政机关未依法履行主动公开政府信息义务提出行政复议申请的，行政复议机关不予受理，并可以告知其先向行政机关申请获取相关政府信息。

**第五条** 公民、法人或者其他组织对行政机关或者行政机关设立的依照法律、法规对外以自己名义履行行政管理职能的派出机构（以下简称派出机构）作出的依申请公开政府信息行为不服提出行政复议申请的，以作出该政府信息公开行为的行政机关或者派出机构为被申请人；因逾期未作出政府信息公开行为提出行政复议申请的，以收到政府信息公开申请的行政机关或者派出机构为被申请人。

公民、法人或者其他组织认为行政机关主动公开政府信息行为侵犯其合法权益提出行政复议申请的,以公开该政府信息的行政机关或者派出机构为被申请人。

公民、法人或者其他组织对法律、法规授权的具有管理公共事务职能的组织作出的政府信息公开行为不服提出行政复议申请的,以该组织为被申请人。

**第六条** 申请人认为被申请人逾期未处理其政府信息公开申请的,行政复议机关应当重点审查下列事项:

(一)被申请人是否具有执行《中华人民共和国政府信息公开条例》的法定职责;

(二)被申请人是否收到申请人提出的政府信息公开申请;

(三)申请人提出政府信息公开申请的方式是否符合被申请人政府信息公开指南的要求;

(四)是否存在《中华人民共和国政府信息公开条例》第三十条规定的无正当理由逾期不补正的情形;

(五)是否存在《政府信息公开信息处理费管理办法》第六条规定的逾期未缴纳信息处理费的情形。

**第七条** 被申请人答复政府信息予以公开的,行政复议机关应当重点审查下列事项:

(一)被申请人向申请人告知获取政府信息的方式、途径和时间是否正确;

(二)被申请人向申请人提供的政府信息是否完整、准确。

**第八条** 被申请人答复政府信息不予公开的,行政复议机关应当重点审查下列事项:

(一)申请公开的政府信息是否属于依照法定定密程序确定的国家秘密;

(二)申请公开的政府信息是否属于法律、行政法规禁止公开的政府信息;

(三)申请公开的政府信息是否属于公开后可能危及国家安全、

公共安全、经济安全、社会稳定的政府信息;

(四)申请公开的政府信息是否属于涉及商业秘密、个人隐私等公开后可能会对第三方合法权益造成损害的政府信息;

(五)申请公开的政府信息是否属于被申请人的人事管理、后勤管理、内部工作流程三类内部事务信息;

(六)申请公开的政府信息是否属于被申请人在履行行政管理职能过程中形成的讨论记录、过程稿、磋商信函、请示报告四类过程性信息;

(七)申请公开的政府信息是否属于行政执法案卷信息;

(八)申请公开的政府信息是否属于《中华人民共和国政府信息公开条例》第三十六条第七项规定的信息。

**第九条** 被申请人答复政府信息无法提供的,行政复议机关应当重点审查下列事项:

(一)是否属于被申请人不掌握申请公开的政府信息的情形;

(二)是否属于申请公开的政府信息需要被申请人对现有政府信息进行加工、分析的情形;

(三)是否属于经补正后政府信息公开申请内容仍然不明确的情形。

**第十条** 被申请人答复对政府信息公开申请不予处理的,行政复议机关应当重点审查下列事项:

(一)申请人提出的政府信息公开申请是否属于以政府信息公开申请的形式进行信访、投诉、举报等活动,或者申请国家赔偿、行政复议等情形;

(二)申请人提出的政府信息公开申请是否属于重复申请的情形;

(三)申请人提出的政府信息公开申请是否属于要求被申请人提供政府公报、报刊、书籍等公开出版物的情形;

(四)申请人提出的政府信息公开申请是否属于申请公开政府信息的数量、频次明显超过合理范围,且其说明的理由不合理的情形；

（五）申请人提出的政府信息公开申请是否属于要求被申请人确认或者重新出具其已经获取的政府信息的情形。

**第十一条** 申请人要求被申请人更正政府信息而被申请人未予以更正的，申请人应当提供其曾向被申请人提出更正申请的证明材料。

**第十二条** 有下列情形之一的，行政复议机关应当决定维持政府信息公开行为：

（一）申请公开的政府信息已经主动公开的，被申请人告知获取该政府信息的方式、途径正确；

（二）申请公开的政府信息可以公开的，被申请人完整、准确地提供了该政府信息，或者告知获取该政府信息的方式、途径和时间正确；

（三）申请公开的政府信息不予公开符合《中华人民共和国政府信息公开条例》第十四条、第十五条、第十六条、第三十六条第七项的规定；

（四）申请公开的政府信息无法提供或者对政府信息公开申请不予处理的，属于本指导意见第九条、第十条关于无法提供或者对政府信息公开申请不予处理的情形；

（五）其他依法应当维持政府信息公开行为的情形。

属于前款所列情形，政府信息公开行为认定事实清楚、适用依据正确、答复内容适当但程序违法的，行政复议机关应当决定确认该政府信息公开行为程序违法。

**第十三条** 有下列情形之一的，行政复议机关应当决定驳回行政复议申请：

（一）申请人认为被申请人未履行政府信息公开职责，行政复议机关受理后发现被申请人没有相应法定职责或者在受理前已经履行政府信息公开职责的；

（二）受理行政复议申请后，发现该行政复议申请属于本指导意见第三条规定情形之一的；

（三）被申请人未对申请人提出的政府信息公开申请作出处理符合《中华人民共和国政府信息公开条例》第三十条、《政府信息公开信息处理费管理办法》第六条规定的；

（四）其他依法应当决定驳回行政复议申请的情形。

**第十四条** 被申请人未在法定期限内对政府信息公开申请作出处理的，行政复议机关应当决定被申请人在一定期限内作出处理。

**第十五条** 有下列情形之一的，行政复议机关应当决定变更政府信息公开行为：

（一）政府信息公开行为认定事实清楚、适用依据正确、程序合法但答复内容不适当的；

（二）政府信息公开行为认定事实清楚、答复内容适当、程序合法但未正确适用依据的。

**第十六条** 有下列情形之一的，行政复议机关应当决定撤销或者部分撤销政府信息公开行为，并可以责令被申请人在一定期限内对申请人提出的政府信息公开申请重新作出处理，或者决定被申请人对申请公开的政府信息予以公开：

（一）被申请人答复政府信息予以公开，但是告知获取政府信息的方式、途径、时间错误，或者提供的政府信息不完整、不准确的；

（二）被申请人答复政府信息不予公开、无法提供或者对政府信息公开申请不予处理，认定事实不清、适用依据明显错误或者答复内容明显不当的；

（三）其他依法应当撤销或者部分撤销政府信息公开行为的情形。

属于前款所列情形，申请人提出行政复议申请前，或者行政复议机关作出行政复议决定前，申请人已经获取相关政府信息的，行政复议机关应当决定确认该政府信息公开行为违法。

**第十七条** 行政复议机关在案件审理过程中，发现被申请人不依法履行政府信息公开职责，或者因政府信息公开工作制度不规范造成不良后果的，可以制作行政复议意见书并抄送相关政府信息公开工作主管部门；情节严重的，可以提出追究责任的意见建议。

上级行政复议机关应当加强对下级行政复议机关政府信息公开案件审理工作的指导监督。

**第十八条** 本指导意见自印发之日起施行。

# 二、部颁规章

# 公证执业活动投诉处理办法

（2021 年 11 月 30 日　司法部令第 147 号公布）

## 第一章　总　　则

**第一条**　为了规范公证执业活动投诉处理工作，加强公证执业活动监督，维护投诉人的合法权益，根据《中华人民共和国公证法》等规定，结合公证管理工作实际，制定本办法。

**第二条**　司法行政机关开展公证执业活动投诉处理工作，适用本办法。

**第三条**　本办法所称投诉人，是指认为公证机构或者公证员违法违规执业侵犯其合法权益，向司法行政机关投诉的自然人、法人或者其他组织。

本办法所称被投诉人，是指被投诉的公证机构或者公证员。

**第四条**　司法行政机关开展公证执业活动投诉处理工作，应当遵循属地管理、依法公正、及时便民的原则。

**第五条**　司法部负责监督、指导全国公证执业活动投诉处理工作。省、自治区、直辖市司法行政机关负责监督、指导本行政区域内公证执业活动投诉处理工作。

公证机构所在地司法行政机关或者公证员执业所在地司法行政机关（以下称投诉处理机关），具体负责投诉处理工作。

**第六条**　公证协会应当根据司法行政机关要求，协助和配合开展公证执业活动投诉处理工作。

**第七条**　司法行政机关发现公证执业活动投诉涉及民事纠纷的,可以引导投诉人和被投诉人在自愿、平等的基础上,依法通过调解等方式解决。

## 第二章　投诉受理

**第八条**　自然人、法人或者其他组织认为公证机构或者公证员在执业活动中有下列违法违规行为侵犯其合法权益的,可以向投诉处理机关投诉:

(一)为不真实、不合法的事项出具公证书;

(二)私自出具公证书;

(三)毁损、篡改公证文书或者公证档案;

(四)违反规定的收费标准收取公证费;

(五)侵占、挪用公证费或者侵占、盗窃公证专用物品;

(六)以诋毁其他公证机构、公证员或者支付回扣、佣金等不正当手段争揽公证业务;

(七)同时在二个以上公证机构执业;

(八)从事有报酬的其他职业;

(九)为本人及近亲属办理公证或者办理与本人及近亲属有利害关系的公证;

(十)泄露在执业活动中知悉的国家秘密、商业秘密或者个人隐私;

(十一)其他违反法律法规以及司法部规定的行为。

**第九条**　投诉处理机关应当向社会公布公证执业活动投诉电话、传真、电子邮箱、通讯地址以及投诉事项范围、投诉处理程序等信息,并指定专人负责投诉接待和处理工作。

**第十条**　投诉人应当自知道或者应当知道被投诉人执业活动侵犯其合法权益之日起三年内,向司法行政机关投诉。法律另有规定的除外。

**第十一条** 投诉人向投诉处理机关提出投诉,一般应当采用书面形式,载明投诉人姓名(名称)、性别、身份证号码(统一社会信用代码)、住址、联系方式,被投诉人的姓名(名称),以及投诉事项、请求、事实、理由,并提交与投诉事项相关的证明材料。

采用书面形式投诉确有困难的,可以现场提出口头投诉,投诉处理机关应当当场记录前款规定的相关信息,并由投诉人签字或者捺印。

**第十二条** 投诉人应当对其所提供材料内容的真实性负责,不得捏造、歪曲事实,不得诬告、陷害他人。

**第十三条** 投诉人或者其法定代理人委托他人代理投诉的,代理人应当提供投诉人或者其法定代理人的授权委托书、代理人的联系方式和投诉人、代理人的身份证明。

**第十四条** 投诉处理机关收到投诉材料后,应当及时登记,并进行审查。其他司法行政机关收到投诉材料的,应当及时转送投诉处理机关,并书面告知投诉人。

**第十五条** 投诉人提供的信息不齐全或者无相关证明材料的,投诉处理机关应当在收到投诉材料之日起七个工作日内一次性书面告知投诉人补充。书面告知内容应当包括需要补充的信息或者证明材料和合理的补充期限。

投诉人经告知后无正当理由逾期不补充的,视为投诉人放弃投诉。

**第十六条** 投诉事项属于本办法第八条规定情形,投诉材料齐全的,投诉处理机关应当受理。

**第十七条** 有下列情形之一的,不予受理:

(一)投诉事项已经司法行政机关处理,且没有新的事实和证据的;

(二)对人民法院等单位是否采信公证书有异议的;

(三)投诉事项不属于本办法第八条规定情形的。

**第十八条** 投诉处理机关应当自收到投诉材料之日起七个工作日内，作出是否受理的决定，并书面告知投诉人。情况复杂的，可以适当延长作出决定的时间，但延长期限不得超过十五个工作日，并应当将延长的时间和理由书面告知投诉人。

投诉人补充投诉材料所需的时间，不计算在前款规定的期限内。

## 第三章 调查处理

**第十九条** 投诉处理机关受理投诉后，应当全面、客观、公正地进行调查。必要时，可以委托下级司法行政机关或者相关公证协会进行调查。

投诉处理机关进行调查，不得妨碍被投诉人开展正常的公证执业活动。

**第二十条** 在调查过程中，投诉人就同一投诉事项，以不同事实、理由和诉求对被投诉人多次提出投诉的，投诉处理机关可以合并办理。

**第二十一条** 投诉处理机关进行调查，可以对公证机构进行实地调查，要求被投诉人说明情况、提交有关材料，调阅被投诉人有关业务案卷和档案材料，向有关单位、个人核实情况、收集证据；并可以根据需要，组织专家论证或者听取有关部门的意见、建议。

调查应当由两名以上工作人员进行。必要时，应当制作调查笔录，并由相关人员签字或者盖章；不能或者拒绝签字、盖章的，应当在笔录中注明有关情况。

调查人员应当对被投诉人及有关单位、个人提供的证据和有关材料进行登记并妥善保管；不能保存原件的，应当保存复印件，并由被投诉人或者有关单位、个人在复印件上签名或者盖章。

**第二十二条** 被投诉人应当配合调查工作，在投诉处理机关要求的期限内如实陈述事实、提供有关材料，不得提供虚假、伪造的材料或者隐匿、毁损、涂改有关证据材料。

被投诉人为公证员的，其所在的公证机构应当配合调查。

**第二十三条** 投诉处理机关在调查过程中，对于投诉人认为公证书有错误的，应当告知其可以向公证机构提出复查；对于投诉人对公证机构作出撤销或者不予撤销公证书的决定有异议的，应当告知其可以向有关地方公证协会提出公证复查争议投诉。投诉人向公证机构提出复查或者向地方公证协会提出公证复查争议投诉的，投诉处理机关应当中止调查，并书面告知投诉人。

投诉处理机关发现在受理投诉前投诉人已经向公证机构提出复查或者向地方公证协会提出公证复查争议投诉，尚未处理完毕的，应当中止调查，并书面告知投诉人。

公证机构复查或者地方公证协会对复查投诉处理结束后，司法行政机关应当及时恢复调查。

**第二十四条** 投诉处理机关在调查过程中发现有本办法第十七条规定情形，或者投诉人书面申请撤回投诉的，可以终止投诉处理工作，并将终止决定和理由书面告知投诉人、被投诉人。

**第二十五条** 投诉处理机关在调查过程中，发现被投诉人的违法违规行为仍处于连续或者继续状态的，应当责令被投诉人立即停止违法违规行为。

**第二十六条** 公证协会接受委托开展投诉事项的调查工作，发现被投诉人有违反职业道德、执业纪律和行业规范行为的，应当依据行业规范对被投诉人实施行业惩戒。

**第二十七条** 投诉处理机关应当根据对投诉事项的调查结果，分别作出如下处理：

（一）被投诉人具有应当给予行政处罚的违法违规行为的，依法给予行政处罚或者移送有处罚权的司法行政机关依法给予行政处罚；

（二）被投诉人违法违规情节轻微，没有造成危害后果，依法可以不予行政处罚的，应当给予批评教育、责令限期整改等处理；

（三）投诉事项缺乏事实依据或者查证不实的，对投诉请求不予支持,并向投诉人说明情况。

被投诉人涉嫌违反职业道德、执业纪律和行业规范的,移交有关公证协会调查处理;涉嫌犯罪的,移送司法机关依法追究刑事责任。

**第二十八条** 投诉处理机关受理投诉的,应当自作出投诉受理决定之日起六十日内作出处理决定;情况复杂,不能在规定期限内作出处理的,经本机关负责人批准,可以适当延长办理期限,但延长期限不得超过三十日,并应当将延长的时间和理由书面告知投诉人。

投诉案件因本办法第二十条规定的情形合并办理的,办理期限自受理最后一次投诉的时间开始计算。投诉调查工作因本办法第二十三条规定的情形中止的,中止期间不计入投诉处理期限。

**第二十九条** 投诉处理机关应当自作出处理决定之日起七个工作日内,将处理决定书面告知投诉人、被投诉人。处理决定应当载明不服处理决定的法律救济途径和期限。

**第三十条** 对于被投诉人存在违法违规行为并被处罚、处理的,投诉处理机关应当及时将投诉处理决定记入被投诉人的公证执业档案,通报相关公证协会,并依法向社会公开。

**第三十一条** 投诉处理机关应当对被投诉人履行处罚、处理决定,纠正违法违规行为的情况进行监督、检查,发现问题应当责令其限期整改。

## 第四章 监 督

**第三十二条** 上级司法行政机关应当加强对下级司法行政机关投诉处理工作的监督、指导和检查,发现有违法、不当情形的,应当及时责令改正。下级司法行政机关应当及时上报纠正情况。

**第三十三条** 司法行政机关应当建立公证执业活动投诉处理工作档案,并按年度将公证执业活动投诉处理工作情况书面报告上一级司法行政机关。

对于涉及重大违法违规行为的投诉处理决定,应当及时报告上一级司法行政机关。

**第三十四条** 司法行政机关工作人员在投诉处理工作中有滥用职权、玩忽职守或者其他违法违规行为的,依法给予处分;构成犯罪的,依法追究刑事责任。

## 第五章 附 则

**第三十五条** 本办法所称公证机构所在地司法行政机关,是指根据当地公证机构设置方案的规定,负责组建该公证机构,并承担对其实施日常监督、指导职能的司法行政机关。公证员执业所在地司法行政机关,是指负责组建该公证员所属的公证机构,并承担对该公证机构及其公证员实施日常监督、指导职能的司法行政机关。

**第三十六条** 本办法由司法部解释。

**第三十七条** 本办法自 2022 年 1 月 1 日起施行。司法部此前制定的有关公证执业活动投诉处理规定与本办法不一致的,以本办法为准。

# 三、部规范性文件

## （一）刑罚执行工作类

# 司法部关于印发《监狱计分考核罪犯工作规定》的通知

（2021年8月24日　司规〔2021〕3号）

各省、自治区、直辖市司法厅(局),新疆生产建设兵团监狱管理局:

《监狱计分考核罪犯工作规定》已经中央政法委审批同意。现印发你们,请认真贯彻执行。

贯彻执行中的重要情况,请及时报司法部监狱管理局。

## 监狱计分考核罪犯工作规定

### 第一章　总　　则

**第一条**　为正确执行刑罚,规范监狱计分考核罪犯工作,根据《中华人民共和国监狱法》等有关规定,结合实际,制定本规定。

**第二条**　计分考核罪犯是监狱按照管理和改造要求,以日常计分为基础、等级评定为结果,评价罪犯日常表现的重要工作,是监狱衡量罪犯改造质量的基本尺度,是调动罪犯改造积极性的基本手段。

**第三条**　监狱计分考核罪犯工作应当坚持党对监狱工作的绝对领导,坚持惩罚与改造相结合、以改造人为宗旨的监狱工作方针,坚持依法严格规范，坚持公平公正公开，坚持监狱人民警察直接考核和集体评议相结合。

**第四条** 计分考核自罪犯入监之日起实施，日常计分满600分为一个考核周期，等级评定在一个考核周期结束次月进行。

**第五条** 监狱应当根据计分考核结果给予罪犯表扬、物质奖励或者不予奖励，并将计分考核结果作为对罪犯实施分级处遇、依法提请减刑假释的重要依据。

**第六条** 监狱成立计分考核工作组，由监狱长任组长，分管狱政管理的副监狱长任副组长，有关部门负责人为成员，负责计分考核罪犯工作的组织领导和重大事项研究。监区成立计分考核工作小组，由监区长任组长，监区全体民警为成员，负责计分考核罪犯工作的具体实施。

监狱的狱政管理部门承担计分考核工作组日常工作，监区指定的专职民警负责计分考核工作小组日常工作，监区管教民警负责罪犯日常计分和提出等级评定建议。

**第七条** 监狱计分考核罪犯工作实行考核工作责任制，"谁考核谁负责、谁签字谁负责、谁主管谁负责"，监狱人民警察及相关工作人员在职责范围内对计分考核罪犯工作质量终身负责。

省、自治区、直辖市司法厅(局)对计分考核罪犯工作承担指导责任，监狱管理局承担监督管理责任。

**第八条** 监狱计分考核罪犯工作应当依法接受纪检监察机关、人民检察院、社会团体和人民群众的监督。

## 第二章 日常计分的内容和标准

**第九条** 日常计分是对罪犯日常改造表现的定量评价，由基础分值、日常加扣分和专项加分三个部分组成，依据计分的内容和标准，对达到标准的给予基础分，达不到标准或者违反规定的在基础分基础上给予扣分，表现突出的给予加分，符合专项加分情形的给予专项加分,计分总和为罪犯当月考核分。

**第十条** 日常计分内容分为监管改造、教育和文化改造、劳动改造三个部分,每月基础总分为100分,每月各部分日常加分分值不得超过其基础分的50%,且各部分得分之间不得相互替补。

**第十一条** 罪犯监管改造表现达到以下标准的,当月给予基础分35分:

(一)遵守法律法规、监规纪律和行为规范;

(二)服从监狱人民警察管理,如实汇报改造情况;

(三)树立正确的服刑意识和身份意识,改造态度端正;

(四)爱护公共财物和公共卫生,讲究个人卫生和文明礼貌;

(五)厉行节约,反对浪费,养成节约用水、节约粮食等良好习惯;

(六)其他遵守监规纪律的情形。

**第十二条** 罪犯教育和文化改造表现达到以下标准的,当月给予基础分35分:

(一)服从法院判决,认罪悔罪;

(二)接受思想政治教育和法治教育,认识犯罪危害;

(三)接受社会主义核心价值观和中华优秀传统文化教育;

(四)参加文化、职业技术学习,考核成绩合格;

(五)接受心理健康教育,配合心理测试;

(六)参加监狱组织的亲情帮教、警示教育等社会化活动;

(七)参加文体活动,树立积极改造心态;

(八)其他积极接受教育和文化改造的情形。

**第十三条** 罪犯劳动改造表现达到以下标准的,当月给予基础分30分:

(一)接受劳动教育,掌握劳动技能,自觉树立正确劳动观念;

(二)服从劳动岗位分配,按时参加劳动;

(三)认真履行劳动岗位职责,按时完成劳动任务,达到劳动质量要求;

（四）遵守劳动纪律、操作规程和安全生产规定；

（五）爱护劳动工具和产品，节约原材料；

（六）其他积极接受劳动改造的情形。

**第十四条** 罪犯有下列情形之一，经查证属实且尚不足认定为立功、重大立功的，应当给予专项加分：

（一）检举、揭发他人违法犯罪行为或者提供有价值破案线索的；

（二）及时报告或者当场制止罪犯实施违法犯罪行为的；

（三）检举、揭发、制止罪犯自伤自残、自杀或者预谋脱逃、行凶等行为的；

（四）检举、揭发罪犯私藏或者使用违禁品的；

（五）及时发现和报告重大安全隐患，避免安全事故的；

（六）在抗御自然灾害或者处置安全事故中表现积极的；

（七）进行技术革新或者传授劳动生产技术成绩突出的；

（八）省、自治区、直辖市监狱管理局认定具有其他突出改造行为的。

罪犯每年度专项加分总量原则上不得超过300分，单次加分不得超过100分，有上述第一至五项情形的不受年度加分总量限制。

**第十五条** 罪犯受到警告、记过、禁闭处罚的，分别扣减考核分100分、200分、400分，扣减后考核积分为负分的，保留负分。受到禁闭处罚的，禁闭期间考核基础分记0分。

**第十六条** 对因不可抗力等被暂停劳动的罪犯，监狱应当根据实际情况并结合其暂停前的劳动改造表现给予劳动改造分。

**第十七条** 对有劳动能力但因住院治疗和康复等无法参加劳动的罪犯，住院治疗和康复期间的劳动改造分记0分，但罪犯因舍己救人或者保护国家和公共财产等情况受伤无法参加劳动的，监狱应当按照其受伤前3个月的劳动改造平均分给予劳动改造分，受伤之前考核不满3个月的按照日平均分计算。

**第十八条** 罪犯入监教育期间不给予基础分,但有加分、扣分情形的应当如实记录,相应分值计入第一个考核周期。

监狱应当根据看守所提供的鉴定,将罪犯在看守所羁押期间的表现纳入入监教育期间的加分、扣分,并计入第一个考核周期。

**第十九条** 对下列罪犯应当从严计分,严格限制加分项目,严格控制加分总量:

(一)职务犯罪罪犯;

(二)破坏金融管理秩序和金融诈骗犯罪罪犯;

(三)组织、领导、参加、包庇、纵容黑社会性质组织犯罪罪犯;

(四)危害国家安全犯罪罪犯;

(五)恐怖活动犯罪罪犯;

(六)毒品犯罪集团的首要分子及毒品再犯;

(七)累犯;

(八)因故意杀人、强奸、抢劫、绑架、放火、爆炸、投放危险物质或者有组织的暴力犯罪被判处十年以上有期徒刑、无期徒刑以及死刑缓期执行的罪犯;

(九)法律法规规定应当从严的罪犯。

**第二十条** 对老年、身体残疾、患严重疾病等经鉴定丧失劳动能力的罪犯,不考核劳动改造表现,每月基础总分为100分,其中监管改造基础分50分,教育和文化改造基础分50分。

## 第三章 等级评定

**第二十一条** 等级评定是监狱在日常计分基础上对罪犯一个考核周期内改造表现的综合评价,分为积极、合格、不合格三个等级。

等级评定结果由计分考核工作小组研究意见,报计分考核工作组审批,其中积极等级的比例由计分考核工作组确定,不得超过监狱本期参加等级评定罪犯总人数的15%。

**第二十二条**　罪犯在一个考核周期内，有下列情形之一的，不得评为积极等级：

（一）因违规违纪行为单次被扣10分以上的；

（二）任何一部分单月考核得分低于其基础分的；

（三）上一个考核周期等级评定为不合格的；

（四）确有履行能力而不履行或者不全部履行生效裁判中财产性判项的；

（五）省、自治区、直辖市监狱管理局明确不得评为积极等级的情形。

**第二十三条**　罪犯在一个考核周期内，有下列情形之一的，应当评为不合格等级：

（一）有违背宪法关于中国共产党领导、中国特色社会主义制度言行的；

（二）有危害民族团结或者国家统一言行的；

（三）有歪曲、抹黑中华优秀传统文化、革命文化和社会主义先进文化言行的；

（四）有鼓吹暴力恐怖活动或者宗教极端思想言行的；

（五）宣传、习练法轮功等邪教的；

（六）以辱骂、威胁、自伤自残等方式对抗监狱人民警察管理，经警告无效的；

（七）受到两次以上警告或者记过处罚的；

（八）受到禁闭处罚的；

（九）有三次以上单月考核分低于60分的；

（十）省、自治区、直辖市监狱管理局明确应当评为不合格等级的情形。

**第二十四条**　对本规定第十九条所列罪犯，在积极等级评定上应当从严掌握。

# 第四章　考核程序及规则

**第二十五条**　计分考核工作组、计分考核工作小组研究考核事项时，作出的决定应当经三分之二以上组成人员同意后通过。

对不同意见，应当如实记录在案，并由本人签字确认。

**第二十六条**　日常计分实行"日记载、周评议、月汇总"。监区管教民警每日记载罪犯改造行为加分、扣分情况，计分考核工作小组每周评议罪犯改造表现和考核情况，每月汇总考核分，不足月的按日计算。

**第二十七条**　对罪犯加分、扣分，监区管教民警应当以事实为依据，依法依规提出建议，报计分考核工作小组研究决定。

对罪犯违规违纪行为事实清楚、证据确凿，且单次适用分值 2 分以下的扣分，监区管教民警可以当场作出决定，并报计分考核工作小组备案。

对单次适用分值 5 分以上的加分、10 分以上的扣分和专项加分，由计分考核工作小组报计分考核工作组审批。

**第二十八条**　罪犯同一情形符合多项加分、扣分情形的，应当按照最高分值给予加分、扣分，不得重复加分、扣分。

**第二十九条**　罪犯通过利用个人影响力和社会关系、提供虚假证明材料、贿赂等不正当手段获得考核分的，应当取消该项得分，并根据情节轻重给予扣分或者处罚。

**第三十条**　罪犯在监狱服刑期间又犯罪的，取消已有的考核积分和奖励，自判决生效或者收监之日起重新考核；考核积分为负分的，保留负分，自判决生效或者收监之日起继续考核。

**第三十一条**　罪犯暂予监外执行期间暂停计分考核，自收监之日起继续考核，原有的考核积分和奖励有效。因违反暂予监外执行监督管理规定被收监执行的，取消已有的考核积分和奖励，自收监之日起重新考核；考核积分为负分的，保留负分，自收监之日起继续考核。

**第三十二条** 罪犯在假释期间因违反监督管理规定被收监的，取消已有的考核积分和奖励，自收监之日起重新考核。

**第三十三条** 罪犯因涉嫌犯罪被立案侦查的，侦查期间暂停计分考核。经查证有违法犯罪行为的，侦查期间的考核基础分记 0 分；经查证无犯罪行为的，按照罪犯立案前 3 个月考核平均分并结合侦查期间的表现计算其侦查期间的考核分；立案前考核不满 3 个月的按照口平均分计算。

罪犯因涉嫌违规违纪被隔离调查的，参照执行。

**第三十四条** 罪犯因办案机关办理案件需要被解回侦查、起诉或者审判，经人民法院审理认定构成犯罪的，取消已有的考核积分和奖励，自收监之日起重新考核；考核积分为负分的，保留负分。但罪犯主动交代漏罪、人民检察院因人民法院量刑不当提出抗诉或者因入监前未结案件被解回的，保留已有的考核积分和奖励，自收监之日起继续考核。

办案机关或者人民法院认定不构成犯罪、经再审改判为较轻刑罚或者因作证等原因被办案机关解回的，保留已有的考核积分和奖励，并按照解回前 3 个月考核平均分计算其解回期间的考核分；解回前考核不满 3 个月的按照日平均分计算。

**第三十五条** 除检举违法违纪行为、提供有价值破案线索等不宜公示的情形外，罪犯加分、扣分、每月得分和等级评定结果应当及时在监区内公示，公示时间不少于 3 个工作日。

**第三十六条** 罪犯对加分、扣分、每月得分和等级评定结果有异议的，可以自监区管教民警作出决定或者公示之日起 3 个工作日内向计分考核工作小组提出书面复查申请；本人书写确有困难的，可由他人代为书写，本人签名、按捺手印予以确认。计分考核工作小组应当进行复查，于 5 个工作日内作出书面复查意见，并抄报计分考核工作组。

罪犯对计分考核工作小组的复查意见有异议的，可以自收到复查意见之日起3个工作日内向计分考核工作组提出书面复核申请；计分考核工作组应当进行复核，于5个工作日内作出书面复核意见，并及时抄送人民检察院。计分考核工作组的复核意见为最终决定。

**第三十七条** 罪犯转押的，转出监狱应当同时将计分考核相关材料移交收押监狱，由收押监狱继续计分考核。

## 第五章 考核结果运用

**第三十八条** 一个考核周期结束，计分考核工作小组应当根据计分考核结果，按照以下原则报计分考核工作组审批：

（一）被评为积极等级的，给予表扬，可以同时给予物质奖励；

（二）被评为合格且每月考核分均不低于基础分的，给予表扬；

（三）被评为合格等级但有任何一个月考核分低于基础分的，给予物质奖励；

（四）被评为不合格等级的，不予奖励并应当给予批评教育。

一个考核周期结束，从考核积分中扣除600分，剩余考核积分转入下一个考核周期。

**第三十九条** 监狱决定给予罪犯表扬、物质奖励、不予奖励或者取消考核积分和奖励的，应当及时在监区内公示，公示时间不得少于3个工作日，同时应当及时将审批决定抄送人民检察院。

**第四十条** 监狱根据计分考核结果除给予罪犯奖励或者不予奖励外，可以依照有关规定在活动范围、会见通信、生活待遇、文体活动等方面给予罪犯不同的处遇。

**第四十一条** 监狱对罪犯的计分考核结果和相应表扬决定及有关证据材料，在依法提请减刑、假释时提交人民法院和人民检察院。

## 第六章 考核纪律和监督

**第四十二条** 监狱人民警察及相关工作人员在计分考核罪犯工

作中有下列情形之一的，依纪依法给予处理；构成犯罪的，依法追究刑事责任：

（一）捏造事实、伪造材料、收受财物或者接受吃请的；

（二）打招呼说情或者施加压力，干预计分考核的；

（三）超越职责范围或者未经集体研究决定，为罪犯计分考核的；

（四）隐匿或者销毁罪犯检举揭发、异议材料的；

（五）因故意或者重大过失导致计分考核台账或者资料遗失、损毁的；

（六）故意延迟登记、错误记录或者篡改计分考核台账或者资料的；

（七）违反计分考核议事规则，个人或者少数人决定计分考核事项的；

（八）拒不执行或者擅自改变集体决定事项的；

（九）借集体研究之名违规办理罪犯计分考核的；

（十）其他违反法律法规的情形。

**第四十三条** 监区在计分考核罪犯工作中应当严格执行各项制度规定，每月至少召开一次计分考核罪犯工作会议，总结计分考核工作，评价管教民警工作，规范和改进工作行为。会议情况应当及时报告监狱。

**第四十四条** 监狱应当定期或者不定期开展计分考核罪犯工作检查，每季度至少召开一次计分考核罪犯工作会议，听取计分考核工作组工作汇报，总结和改进计分考核工作。会议情况应当及时报告监狱管理局。遇有重大或者共性问题，应当分析研判、提出意见建议，向监狱管理局请示或者报告。

**第四十五条** 省、自治区、直辖市监狱管理局应当加强对监狱计分考核罪犯工作的监督管理，及时研究解决计分考核罪犯工作中的重大政策和群众反映强烈的问题，每半年至少开展一次抽查检查，督促整改问题隐患。重大工作情况应当及时向司法厅（局）请示或者报告。

**第四十六条** 省、自治区、直辖市司法厅(局)应当加强对监狱计分考核罪犯工作的指导,每年至少听取一次监狱管理局的专题汇报。

**第四十七条** 省、自治区、直辖市司法厅(局)党委(党组)、监狱管理局党委和监狱党委以及监区党组织应当将计分考核罪犯工作纳入重要议事日程,加强领导和监督,纪检监察部门履行监督责任,用好监督执纪"四种形态",依纪依法追究责任。

**第四十八条** 监狱应当定期向人民检察院通报计分考核罪犯制度规定及工作开展情况,邀请人民检察院派员参加计分考核罪犯工作会议,听取意见建议。

**第四十九条** 监狱对人民检察院在检察工作中发现计分考核罪犯工作有违法违规情形提出口头或者书面纠正意见的,应当立即调查核实。

对纠正意见无异议的,应当在5个工作日内予以纠正并将纠正结果书面通知人民检察院;对纠正意见有异议的,应当采取书面形式向人民检察院说明情况或者理由。

**第五十条** 监狱纪检部门应当在监狱会见室和监区设置举报信箱,及时受理罪犯及其亲属或者监护人反映的计分考核问题。

**第五十一条** 监狱应当根据狱务公开有关规定,向社会公众公开计分考核内容和工作程序,向罪犯亲属或者监护人公开罪犯考核情况及对结果有异议的处理方式。

监狱应当通过聘请社会监督员、召开罪犯亲属或者监护人代表会等形式,通报计分考核工作,听取意见建议,自觉接受社会监督。

监狱应当注重发挥罪犯互相教育、互相监督作用,通过个别谈话等方式,了解掌握情况,听取意见反映。

**第五十二条** 监狱应当按照档案管理有关规定,固定保全计分考核罪犯的各类台账资料,确保计分考核罪犯工作全程留痕,防止篡改、丢失或者损毁,做到专人专管、专档备查。

**第五十三条** 省、自治区、直辖市司法厅(局)、监狱管理局和监狱应当依法保障监狱人民警察在计分考核罪犯工作中的正当履职行为,对受到恶意举报、污蔑、诽谤的监狱人民警察,应当及时调查澄清,并依法追究相关人员责任;对工作实绩突出的监狱人民警察,应当及时给予表彰奖励。

**第五十四条** 省、自治区、直辖市司法厅(局)、监狱管理局和监狱及其工作人员在计分考核罪犯工作中有违反本规定行为的,应当视情节轻重,对相关责任人员依纪依法进行处理;构成犯罪的,依法追究刑事责任。

## 第七章 附 则

**第五十五条** 省、自治区、直辖市司法厅(局)应当根据本规定,结合本地区情况,制定计分考核工作细则,并报司法部备案。

**第五十六条** 本规定所称"以上"、"以下",包括本数;所称"不满",不包括本数。

**第五十七条** 本规定自 2021 年 10 月 1 日起施行。司法部《关于计分考核罪犯的规定》(司发通〔2016〕68 号)同时废止。

# 司法部办公厅关于规范社区矫正对象在被采取刑事强制措施或者被提请撤销缓刑、撤销假释、收监执行期间矫正期满社区矫正执法适用的通知

（2021 年 11 月 22 日　司办通〔2021〕94 号）

各省、自治区、直辖市司法厅（局）、新疆生产建设兵团司法局：

《中华人民共和国社区矫正法》2020 年 7 月 1 日正式施行以来，司法部陆续收到多地关于社区矫正对象在被采取刑事强制措施或者被提请撤销缓刑、撤销假释、收监执行期间矫正期满能否解除矫正问题的请示。为规范此类问题的执法适用，经认真研究并征求有关部门意见，现通知如下：

对于社区矫正对象在被采取刑事强制措施或者被提请撤销缓刑、撤销假释、收监执行期间矫正期满的，如果相关部门已经作出撤销缓刑、撤销假释裁定或者收监执行决定的，应当按照《中华人民共和国社区矫正法》第四十五条的规定，终止社区矫正；如果相关部门尚未作出裁定或决定，则应当根据《中华人民共和国社区矫正法》第四十四条的规定，由社区矫正机构及时办理解除矫正手续，但是对于社区矫正对象被羁押等原因无法发放解除社区矫正证明书的，可以暂缓发放。对于提请撤销缓刑、撤销假释且尚未羁押的社区矫正对象，考虑其可能逃跑或者可能发生社会危险，应当根据《中华人民共和国社区矫正法》及“两高两部”《中华人民共和国社区矫正法实施办法》相关规定，依法提请逮捕。

请指导各地按此通知办理相关执法事宜并做好协调工作，执行中如遇到问题请及时反馈司法部社区矫正管理局。

特此通知。

# (二)普法宣传工作类

# 中央宣传部　司法部　民政部<br>农业农村部　国家乡村振兴局　全国普法<br>办公室关于印发《乡村“法律明白人”<br>培养工作规范（试行）》的通知

（2021年11月8日　司发通〔2021〕72号）

各省、自治区、直辖市党委宣传部、司法厅（局）、民政厅（局）、农业农村（农牧）厅（局、委）、乡村振兴局、普法依法治理领导小组办公室，新疆生产建设兵团党委宣传部、司法局、民政局、农业农村局、乡村振兴局、普法依法治理领导小组办公室：

现将《乡村“法律明白人”培养工作规范（试行）》印发给你们，请结合实际抓好贯彻落实。

## 乡村“法律明白人”培养<br>工作规范（试行）

为规范推进乡村“法律明白人”培养工程，着力培养一支群众身边的普法依法治理工作队伍，为实施乡村振兴战略、推进法治乡村建设提供基层法治人才保障，制定本规范。

**一、适用范围及定义**

本规范适用于乡村"法律明白人"的遴选、培训、使用、管理、考核等相关工作的组织实施。

本规范所称"法律明白人",是指具有较好法治素养和一定法律知识,积极参与法治实践,能发挥示范带头作用的村民。

**二、工作原则**

(一)坚持党的全面领导。充分发挥基层党组织的战斗堡垒作用和党员的先锋模范作用,依靠党组织统筹推进"法律明白人"遴选培训使用管理等各项工作。

(二)坚持需求导向、服务群众。以人民群众法治需求为导向,在群众中培养"法律明白人"、培养服务群众的"法律明白人",聚焦解决村民日常生产生活中的法律问题,提升法治素养。

(三)坚持多方参与、协同配合。统筹整合各类资源力量,着力构建多部门协同配合、社会力量积极参与的"法律明白人"培养工作机制,形成工作合力。

(四)坚持分类施策、注重实效。遵循基层法治建设客观规律,针对不同地区、不同群体,因地制宜细化工作措施、拓展延伸工作覆盖面,根据实际情况有重点、分步骤推进"法律明白人"培养,提高工作针对性、实效性。

**三、培养目标**

到2025年,"法律明白人"培养工作普遍开展,每个行政村至少培养3名"法律明白人",基本形成培养机制规范、队伍结构合理、作用发挥明显的"法律明白人"工作体系,形成一支素质高、结构优、用得上的乡村"法律明白人"队伍。各地可根据本地乡村分布、农村人口数量等实际情况确立"法律明白人"培养数量目标,逐步实现村民小组"法律明白人"全覆盖。

**四、"法律明白人"的基本条件**

(一)拥护中国共产党的领导,拥护中华人民共和国宪法;

(二)坚定不移走中国特色社会主义法治道路,自觉崇尚法治、敬畏法律，具备较强的法治意识，具有较好的法治素养；

（三）积极践行社会主义核心价值观，有良好道德品质和个人修养；

（四）具有一定文化程度、语言表达能力和接受教育能力；

（五）有较强的责任心和奉献精神，热心社会公益事业，能引领带动身边群众尊法学法守法用法。

**五、"法律明白人"的主要职责**

（一）学习宣传习近平法治思想；

（二）学习宣传宪法、民法典以及与基层群众生产生活密切相关的法律法规；

（三）学习宣传党的路线方针政策和惠民富民政策；

（四）参与乡村法治文化建设，弘扬社会主义核心价值观；

（五）及时收集和反映群众法律需求，引导群众用好公共法律服务资源，积极带动周边群众提高法律意识；

（六）参与矛盾纠纷预防、排查、化解工作，引导群众理性表达利益诉求，依法维护合法权益，防止矛盾激化升级；

（七）依托村"法律之家"、"百姓说事"、"屋场会议"、"圆桌会议"等民主协商途径，推进基层自治法治德治融合；

（八）适合当地"法律明白人"承担的其他职责。

**六、"法律明白人"的遴选**

以行政村为单位，按照村民自荐或者村"两委"推荐、考核上岗程序，认定"法律明白人"。

（一）遴选对象

"法律明白人"优先从以下人员中遴选。

1. 村干部；

2. 村妇联执委、儿童主任；

3. 人民调解员；

4. 驻村辅警；

5. 网格员；

6. 村民小组长；

7. 中共党员；

8. “五老”人员（老干部、老战士、老专家、老教师、老模范）；

9. 致富能手等各类人才；

10. 其他热心公益事业的村民。

（二）遴选程序

1. 以行政村为单位，村民自荐或者村“两委”推荐；

2. 村“两委”汇总提出“法律明白人”初选对象并进行为期不少于10天的公示后，将名单报送至乡镇司法所；

3. 乡镇司法所对村“两委”报送的初选对象进行初审核实，经乡镇党委、政府同意后，报县级人民政府司法行政部门；

4. 县级人民政府司法行政部门按照本规范规定，经任前培训、上岗考核等程序，确定“法律明白人”名单，报市级人民政府司法行政部门备案。

**七、任前培训及上岗**

（一）任前培训

县级人民政府司法行政部门牵头对“法律明白人”人选进行任前培训，结合拟承担的主要职责，开展法律知识、法治实践能力等方面的培训，并组织上岗考核。

（二）上岗

经考核合格的，由县级人民政府司法行政部门正式确定为“法律明白人”，颁发证书和徽章，并登记造册、建档立卡。证书和徽章规范样式由司法部统一规定。

“法律明白人”名单应当以显著方式，在所在村公共场所公布。

**八、“法律明白人”的使用**

（一）引导开展法治宣传教育

引导“法律明白人”充分利用“12·4”国家宪法日、宪法宣传周、民法典宣传月、中国农民丰收节等重要时间节点，依托农贸会、各类集市、圩场、家庭聚会等场合，通过走村串户等方式，积极宣传习近平法治思想、宪法法律知识和党的政策，讲述身边法治故事，组织群众性法治文化活动。

（二）支持参与基层依法治理

引导“法律明白人”在法治乡村建设中更好发挥作用，依法有序参与村级事务管理。吸纳优秀“法律明白人”成为基层网格员、人民调解员，开展收集社情民意、调解矛盾纠纷、引导法律服务、辅助基层社会治理、参与法治创建等活动。

（三）鼓励发挥示范引领作用

鼓励“法律明白人”模范遵守自治章程和村规民约，积极参与“民主法治示范村（社区）”和“农村学法用法示范户”创建，切实发挥示范引领作用。

（四）为“法律明白人”搭建实践服务平台

1. 业务指导。整合律师、基层法律服务、公证、司法鉴定、人民调解、法律援助等公共法律服务资源，为“法律明白人”开展法治实践提供业务指导和帮助。

2. 资料查阅。利用新时代文明实践中心（站、所）、农村文化礼堂、农家书屋等阵地，建立法律图书柜（角），及时更新书籍，为“法律明白人”查阅法律条文提供便利。

3. 实践场所。依托村级综合服务设施、新时代文明实践中心（站、所）、基层综治中心、人民调解室、公共法律服务工作站（室、点）等资源，建立“法律明白人”法治实践工作站，为“法律明白人”学习培训、履行职责等提供支持和保障。

**九、“法律明白人”的培训**

（一）培训内容

1. 法律政策知识

（1）习近平法治思想；

（2）宪法；

（3）民法典；

（4）乡村振兴、农村基本经营制度、疫情防控、生态文明、食品药品安全、安全生产、社会应急治理、未成年人保护、消费者权益保护、农药及种子安全与保护、野生动植物保护、防范非法集资、防范电信诈骗等常用法律法规；

(5)党的涉农政策。

2. 法治实践能力

重点培养法治宣传教育能力、社情民意信息收集能力、公共法律服务引导能力、矛盾纠纷调处能力。

3. 道德品格教育

重点加强社会主义核心价值观教育，开展家风家训学习，教育引导“法律明白人”讲道德、守规矩、重家风。

(二)培训方式

1. 由县级人民政府司法行政部门牵头，会同民政、农业农村、乡村振兴等部门，对“法律明白人”开展集中培训(轮训)，确保每人每年完成不少于8课时的学习辅导。

2. 在集中培训(轮训)的基础上，各地根据基层实际情况，因地制宜，采取以下一种或多种培训方式。

(1)网络教学。依托全国智慧普法统一平台，建设“法律明白人”网校，为“法律明白人”提供网络自主学习、法律知识在线咨询等服务；

(2)现场教学。组织“法律明白人”参观民主法治示范村(社区)、法治文化基地，观看法治文艺演出等，提升法治素养；

(3)法治实践观摩。组织“法律明白人”现场观摩人民调解、法院庭审、村民议事等，提升法治实践能力。

(三)培训保障

1. 指导示范。省(自治区、直辖市)、市(地、州、盟)人民政府司法行政部门要加强对培训工作的指导，组织开展“法律明白人”示范培训班。

2. 培训师资。各地要落实国家机关“谁执法谁普法”普法责任制，整合普法讲师团成员以及法官、检察官、行政执法人员、律师、基层法律服务工作者等人才资源,建立“法律明白人”培训师资库,加强师资建设。

3. 编写教材。全国普法办牵头组织编写“法律明白人”普法读本,作为培训教材,同时开发数字教学资源。鼓励各地因地制宜编写特色培训教材。

**十、“法律明白人”的管理**

(一)日常管理

县级人民政府司法行政部门要建立“法律明白人”档案,加强档案台账管理。

乡镇司法所要加强与村“两委”的衔接,及时掌握和了解“法律明白人”开展法治宣传、参与法治实践等工作情况,并予以记录归档。

(二)评价激励

实行“法律明白人”年度考核评价制度。乡镇司法所会同村“两委”提出“法律明白人”考核评价意见,报乡镇党委、政府和县级人民政府司法行政部门。将工作表现优秀、工作成效突出的“法律明白人”,列入普法、乡村治理等工作表彰范畴;在发展和培养党员、村干部,聘用网格员、人民调解员时予以优先考虑;通过名单共享、信息增信等方式,在涉农贷款、技术帮扶等方面予以支持。

(三)动态清退

加强对“法律明白人”的动态管理。“法律明白人”有下列情形之一的,由村“两委”向乡镇司法所提出清退意见,经乡镇党委、政府审核后,由县级人民政府司法行政部门及时予以清退,注销证书、收回徽章,并报市级人民政府司法行政部门备案:

1. 发生违法违纪行为;

2. 不认真履职,经提醒仍不改正;

3. 出现其他不符合“法律明白人”基本条件的情形。

被清退的“法律明白人”,应当及时从所在村公告的“法律明白人”名单中删除。

## 十一、保障实施

（一）组织领导

推动各级党委政府落实履行法治建设第一责任人职责，把“法律明白人”培养工作纳入法治社会建设和乡村振兴总体规划，作为加快推进乡村人才振兴工作的重要内容，及时研究解决工作中的重大问题。

把“法律明白人”培养工作情况作为加强基层普法工作队伍建设、健全精准有效普法工作体系的重要举措，纳入人才工作目标责任制考核，加强督导检查。

（二）协调联动

将“法律明白人”培养工作列入乡村人才振兴工作联席会议制度研究事项，定期组织研究。

县级人民政府司法行政部门负责牵头抓总，加强对“法律明白人”培养工作的业务指导，制定工作计划、优化师资力量、落实培训任务，加强督促落实。

县级人民政府民政、农业农村、乡村振兴等部门将“法律明白人”培养工作作为乡村人才振兴的重要内容，依据职责积极推动。

相关司法、执法部门和群团组织按照“谁执法谁普法”普法责任制要求，结合各自职能积极参与“法律明白人”培养工作。

乡镇党委、政府要切实履行法治建设责任，推动“法律明白人”培养的具体组织实施。

（三）保障机制

各地要建立健全相关保障机制，为“法律明白人”履行工作职责、参与基层治理提供必要的支持和保障。将“法律明白人”培养工作经费列入财政预算。担任“法律明白人”属于志愿服务。有条件的地区可结合当地实际，给“法律明白人”发放一定的工作津贴。

（四）选树典型

发挥先进典型的示范带动作用，将“法律明白人”先进典型纳入普法工作表彰、表扬范围，按要求开展好表彰、表扬工作。

加强宣传引导,及时总结培育“法律明白人”的成功经验、特色亮点,挖掘选树先进典型,及时报道工作动态和成效,宣传“法律明白人”先进事迹,营造全社会关心、理解、支持、参与“法律明白人”培养工作的良好社会氛围。

**十二、**各地可根据本规范规定,结合地方实际研究制定具体措施,认真组织实施。

# (三)人民调解工作类

# 国家知识产权局　司法部
# 关于印发《关于加强知识产权纠纷调解工作的意见》的通知

（2021年10月22日　国知发保字〔2021〕27号）

各省、自治区、直辖市和新疆生产建设兵团知识产权局、司法厅（局），四川省知识产权服务促进中心，广东省知识产权保护中心，福建省知识产权发展保护中心：

为深入贯彻党中央、国务院关于强化知识产权保护的决策部署，落实《知识产权强国建设纲要（2021—2035年）》和《关于强化知识产权保护的意见》，加强知识产权保护体系建设，结合《优化营商环境条例》规定，国家知识产权局、司法部制定了《关于加强知识产权纠纷调解工作的意见》，现予印发。请结合实际认真贯彻落实，有关贯彻落实情况和工作中遇到的困难问题及时报国家知识产权局知识产权保护司和司法部人民参与和促进法治局。

特此通知。

## 关于加强知识产权纠纷调解工作的意见

为深入贯彻党中央、国务院关于全面加强知识产权保护工作的决策部署，完善知识产权纠纷多元化解机制，充分发挥调解在化解知识产权领域矛盾纠纷中的重要作用，优化营商环境，激发全社会创新活力，推动构建新发展格局，现就加强知识产权纠纷调解工作，提出如下意见。

## 一、总体要求

（一）指导思想。坚持以习近平新时代中国特色社会主义思想为指导，深入学习贯彻习近平法治思想，全面贯彻党的十九大和十九届二中、三中、四中、五中全会精神，贯彻落实党中央、国务院关于强化知识产权保护的决策部署，统筹推进知识产权纠纷调解工作，加强组织和队伍建设，建立健全有机衔接、协调联动、高效便捷的知识产权纠纷调解工作机制，依法、及时、有效化解知识产权纠纷，积极构建知识产权大保护工作格局。

（二）基本原则。坚持协调联动，社会共治。推动形成党委领导、政府主导、知识产权管理部门和司法行政机关统筹指导、社会各方力量广泛参与的知识产权纠纷调解工作格局。

坚持自愿平等，便民利民。充分尊重当事人意愿，综合运用法律、法规、政策以及公序良俗等进行调解，切实维护当事人的合法权益。

坚持专业特点，开拓创新。把握知识产权纠纷特点，遵循调解工作规律，加强调解组织和队伍建设，创新制度机制和方式方法，不断提升知识产权纠纷调解工作质效。

（三）主要目标。到2025年，知识产权纠纷调解工作基本覆盖知识产权纠纷易发多发的重点区域和行业领域，建立组织健全、制度完善、规范高效的知识产权纠纷调解工作体系，形成人民调解、行政调解、行业性专业性调解、司法调解优势互补、有机衔接、协调联动的大调解工作格局，调解在知识产权纠纷多元化解中的基础性作用充分显现，影响力和公信力进一步增强。

## 二、统筹推进知识产权纠纷调解工作

（四）推进知识产权纠纷人民调解工作。根据知识产权纠纷化解需要，因地制宜推进知识产权纠纷人民调解组织建设。对知识产权纠纷多发、确有必要设立、设立单位有保障能力的地区和行业，知识产权管理部门和司法行政机关要加强协调配合，积极推动设立知识产权纠纷人民调解组织。尚不具备设立条件的，可以纳入现有人民调解委员会工作范围。设立知识产权纠纷人民调解组织要由相关社会团体或者其他组织提出申请，符合法律和规范要求的，司法行政机关要及时纳入辖区内人民调解组织和人民调解员名册，切实加强工作指导。

（五）加强知识产权纠纷行政调解工作。知识产权管理部门要积极履行行政调解职能，按照《专利纠纷行政调解办案指南》等规定，严格依法依规开展行政调解。知识产权纠纷行政调解任务较重的地区，可以根据需要成立行政调解委员会，设立行政调解室、接待室等。各地知识产权纠纷行政调解组织设立情况和行政调解工作开展情况要定期报送司法行政机关。

（六）拓展知识产权纠纷行业性、专业性调解。发挥各类知识产权专业机构作用，积极创新知识产权纠纷调解组织形式和工作模式，推动知识产权纠纷调解工作向纵深发展。根据当事人需求，按照市场化方式，探索开展知识产权纠纷商事调解。充分发挥律师在预防和化解矛盾纠纷中的优势作用，推动设立律师调解工作室，为当事人提供知识产权纠纷调解服务并可适当收取费用。

（七）加强重点区域、领域知识产权纠纷调解工作。坚持从实际出发，以需求为导向，大力推动知识产权纠纷调解工作向工业园区、开发区、自贸区和产业集聚区等重点区域延伸。支持电商平台优化在线咨询、受理、调解等制度，在线化解矛盾纠纷。拓展展会知识产权纠纷调解工作，引导相关调解组织进驻展会，建立展会知识产权纠纷快速调解渠道。加强专业市场知识产权纠纷调解工作，引导当事人通过调解方式化解纠纷。

（八）加强知识产权纠纷调解员队伍建设。充分利用社会资源，注重选聘具有专利、商标、著作权等工作经验和知识背景的专业人士以及专家学者、律师等担任调解员，建立专兼结合、优势互补、结构合理的知识产权纠纷调解员队伍。加强知识产权纠纷专职调解员队伍建设，探索建立知识产权纠纷调解员持证上岗、等级评定等制度。知识产权管理部门、司法行政机关要将知识产权纠纷调解纳入业务培训规划，采取集中授课、经验交流、现场观摩、法庭旁听、案例评析等多种方式，切实提高调解员的法律素养、政策水平、专业知识和调解技能。

（九）建立完善知识产权纠纷调解工作制度。知识产权纠纷调解组织要建立完善纠纷排查、受理、调解、履行、回访、分析研判和重大疑难复杂矛盾纠纷集中讨论、专家咨询、情况报告等工作制度，建立完善岗位责任、学习、例会、培训、考评、奖惩等管理制度，规范统计报表、卷宗文书和档案管理，定期向知识产权管理部门、司法行政机关报送调解工作情况和典型案例。知识产权管理部门、司法行政机关要定期发布知识产权纠纷调解典型案例，通过典型案例指导开展调解工作，提升调解工作质量水平。

（十）建立健全知识产权纠纷调解衔接联动机制。采取联合调解、协助调解、委托移交调解等方式，建立知识产权纠纷人民调解、行政调解、行业性专业性调解、司法调解衔接联动工作机制。加强知识产权纠纷调解组织与行政执法部门、司法机关、仲裁机构等衔接联动，建立健全知识产权纠纷投诉与调解对接、诉调对接、仲调对接等工作机制。探索在知识产权保护中心、快速维权中心、维权援助中心等建立知识产权纠纷“一站式”调解平台，引导调解组织、远程司法确认室、知识产权仲裁院（中心）、公证知识产权服务中心等各类资源入驻调解平台，为当事人提供司法确认、仲裁、公证等保护渠道。加强知识产权纠纷“一站式”调解平台与当地综合性非诉讼纠纷化解中心、调解中心等平台的工作对接，及时协调解决重大疑难复杂知识产权纠纷。

**三、加强知识产权纠纷调解工作组织领导**

（十一）加强组织协调。知识产权管理部门、司法行政机关要将知识产权纠纷调解工作纳入重要议事日程，加强信息沟通、协调配合，及时研究解决工作中遇到的困难和问题。要积极探索创新，及时总结提炼经验做法，打造培育亮点典型，推进知识产权纠纷调解工作规范化、标准化建设。要主动协调有关部门，争取将知识产权纠纷调解工作纳入相关考核指标，通过开展联合督导检查等方式，推动各项工作落地落实。

（十二）加强工作保障。知识产权管理部门、司法行政机关要积极争取党委、政府及财政部门的重视支持，将知识产权纠纷调解工作相关经费纳入财政预算统筹考虑，推动把知识产权纠纷调解工作纳入政府购买服务指导性目录，加大政府购买服务力度。知识产权纠纷调解组织设立单位要为知识产权纠纷调解组织提供场所、办公条件和必要的工作经费。鼓励社会各界通过社会捐赠、公益赞助、志愿参与等方式，对知识产权纠纷调解工作提供支持和帮助。

（十三）加强宣传引导。要充分运用传统媒体和网络、微信、微博等新媒体，大力宣传知识产权纠纷调解工作优势特点、经验成效，宣传工作中涌现出的先进典型和精品案例，不断提升知识产权纠纷调解工作的群众满意度和社会影响力，引导更多当事人通过调解方式解决知识产权纠纷，维护自身合法权益。知识产权管理部门、司法行政机关要将表现突出的知识产权纠纷调解组织和调解员纳入本系统本部门表彰奖励范围，为知识产权纠纷调解工作开展营造良好氛围。

# (四)人民监督员选任工作类

# 最高人民检察院　司法部关于印发《人民监督员选任管理办法》的通知

（2021 年 12 月 29 日　司发〔2021〕7 号）

各省、自治区、直辖市人民检察院、司法厅（局），解放军军事检察院，新疆生产建设兵团人民检察院、司法局：

为了进一步深化人民监督员制度改革，规范人民监督员选任和管理工作，最高人民检察院、司法部对《人民监督员选任管理办法》进行了修订，现印发你们，请结合实际认真贯彻落实。

各地在贯彻落实中遇到的重要情况和问题，请及时分别报最高人民检察院、司法部。

## 人民监督员选任管理办法

**第一条**　为了规范人民监督员选任和管理工作，完善人民监督员制度，健全检察权行使的外部监督制约机制，根据《中华人民共和国人民检察院组织法》和有关规定，制定本办法。

**第二条**　选任和管理人民监督员应当坚持依法民主、公开公正、科学高效的原则，建设一支具备较高政治素质，具有广泛代表性和扎实群众基础的人民监督员队伍，保障和促进人民监督员行使监督权，发挥人民监督员监督作用。

**第三条** 人民监督员的选任和培训、考核、奖惩等管理工作由司法行政机关负责，人民检察院予以配合协助。

司法行政机关、人民检察院应当建立工作协调机制，为人民监督员履职提供相应服务，确保人民监督员选任、管理和使用相衔接，保障人民监督员依法充分履行职责。

**第四条** 人民监督员由省级和设区的市级司法行政机关负责选任管理。县级司法行政机关按照上级司法行政机关的要求，协助做好本行政区域内人民监督员选任和管理具体工作。

司法行政机关应当安排专门工作机构，选配专职工作人员，完善制度机制，保障人民监督员选任和管理工作顺利开展。

**第五条** 人民监督员分为省级人民检察院人民监督员和设区的市级人民检察院人民监督员。

省级人民检察院人民监督员监督同级人民检察院及其分院、派出院办案活动。其中，直辖市人民检察院人民监督员监督直辖市各级人民检察院办案活动。

设区的市级人民检察院人民监督员监督同级和下级人民检察院办案活动。

**第六条** 人民监督员每届任期五年，连续担任人民监督员不超过两届。

人民监督员不得同时担任两个以上人民检察院人民监督员。

**第七条** 人民监督员依法行使监督权受法律保护。

人民监督员应当严格遵守法律、法规和有关纪律规定，按照规定的权限和程序，独立公正地对办案活动进行监督。不得有下列情形：

（一）妨碍办案活动正常进行；

（二）泄露办案活动涉及的国家秘密、商业秘密、个人隐私和未成年人信息；

（三）披露其他依照法律法规和有关规定不应当公开的办案活动信息。

**第八条** 拥护中华人民共和国宪法、品行良好、公道正派、身体健康的年满23周岁的中国公民,可以担任人民监督员。人民监督员应当具有高中以上文化学历。

**第九条** 下列人员不参加人民监督员选任:

(一)人民代表大会常务委员会组成人员,监察机关、人民法院、人民检察院、公安机关、国家安全机关、司法行政机关的在职工作人员;

(二)人民陪审员;

(三)其他因工作原因不适宜参加人民监督员选任的人员。

**第十条** 有下列情形之一的,不得担任人民监督员:

(一)受过刑事处罚的;

(二)被开除公职的;

(三)被吊销律师、公证员执业证书,或被仲裁委员会除名的;

(四)被纳入失信被执行人名单的;

(五)因受惩戒被免除人民陪审员职务的;

(六)存在其他严重违法违纪行为,可能影响司法公正的。

因在选任、履职过程中违法违规以及年度考核不合格等被免除人民监督员资格的,不得再次担任人民监督员。

**第十一条** 司法行政机关应当会同人民检察院,根据监督办案活动需要和本辖区人口、地域、民族等因素,合理确定人民监督员的名额及分布,每个县(市、区)人民监督员名额不少于三名。

**第十二条** 司法行政机关应当发布人民监督员选任公告,明确选任名额、条件、程序、申请和推荐期限及方式等事项,公告期不少于二十个工作日。

**第十三条** 人民监督员候选人通过下列方式产生:

(一)个人申请;

(二)单位和组织推荐。

支持工会、共青团、妇联等人民团体及其他社会组织推荐符合条件的人员成为人民监督员候选人。

**第十四条**　司法行政机关应当采取到候选人所在单位、社区实地走访了解、听取群众代表和基层组织意见、组织面谈等多种形式，考察确定人民监督员拟任人选。

确定人民监督员拟任人选，应当充分体现广泛性和代表性。

人民监督员拟任人选中具有公务员或者事业单位在编工作人员身份的人员，一般不超过选任名额的百分之五十。

**第十五条**　司法行政机关应当向社会公示拟任人民监督员名单，公示时间不少于五个工作日。

**第十六条**　人民监督员拟任人选经过公示无异议或者经审查异议不成立的，由司法行政机关作出人民监督员选任决定，颁发证书，通知人民监督员所在单位、推荐单位或组织，并向社会公布。

**第十七条**　根据监督办案活动需要，可以增选、补选人民监督员。

增选、补选人民监督员，依照本办法选任程序执行。

增选、补选的人民监督员任期与本届任期保持一致。

**第十八条**　司法行政机关应当建立人民监督员信息库，与人民检察院实现信息共享。

司法行政机关、人民检察院应当公开人民监督员的姓名和联系方式，畅通群众向人民监督员反映情况的渠道。

**第十九条**　人民检察院办案活动需要人民监督员监督的，人民检察院应当在开展监督活动五个工作日前将需要的人数、时间、地点以及其他有关事项通知司法行政机关。

案件情况特殊，经商司法行政机关同意的，人民检察院可以在开展监督活动三个工作日前将有关事项通知司法行政机关。

**第二十条**　司法行政机关从人民监督员信息库中随机抽选、联络确定参加监督活动的人民监督员，并通报人民检察院。

根据办案活动需要，可以在具有特定专业背景的人民监督员中随机抽选。

省级人民检察院及其分院、派出院组织监督办案活动，由省级司法行政机关抽选人民监督员。

设区的市级人民检察院和基层人民检察院组织监督办案活动，由设区的市级司法行政机关抽选人民监督员。

直辖市各级人民检察院组织监督办案活动，由直辖市司法行政机关抽选人民监督员。其中，直辖市区级人民检察院组织监督办案活动，也可由直辖市区级司法行政机关抽选人民监督员。

最高人民检察院组织监督办案活动，商司法部在省级人民检察院人民监督员中抽选。

**第二十一条** 人民监督员是监督办案活动所涉案件当事人近亲属、与案件有利害关系或者担任过案件诉讼参与人，以及有其他可能影响司法公正情形的，应当自行回避。

人民检察院发现人民监督员有需要回避情形，或者案件当事人向人民检察院提出回避申请且满足回避条件的，应当及时通知司法行政机关决定人民监督员回避，或者要求人民监督员自行回避。

**第二十二条** 司法行政机关应当建立人民监督员履职台账。

人民检察院应当在人民监督员参加监督办案活动结束后三个工作日内将履职情况通报司法行政机关。

人民检察院应当将人民监督员监督意见的采纳情况及时告知人民监督员。

**第二十三条** 司法行政机关会同人民检察院组织开展人民监督员初任培训和任期培训。

人民监督员应当按照要求参加培训。

**第二十四条** 司法行政机关应当对人民监督员进行年度考核和任期考核。考核结果作为对人民监督员表彰奖励、免除资格或者续任的重要依据。

**第二十五条** 对于在履职中有显著成绩的人民监督员，司法行政机关应当按照国家有关规定给予表彰奖励。

**第二十六条** 人民监督员具有下列情形之一的，作出选任决定的司法行政机关应当免除其人民监督员资格：

（一）本人申请辞去担任的人民监督员的；

（二）丧失中华人民共和国国籍的；

（三）丧失行为能力的；

（四）在选任中弄虚作假，提供不实材料的；

（五）年度考核不合格的；

（六）有本办法第七条第二款、第十条第一款所列情形的。

**第二十七条** 人民监督员因工作变动不能担任人民监督员，或者因身体健康原因不能正常履职，或者出现其他影响正常履职情况的，应当及时向作出选任决定的司法行政机关辞去担任的人民监督员。

**第二十八条** 司法行政机关应当及时将考核结果、表彰奖励决定、免除资格决定书面通知人民监督员本人及其工作单位、推荐单位或组织，并通报人民检察院。

免除资格决定应当及时向社会公布。

**第二十九条** 司法行政机关、人民检察院应当加强人民监督员工作信息化建设，实现共享协同、便捷高效。

**第三十条** 司法行政机关、人民检察院应当协调人民监督员所在工作单位、推荐单位或组织，为人民监督员履职提供支持和帮助。

**第三十一条** 人民监督员经费应当列入同级政府预算，严格经费管理。人民检察院应当协助司法行政机关做好经费预算申报工作，每年书面向同级司法行政机关提供下一年度人民监督员监督办案活动计划。

人民监督员按照《人民检察院办案活动接受人民监督员监督的规定》履职和参加培训、会议等活动而支出的交通、就餐、住宿等相关费用以及劳务费用，由司法行政机关按相关规定予以补助。

**第三十二条** 军事检察院人民监督员选任管理工作，按照有关规定执行。

**第三十三条** 本办法自2022年1月1日起施行。

2016年最高人民检察院、司法部印发的《人民监督员选任管理办法》同时废止。

# （五）公共法律服务工作类

# 司法部关于开展“乡村振兴　法治同行”活动的通知

（2021 年 5 月 17 日　司发通〔2021〕34 号）

各省、自治区、直辖市司法厅（局），新疆生产建设兵团司法局：

为认真贯彻《中共中央　国务院关于全面推进乡村振兴加快农业农村现代化的意见》和《中共中央办公厅　国务院办公厅关于加快推进公共法律服务体系建设的意见》精神，贯彻落实党中央、国务院关于实施乡村振兴战略的决策部署，扎实推进法治乡村建设，司法部决定在全国开展“乡村振兴　法治同行”活动。现将《“乡村振兴　法治同行”活动方案》印发你们，请认真贯彻执行。

请各司法厅（局）于今年 6 月底前向司法部报送活动具体实施方案，活动开展有关情况及时报部。

## “乡村振兴　法治同行”活动方案

为深入贯彻落实党中央、国务院关于实施乡村振兴战略的决策部署，扎实推进法治乡村建设，为乡村振兴提供法律服务和法治保障，司法部决定，自 2021 年 5 月至 2023 年 5 月在全国开展“乡村振兴　法治同行”活动。

## 一、总体要求

（一）指导思想。以习近平新时代中国特色社会主义思想为指导，深入学习贯彻习近平法治思想，贯彻落实《中共中央　国务院关于全面推进乡村振兴加快农业农村现代化的意见》精神，着眼于促进乡村振兴战略实施，按照产业兴旺、生态宜居、乡风文明、治理有效、生活富裕的总要求，以保障乡村群众基本公共法律服务需求为重点，完善相关政策，整合服务资源，创新工作方式，健全便民措施，推进乡村依法治理，促进基层治理体系和治理能力现代化。聚焦新时代人民群众的法治需求，着力解决人民群众"急难愁盼"问题，更好地满足乡村群众多层次、多样化的公共法律服务需求，增强乡村地区广大人民群众的法治获得感、幸福感、安全感。

（二）目标任务。通过持续扎实开展"乡村振兴　法治同行"活动，发挥司法行政职能优势，以法律服务和法治保障助力乡村振兴，夯实基层治理基础，乡村公共法律服务体系更加完善，公共法律服务实体、热线、网络平台覆盖乡村，智能法律服务得到快速发展，多元化的乡村公共法律服务供给模式初步形成，乡村群众获得法律咨询、人民调解、法律援助等基本公共法律服务更加方便快捷、精准高效，乡村治理法治化水平明显提高，公共法律服务在乡村地区的满意率进一步提升。

## 二、主要措施

### （一）实现乡村公共法律服务网络全覆盖

1. 加强公共法律服务平台建设。以司法所为依托，推动乡镇公共法律服务工作站与司法所一体规划、一体建设、资源共享。发挥司法所化解矛盾纠纷、法治宣传、基层法律服务、法律咨询等服务功能，统筹提供法律援助、律师、公证、司法鉴定等法律服务指引，为乡村群众提供"一站式"服务。加强乡镇（村居）公共法律服务工作站（室）标准化建设，提升服务规范化水平，完善服务功能，提高服务质量。通过标语标牌、便民卡、广播电视、短信微信等方式，将"12348"公共法律服务热线普及到田间地头、千家万户。适应少数民族、老年人、残疾人群体特点和法律服务需求，完善法律服务网无障碍功能，提供少数民族语言版、老年人大字版、视力残疾人语音版等服务。

2. 补齐乡村公共法律服务短板。引导、支持各类法律服务机构通过提供巡回服务、远程服务等方式，向偏远农牧区群众提供公共法律服务。加快推进公共法律服务信息化建设，实施“云公共法律服务中心”建设项目，因地制宜在乡村地区配备“云律所”、法律服务机器人，提供在线调解、网上申请法律援助、视频咨询等服务。整合法律服务网与司法行政APP、微信小程序功能，完善主动服务机制，为乡村群众提供及时便捷、优质高效的公共法律服务。

（二）保障困难群众获得优质法律援助

3. 突出“三类”服务对象。推动将涉及农民工和农业生产经营人员切身利益的劳动争议、土地纠纷、养殖种植、环境污染等事项纳入法律援助补充事项范围；对农村高龄、失能、失独、空巢老人，留守儿童、事实无人扶养儿童，留守妇女和重度残疾人，探索免予经济困难状况审查；对脱贫不稳定户、边缘易致贫户、因病因灾致贫户，主动与相关部门研究政策，实现应援尽援、应援优援。

4. 创新“三办”工作方法。推行“优先办、重点办、协作办”的“三办”工作方法，做到法律援助服务高效化、便捷化、可及化。在公共法律服务平台开辟“绿色通道”，对“三农”案件实行优先受理、优先审查、优先指派、优先办理，对行动不便的老年人、残疾人等受援人提供预约服务、上门服务；对于重大、疑难案件，通过案前评估、随案指导、旁听庭审、案后回访等措施保障办案质量；对符合司法救助、社会救助的受援人，主动引导并协助其向办案机关和民政部门申请相关救助。

5. 推广“三项”精准服务。加强法律援助与公证、司法鉴定工作衔接，引导公证和司法鉴定机构依法为受援人减免公证费、鉴定费；深化“法援惠民生　助力农民工”活动，建立健全异地协作机制，依托法律服务网“农民工欠薪求助绿色通道”等平台及时为农民工排忧解难；鼓励引导更多社会组织和志愿者参与法律援助工作，组织实施“1+1”中国法律援助志愿者行动项目、中央专项彩票公益金法律援助项目、“援藏律师服务团”项目，开展“法援乡村惠民生”活动，为中西部地区农村群众提供优质法律援助。

（三）促进法律服务多元化专业化

6. 实施村居法律顾问“五个一”活动。支持引导每位村居法律顾问办理一件涉农法律援助案件、开办一场“乡村振兴法治课堂”、服务一次乡村换届选举、参与一次矛盾纠纷排查化解、举办一场涉农法律咨询。

7. 开展乡村企业“法治体检”专项活动。聚焦农业农村重点产业项目，组织律师、基层法律服务工作者等为乡村企业进行“法治体检”，宣讲涉农法律政策，对企业负责人和员工进行法律培训，指导企业依法合规经营，帮助企业防范化解风险，优化乡村企业营商环境。

8. 开展“100+100党支部结对”活动。结合“我为群众办实事”活动，每个省（区、市）选取100家党建工作强、管理规范的律师事务所党支部，结对100个乡村振兴任务重的村党支部，由熟悉乡村法律事务的党员律师为村“两委”和村民对口提供法律服务，提升基层法治建设水平。

9. 开展“公证进乡村”活动。大力推进公证服务向乡村延伸，在乡村公共法律服务工作站（室）全面设立公证咨询联络点，公布联系方式，提供24小时公证法律咨询、业务办理预约等服务。优化公证服务方式，通过视频公证、巡回办证、定期办证等，实现农村群众申办公证“就近办”。依托村（居）法律顾问和“法律明白人”广泛宣传公证制度，引导农村群众积极运用公证手段维护合法权益，预防和化解矛盾纠纷。

10. 开展“千家鉴定机构进农村”活动。积极推进鉴定机构进驻公共法律服务实体、网络、热线“三大平台”，为广大农民提供及时便利的法律咨询、鉴定指引等服务。积极支持美丽乡村建设，配合检察公益诉讼，对涉农资源破坏、环境污染、生态环境恶化退化、工业和城镇污染向农业农村转移等导致的环境资源案件，提供优质环境损害司法鉴定服务。积极支持农村产业融合发展，对涉及经济合同、产权归属、个人信贷、经济往来等纠纷，及时提供文书、痕迹等鉴定服务。

11. 推进乡村矛盾纠纷排查化解。大力加强乡村人民调解委员会规范化建设，推动乡镇和有条件的村调委会配备至少 1 名专职人民调解员。严格落实村调委会每周一次、乡镇调委会每月一次的矛盾纠纷定期排查制度，及时发现各类矛盾纠纷风险隐患。对常见多发的婚姻家庭、邻里、房屋宅基地、山林土地等矛盾纠纷，坚持抓早抓小、依法及时就地予以化解。鼓励各地开展形式多样的专项行动，聚焦春节、五一、国庆等重要时段和春耕、秋收等农忙时节，突出农民工、特困人员、孤寡老人、留守儿童等重点人群，加大矛盾纠纷排查化解力度，切实维护乡村和谐稳定。

（四）推进法治乡村建设

12. 开展主题普法宣传。在农村深入开展“尊崇宪法、学习宪法、遵守宪法、维护宪法、运用宪法”主题宣传活动，使宪法精神逐步深入人心。以“美好生活 · 民法典相伴”为主题，在每年 5 月组织开展民法典宣传月活动，让民法典走到群众身边、走进群众心里。落实“谁执法谁普法”普法责任制，统筹运用新时代文明实践中心（所、站）、农家书屋、乡村大讲堂等平台，组织宣传乡村振兴相关的法律法规。

13. 开展“民主法治示范村（社区）”创建。在农村基层党组织的领导下，着眼着力治理有效，开展“民主法治示范村（社区）”创建活动，依照宪法法律，依法管理村里各项事务，提高乡村治理法治化水平，推进法治乡村建设。运用“全国民主法治示范村（社区）”电子地图，加强动态管理，定期复核，提高创建质量。组织开展面向家庭的普法主题实践活动，培育农村学法用法示范户，引导村民养成尊法学法守法用法良好风尚。

14. 实施乡村“法律明白人”培养工程。在每个行政村，重点培育一批以村“两委”班子成员、村妇联执委、人民调解员、网格员、村民小组长、退役军人等为重点的“法律明白人”。加强对村“两委”班子成员、村务监督委员会委员法治培训,提高基层干部运用法治思维和法治方式深化改革、推动发展、化解矛盾、维护稳定、应对风险的能力。

15. 创新乡村法治文化建设。加强乡村法治文化基础设施建设,基本实现每个村(社区)至少有一个法治文化阵地。广泛开展群众性法治文化活动。因地制宜推广村民评理说事点、建设社区“法律之家”、探索实行积分制,充分发挥群众在乡村治理的主体意识和责任意识,让群众的法律问题在“家门口”得到回应和解决,共同营造积极向上、安定有序的乡村治理新局面。

**三、组织实施**

(一)加强组织领导。各地司法厅(局)要高度重视,周密部署,积极向党委政府汇报,主动与地方政府乡村振兴工作对接,把法律服务和法治保障纳入乡村振兴“大盘子”,并且摆在突出位置来抓。要建立省级司法行政机关主要负责同志负总责,公共法律服务管理部门牵头,普法、律师、人民调解等部门共同参与、上下协同的工作机制。要结合实际研究制定具有本地特色的活动实施方案,细化工作措施,丰富活动载体,增强服务供给,确保取得实效。

(二)强化工作指导。各地司法厅(局)要加强对本地区开展活动的工作指导,建立动态分析、定期研判等工作机制;可以设立省级活动示范点,积极探索、创造经验,形成以点带面示范效应。司法部将总结活动成效,交流地方经验,对活动开展中涌现出的先进单位和先进个人进行表扬。

(三)营造良好氛围。司法部将组织中央主流新闻媒体、重点新闻网站对活动进行宣传报道,在司法部官网、“两微一端”集中报道活动开展情况,适时发布典型案例。各地司法厅(局)要及时总结活动进展情况、发现亮点经验和典型案例,并组织媒体进行形式多样的宣传报道,营造法律服务助力乡村振兴的浓厚氛围,扩大活动的社会关注度与影响力。

# 人力资源社会保障部　司法部
# 关于深化公共法律服务专业人员职称制度改革的指导意见

（2021年7月27日　人社部发〔2021〕59号）

各省、自治区、直辖市及新疆生产建设兵团人力资源社会保障厅（局）、司法厅（局），国务院各部委、各直属机构人事部门，各中央企业人事部门：

为贯彻落实中共中央办公厅、国务院办公厅印发的《关于深化职称制度改革的意见》，进一步加强公共法律服务队伍建设，为公共法律服务事业改革发展提供有力人才支撑，现就深化公共法律服务专业人员职称制度改革提出如下指导意见。

**一、总体要求**

（一）指导思想

以习近平新时代中国特色社会主义思想为指导，全面贯彻落实党的十九大和十九届二中、三中、四中、五中全会精神，认真落实党中央、国务院决策部署，围绕全面依法治国建设总目标，坚持党管人才，遵循公共法律服务人才队伍建设规律，完善公共法律服务专业人员职称制度，科学、客观、公正地评价公共法律服务专业人员业务能力和服务水平，更好地满足公共法律服务需求，充分发挥公共法律服务专业人员在全面依法治国中的重要作用，为实现“两个一百年”奋斗目标和中华民族伟大复兴的中国梦提供优质高效的公共法律服务。

（二）基本原则

1. 坚持遵循规律。遵循公共法律服务人才成长规律，统筹设计公共法律服务专业人员职称制度，建立适应发展需要的动态调整机制，引导公共法律服务专业人员提升理论水平，拓展专业能力。

2. 坚持科学评价。突出评价职业道德、能力素质和工作业绩，分级分类完善评价标准，创新评价机制，丰富评价方式，科学客观公正评价公共法律服务专业人员。

3. 注重评用结合。将公共法律服务专业人员评价与培养、使用相结合，鼓励用人单位将选人用人制度与公共法律服务专业人员职称制度有机衔接，促进公共法律服务专业人员职业发展。

**二、主要内容**

（一）健全职称体系

1. 完善专业类别。公共法律服务专业人员职称专业类别分为公证员和司法鉴定人。公证员是指符合法定条件，在公证机构从事公证业务的执业人员；司法鉴定人是指在司法鉴定机构从事司法鉴定业务的专业技术人员。

2. 健全职称层级。公共法律服务专业人员职称设初级、中级、高级，其中高级分设副高级和正高级。公证员初级、中级、副高级、正高级职称的名称分别为四级公证员、三级公证员、二级公证员、一级公证员。司法鉴定人初级、中级、副高级、正高级职称的名称为初级司法鉴定人、中级司法鉴定人、副高级司法鉴定人、正高级司法鉴定人。司法鉴定人职称按司法鉴定执业类别分为四个专业方向，分别为法医类、物证类、声像资料、环境损害。其中，法医类的职称名称为法医师、主检法医师、副主任法医师、主任法医师。其他专业方向在职称名称后标注，如初级司法鉴定人（物证类）等。

原司法鉴定人职称与统一后的司法鉴定人职称对应关系为：原助理工程师对应初级司法鉴定人，原工程师对应中级司法鉴定人，原高级工程师对应副高级司法鉴定人，原正高级工程师对应正高级司法鉴定人。法医类司法鉴定人职称名称不变。

3. 动态调整专业设置。各地、各有关部门可根据公共法律服务工作实际，动态调整职称专业设置。对从业人员数量较大、评价需求稳定、发展良好的专业，持续稳定开展评价工作；对发展势头良好，评价需求旺盛的新兴公共法律服务行业，如法律援助、仲裁等，符合条件的增设为新的职称专业；对未来评价需求缩减、从业人员减少的专业，及时调整或取消。

4. 公共法律服务专业人员职称分别与事业单位专业技术岗位等级相对应。正高级对应专业技术岗位一至四级，副高级对应专业技术岗位五至七级，中级对应专业技术岗位八至十级，初级对应专业技术岗位十一级至十三级。

（二）完善评价标准

1. 坚持德才兼备，以德为先。把政治品德和职业道德放在评价标准的首位，要求公共法律服务专业人员坚决拥护中国共产党领导、拥护社会主义法治。遵守宪法和法律，恪守公共法律服务专业人员职业道德和执业纪律，爱岗敬业，科学公正，勤勉尽责。通过个人述职、年度考核等方式加强对职业道德、从业操守等方面的评价，强化公共法律服务专业人员的社会责任，对学术和执业不端行为实行"零容忍"。

2. 突出对能力水平和实际贡献的评价。充分体现公共法律服务职业特点，突出评价公共法律服务专业人员的专业能力、业绩和贡献。破除唯论文、唯学历、唯资历、唯奖项倾向，分类完善公共法律服务人才评价标准。改变在成果评价中过分依赖论文、论著的局面，推行代表作制度，各地区可结合实际建立成果代表作清单，注重代表性成果的质量、贡献和影响力。对于公证员，探索引入公证书、理论文章、指导案例、创新业务等成果形式，重点考察成果质量，注重公证员的实际贡献。对于司法鉴定人，司法鉴定意见书、指导案例、标准规范制定等可作为业绩，重点评价司法鉴定实务、解决疑难复杂司法鉴定案件、新技术新方法运用、科技成果转化等方面的能力。引导公共法律服务专业人员不断更新知识，创新思路，提高专业素养，积极投身法治建设。

3. 实行国家标准、地区标准和单位标准相结合。以公共法律服务专业人员职业属性和岗位需求为基础，人力资源社会保障部会同司法部负责制定《公证员职称评价基本标准》和《司法鉴定人职称评价基本标准》。各地区可根据实际制定本地区标准，具有自主评审权的用人单位可根据本单位实际制定单位标准。地区标准和单位标准不得低于国家标准。

（三）创新评价机制

1. 丰富职称评价方式。建立以同行专家评议为基础、个人评价和团队评价相结合的评价机制，通过考试考核、个人述职、面试答辩、业绩展示、案卷抽样评估等多种评价方式开展评价。为涉密部门和特殊技术人才开辟特殊通道，采取特殊评价办法。

2. 畅通职称申报渠道。进一步打破户籍、地域、身份、档案等限制，畅通各类公共法律服务专业人才的职称申报渠道，民办机构与公立机构的公共法律服务人才，公立机构中各种方式使用的公共法律服务人才，在职称评审等方面享有平等待遇。建立职称评审绿色通道，对在促进法治建设中作出重大贡献，长期在艰苦边远地区工作的公共法律服务人才，适当放宽学历、科研能力要求，重点考察工作业绩。对引进的海外高层次人才和急需紧缺人才，放宽资历和任职年限要求，可直接申报评审高级职称。公务员（含参照公务员法管理人员）不得参加公共法律服务人才职称评审。对在公证机构改革中由行政编制转为事业编制的公证员，可不受职称层级限制，依据学历资历条件和业绩成果直接申报评审相应级别职称。职称评审工作一般每年度组织开展一次。

3. 明确职称评审权限。省级司法行政机关组建公证员职称评审委员会，并可根据需要将中级和初级公证员职称评审工作交由地市或直辖市的区司法行政机关组织实施，不具备条件的省级司法行政机关可委托相邻省级司法行政机关进行评审。有条件的省级司法行政机关可以组建司法鉴定人高级职称评审委员会，对本地区司法鉴定人进行评审。司法部组建司法鉴定人高级职称评审委员会，可接受不具备高级职称评审条件的地区委托评审。各级职称评审委员会按规定程序报人力资源社会保障部门核准备案。

（四）促进职称制度与人才培养使用有效衔接

1. 促进职称制度与人才使用相衔接。各类公共法律服务机构应结合用人需求，根据职称评价结果合理使用公共法律服务专业人才。全面实行岗位管理的事业体制公共法律服务机构，一般应在岗位结构比例内，推荐符合条件的公共法律服务专业人员参加职称评审。不实行事业单位岗位管理的公共法律服务机构，可根据工作需要，择优聘任具有相应职称的公共法律服务专业人员。用人单位应结合用人需求，根据职称评价结果合理使用公共法律服务专业人员，实现职称评价结果与公共法律服务专业人员聘用、考核、晋升、待遇等有效结合。加强聘后管理，在岗位聘用中实现人员能上能下。

2. 促进职称制度与公共法律服务专业人才培养相结合。充分发挥职称评价对提高公共法律服务专业人才培养质量的导向作用，结合公共法律服务事业发展需求，加快人才培养。推进职称评审与公共法律服务人才继续教育制度相衔接，创新和丰富继续教育的内容和形式，促进公共法律服务人才更新知识，提升能力。

（五）加强职称评审监督和服务

1. 加强职称评审委员会建设。完善评审委员会的组织管理办法，健全工作程序和评审规则，合理确定评审委员会组成人员范围，明确评审委员会工作人员和评审专家责任，强化评审考核，建立倒查追责机制。加强评审委员会专家库建设，注重遴选高水平的公共法律服务专家，定期对专家库进行更新，形成专家库动态优化机制。

2. 严肃职称评审工作纪律。探索建立职称申报评审诚信档案和失信黑名单制度，健全诚信承诺和失信惩戒机制，对通过弄虚作假、暗箱操作等违纪违规行为取得的职称，一律予以撤销。建立职称评审公开制度，实行政策公开、标准公开、程序公开、结果公开。建立职称评审回避制度、公示制度和评审结果备案制度。建立复查、投诉机制，加强对评审全过程的监督管理，构建机关、行业协会监管，公共法律服务机构自律，社会监督的公共法律服务专业人员职称评审综合监管体系。

3. 优化职称评审服务。加强职称评审信息化建设，探索建立职称评审信息系统，逐步实现职称网上申报、网上审核、网上评审、网上公示和查询。进一步简化职称申报渠道和审核环节，精减申报材料。加强职称评审信息库建设，探索推行职称电子证书，逐步实现职称证书网上查询验证。加强人才评价、机构评估等相关业务统筹，加强申报材料和业绩成果信息共享，实行材料一次报送、一表多用，减少重复提供材料和重复审核。

**三、组织实施**

（一）提高认识，加强领导

各地区要充分认识公共法律服务专业人员职称制度改革的重大意义，加强组织领导，狠抓工作落实，确保各项改革措施落到实处。各级人力资源社会保障部门会同司法行政部门具体负责公共法律服务专业人员职称制度改革的政策制定、组织实施和监督检查等工作。各部门要高度重视，密切配合，确保公共法律服务专业人员职称制度改革工作顺利推进。

（二）结合实际，周密部署

各地区要根据本指导意见，紧密结合实际，落实好各项改革措施，妥善做好新旧政策衔接工作，按照改革前后的职称对应关系做好过渡。在推进改革过程中，各地要深入开展调查研究，充分掌握本地区公共法律服务专业人员队伍现状，全面考虑改革推进工作中可能遇到的各种情况和问题，及时研究解决，妥善处理改革、发展和稳定的关系。

（三）加强宣传，营造环境

各地区要加强宣传引导，鼓励公共法律服务专业人员争当公共法律服务领域创新的推动者和实践者，充分调动公共法律服务专业人员的积极性，激发创新活力和潜力，为公共法律服务专业人员参加职称评审提供便利，引导公共法律服务专业人员支持和参与改革，营造有利于公共法律服务专业人员职称制度改革的良好氛围。

附件：

1. 公证员职称评价基本标准

2. 司法鉴定人职称评价基本标准

人力资源社会保障部　司法部

2021年7月27日

附件1

## 公证员职称评价基本标准

一、忠于祖国，忠于人民，忠于宪法和法律，拥护中国共产党领导，拥护社会主义法治。

二、热爱本职工作，认真履行岗位职责，依法、规范、诚信执业。

三、恪守公证员职业道德和执业纪律，勇于担当，勤勉敬业，廉洁自律，作风端正，按照要求参加继续教育。

四、公证员申报各层级职称，除必须达到上述基本条件外，还应分别具备以下条件：

（一）四级公证员

1. 基本掌握公证相关法学理论和专业知识，认真执行相关法律、法规、政策和工作制度。

2. 初步掌握公证员执业技能，能够独立承办基本的公证事项和公证事务。

3. 具备硕士学位或第二学士学位；或具备大学本科学历或学士学位，担任公证员满1年；或具备大学专科学历，担任公证员满3年。

（二）三级公证员

1. 熟练掌握公证相关法学理论和专业知识，能够准确理解、熟练运用相关法律、法规、政策和工作制度。

2. 具有较丰富的公证业务经验，熟悉办证流程，能够独立承办公证事项和事务，近三年内在质量检查中无不合格卷。

3. 具有较丰富的公证管理经验，能够独立负责某领域公证工作，在推动公证机构依法决策、依法经营、依法管理方面作出一定贡献。

4. 具备博士学位；或具备硕士学位、第二学士学位，担任四级公证员满 2 年；或具备大学本科学历、学士学位或大学专科学历，担任四级公证员满 4 年。

（三）二级公证员

1. 全面系统掌握相关法学理论和专业知识，熟悉与公证业务相关的其他学科知识，全面了解掌握相关法律、法规、政策和工作制度。

2. 具有丰富的公证业务经验，办理过一定数量的有较大影响的公证法律事务，能够组织和协调处理较为重大、复杂、疑难公证法律事务，业务办理质量良好，近三年内在质量检查中无不合格卷。

3. 工作业绩较为突出，能够指导三级公证员、四级公证员开展公证工作。具有丰富的公证管理工作经验，在推动公证机构依法决策、依法运营、依法管理方面作出较大贡献。

4. 有较强的理论研究能力，能够开展公证法律事务政策、实务研究，主持完成公证法律事务相关课题研究、调研报告，或参与公证法律事务相关重大课题研究、重大调研报告，有较高水平的代表性成果。

5. 具备博士学位，担任三级公证员满 2 年；或具备硕士学位、第二学士学位，或具备大学本科学历、学士学位或大学专科学历，担任三级公证员满 5 年。

（四）一级公证员

1. 具备系统、深厚的法学理论功底，精通本领域相关法规、政策及本单位相关制度，并掌握同本职工作相适应的其他学科知识。

2. 具有丰富的公证业务经验和公证管理工作经验，办理过一定数量的本专业领域有重大影响的公证法律事务，业务办理质量良好，近五年内在质量检查中无不合格卷。

3. 能够独立负责某领域的公证员管理工作，能够有效地组织和协调处理重大、复杂、疑难公证法律事务，能够办理、指导开拓新兴公证业务。

4. 工作业绩突出，能够指导二级公证员、三级公证员、四级公证员开展公证工作，在推动公证机构依法决策、依法运营、依法管理方面作出较大贡献。

5. 理论研究能力强，能够组织领导公证事务理论、政策和实务重大课题研究，取得重大研究成果，在推动公证制度改革发展方面发挥了重要作用；具有较高影响力的代表性成果。

6. 具备大学本科及以上学历或学士及以上学位，担任二级公证员满5年。

附件2

## 司法鉴定人职称评价基本标准

一、忠于祖国，忠于人民，忠于宪法和法律，拥护中国共产党领导，拥护社会主义法治。

二、热爱本职工作，恪守司法鉴定人员职业道德和执业纪律，科学公正，勤勉敬业，廉洁自律，作风端正。

三、取得《司法鉴定人执业证》，认真履行岗位职责，按照要求参加继续教育。

四、司法鉴定人申报各层级职称，除必须达到上述基本条件外，还应分别具备以下条件：

（一）初级司法鉴定人、法医师

1. 基本掌握本专业领域基础理论和专业知识，认真执行本专业领域相关法规、政策和制度。

2. 具备从事司法鉴定相关工作的能力，能够胜任基础性工作，参与完成的司法鉴定业务符合质量要求。

3. 具备大学本科及以上学历或学士及以上学位，从事司法鉴定相关工作满 1 年；或具备大学专科学历，从事司法鉴定相关工作满 3 年。

（二）中级司法鉴定人、主检法医师

1. 熟练掌握本专业领域基础理论知识和专业知识，认真执行本专业领域相关法规、政策和制度，了解本专业领域技术现状和发展趋势。

2. 具有承担较复杂司法鉴定工作的能力，能准确理解、熟练运用本专业领域技术标准和规范，能够独立出具司法鉴定意见文书。

3. 具有一定的技术研究能力，能够撰写为解决复杂技术问题的研究报告或发表论文，取得有实用价值的技术成果。

4. 具备博士学位，从事司法鉴定相关工作满 1 年；或具备硕士学位，从事司法鉴定相关工作满 3 年，或取得初级司法鉴定人职称或其他相关的初级及以上职称后从事司法鉴定相关工作满 2 年；或具备大学本科学历或学士学位，从事司法鉴定相关工作满 5 年，或取得初级司法鉴定人职称或其他相关的初级及以上职称后从事司法鉴定相关工作满 4 年；或具备大学专科学历，取得初级司法鉴定人职称或其他相关的初级及以上职称后从事司法鉴定相关工作满 4 年。

（三）副高级司法鉴定人、副主任法医师

1. 系统掌握本专业领域基础理论知识和专业知识，认真执行本专业领域相关法规、政策和制度，具有跟踪本专业领域科技发展动态的能力，能够吸取最新科研成果应用于实际工作，是本专业的技术业务骨干。

2. 具有丰富的司法鉴定工作经验，能深刻理解和熟练运用本专业领域技术标准和规范，业绩突出，能主持或独立完成复杂疑难司法鉴定工作。

3. 有较强的技术研究能力，能够承担或参与较高水平的技术研究项目，独立完成的较高水平研究报告或发表的较高学术价值论文或研制发布的技术标准规范等技术成果，受到同行专家认可。

4. 具备博士学位，取得中级司法鉴定人职称或其他相关的副高级及以上职称后，从事司法鉴定工作满 2 年；或具备硕士学位、大学本科学历或学士学位，取得中级司法鉴定人职称或其他相关的副高级及以上职称后，从事司法鉴定工作满 5 年；或具备大学专科学历，取得中级司法鉴定人职称或其他相关的副高级及以上职称后，从事司法鉴定工作满 10 年。

（四）正高级司法鉴定人、主任法医师

1. 具备全面系统深厚的专业理论和实践功底，精通本专业领域相关法规、政策及制度，全面掌握本专业领域国内外前沿发展动态，具有引领本专业领域科技发展前沿水平的能力，学术造诣深，学术影响力大，是本专业领域的学术和技术带头人。

2. 具有丰富的司法鉴定工作经验，能深刻理解和研究制定本专业领域技术标准和规范，有效地组织和处理本专业领域有重大影响的复杂疑难司法鉴定工作，能够解决重大技术问题或掌握关键核心技术，业绩显著。

3. 具有主持完成省部级以上研究项目的能力和经历，在突破关键核心技术和自主创新方面作出突出贡献，取得重大研究成果，有高水平、高影响力的代表性研究报告、学术论文和著作、技术标准规范。

4. 具备大学本科及以上学历或学士及以上学位，取得副高级司法鉴定人职称后，从事司法鉴定工作满 5 年。

# （六）法律援助工作类

# 司法部　全国普法办关于深入开展法律援助法学习宣传活动的通知

(2021年11月1日　司发通〔2021〕68号)

各省、自治区、直辖市司法厅(局)、普法依法治理领导小组办公室，新疆生产建设兵团司法局、普法依法治理领导小组办公室，中央和国家机关各部委普法办公室：

《中华人民共和国法律援助法》(以下简称法律援助法)已由国家主席习近平签署中华人民共和国主席令(第九十三号)公布，自2022年1月1日起施行。为认真学习、准确理解、贯彻落实法律援助法，让全社会深入了解中国特色社会主义法律援助制度，营造全社会参与支持法律援助工作的良好氛围，共同推动法律援助工作高质量发展，现就学习宣传有关事项通知如下。

**一、活动主旨**

坚持以习近平新时代中国特色社会主义思想为指导，全面贯彻党的十九大和十九届二中、三中、四中、五中全会精神，深入学习贯彻习近平法治思想，认真组织法律援助法的学习宣传，依法服务保障和改善民生，提高法律援助服务质量，更好地发挥法律援助在推进全面依法治国、保障人民群众合法权益、维护社会公平正义中的职能作用。要通过深入学习使人民法院、人民检察院、公安机关、司法行政机关和其他有关部门的工作人员统一思想、提高认识，理解和掌握法律援助法的立法精神、基本原则和具体规定，增强做好法律援助工作的责任感和使命感；通过组织律师、基层法律服务工作者等人员深入学习,提高其履行法律援助义务的自觉性和积极性,发挥行业奉献精神,依法为受援人提供符合标准的法律援助服务;通过普及法律援助知识,让困难群众在遇到法律问题或者权利受到侵害时能够及时得到法律援助,共享国家法治进步的成果;通过开展宣传营造良好的社会氛围,使法律援助法深入人心,动员社会各方力量广泛参与到法律援助事业中来,将法律援助工作提高到一个新水平。

**二、宣传重点**

(一)深入学习宣传法律援助法颁布实施的重要意义。一是大力宣传法律援助法的颁布实施是贯彻落实习近平法治思想,推进全面依法治国的重要成果。法律援助工作坚守人民立场,紧紧围绕"努力让人民群众在每一个司法案件中都感受到公平正义"的目标,有效解决了经济困难群众"打不起官司"的问题,对于保障困难群众平等获得法律帮助,维护当事人合法权益,具有重要意义。二是大力宣传法律援助法的颁布实施是强化人权司法保障,维护社会公平正义的重要举措。法律援助工作通过为符合法定条件的诉讼当事人提供法律服务,促进案件公正审判,保障法律正确实施,对于推动"公民在法律面前人人平等"真正得以实现,促进司法公正,具有重要意义。三是大力宣传法律援助法的颁布实施是提高公共法律服务水平,推进国家治理体系和治理能力现代化的重要实践。法律援助工作主动融入社会治理大格局,整合多方法律服务资源,及时将困难群体矛盾纠纷纳入法治轨道解决,对于提高社会治理能力水平,维护社会和谐稳定,具有重要意义。

(二)深入学习宣传法律援助的工作原则和目标任务。大力宣传法律援助工作坚持中国共产党领导的原则,要把党的领导贯穿到法律援助工作全过程和各方面,围绕党委政府中心工作,发挥法律援助职能作用;大力宣传法律援助坚持以人民为中心的原则,完善便民利民措施,扩大法律援助覆盖面,满足人民群众日益增长的法律援助需求;大力宣传法律援助坚持尊重和保障人权的原则,保证广大人民群众无论经济条件好坏、社会地位高低,在遇到法律问题或者权利受到侵害时，可以得到及时有效的法律帮助；大力宣传法律援助遵循公开、公平、公正的原则，严格落实法律援助实施程序，建立法律援助信息公开制度，依法为受援人提供符合标准的法律援助服务；大力宣传法律援助实行国家保障和社会参与相结合的原则，既落实国家推进法律援助工作的主体责任，健全法律援助保障体系，又整合社会资源，动员更多社会力量参与法律援助工作，做到优势互补形成合力。

（三）深入学习宣传法律援助法的重点内容。在广泛宣传法律援助法基本内容的基础上，重点宣传法律援助是国家责任，司法行政机关负责指导监督法律援助工作，人民法院、人民检察院、公安机关和其他有关部门依照各自职责，依法做好法律援助工作；重点宣传县级以上人民政府应当将法律援助纳入国民经济和社会发展规划、基本公共服务体系，将法律援助相关经费列入本级政府预算；重点宣传县级以上人民政府司法行政机关应当设立法律援助机构，负责组织实施本行政区域法律援助工作；重点宣传国家鼓励和支持群团组织、事业单位、社会组织、法律援助志愿者等社会力量，依法提供法律援助工作；重点宣传律师事务所、基层法律服务所、律师、基层法律服务工作者负有依法提供法律援助的义务；重点宣传扩大法律援助范围和形式，保障更多公民享有法律援助；重点宣传加强法律援助信息化建设，促进司法行政机关与司法机关及其他有关部门实现信息共享和工作协同；重点宣传建设高素质的法律援助队伍，不断提高法律援助工作规范化专业化水平，以及对在法律援助工作中做出突出贡献的组织、个人给予表彰奖励；重点宣传法律援助实施程序、指导监督的规定；重点宣传法律援助机构工作人员以及其他国家机关工作人员、律师、基层法律服务工作者的相关法律责任规定。

**三、工作安排**

（一）加强系统内部学习培训。司法部将组织召开学习贯彻法律援助法电视电话会议，举办全国法律援助系统领导干部培训班。各级司法行政机关也要结合实际，认真部署学习贯彻法律援助法，综合采取专题学习、举办培训班和专题讲座、召开学习研讨会等多种形式，有计划、分步骤地全面开展学习培训。

（二）抓好有关部门的学习宣传。人民法院、人民检察院、公安机关、财政、人力资源社会保障、民政、税务等法律援助工作的有关部门要落实普法责任，将法律援助法作为“八五”普法工作的重点内容来抓，发挥部门优势开展宣传活动。

（三）组织开展集中学习宣传。一是把法律援助法学习宣传纳入2021年全国“宪法宣传周”和相关专题宣传活动，统一进行安排部署，集中时间、集中力量组织开展宣传。二是组织开展专项有奖答题活动。从2021年12月1日到31日，在中国普法微信公众号和全国普法新媒体矩阵上组织开展法律援助法网上答题活动，对成绩优秀的进行抽奖，并对优秀组织单位进行通报表扬。三是在全国范围内组织开展法律援助法专题讲座活动，在国家机关工作人员、律师、基层法律服务工作者、法律援助志愿者中，开展集中学习宣传。四是在进城务工人员、妇女、未成年人、老年人、残疾人、军人军属和退役军人等重点群体中组织学习宣传活动，采取以案释法等形式，讲好法律援助故事。

（四）认真做好日常学习宣传。一是广泛开展法律援助法进机关、进乡村、进学校、进社区、进企业、进单位活动。充分利用广场、公园、公交站牌等公共场所张贴法律援助宣传图片，利用电子显示屏、服务窗口触摸屏、公交移动电视屏等推送法律援助法相关知识，推进法律援助法宣传广泛覆盖社会公共场所。司法部将统一编制法律援助法学习宣传挂图，电子版供各地各部门免费下载使用。二是充分发挥普法讲师团和普法志愿者作用，采取生动活泼、群众喜闻乐见的形式，深入基层开展法律援助法学习宣传。将宣传法律援助法与宣传法律援助制度、法律援助典型案例和法律援助工作中涌现出的先进典型结合起来，突出实效、营造氛围。三是充分发挥传统媒体与现代传播平台的优势，组织开展有深度的法律援助法宣传活动。利用报纸、广播、电视等传统媒体，依托各类网站、微博、微信、手机客户端等现代传播平台，通过文字、图片、视频、动漫等形式，组织开展鲜活生动的网上宣传，广泛组织开展网上法律知识竞赛、法治动漫微电影作品征集等新媒体宣传活动，不断增强法律援助法宣传实效和感染力。

**四、工作要求**

（一）加强组织领导。各省（区、市）司法厅（局）、普法办要高度重视、精心组织，切实加强组织领导，确保宣传、学习、贯彻工作取得实效。要切实将学习宣传贯彻法律援助法作为一项重要任务工作，列入议事日程。各省（区、市）司法厅（局）主要领导同志要负总责，结合实际，认真研究、制定本省（区、市）学习宣传贯彻法律援助法的实施方案，加强对工作的组织领导和协调指导。

（二）落实工作责任。各地各有关单位要按照"谁执法谁普法"的要求，尽职尽责，抓好法律援助法学习宣传工作，确保参与法律援助工作的人员按照法律援助法规定开展相关工作。要利用学习、宣传、贯彻法律援助法的契机，积极主动向当地党委和政府汇报法律援助工作，争取党委和政府对法律援助工作的高度重视和关心支持。

（三）加强沟通协调。各省（区、市）司法厅（局）要加强与人民法院、人民检察院、公安机关、民政、人力资源社会保障、财政、税务等部门和工会、共青团、妇联、残联等单位的沟通协调，依法明确各部门各单位在宣传贯彻法律援助法中的任务和职责，共同宣传贯彻好法律援助法，带头将学习宣传贯彻法律援助法活动引向深入。

（四）注重宣传实效。各项宣传活动要贴近基层、贴近群众，扩大基层群众参与度，做到宣传内容为群众所需、宣传方式为群众所喜、宣传成效为群众所赞，力戒形式主义。要严格按照疫情防控要求组织开展线下宣传活动，坚持日常宣传与集中宣传相结合，把法律援助法学习宣传融入群众日常生活，推动法律援助法学习宣传常态化、制度化。

# 退役军人事务部　司法部<br>关于印发《关于加强退役军人法律援助工作的意见》的通知

（2021年12月7日　退役军人部发〔2021〕73号）

各省、自治区、直辖市退役军人事务厅（局）、司法厅（局），新疆生产建设兵团退役军人事务局、司法局：

为加强退役军人法律援助工作，依法维护退役军人合法权益，退役军人事务部、司法部共同制定了《关于加强退役军人法律援助工作的意见》。现印发给你们，请结合实际抓好贯彻落实。

## 关于加强退役军人法律援助工作的意见

退役军人法律援助工作是加强退役军人服务保障的重要举措，是维护退役军人合法权益的一项重要民生工程。推进退役军人法律援助工作，对于建立健全退役军人权益保障机制，完善公共法律服务体系，具有重要意义。为全面落实中共中央办公厅、国务院办公厅《关于完善法律援助制度的意见》和《中华人民共和国退役军人保障法》、《中华人民共和国法律援助法》等政策法律制度，加强退役军人法律援助工作，现提出如下意见。

一、总体要求

（一）指导思想。以习近平新时代中国特色社会主义思想为指导，全面贯彻落实党的十九大和十九届二中、三中、四中、五中、六中全会精神，全面贯彻习近平法治思想，深入贯彻习近平总书记关于退役军人工作重要论述和法律援助工作重要指示精神，增强“四个意识”、坚定“四个自信”、做到“两个维护”，紧紧围绕广大退役军人实际需要，依法扩大法律援助范围，提高法律援助服务质量，确保退役军人在遇到法律问题或者合法权益需要维护时获得优质高效的法律帮助。

（二）基本原则。坚持党的领导，突出党总揽全局、协调各方的领导核心作用，把党的领导贯穿到退役军人法律援助工作的全过程和各方面。坚持以人为本，把维护退役军人合法权益作为出发点和落脚点，努力满足退役军人法律援助需求。坚持政府主导，落实退役军人事务部门、司法行政部门退役军人法律援助工作的部门责任，同时激发各类社会主体参与的积极性。坚持改革创新，立足退役军人工作实际，积极探索退役军人法律援助工作规律，创新工作理念、机制和方法，实现退役军人法律援助申请快捷化、审查简便化、办案标准化。

（三）工作目标。到 2022 年，基本形成覆盖城乡、便捷高效、均等普惠的退役军人法律援助服务网络，退役军人法律援助工作全面覆盖。到 2035 年，基本形成与法治国家、法治政府、法治社会基本建成目标相适应的退役军人法律援助供给模式，退役军人的满意度显著提升、共享公共法律服务成果基本实现。

二、加强法律援助体系保障

（四）设立服务窗口站点。退役军人事务部门可以根据实际工作情况在退役军人服务中心（站）设立法律咨询窗口，为退役军人提供法律咨询、转交法律援助申请等服务。法律援助机构可以根据工作需要在退役军人服务中心设立法律援助工作站，在乡镇、街道、农村和城市社区退役军人服务站设立法律援助联络点，就近受理法律援助申请。

（五）加强人员力量建设。退役军人事务部门可以通过政府购买法律服务等方式，择优选择律师事务所等法律服务机构为退役军人提供法律咨询服务。司法行政部门可以整合公共法律服务资源，积极引导律师等法律人才为退役军人提供法律援助服务。鼓励和支持法律援助志愿者在司法行政部门指导下，为退役军人提供法律咨询、代拟法律文书等法律援助。加强法律援助人才库建设，鼓励符合条件的退役军人积极参与法律援助志愿服务工作，加强法律知识培训，提高法律援助人员专业素质和服务能力。

（六）建立服务规范标准。推进退役军人法律援助工作规范化标准化建设。退役军人法律咨询窗口、法律援助工作站（联络点）应当建立来访人信息登记制度，完善解答咨询、受理转交申请等工作制度。推动援务公开，对法律援助申请条件、流程、渠道和所需材料等进行公示。省级退役军人法律咨询窗口、法律援助工作站每周至少安排半个工作日、市和县至少安排一个工作日专业人员值班服务，乡镇、街道、农村和城市社区退役军人法律咨询窗口、法律援助联络点做好日常服务。

**三、拓宽法律援助覆盖范围**

（七）扩大援助范围。在法律援助法规定事项范围基础上，根据当地经济社会发展水平和退役军人法律援助实际需求，依法扩大退役军人法律援助覆盖面。有条件的地区，要将涉及退役军人切身利益的事项纳入法律援助范围，降低法律援助门槛，尽力使更多退役军人依法获得法律援助。法律援助机构要认真组织办理退役军人涉及确认劳动关系、支付劳动报酬、工伤事故、交通事故、食品药品安全事故、医疗事故人身损害赔偿等方面的法律援助案件，依法为退役军人提供符合标准的法律援助服务。

（八）强化咨询服务。退役军人事务部门要在法律咨询窗口、法律援助工作站（联络点）安排专业人员免费为来访退役军人提供法律咨询,全面了解案件事实和来访人法律诉求。对咨询事项属于法律援助范围的,应当提示来访人享有依法申请法律援助的权利,并告知申请法律援助的条件和程序;对咨询事项不属于法律援助范围的,可以为来访人提出法律建议;对咨询事项不属于法律问题或者与法律援助无关的,可以告知来访人应咨询部门或渠道。司法行政部门要将退役军人作为公共法律服务的重点对象,为退役军人开辟法律援助绿色通道,在现有的公共法律服务实体平台普遍设立退役军人优先服务窗口。有条件的地区,在法律服务网设立退役军人专栏,或者在“12348”公共法律服务热线平台开通退役军人专线,优先为退役军人解答日常生产生活中遇到的法律问题。

**四、完善法律援助工作机制**

(九)建立协作机制。退役军人事务部门、司法行政部门要建立健全退役军人法律援助工作协作机制,强化退役军人工作政策制度、退役军人身份和经济困难状况等信息沟通,促进实现信息共享和工作协同。法律援助机构在办理退役军人法律援助事项时,需要核查申请人经济困难状况的,退役军人事务部门应当予以配合。建立健全法律援助服务资源依法跨区域流动制度机制,鼓励和支持律师、法律援助志愿者等在法律服务资源相对短缺地区为退役军人提供法律援助。

(十)优化办理程序。退役军人法律咨询窗口、法律援助工作站(联络点)可以接受退役军人的法律援助申请,经初步审查,符合法律援助条件的,应当及时转交法律援助机构办理,也可以引导申请人通过法律服务网在线申请。法律援助机构要把退役军人作为重点援助对象,对退役军人的法律援助申请,可以优先受理、优先审查、优先指派。

(十一)提高办案质量。根据退役军人法律援助案件性质、结合法律援助人员专业特长,法律援助机构应当合理指派案件承办人员,注意挑选对退役军人工作有深厚感情、熟悉涉军法律和政策、擅长办理同类案件的法律援助人员为退役军人提供法律援助服务,提高案件办理的专业化水平和质量。法律援助机构、法律援助人员对提供法律援助过程中知悉的国家秘密、商业秘密和个人隐私应当予以保密。

（十二）加强跟踪督办。健全退役军人法律援助案件服务质量监管机制，综合运用质量评估、受援人回访等措施强化案件质量管理，督促法律援助机构和人员依法履行职责。对疑难复杂案件，法律援助机构可以联合退役军人事务部门以及相关部门共同研究，加强跟踪检查，保证受援人获得优质高效的法律援助。

**五、丰富法律援助服务方式**

（十三）加大普法宣传教育。退役军人事务部门要加强法治宣传教育，普及法律知识，增强退役军人法治意识，引导退役军人依法表达合理诉求、依法维护权益。退役军人事务部门、司法行政部门可以组织人员通过入户走访、座谈沟通等多种方式，及时了解退役军人法律援助需求。

（十四）完善便民服务机制。加强退役军人法律援助信息化建设，推动互联网、大数据、人工智能等科技创新成果同退役军人法律援助工作深度融合。退役军人事务部门、司法行政部门应当通过服务窗口、电话、网络等多种方式为退役军人提供法律咨询服务。法律援助机构对老年、残疾等行动不便的退役军人，视情提供电话申请、上门服务。

**六、切实加强组织领导**

（十五）强化责任担当。各级退役军人事务部门、司法行政部门要认真履行组织、协调和指导退役军人法律援助工作的职责，充分发挥职能作用。退役军人事务部门、司法行政部门要加强沟通协调，密切工作配合，建立制度化、规范化的工作衔接机制。法律援助机构要丰富服务内容，创新服务方式，不断提高为退役军人提供法律援助服务的能力和水平。

（十六）加强检查指导。建立退役军人法律援助工作责任履行情况考评机制、报告制度和督导检查制度。将退役军人法律援助工作作为法治政府建设的重要任务，作为退役军人工作考核的重要内容。退役军人事务部门、司法行政部门要加强跟踪指导，积极协调解决法律援助工作中的难点问题，及时总结推广实践证明行之有效的典型做法和有益经验。

（十七）做好宣传推广。加强舆论引导，广泛宣传退役军人法律援助工作的重大意义，宣介退役军人法律援助工作成效。加强宣传表彰工作，对在退役军人法律援助工作中做出突出贡献的组织和个人，按照有关规定给予表彰、奖励。积极营造鼓励创新的良好氛围，促进退役军人法律援助工作健康持续创新发展。

# 司法部　中央文明办<br>关于印发《法律援助志愿者管理办法》的通知

（2021 年 12 月 31 日　司规〔2021〕6 号）

各省、自治区、直辖市司法厅（局）、文明办，新疆生产建设兵团司法局、文明办：

为贯彻落实法律援助法，做好法律援助志愿服务工作，现将《法律援助志愿者管理办法》印发给你们，请结合实际认真贯彻执行。

## 《法律援助志愿者管理办法》

### 第一章　总　　则

**第一条**　为鼓励和规范社会力量参与法律援助志愿服务，保障法律援助志愿者、志愿服务对象及法律援助机构等招募单位的合法权益，发展法律援助志愿服务事业，根据《中华人民共和国法律援助法》《志愿服务条例》等规定，制定本办法。

**第二条**　本办法适用于由法律援助机构或受其委托的事业单位、社会组织，以及工会、共产主义青年团、妇女联合会、残疾人联合会等群团组织，组织招募志愿者开展的法律援助志愿服务活动。

本办法不适用于公民自行开展的公益法律服务。

**第三条** 本办法所称法律援助志愿者，是指根据法律援助机构等单位安排，运用自身专业知识和技能无偿提供法律援助及相关服务的公民。

**第四条** 开展法律援助志愿服务，应当遵循自愿、无偿、平等、诚信、合法的原则，不得违背社会公德、损害社会公共利益和他人合法权益。

**第五条** 司法行政、财政、民政、教育、卫生健康（老龄办）、共产主义青年团等部门和单位应当采取措施，鼓励公民提供法律援助志愿服务。

**第六条** 国务院司法行政部门指导、监督全国的法律援助志愿服务活动。县级以上地方人民政府司法行政部门指导、监督本行政区域的法律援助志愿服务活动。

法律援助机构负责组织实施法律援助志愿服务活动，可以委托事业单位、社会组织招募法律援助志愿者，开展法律援助志愿服务活动。

## 第二章　服务范围和申请条件

**第七条** 根据自身专业知识和技能情况，法律援助志愿者可以提供下列服务：

（一）法律咨询、代拟法律文书、刑事辩护与代理、民事案件、行政案件、国家赔偿案件的诉讼代理及非诉讼代理、值班律师法律帮助、劳动争议调解与仲裁代理等法律援助服务；

（二）为受援人提供外语、少数民族语言翻译、心理疏导等相关服务；

（三）为有需要的残疾受援人提供盲文、手语翻译等无障碍服务；

（四）为法律援助经费筹集提供支持，参与法律援助的宣传、培训、理论研究、案件质量评估等工作。

**第八条** 公民申请成为法律援助志愿者，应当年满18周岁，具有奉献精神，遵纪守法，热爱法律援助和志愿服务事业。

**第九条** 申请提供刑事辩护与代理和值班律师法律帮助的法律援助志愿者，应当提供律师执业证书。

申请提供心理疏导、翻译服务的法律援助志愿者，一般需提供职业资格证书或学历学位证书。

**第十条** 有下列情形之一的，法律援助机构等招募单位不得审核其成为法律援助志愿者：

（一）无民事行为能力或者限制民事行为能力的；

（二）因故意犯罪受过刑事处罚的；

（三）被吊销律师、公证员执业证书的；

（四）因违法违规被取消法律援助志愿者身份的。

## 第三章 权利和义务

**第十一条** 法律援助志愿者享有以下权利：

（一）根据自己的意愿、时间和技能提供法律援助志愿服务；

（二）获得法律援助志愿服务内容的必要信息、安全教育、技能培训、志愿者服务证及胸章、服务记录证明；

（三）提供服务后按规定领取法律援助补贴中的直接费用；

（四）相关法律、法规、规章赋予的其他权利。

**第十二条** 法律援助志愿者应当履行以下义务：

（一）履行志愿服务协议或承诺，提供符合标准的法律援助服务；

（二）保守国家秘密、商业秘密和个人隐私，不得向他人泄露志愿服务中掌握的案件情况；

（三）因故不能参加或完成预先约定的法律援助志愿服务，应当提前告知；

（四）不得以法律援助志愿者名义从事营利性活动，不得向受援人收取财物或接受其他利益；

（五）相关法律、法规规定的其他义务。

## 第四章　服务管理

**第十三条**　法律援助机构等招募单位，可以根据工作需要制定法律援助志愿者招募计划，发布真实、准确、完整的招募信息，并负责组织做好相关工作。

**第十四条**　申请人申请成为法律援助志愿者，应当按照法律援助机构等招募单位要求，提交法律援助志愿者申请表，提供身份信息、服务技能、服务时间和联系方式等基本信息。

**第十五条**　经法律援助机构等招募单位审核后，申请人可以登录全国性志愿服务平台自行注册信息，也可以通过法律援助机构等招募单位注册。

**第十六条**　法律援助机构等招募单位应当如实记录法律援助志愿者的注册信息、志愿服务情况、评价情况、参加培训和获得表彰奖励等信息，并根据记录的信息出具法律援助志愿服务记录证明。

**第十七条**　法律援助志愿服务时长以小时为单位进行记录，原则上每天记录时长不超过 8 小时，超出时长的需要单独记录并作出说明。

**第十八条**　司法行政机关可以根据法律援助志愿者的服务时长、服务效果及综合评价等，建立健全法律援助志愿者星级服务评估评选机制。

**第十九条**　法律援助志愿者可以提出退出法律援助志愿者队伍的申请，法律援助机构等招募单位应当在收到其退出申请后的十五个工作日内完成相关工作。

**第二十条**　法律援助志愿者有下列情形之一的，法律援助机构核实后，对造成不良影响的，应当取消或通知招募单位取消其法律援助志愿者身份，并以适当方式告知本人：

（一）以法律援助志愿者名义进行营利性活动，或者收取受援人财物或其他利益的；

（二）同一年度内三次不能完成预先约定的服务，或者因服务质量不合格被受援人投诉三次以上的；

（三）违反相关执业行为规范的；

（四）法律、法规规定的其他情形。

**第二十一条** 法律援助志愿者在志愿服务中存在违法行为的，司法行政机关应当依法予以处理，并由法律援助机构等招募单位取消其法律援助志愿者身份。

## 第五章 激励保障

**第二十二条** 法律援助机构等招募单位应当为法律援助志愿者提供必要的工作条件，组织业务培训，支付法律援助志愿者提供服务过程中实际产生的差旅费、邮电费、印刷费、调查取证费、翻译费、公证费和鉴定费等直接费用。

组织可能发生人身危险或为期一年以上的专项法律援助志愿服务活动的，法律援助机构等招募单位应当与志愿者签订服务协议，为志愿者购买相应的人身意外伤害保险。

法律援助志愿者在提供志愿服务过程中受到人身、财产权益侵害的，法律援助机构等招募单位应当提供必要帮助，依法维护法律援助志愿者的合法权益。

**第二十三条** 司法行政机关应当根据国家有关规定，协调参与法律援助志愿服务相关部门，建立健全法律援助志愿服务激励机制，开展法律援助志愿服务宣传，提供必要的经费、培训和场所支持，推动法律援助志愿者在就学、公共服务、表彰奖励等方面享有本地区关于志愿者的优惠奖励政策，并按规定落实就业、社会保障政策。

**第二十四条** 司法行政机关应当与文明办、民政、教育、卫生健康(老龄办)、共产主义青年团等部门和单位建立法律援助志愿服务工作协作、信息共享机制。

司法行政和教育部门应当共同鼓励和支持高等院校师生提供法律援助志愿服务,可以将在校师生参与法律援助志愿服务的情况,作为教师业绩评价的参考,探索将法律援助志愿服务纳入学生实习、实训和实践课程。

鼓励具备条件的地方团委和高等院校招募大学生法律援助志愿者,积极提供法律援助志愿服务。

**第二十五条** 高等院校、科研机构可以组织从事法学教育、研究工作的人员和法学专业学生作为法律援助志愿者,在司法行政部门指导下,依法为经济困难公民和符合法定条件的其他当事人提供法律咨询、代拟法律文书、案件代理、劳动争议调解与仲裁代理服务。

**第二十六条** 司法行政机关应当加强与工会、共产主义青年团、妇女联合会、残疾人联合会、老龄协会等沟通协调,建立法律援助志愿服务工作协作机制,共同开展针对困难职工、进城务工人员、未成年人、妇女、残疾人、老年人等特定群体的专项法律援助志愿服务活动。

事业单位、社会组织受法律援助机构委托招募法律援助志愿者,或者工会、共产主义青年团、妇女联合会、残疾人联合会等群团组织自行组织招募的,应当接受法律援助机构的业务指导,引导志愿者落实法律援助服务标准,有关工作进行备案登记。

**第二十七条** 司法行政机关应当与文明办、民政、卫生健康(老龄办)、共产主义青年团等部门和单位加强协作,共享全国性志愿服务平台有关法律援助志愿信息,依托现有志愿服务平台建立法律援助志愿服务信息登录和注册页面,实现法律援助志愿者的网上申请、审核等管理,以及志愿服务信息的查询、下载。

**第二十八条** 对在法律援助志愿服务中做出突出贡献的个人,由司法行政机关按照法律、法规和国家有关规定予以表彰、奖励。

## 第六章　附　　则

**第二十九条**　除本办法外,关于法律援助志愿者的管理,还应当遵守国家和地方精神文明建设指导机构及各级民政部门有关志愿服务的相关规定。

**第三十条**　法律援助志愿者通过志愿服务项目提供法律援助服务的,按照本办法相关规定和项目协议执行。接受服务地法律援助机构指派办理案件的,与当地法律援助人员领取同等的法律援助补贴。

**第三十一条**　本办法所称招募单位,包括法律援助机构,受法律援助机构委托开展法律援助志愿服务活动的事业单位、社会组织,以及工会、共产主义青年团、妇女联合会、残疾人联合会等群团组织。

**第三十二条**　本办法的解释权属于国务院司法行政部门。

**第三十三条**　本办法自发布之日起施行。

# (七) 公证工作类

# 司法部关于印发《关于优化公证服务更好利企便民的意见》的通知

（2021 年 5 月 28 日　司发〔2021〕2 号）

各省、自治区、直辖市司法厅(局)，新疆生产建设兵团司法局：

《关于优化公证服务更好利企便民的意见》经报国务院同意，现予印发，请结合实际，认真抓好贯彻落实。

## 关于优化公证服务更好利企便民的意见

公证是公共服务的重要组成部分。优化公证服务，是深化“放管服”改革，打造市场化、法治化、国际化营商环境的重要举措，对于激发市场主体活力、便利人民群众生活、促进服务经济社会高质量发展具有重要意义。为贯彻落实深化“放管服”改革部署要求，进一步健全制度、完善机制，优化公证服务，更好利企便民，现提出如下意见。

**一、总体要求**

（一）指导思想。以习近平新时代中国特色社会主义思想为指导，全面贯彻落实党的十九大和十九届二中、三中、四中、五中全会精神，深入学习贯彻习近平法治思想，坚持以人民为中心的发展思想，深化部门协同、强化创新推动、优化资源配置，综合运用告知承诺、信息共享、在线服务等手段，不断健全和完善公证利企便民制度体系和服务机制，促进公证服务能力和水平整体提升。

（二）工作目标。到2021年底，公证证明材料清单制度、一次性告知制度、告知承诺制度得到普遍落实，将公证业务执业区域分类推进放宽至省一级，公证办理难繁慢的局面明显改观；到2025年，公证发展环境更加优化，“跨省通办”、“全程网办”公证事项明显增多，公证利企便民体系更加完善，部门协同机制更加健全，基本解决公证办理难繁慢问题，公证服务供给能力明显增强，公证服务质量和社会满意度显著提升。

**二、规范和精减公证证明材料**

（三）全面推行公证证明材料清单管理。坚决清理没有明确法律法规或者国务院决定依据、不必要的证明材料，凡是能够通过个人有效证照证明的、能够通过部门之间信息共享核验的证明材料，不得让当事人重复提供，杜绝循环证明、无谓证明。司法部、中国公证协会梳理法律关系明确、事实清楚的高频公证事项所需证明材料清单，2021年8月底前向社会公示，并适时动态调整。

（四）落实一次性告知制度。公证机构必须一次性明确告知当事人办理公证的条件、程序、期限以及需要提交的材料、获取材料的途径和方式，减少现场排队等候时间和往返公证机构次数。各级司法行政机关、地方公证协会要强化督促落实，确保实效。

（五）探索实行公证证明材料告知承诺。按照利企便民原则，有针对性地选取与企业和群众生产生活密切相关、使用频次较高或者获取难度较大的公证证明事项实行告知承诺制，按规定不再要求企业和群众提供证明材料，由省级司法行政机关确定本地区告知承诺事项范围并于2021年底前向社会公布。司法部会同有关部门将公证纳入社会信用体系，将企业和个人提供虚假材料、不实承诺的行为信息记入信用记录，依法依规与有关部门共享并向社会公布；相关主体不得再次适用公证证明材料告知承诺制。

## 三、提升公证服务能力

(六)放宽公证执业区域。按照分类推进、分步实施、有序调整的原则,2021 年底前将法律关系简单的公证业务执业区域放宽至省一级,促进公证资源均衡配置,方便人民群众选择优质服务、就近办证,推动更多公证事项“全省通办”、“跨省通办”。

(七)均衡配置服务资源。加强对偏远地区、力量薄弱公证机构的对口帮扶,引导县域公证机构进驻基层公共法律服务中心(站),通过视频公证、巡回办证、定期办证等方式,实现群众申办公证“就近办”。科学制定公证公益服务事项范围,鼓励公证机构为老年人、未成年人、残疾人、农民工及生活困难群众提供公益性法律服务,对符合法律援助条件的当事人,按照规定减免公证费。积极探索开展意定监护协议公证,公证机构不得向协议双方以外的第三人透露协议内容,严格审查涉老不动产公证申请人的真实身份和意思表示,不准办理涉及不动产处分的全项委托公证。

(八)持续深化“最多跑一次”改革。2021 年 6 月底前,各地要对公证领域“最多跑一次”改革开展“回头看”,对于法律关系明确、事实清楚、无争议的委托、声明等公证事项,只要当事人提交的申请材料齐全、真实,符合法定受理条件,原则上全部纳入“最多跑一次”改革范围。

(九)提升窗口服务效能。公证机构应当在窗口醒目位置公示办证流程、收费项目、收费标准、服务内容、监督电话,设立便民指示牌、咨询台,落实首问负责制,安排业务素质高、工作能力强、服务态度好的公证人员办理窗口接待咨询业务。加强公证人员服务规程、礼仪规范、文明用语、设备应用等方面培训,提高服务能力。公证机构应当配备便民设施和适老用品,有条件的要提供雨伞、网络、打印复印等便利设施或服务。

(十)优化涉企公证服务。充分发挥公证助力经济社会发展作用,为企业提供及时高效的公证法律服务。针对中小微企业面临的扩大融资、资金周转、债务偿还等困难,有效运用涉企“绿色通道”,

设置专门办证窗口，安排公证员“一对一”全程跟踪服务，做到当日受理、及时办理、快速出证。

（十一）完善便民服务举措。倡导公证机构开展预约办证、节假日轮值、延时服务、代办服务，在严格办证程序前提下，缩短办证期限，对法律关系简单、事实清楚、证明材料充分的公证事项，做到当日出证。着力打造便民公共法律服务平台，探索与不动产登记、房屋交易管理、社保、金融等部门互设办事窗口，使用一张表单联办公证和相关业务。

**四、推进公证信息化应用和信息共享**

（十二）加快推进数据共享。司法行政机关要加大沟通协调力度，切实做好公证机构与用证部门之间信息共建共享工作。依托全国一体化政务服务平台和国家数据共享交换平台推进人口基本信息、婚姻、收养、不动产登记、房产开发、房屋交易、住房租赁、住房公积金、企业登记等办理公证所需数据的共享和在线查询核验，提高数据的完整性、及时性和准确性。建立疑义信息快速校核机制，公证机构在办理业务时，对获取的共享信息有疑义或发现有明显错误的，应当及时向提供部门反馈、校核；在校核期间，如申请人已提供合法有效的证明材料，公证机构应按程序办理，不得拒绝、推诿或要求申请人自行办理信息更正手续。

（十三）加快公证行业内部协查和用证部门间数据应用。健全完善行业内部查询核验机制，由中国公证协会建立统一的电子公证书查询方式，在全国公证管理信息系统增设公证机构之间查询核验功能。扩大电子公证书面向使用部门的对接范围，2021 年底前，实现大多数公证机构与人民法院、仲裁、住房和城乡建设、住房公积金、不动产登记等部门（机构）的发送、查询、对接，2022 年所有公证机构全部完成对接工作。充分运用区块链、数码防伪等技术，丰富公证书验真方式方法，防止伪造公证书的行为，积极配合有关部门依法查处公证造假。

（十四）推广运用在线公证服务模式。整合利用已有移动办证端口，提高在线申办公证服务水平，并接入全国一体化政务服务平台，方便当事人在线完成相关申办流程。加快推进法律职业资格证书、译本与原本相符、学历学位证书、驾照等高频公证服务事项实行全流程在线办理、“一网通办”，完善身份识别比对、电子签名、在线询问、在线审查等功能，实行申请、受理、审核、缴费、出证、送达等全流程在线办理。推广远程视频公证在偏远地区、司法行政机关确定的定点场所应用，稳步有序推进我驻外使领馆（中国签证申请中心）和国内公证机构合作开展海外远程视频公证试点工作。

**五、强化公证行业监督管理**

（十五）强化公益服务。司法行政机关、地方公证协会要将公证员开展的公益法律服务纳入考核指标。将公益法律服务事项和技能作为公证员职业培训重要内容，深化公证员职称制度改革，把公证员参与公益法律服务作为职称评审的考核指标之一。

（十六）强化执业监督。健全公证执业活动检查制度，推行“双随机、一公开”监管，依法对机构和人员资质、公证档案、公证收费和会计账册进行核查。加大对关系群众切身利益的遗嘱、继承、赋予强制执行效力文书公证等重点事项的监管力度，严格履行审查核实职责，防止出现根据虚假证据出具公证书和执行证书损害人民群众权益的情形。依法依规对公证人员违法违规执业行为作出行政处罚、行业惩戒。支持公证协会通过行业自律管理，依法依章程履行规范执业、教育培训等职责。

（十七）强化质量与服务监管。注重公证质量建设，常态化开展公证警示教育、质量评查评估和督促整改，定期开展公证行业专项教育整顿活动，大力整治“一证难求”、“限号公证”、违规收费和“门难进、事难办、态度差”等社会反响强烈的突出问题。落实执业过错责任追偿制度，加大违法成本。落实公证法律服务“好差评”制度，以服务窗口设置评价器或评价二维码、办结环节设置“随单评价”等方式，分阶段或一次性主动接受当事人监督，评价结果向社会公开，促进提升服务品质。

## 六、加强组织领导

（十八）狠抓责任落实。各省（区、市）司法行政机关要结合本地实际，采取更加精准的举措，制定具体落实方案，明确时间表、路线图，层层压实责任，确保优化公证服务各项举措落地见效。要畅通投诉举报渠道，按照规定针对本地区落实推进公证改革和服务的情况开展监督检查。公证机构和公证人员要自觉接受各方面的监督。

（十九）持续深化改革。各级司法行政机关要把公证体制改革摆上重要位置，结合本地实际，创造性抓好各项改革任务的落实，坚决打通“最后一公里”。积极落实事业体制公证机构改革政策，推进合作制公证机构规范建设，推动公证改革向纵深发展，以制度供给增强公证行业吸引力和从业人员内生动力，使改革更加精准地对接发展所需、基层所盼、民心所向。

（二十）加强宣传引导。各级司法行政机关和地方公证协会要善于发现培育基层公证工作改革创新做法经验，复制推广各类优化服务的先进典型。综合运用报刊、广播、电视、网络等媒体，宣传公证法律制度、程序规则，宣传公证服务经济发展、社会治理和保障民生的做法、案例和成效，讲好公证故事，让社会各界知晓公证、了解公证，认可公证的服务价值，为公证事业规范建设与改革发展营造良好氛围。

# 司法部关于印发《关于深化公证体制机制改革促进公证事业健康发展的意见》的通知

（2021年6月29日　司发〔2021〕3号）

各省、自治区、直辖市人民政府，中央和国家机关有关部门和单位：

《关于深化公证体制机制改革　促进公证事业健康发展的意见》已经中央全面深化改革委员会审议通过。现印发给你们，请结合实际认真贯彻落实。

## 关于深化公证体制机制改革促进公证事业健康发展的意见

公证制度是重要的预防性司法制度，公证服务是公共法律服务的重要组成部分。为贯彻落实党中央决策部署和习近平总书记关于公共法律服务工作的重要指示精神，根据《中华人民共和国公证法》，提出如下意见。

**一、总体要求**

（一）指导思想。坚持以习近平新时代中国特色社会主义思想为指导，全面贯彻党的十九大和十九届二中、三中、四中、五中全会精神，深入贯彻习近平法治思想，坚持以人民为中心的发展思想，深化公证服务供给侧结构性改革，优化事业体制公证机构运行机制，规范推进合作制公证机构建设发展，有序放宽执业区域，拓展服务领域，强化执业监管，改进服务方式，增强公证机构活力，不断提高公证服务的供给总量、质量和效率，提高公证行业公信力，切实增强人民群众的获得感、幸福感、安全感。

（二）基本原则。坚持党对公证工作的全面领导，把党的领导贯彻落实到公证事业改革发展的全过程和各方面；坚持公证服务为民、便民利民，为人民群众多办证、办好证；坚持公证的公益性、非营利性，区分公证机构的公益性服务与市场化服务，实行不同的价格政策，提高公证服务均等化、可及性水平；坚持统筹谋划，从公共法律服务体系建设全局出发，分类指导，不搞“一刀切”，协调推进公证事业改革发展；坚持依法依规诚信执业，牢牢把握社会公平正义价值追求，确保公证工作客观、公正。

（三）主要目标。到2022年，事业体制公证机构、合作制公证机构普遍建立比较完善的管理体制和运行机制，规范执业、充满活力，领域广泛拓展、服务高质高效。到2025年，公证服务供给能力明显增强，公证服务质量和公信力显著提升，人民群众获得公证服务的可及性、便捷化程度显著提高，公证服务经济社会发展的功能作用得到有效发挥。

**二、加强党的领导**

（四）坚持党对公证工作的全面领导。坚持把加强党的领导作为推进公证事业改革发展的根本政治保证，切实增强“四个意识”、坚定“四个自信”、做到“两个维护”，确保党中央决策部署和习近平总书记重要指示批示得到不折不扣贯彻落实，坚定有力地完成好推进公证事业改革发展的各项目标任务。

（五）健全完善中国特色社会主义公证制度体系。坚持以我为主、借鉴国外有益经验，加快修改公证法，完善公证制度体系，确保公证工作的中国特色社会主义方向。充分发挥公证制度在推进国家治理体系和治理能力现代化中的重要作用,强化预防纠纷功能作用,促进经济社会发展。

(六)加强公证行业党建工作。强化各地司法行政机关党组(党委)对公证机构党建工作的领导责任。健全公证机构基层党组织,优化组织设置,完善党建工作制度,有效实现党的组织和党的工作全覆盖。建立健全公证机构党组织全面参与业务发展、队伍建设、收入分配、考核评价等重大事项决策的工作机制,充分发挥基层党组织战斗堡垒作用和党员先锋模范作用。

**三、坚持公益属性**

(七)均衡配置服务资源。加强公证服务资源的布局规划、动态调配,推进基本公证服务均衡发展。县域内没有公证机构的,可依法按程序设立。加强对欠发达地区公证服务专业人才和志愿者的政策扶持。推进服务资源跨区域有序流动,鼓励发达地区公证机构通过对口援建、交流培训等形式支持欠发达地区公证机构建设发展。支持采用巡回办证、网上办证、蹲点办证、进驻公共法律服务平台等多种形式开展咨询和办证服务。

(八)保障特殊群体服务需求。加强公证工作与法律援助工作的衔接,制定公证法律援助服务规定,扩大援助覆盖面,对符合法律援助条件的当事人,公证机构按照法律援助的有关规定减免公证费。对于低收入群体、残疾人、农民工、老年人、青少年、单亲困难母亲等特殊群体和军人军属、退役军人及其他优抚对象,开通绿色服务通道,提供便利服务,有条件的提供上门服务,推动公证服务公平共享。

(九)开展公益法律服务。完善政府购买公证公益服务机制,支持公证机构在减灾救灾、脱贫攻坚、污染防治、疫情防控等领域发挥职能作用。组织党员公证员、青年公证员进驻公共法律服务平台,深入基层开展法治宣传教育、法律咨询等工作。引导公证机构和公证员优先保障劳动、就业、社保、教育、医疗等民生类基本公证法律服务需求。公证员参与公益法律服务情况作为年度考核重要内容,培养和树立公证公益法律服务先进典型。通过政府购买服务等方式,加大对公益类公证服务的保障力度，满足基本民生公证需求，更好发挥政府作用。

（十）强化便民利民。切实增强公证机构、公证员为民服务意识，担当作为，维护群众利益。认真办理涉及人身关系、财产关系、家庭关系等民生领域、社会矛盾易发多发领域的公证业务。公证机构一次性明确告知申办公证所需资料及获取材料的途径和方式。全面推行公证事项证明材料清单制度，能够运用信息手段核实的事项，不再要求当事人提供证明。对于当事人能够提供真实、合法、充分的证明材料且不需要核实的公证事项，以及法律关系简单的公证事项，大幅压缩出具公证书的时限。

（十一）完善收费管理政策。省级价格主管部门会同司法行政部门进一步健全完善公证服务收费管理政策措施，对密切关系民生的公益类公证服务事项实行清单制，收费标准实行政府管理；将市场化的公证业务交给市场，服务价格协商确定，充分发挥市场作用。开展成本调查，按照兼顾社会承受能力和公证事业可持续发展的原则，合理确定、动态调整政府定价（含指导价）范围和收费标准，标准偏高的及时降低，保障人民群众能够获得支付得起的基本公证服务。市场化的公证业务价格放开前进行充分论证。对价格政策、收费标准实施情况开展评估分析，及时发现和解决存在的问题。

**四、推进公证机构分类改革**

（十二）落实事业体制公证机构有关改革政策。各地党委和政府要结合本地事业单位体制改革总体部署，结合公证行业特殊要求，认真研究、协调解决改革工作中存在的突出问题。各地司法行政、编制、财政、人力资源社会保障等部门要进一步提高认识、统一思想，加强沟通协调，按照司法部、中央编办、财政部、人力资源社会保障部相关政策要求，建立健全公证机构编制管理制度和标准、公益二类公证机构实行备案制，完善绩效工资分配激励机制，结合实际推进企业化财务管理，压实改革责任，明确具体目标任务，制定改革方案，落实事业体制公证机构各项改革举措，最大限度激发公证机构活力。

（十三）规范推进合作制公证机构建设发展。制定合作制公证机构管理办法，明确公有公益属性，对设立变更注销、加强党的建设、依据章程管理运行、产权归属、利润分配等作出规定。综合考虑经济社会发展需求、公证行业发展等因素，规范有序推进合作制公证机构建设，激活行业发展动力。支持、引导在自贸区（港）、国家级经济技术开发区等改革开放前沿阵地率先设立合作制公证机构。具备相关条件的事业体制公证机构按程序转为合作制公证机构的，要突出加强党建，妥善解决人员、业务、资产等的衔接，确保工作秩序不乱、国有资产不流失。新设或转设合作制公证机构须报国务院司法行政部门核准后，由省级司法行政机关颁发执业证。

（十四）完善公证机构保障机制。对依靠业务收入无法满足可持续发展需要的事业体制公证机构，特别是革命老区、民族地区、边疆地区、贫困地区的公证机构，要进一步强化当地党委和政府的领导，落实司法行政、发展改革、编制、财政、人力资源社会保障等部门责任，完善政策，做好场所、设施、人员、经费等方面保障，确保公证机构正常运转，满足当地人民群众基本公证服务需求。

**五、扩大服务区域和领域**

（十五）进一步放宽执业区域。制定放开省级以下（含省级）公证业务办理行政区划限制的指导意见，按照分类推进、分步实施、有序调整的原则，针对不同类型和特点的公证事项制定具体放宽执业区域政策。一般证明性公证事项可放开至省级行政区域。对于继承等民生类公证服务事项、涉及不动产的公证服务事项，以及重大财产处分等涉及群众切身利益、审查核实告知公证程序要求高的公证事项，结合实际情况，稳慎推进扩大执业区域。推进具备相关部门信息和数据共享支撑的公证事项实行跨省通办。

（十六）积极拓展创新业务领域。巩固发展传统公证业务领域，制定完善传统服务事项的规则、细则、业务规范，创新服务方式方法，优化服务流程，研发新的业务增长点。进一步深化公证在服务金融、民营企业、保障“三农”、知识产权保护、产权保护、司法辅助事务、家庭事务、竞技体育、突发公共事件应对等领域的实践。充分利用公证的预防性司法制度职能作用,积极参与矛盾纠纷多元化解和诉源治理。发挥公证机构、公证员首创精神,综合运用公证证明、保全证据、现场监督、赋予强制执行效力等制度特色和职能优势,不断拓展创新服务领域和项目,努力满足新时代经济社会发展“全业务、全时空”的公证服务需求。

**六、强化从严监管**

(十七)健全从严监管制度规定。围绕加强公证质量和公信力建设,制定出台公证执业过错责任追究办法、公证质量评估检查办法、公证投诉处理办法,修订公证行业惩戒规则、公证员职业道德基本准则、公证行业自律公约。研究建立公证执业活动稽查制度,部署开展稽查工作试点,依法对公证机构的资质条件、公证档案、会计账册等进行核查。建立公证业务统一登记编码制度,公证机构受理当事人业务申请,按照统一规范的规则赋予案件编号。

(十八)从严监管执业行为。加强对公证机构、公证员执业活动的常态化监管,认真组织开展年度考核,加强对考核结果的运用,依法淘汰退出不合格的公证员。严格落实公证业务办理全面登记、全程可控、全网留痕工作机制。严格投诉处理程序,认真调查核实投诉举报线索。把涉及群众切身利益的遗嘱、继承、赋予强制执行效力文书公证等民生类、经济类、涉外类公证业务作为监督检查重点。加大信息公开力度,畅通公证当事人、新闻媒体监督渠道。

(十九)从严惩处违法违规执业行为。依法调查核实公证机构、公证员存在的各种违法违规行为,依法依规作出行政处罚、行业惩戒。健全完善并严格落实公证赔偿制度,公证机构及其公证员因过错给当事人、利害关系人造成损失的,公证机构、公证员依法承担赔偿责任。对公证从业人员触碰执业底线的情形“零容忍”,发现故意或因重大过失出具假证、错证的,一律从严查处,涉及刑事犯罪的,依法移送司法机关。深入开展公证行业教育整顿,坚决纠正损害群众利益行为,着力整治顽瘴痼疾,持续整改执业作风突出问题。定期通报、曝光公证执业违法违规典型案例。

（二十）从严查处违法违规收费行为。依法加强对公证机构、公证员执行价格政策和收费标准的监督检查，依法依规从严查处高于收费标准收费、扩大收费范围、分解收费项目、重复收费、变相乱收费等违法违规收费行为。对实行自主定价的服务项目，收费水平不得畸高、畸低。严厉打击虚假宣传、恶意压价等不正当争揽业务、影响行业有序竞争行为。加强对公证机构遵守国家财经纪律、财务制度情况的审计监督。

**七、提升行业管理水平**

（二十一）明确行政管理和行业管理职责权限。司法行政机关和公证行业协会各司其职、相互配合，共同推动公证工作改革发展。依法明确公证行政管理和行业管理职责权限，司法行政机关依法加强对公证机构、公证员和公证协会的监督、指导，负责加强党建、推进改革、制定政策、强化监管、发展队伍等。公证协会加强行业管理，在业务指导、拓展服务领域、标准制定、信息化建设、教育培训、行业惩戒、维护合法权益、理论研究和宣传等方面发挥作用。

（二十二）健全"两结合"管理工作机制。坚持司法行政和行业协会"两结合"的公证管理体制定位，发扬"两结合"管理体制特色优势，司法行政机关、行业协会建立健全沟通协作机制，切实做到重要决策会商、重要情况沟通、重要信息共享，切实提升管理工作效能。司法行政机关加大对公证协会的支持力度，把行业自律各项工作纳入公证体制机制改革发展总体布局。公证协会认真履行自律管理职责，以更高站位、更高标准、更大力度参与改革发展各项工作。

（二十三）加强公证协会建设。进一步加强公证协会党的建设，充分发挥公证协会党组织作用，确保党的路线方针政策全面贯彻落实。制定出台公证协会建设指导意见，加强公证协会党的建设、组织建设、作风建设和制度建设，充实公证协会人员力量，落实公证协会专门办事机构人财物保障。进一步健全完善公证协会议事规则，发挥工作委员会作用，完善行业规范、业务指引。

## 八、加强信息化建设

（二十四）提升公证服务能力。推进公证业务办理方式改革，推进全国公证机构实现公证业务在线预约、申办，建立健全公证业务线下线上协同办理机制。加强与公安、民政、自然资源、人力资源社会保障以及人民法院等有关部门信息化建设方面的合作，拓展在线办理公证业务范围。建立全国统一的公证链平台，探索开展区块链应用。对有法律意义的事实、文书的公证业务，尽快实现全程在线受理、办理。

（二十五）赋能公证行业管理。健全完善公证行业管理信息系统，提升在线开展公证管理工作的能力水平，建立公证机构发展情况线上综合测评机制，建设融预警、监督、处置为一体的信息化公证执业监管体系。加强公证行业标准建设，完善公证行业标准体系框架。

（二十六）加强公证行业信息化建设。推动全国公证管理系统升级改造，加强公证行业管理信息系统与公证业务信息系统的流程衔接和数据对接，实现公证信息数据全部汇聚，为公证事业改革发展提供技术保障和数据支撑。

## 九、建设高素质公证员队伍

（二十七）加强思想政治建设。加强思想政治教育，教育引导公证从业人员坚持正确政治方向，不断增强拥护中国共产党的领导、拥护社会主义法治的自觉性。加强公证员职业道德建设，贯彻“崇法、尚信、公正、求真”的执业理念，坚持中立、独立，依法依规诚信执业，认真履行社会责任，不断增强社会责任感和职业荣誉感。

（二十八）提高业务能力。加大公证员选拔、任命和考核任职工作力度，提高公证从业人员待遇，吸引优秀人才从事公证行业。深化公证员职称制度改革，规范开展公证员教育培训，加强业务研究和经验交流。健全完善申请公证执业人员实习管理制度，完善登记、培训管理、考核监督。推进法学院校增设公证业务课程。建设公证人才联合培养基地，培育公证员后备人才。

（二十九）加强职业保障。保障公证机构、公证员依法执业，改善执业环境,维护正常执业秩序,保障公证工作人员合法权益不受侵害,依法严惩暴力妨害公证机构正常工作秩序的违法犯罪行为。落实公证调查核实权,公安、民政、自然资源、教育、市场监管、税务等部门对公证员依法调查核实工作予以配合。推进体制机制改革过程中,依法依政策保障公证员合法权益。

十、加强组织领导

(三十)落实改革责任。各地党委和政府要把推进公证体制机制改革列为深化改革重要项目,抓紧研究制定相关措施,整合各方面资源和力量,明确责任、大力推进。各地司法行政、编制、财政、人力资源社会保障等部门要加强沟通协调,密切配合,把各项政策措施落到实处。各省(区、市)司法厅(局)要切实承担主体责任,把推进公证改革列入重要议事日程,进一步提高认识、转变观念,明确路线图和责任人、时间表,真抓实干、务求实效。

(三十一)加强理论研究和宣传引导。着眼于建设中国特色社会主义公证制度,组织广大专家学者紧紧围绕提高公证行业公信力和增强公证机构活力深入开展理论研究,为深化改革提供智力支撑。充分运用传统媒体和新媒体,积极宣传公证工作典型人物和先进事迹,扩大公证工作社会影响力,营造良好社会氛围,在全社会树立公证行业公道正派、客观公正、诚信规范、廉洁自律的良好社会形象。

# 国家发展改革委　司法部<br>关于进一步完善公证服务<br>价格形成机制的指导意见

（2021 年 7 月 22 日　发改价格〔2021〕1081 号）

各省、自治区、直辖市及新疆生产建设兵团发展改革委、司法厅：

公证制度是重要的预防性司法制度，公证服务是公共法律服务的重要组成部分。为贯彻落实党中央、国务院决策部署，加快营造市场化、法治化、国际化营商环境，不断提高公证服务的可及性、便利性，切实减轻企业和群众公证费用负担，促进公证行业高质量发展，现就进一步完善公证服务价格管理提出如下意见：

**一、总体要求**

以习近平新时代中国特色社会主义思想为指导，全面贯彻党的十九大和十九届二中、三中、四中、五中全会精神，坚持以人民为中心的发展思想，充分发挥市场在资源配置中的决定性作用，更好发挥政府作用，适应公证行业改革发展形势变化，深化公证服务价格形成机制改革，科学确定政府定价范围和方式，健全规范价格调整机制，严格规范经营者价格行为，多措并举减轻企业和群众公证费用负担，促进公证服务供给总量、质量、效率提升和行业高质量发展。到 2022 年，公证服务价格形成机制进一步完善，公证服务价格更加合理，偏高的价格标准明显降低；到 2025 年底，科学高效、规范透明的公证服务价格形成机制进一步健全，人民群众对公证服务价格的满意度显著提升。

**二、主要政策措施**

（一）界定政府定价范围。关系民生的基本公证服务，以及具有区域垄断性、竞争不充分的项目，原则上应实行政府定价或指导价管理，其他服务项目价格由市场形成。公证服务价格实行属地管理，国家统一制定关系民生的基本公证服务项目清单（附后），各地在此基础上，结合当地实际，适当增加其他公证项目，形成本地区政府管理价格的公证服务项目目录，并根据市场形势变化，及时调整。清单中项目价格各地已经由市场形成的，可继续按照现行方式管理。各地要根据公证行业市场化改革情况，在充分评估基础上，将可替代性较强、竞争较为充分或个性化需求较强的公证服务项目及时移出清单，价格放开由市场形成。

（二）改进政府定价方式。对实行政府管理价格的项目，省级价格主管部门要会同司法行政部门统筹考虑公证服务的社会平均成本、赔付风险及当地群众可承受能力等因素合理制定价格标准。鼓励各地实行最高上限价格管理，由公证机构在不超过政府规定最高上限价格的范围内确定具体价格水平；按标的金额比例计价的，应当合理设立阶梯递减费率，并同时限定最高费用总额。

对涉及居民房产继承、遗赠的公证事项，鼓励各地按房产面积计价，或同时提供按房产面积和标的金额比例两种方式计价并从低选择。按标的金额比例计价的，第一档（即费率最高的一档）费率不得超过0.5%，后续档费率要阶梯递减。单套居民房产办理上述公证事项费用总额原则上不得超过1万元。

（三）健全价格调整制度。制定和调整公证服务价格，要严格按照《政府制定价格行为规则》（国家发展改革委令2017年第7号）有关规定，依法履行成本监审或调查、听取意见、合法性审查、集体审议等程序。健全公证服务价格动态调整机制，通过自评估、聘请第三方机构评估等方式，对公证服务价格政策、价格水平进行跟踪调查和定期评估，及时优化完善价格政策，定期评估周期原则上不超过5年。

（四）规范经营者价格行为。健全经营者行为规范，督促公证机构明码标价、自我约束、公平竞争，不得通过循环证明、捆绑服务等增设不必要的证明事项并加价。建立公证服务价格定期报告和检查制度，要求公证机构向价格主管部门、司法行政部门定期报送价格政策执行和公证收入、支出等相关情况。完善公证费用收取方式，对事实上由金融机构等申请的，赋予债权文书具有强制执行效力的公证事项，落实“谁申请，谁付费”要求，不得增加借款人负担。各地价格主管部门要配合市场监管部门加强监督检查，严厉查处乱涨价、巧立名目乱加价等价格违规违法行为。

（五）完善价格减免政策。根据形势变化，不断完善公证费用减免政策。对于与领取抚恤金、劳工赔偿金、救济金、劳动保险金等有关的公证事项，与公益活动有关的公证事项，证明赡养、抚养、扶养协议的公证事项，应当明确价格减免政策。对 80 岁及以上老人首次办理遗嘱公证，免收遗嘱公证服务费用。对低保户、重度残疾人办理关系民生的基本公证服务项目清单中相关业务的，公证服务费用减免比例不低于 50%。鼓励各地出台更多对低收入、高龄老人、残疾人等特殊群体的价格减免政策，确保其能够获得基本公证服务。

**三、组织实施**

（一）加强组织领导。各地价格主管部门、司法行政部门要高度重视完善公证服务价格机制工作，加强统筹领导，密切配合，对照本指导意见要求，认真梳理现行公证服务价格政策和管理制度，结合本地实际及时制定本地区贯彻落实具体政策措施，倒排时间表、压实责任，保证工作扎实推进。

（二）聚焦重点工作。结合近年来房地产等资产价值上升情况，对财产继承、赠与、遗赠、遗嘱，以及直接关系企业经营成本的经济合同等公证服务价格进行重新测算，于今年 10 月底前出台新的价格标准，切实将偏高的公证服务价格降下来。

（三）综合配套施策。在完善价格形成机制的同时，要加快培育良好的市场环境，鼓励公证机构与公证机构之间、公证机构与提供同类服务的市场主体之间公平有序竞争,通过竞争促进公证机构加强管理、提高服务质量和效率。推动公证机构与司法行政、民政、公安、税务等部门的信息共享,鼓励公证机构开发电子公证平台,探索电子公证、网络公证,推进“一网通办”,降低服务成本。督促指导公证机构健全财务管理等制度,强化内部管理,压减不合理支出,降低运营成本。对公证机构特别是自收自支的公证机构所承担的法律援助、公益法律服务等工作,推动通过政府购买服务等方式予以适当补偿,减轻公证机构运营成本压力。

(四)做好宣传解释。各地在出台完善公证服务价格政策、调整价格标准时,要同步加强宣传解释,增进群众对公证机构和公证业务的了解。要密切关注舆情反映,及时了解和回应群众关切,妥善化解价格矛盾。

附件:关系民生的基本公证服务项目清单

附件

## 关系民生的基本公证服务项目清单

### 一、证明法律事实类公证服务

1. 证明财产继承、赠与、接受遗赠;

2. 证明离婚、抚养、赡养、监护、劳动(劳务)、寄养、遗赠扶养、解除收养关系、出国留学等协议;

3. 证明遗嘱;

4. 证明自然人委托、声明、保证、认领亲子等其他单方法律行为;

5. 证明出生、生存、死亡、身份、曾用名、住所地(居住地)、学历、学位、经历、职务(职称)、资格、有无违法犯罪记录、婚姻状况、亲属关系、财产权、收入状况、纳税状况、选票、指纹等有法律意义的事实;

6. 证明不可抗力、意外事件、收养关系、抚养事实、票据拒绝、查无档案记载、法人及其他组织的资格、资信等。

## 二、证明文件文书类公证服务

1. 证明证书、执照；

2. 证明文书的副本、影印本、节本、译本与原本相符；

3. 证明涉外公证书的译文与原文相符；

4. 证明文书上的签名、印鉴、日期。

# 司法部办公厅关于调整公证机构执业区域的通知

（2021 年 7 月 29 日　司办通〔2021〕69 号）

各省、自治区、直辖市司法厅（局），新疆生产建设兵团司法局：

为贯彻落实《司法部关于印发〈关于优化公证服务更好利企便民的意见〉的通知》（司发〔2021〕2 号）和《司法部关于印发〈关于深化公证体制机制改革　促进公证事业健康发展的意见〉的通知》（司发〔2021〕3 号）精神，促进公证资源均衡配置，方便群众选择优质服务，就近办理公证事项，根据《公证机构执业管理办法》的有关规定，经研究，决定进一步调整公证机构执业区域。现将有关事项通知如下。

一、对于法律关系相对简单的一般证明性公证事项，公证机构的执业区域放开至本省、自治区、直辖市行政区域。一般证明性公证事项的范围由省、自治区、直辖市司法行政机关结合实际确定。

二、对于继承等民生类公证服务事项、提存类公证服务事项，以及重大财产处分等涉及群众切身利益、审查核实告知公证程序要求高的公证事项，结合本地区实际情况，按照分类推进、分步实施、有序调整的原则扩大执业区域。

三、涉及不动产的公证执业区域仍按《公证法》第二十五条第二款的规定执行。

请各地按照上述要求尽快制定本地区公证机构执业区域调整方案（包括此前已将公证机构执业区域放开至省级的地区），于 10 月底前报司法部核定。

# 司法部印发《关于进一步加强公证协会建设的意见》的通知

（2021 年 9 月 26 日　司发通〔2021〕59 号）

各省、自治区、直辖市司法厅(局),新疆生产建设兵团司法局:

《关于进一步加强公证协会建设的意见》已经 2021 年 8 月 19 日第 12 次部长办公会审议通过,现印发给你们,请结合实际认真贯彻落实。

## 关于进一步加强公证协会建设的意见

为全面贯彻落实党的十九大和十九届二中、三中、四中、五中全会精神和中央全面依法治国工作会议精神,深入学习贯彻习近平新时代中国特色社会主义思想特别是习近平法治思想,进一步落实司法部《关于深化公证体制机制改革促进公证事业健康发展的意见》《关于优化公证服务更好利企便民的意见》精神和相关工作部署,充分发挥公证协会职能作用,不断完善"两结合"公证管理体制,促进公证事业健康发展,现就进一步加强公证协会建设提出如下意见。

**一、总体要求**

公证协会是公证行业自律性组织,是承担特殊管理职能的行业协会,发挥着党和政府联系广大公证人员的桥梁纽带作用。中国公证协会和地方公证协会自成立以来,特别是党的十八大以来,认真履行工作职责,引领全国广大公证人员为维护社会公平正义、推进国家法治建设、促进经济社会发展作出了积极贡献。公证协会依法依章程认真履行行业自律职责,发挥“两结合”公证管理体制的特色和优势,推动公证工作改革和发展。但是,与新形势新要求相比,当前公证协会建设还存在与公证工作改革发展要求不相适应的地方,主要是地方协会组织机构还不够健全,行业规范和惩戒规则还不够完善,自律管理能力需要进一步提升,职能作用有待进一步发挥。新形势下进一步加强公证协会建设,是全面贯彻落实习近平法治思想,深化依法治国实践,加强法治中国建设的必然要求;是深化公证体制机制改革、推进公证队伍建设和公证工作发展的重要举措。各级司法行政机关要从全面依法治国的战略高度,充分认识进一步加强公证协会建设的重要性和紧迫性,更好促进公证工作改革发展。

(一)指导思想。坚持以习近平新时代中国特色社会主义思想为指导,全面贯彻党的十九大和十九届二中、三中、四中、五中全会精神,深入贯彻习近平法治思想,坚持以人民为中心的发展思想,坚持政治统领和党建引领,进一步加强公证协会政治建设、组织建设、制度建设、作风建设、纪律建设,充分发挥公证协会职能作用,加强执业监管,团结和带领广大公证人员坚持正确政治方向,依法依规执业,进一步拓展服务领域,丰富服务内容,创新服务方式,提升服务水平,不断健全和完善公证利企便民制度体系和服务机制,促进公证服务能力和水平整体提升。

(二)基本原则。坚持党对公证工作的领导,把党的领导贯彻落实到公证协会建设的全过程和各方面,确保公证协会建设正确政治方向。坚持依法依章程开展工作,完善“两结合”管理体制,充分发挥公证协会职能作用,不断提高行业自律管理水平。适应经济社会发展和全面依法治国需要,遵循公证工作特点和规律,创新公证协会工作方式方法,更好地服务广大公证人员,促进公证事业健康发展。

(三)主要目标。公证行业党的建设进一步加强,公证协会组织机构进一步健全，公证员执业权利保障、执业行为规范和惩戒工作体系进一步完善，行业自律管理水平进一步提高，协会职能作用充分发挥，把协会真正建成“会员之家”。

## 二、主要任务

加强新时代公证协会建设，必须毫不动摇坚持党对公证协会工作的领导，切实增强“四个意识”、坚定“四个自信”、做到“两个维护”，不断提高政治判断力、政治领悟力、政治执行力，确保公证协会工作正确政治方向。要始终坚持政治统领和党建引领，以政治建设统领公证行业党的建设，强化各地司法行政机关党委（党组）对公证行业党建工作的领导。公证协会要落实具体责任，始终把加强公证行业党建工作作为协会的重要政治任务，巩固和扩大党的组织和工作有效覆盖，充分发挥公证行业基层党组织战斗堡垒作用，始终加强思想政治建设，引导公证队伍拥护中国共产党领导，拥护我国社会主义法治，坚定不移走中国特色社会主义法治道路。要根据公证行业特点，加强分类指导，创新方式方法，促进公证行业党建工作与公证业务、行业发展深度融合，切实增强公证行业党建工作成效，推进公证行业党建工作高质量发展。

（四）健全组织。要切实加强司法厅（局）党委（党组）对公证协会工作的直接领导，进一步强化地方公证协会领导班子建设，选好会长，配强专职秘书长，发扬“两结合”管理体制特色优势，解决“行政管理行业管理不分、职责不明”的现状，重点解决“两块牌子一套人马”的问题，提升管理工作效能。要加强地方公证协会秘书处建设，加强工作保障和经费保障，为协会秘书处配置必要的工作人员和办公场所，合理设置办公室、会员部、业务部等秘书处工作部门，切实保障公证协会人、财、物独立，提高公证协会开展行业自律管理工作自主性。进一步完善会员代表大会、理事会、常务理事会等决策机构和公证人员执业权利保障和行业惩戒机构，健全民主管理决策和执行监督机制。规范和加强工作委员会建设，建立年度工作计划和年度工作报告制度，增加经费支持，充分发挥各委员会在自律管理、规范执业和业务指导中的重要作用。探索建立公证协会领导班子综合考评机制,强化实绩考核,增强协会领导班子干事创业的积极性,真正把协会建成“会员之家”。省级地方公证协会要依章程按时换届,换届前要将换届方案提前报中国公证协会备案。

(五)完善制度。公证协会要进一步完善规范公证执业行为的行业规范和业务标准,完善公证协会会员服务和管理、业务培训、质量监管、综合评价等工作制度,形成公证执业活动监督、激励、约束的规范体系。注重公证质量建设,常态化开展公证警示教育、质量评查评估和督促整改,不断完善公证质量评估体系。健全职业培训和教育评价规范,将公益法律服务纳入考核指标,将公益法律服务事项和技能作为公证员职业培训重要内容。完善相关行业惩戒规范,细化行业惩戒依据,制定并严格落实执业过错责任追偿制度,确保各类违法违规行为得到及时有效惩戒。健全完善公证员不良执业信息记录披露和查询制度,及时发布公证员惩戒信息。进一步加强行业惩戒与行政处罚的工作衔接,坚持教育、惩戒和监督并重,建立健全符合公证行业特点的惩治和预防腐败制度体系。

(六)自律管理。加快推进公证信息化建设,构建公证行业统一监管信息平台,健全完善行业内部查询核验机制,通过业务备案、数据分析等手段加强公证执业日常监测,提升自律监管效率和水平。进一步加强投诉受理查处中心建设,健全工作制度,完善工作机制,规范工作流程,畅通投诉渠道,做到投诉查处有诉必接、有接必查、有查必果、有违必究。公证协会要设立投诉专门工作电话、专用电子邮箱,在公证协会官方网站首页上设立投诉举报受理平台,并在官方网站、微博、微信、报刊等媒体上公布专门工作电话号码、专用电子邮箱地址、官方网站网址和来信来访地址。要坚持依法监管、从严监管,常态化开展公证执业警示教育活动。要坚持问题导向,定期对自律管理工作进行排查,重点查找是否存在自律监管的漏洞、真空、盲点,认真分析并查明症结。要对照典型案例,深入查找执业活动中的风险点、内部管理中的异常点、影响公证质量的不足点,建立健全自查清单。健全完善财务管理制度,加强会费收支管理,强化内部审批机制,达到保证运行、厉行节约、提高会费使用效益的目的,增强财务透明度和公开度,加强对遵守财经纪律情况的监督。

(七)改进作风。公证协会要不断改进工作作风,增强服务意识,准确把握公证人员需求,及时回应公证人员关切。要加强对公证工作改革发展重大问题的理论研究和调查研究,认真听取广大公证人员的意见建议,切实解决突出问题。认真做好保障公证员执业权利工作,健全完善保障公证员执业权利快速处置机制和联动机制。加强与有关部门和行业协调,通过推介会、座谈会等形式,定期开展活动,搭建公证服务平台,为拓展创新公证服务领域、提高公证服务水平提供政策支持。进一步关心青年公证员成长发展,关爱老年公证员、女公证员、少数民族公证员和困难公证员群体。加强对外交流合作,积极开展多渠道、多层次的对外交流活动。扎实推进公证协会领导班子作风建设和反腐倡廉建设,严格落实党风廉政建设责任制,强化教育,落实责任,完善制度,严格监督,抓紧抓好党风廉政建设和反腐败工作。

**三、组织实施**

(八)组织领导。各地司法行政机关要把加强公证协会工作列入重要议事日程,经常听取协会工作汇报,及时研究解决协会工作中的困难和问题。要支持公证协会依法依章程履行职责,充分发挥协会行业自律管理作用。司法行政机关与公证协会要按照分工明确、职能互补、运转高效的要求,建立两者之间重要决策会商、重要情况沟通、重要信息共享的工作机制,进一步提高公证工作管理水平。

(九)政策保障。各地司法行政机关要积极协调有关部门,为公证协会开展工作提供必要的支持,进一步研究解决公证协会秘书处人员编制、经费、办工场所等有关问题。健全政府购买法律服务机制,支持公证协会组织公证员参与调解、法治宣传,参与化解涉法涉诉信访案件等公益法律服务。健全公证协会会费收取和管理机制,监督指导公证协会规范会费管理使用制度。

（十）宣传引导。公证协会要善于发现总结基层公证工作改革创新做法经验，选树推广各类优化服务的先进典型。健全公证行业综合性表彰和专项表彰制度，发挥先进典型示范作用。建立公证协会新闻发言人制度，及时发布公证行业重要信息，做好政策解读，加强公证行业舆情引导应对，有效回应社会关切。综合运用报刊、广播、电视、网络等媒体，宣传公证法律制度、程序规则，宣传公证服务经济发展、社会治理和保障民生的做法、案例和成效，讲好公证故事，让社会各界知晓公证、了解公证，认可公证服务价值，为公证事业改革发展营造良好氛围。

# 司法部办公厅关于加快推进部分公证事项“跨省通办”工作的通知

（2021 年 11 月 12 日　司办通〔2021〕88 号）

各省、自治区、直辖市司法厅（局），新疆生产建设兵团司法局：

为贯彻落实《国务院办公厅关于加快推进政务服务“跨省通办”的指导意见》（国办发〔2020〕35 号），加快推进学历公证、学位公证、机动车驾驶证公证、纳税状况证明公证实现“跨省通办”，切实提升公证服务便捷度和群众获得感，现将有关事项通知如下：

**一、调整纳税状况公证事项执业区域**

自 2021 年 12 月 16 日起，当事人申请办理纳税状况公证，可以向全国范围内任一公证机构提出，公证机构应当受理；公证书用于涉外或涉港澳台的，应当由具备条件和能力的公证机构办理。

**二、启用司法部政务服务平台“跨省通办”专区查询核验功能**

自 2021 年 12 月 16 日起，各公证机构可使用分配的账号和密码登录司法部政务服务平台“跨省通办”专区，查询或核验相关部门提供的“跨省通办”公证事项所需共享信息，查询页应当打印后附卷存档。为确保在规定期限内所有公证机构在线办理“跨省通办”公证业务，各地务必于 11 月 30 日前完成与司法部政务服务平台“跨省通办”专区的对接；不能按时完成对接工作的，要向司法部作出说明。

**三、司法部政务服务平台“跨省通办”专区登录规则**

（一）平台登录地址

公证机构网址：https://zwfw.12348.gov.cn/gz/jg，公证管理部

门网址：https://zwfw.12348.gov.cn/gz/gl。

（二）用户命名规则及要求

所有公证机构请在11月17日至30日期间完成填报和注册工作。每个公证机构设一名联络员，联络员为公证员，负责信息填报和数据使用管理。用户命名参照公证行政管理和行业管理系统命名规则进行填报和设置：

1. 公证机构和公证员的账号设置规则，按照执业证号和执业区域编号编制。如公证员是gy+公证员执业证号，比如gy107011119930555；公证机构是gz+公证机构执业区域编号+两位数字，两位数字是按公证处设立时间顺序自动排序。比如创建上海市静安区市北公证处的用户名，静安区的行政区域代码为310106，市北公证处是静安区设立的第3家机构，最后两位是03，则上海市静安区市北公证处的用户名为gz31010603。

2. 省级公证管理部门按照"省级名称+司法厅（局）"拼音首字母，省级公证协会为"省级名称+协会"拼音首字母。如：北京市司法局公证管理部门用户名为bjsfj，北京市公证协会用户名为bjxh，河北省司法厅公证管理部门用户名为hbsft，河北省公证协会hbxh。

3. 所有用户首次登录须修改密码、完成实名信息登记才能使用，初始密码为88888888，密码格式应为8—20位字符，包含字母、数字和特殊符号。

**四、提升公证服务效能**

进一步规范和精减公证证明材料，能够通过司法部政务服务平台"跨省通办"专区信息共享查询或核验的证明材料，不得让当事人重复提供。当事人提交的"跨省通办"公证事项申请材料齐全、真实，符合法定受理条件的，全部纳入"最多跑一次"改革范围。整合利用已有移动办证端口，提高在线申办公证服务水平，实现"跨省通办"公证事项申请、受理、审核、缴费、出证、送达等全流程在线办理。

各地在贯彻执行中的问题，请及时报部公共法律服务管理局。技术方面问题请与部信息中心、中国公证协会联系。

联系人：

| | | |
|---|---|---|
| 司法部公共法律服务管理局 | 李　清 | 010－65152755 |
| 司法部信息中心 | 王安东 | 010－65152565 |
| 中国公证协会 | 宋　佳 | 010－59513429 |

# （八）司法鉴定工作类

# 司法部关于印发《司法鉴定教育培训工作管理办法》的通知

（2021 年 1 月 6 日　司规〔2021〕1 号）

各省、自治区、直辖市司法厅(局)、新疆生产建设兵团司法局：

《司法鉴定教育培训工作管理办法》已经司法部 2021 年第 1 次部长办公会议审议通过，现予印发，请认真贯彻执行。

## 司法鉴定教育培训工作管理办法

### 第一章　总　　则

**第一条**　为适应新时代公共法律服务体系建设需要，推进司法鉴定人队伍革命化、正规化、专业化、职业化建设，提高司法鉴定人队伍政治素质、法律素养、专业技能和职业道德水平，提高司法鉴定质量和公信力，根据《全国人民代表大会常务委员会关于司法鉴定管理问题的决定》《司法鉴定人登记管理办法》等有关规定，制定本办法。

**第二条**　本办法所称的司法鉴定教育培训包括岗前培训和岗位培训，适用于经司法行政机关登记的司法鉴定人。

**第三条** 按照“先培训后上岗”和终身教育的要求，司法鉴定教育培训工作坚持以下原则：

（一）政治统领，党建引领。以习近平新时代中国特色社会主义思想为指导，深入学习贯彻习近平法治思想，加强政治建设，强化政治统领，教育引导广大司法鉴定人拥护中国共产党的领导，拥护社会主义法治，切实增强“四个意识”、坚定“四个自信”、做到“两个维护”。

（二）注重能力，强化操守。坚持将能力培养贯穿始终，加强专业知识学习和业务能力培训，不断提高执业水平。强化职业道德和执业纪律教育，培育崇尚法治、科学严谨、客观公正、廉洁自律的行业精神，教育引导广大司法鉴定人立足公益属性，践行为民理念，恪守职业操守，依法公正诚信执业。

（三）围绕中心，全员培训。紧紧围绕服务党和国家工作大局、服务诉讼活动、服务公共法律服务事业，着眼司法鉴定行业发展，开展大规模培训，全类别覆盖，全员参加，持续提高司法鉴定人整体素质。

（四）统筹规划，按需施教。科学规划、合理统筹教育培训基地、教材、师资等建设，把握司法鉴定人成长规律和教育培训需求，增强教育培训的针对性和实效性。

（五）分级负责，分类指导。坚持“属地管理、分级负责”“谁主管谁负责”，整合培训资源，改进培训方式，加强工作指导，充分发挥行业协会作用，开展不同执业类别、不同层次、不同岗位人员的分级分类培训。

**第四条** 司法行政机关负责对司法鉴定教育培训工作进行规划、组织、指导和监督检查。

**第五条** 司法鉴定人应当积极参加教育培训活动，完善知识结构、增强创新能力、提高专业水平。司法鉴定机构应当积极组织本机构司法鉴定人参加教育培训。

## 第二章　岗前培训

**第六条**　岗前培训是指为适应司法鉴定人岗位工作需要，以达到司法鉴定人资质要求和具备相应执业能力为目的的学习培训活动。

岗前培训对象为已取得司法鉴定人执业证书尚未独立执业的人员，培训主要内容包括国家有关方针政策、相关法律知识、职业道德、执业纪律、执业规则和鉴定业务知识等。

**第七条**　岗前培训结束后，应当对培训人员是否掌握司法鉴定相关法律政策、知识技能、程序标准等进行评价或考核。

**第八条**　岗前培训方案由省级司法行政机关制定并组织实施，岗前培训应当统一培训内容、要求、时间、考核形式。

**第九条**　岗前培训应当在司法部或者省级司法行政机关确定的司法鉴定教育培训基地和培训机构进行。

## 第三章　岗位培训

**第十条**　岗位培训是指司法鉴定人执业期间，为进一步增强政治素质、改善知识结构、提高专业技能和职业道德水平而进行的继续教育。

**第十一条**　岗位培训以脱产培训、研讨交流、网络培训、在职自学等方式进行，培训内容分为公需科目和专业科目。公需科目主要内容包括习近平新时代中国特色社会主义思想重点是习近平法治思想，以及司法鉴定有关法律法规和政策文件，司法鉴定人职业道德和执业纪律，司法鉴定执业规则及信息化应用等。专业科目主要内容包括司法鉴定人从事有关司法鉴定业务必须具备的各类别司法鉴定执业分类规定、典型案例，相关技术方法、技术规范和标准等专业知识、专业技能，以及应当掌握的新理论、新知识、新标准、新技术、新方法等。

**第十二条** 岗位培训实行年度学时制度,每年累计不得少于50学时。其中,公需科目不得少于10学时,专业科目不得少于30学时。司法鉴定机构自行开展的教育培训,不得多于10学时。每学时为50分钟。

**第十三条** 司法鉴定人参加下列活动的,计入学时:

(一)司法部或者省级司法行政机关组织或者委托举办的研讨、交流和培训;

(二)司法部或者省级司法行政机关认可的国内、国外的大专院校、科研机构开展的相关专业学历教育和进修;

(三)省级司法行政机关认可,由所在业务主管部门或者行业组织开展的专业对口的研讨、交流和培训;

(四)教育行政部门认可的对口专业教育;

(五)国际性司法鉴定研讨、交流和培训;

(六)司法部或者省级司法行政机关认可的其他教育培训。

**第十四条** 司法鉴定人参加国际性研讨、交流和培训的,计16学时;参加全国性研讨、交流和培训的,计12学时;参加省级研讨、交流和培训的,计8学时;参加其他教育培训活动的,司法鉴定人应当将相关证明材料报省级司法行政机关,计入学时的标准由省级司法行政机关确定。

**第十五条** 司法鉴定人参加岗位培训取得的学时,在全国范围内本年度有效,不得结转以后年度。

**第十六条** 司法鉴定人有下列情形之一的,经省级司法行政机关批准后,可以免修年度岗位培训学时:

(一)本年度内在境外工作六个月以上的;

(二)本年度内病假六个月以上的;

(三)女性司法鉴定人在孕期、产假、哺乳期内的;

(四)其他特殊情况。

# 第四章　组织管理

**第十七条**　司法部负责规划、指导和监督全国司法鉴定教育培训工作。具体包括：

（一）制定全国司法鉴定人教育培训年度计划并指导实施；

（二）组织编写和推荐司法鉴定人教育培训教材；

（三）组织师资培训，统一规划全国司法鉴定人教育培训师资库建设；

（四）举办全国司法鉴定业务示范培训、骨干司法鉴定人业务培训；

（五）遴选、公布全国司法鉴定人教育培训基地名单；

（六）指导全国司法鉴定人教育培训评估工作；

（七）完善全国司法鉴定教育培训公共信息综合服务。

**第十八条**　省级司法行政机关负责对本地区的司法鉴定教育培训工作进行规划、组织和指导，对司法鉴定机构及其司法鉴定人参加教育培训的情况进行监督、检查。

**第十九条**　司法鉴定行业协会应当在司法行政机关指导下，发挥行业优势，组织实施教育培训活动。

**第二十条**　司法鉴定机构应当为相关人员参加教育培训提供便利条件，鼓励司法鉴定机构建立教育培训基金。

有条件的司法鉴定机构可以自行开展教育培训，并报省级司法行政机关备案。

**第二十一条**　司法行政机关应当加强司法鉴定教育培训机构建设，规范管理，构建布局合理、分工明确、优势互补、竞争有序的教育培训机构体系。加强司法鉴定教育培训基地建设，建立动态管理制度，充分发挥培训基地、科研院所在教育培训中的主渠道作用。

**第二十二条**　司法行政机关可以依托司法鉴定管理信息系统，建设线上一站式教育培训公共信息综合服务平台，发布教育培训指南。根据不同岗位、专业类别和层次，加强课程和教材体系建设，推荐优秀课程和优秀教材，促进优质资源共享。

**第二十三条** 司法行政机关应当建立司法鉴定教育培训协调联动和资源共享机制，加强培训师资库和试题库建设。

## 第五章 考核评估

**第二十四条** 司法行政机关应当将司法鉴定人参加教育培训和司法鉴定机构组织教育培训情况作为资质评估、考核评价、职称评聘等的重要内容。

**第二十五条** 司法鉴定机构应当在规定的时间内，将司法鉴定人参加教育培训活动有关证明材料统一提交司法行政机关核计学时并记入执业档案。

**第二十六条** 司法鉴定机构应当将教育培训情况作为司法鉴定人考核评价、岗位聘用等的重要依据。

**第二十七条** 对于无正当理由，未达到规定的年度岗位培训学时要求的、不参加岗位培训的或者违反学习纪律和管理制度的司法鉴定人，司法行政机关应当视情节给予批评教育、公开通报，并记入执业档案、纳入信用管理体系等。

## 第六章 附则

**第二十八条** 各省(区、市)和新疆生产建设兵团司法厅(局)开展对申请从事司法鉴定业务人员、司法鉴定机构负责人、司法鉴定人助理的教育培训工作可以参照本办法。

**第二十九条** 本办法自公布之日起施行。2007 年 11 月 1 日公布的《司法鉴定教育培训规定》(司发通〔2007〕72 号)同时废止。

# 司法部关于印发《法医类　物证类　声像资料司法鉴定机构登记评审细则》的通知

（2021 年 6 月 15 日　司规〔2021〕2 号）

各省、自治区、直辖市司法厅（局），新疆生产建设兵团司法局：

《法医类　物证类　声像资料司法鉴定机构登记评审细则》已经 2021 年 5 月 26 日第 9 次部长办公会议审议通过，现予印发，请认真贯彻执行。

## 法医类　物证类　声像资料司法鉴定机构登记评审细则

**第一条**　为进一步加强对司法鉴定机构和鉴定人准入登记的审核，规范专家评审工作，根据《全国人民代表大会常务委员会关于司法鉴定管理问题的决定》《司法鉴定机构登记管理办法》（司法部令第 95 号）、《司法鉴定人登记管理办法》（司法部令第 96 号）、《关于〈司法鉴定机构登记管理办法〉第二十条、〈司法鉴定人登记管理办法〉第十五条的解释》（司规〔2020〕4 号）等规定，制定本细则。

**第二条**　省级司法行政机关应当按照《行政许可法》、司法部令第95号、第96号和司规〔2020〕4号等规定，对申请从事法医类、物证类、声像资料司法鉴定业务的法人或者其他组织（以下简称申请机构）、人员（以下简称申请人员）的申请材料进行认真审查，根据审查结果，按照法定时限出具书面受理决定书或者不予受理决定书。决定受理的，省级司法行政机关应当于十五个工作日内组织评审专家开展评审工作。

**第三条** 省级司法行政机关应当选取相关的评审专家，分别按法医类、物证类、声像资料司法鉴定的专业领域组建专家评审组，每个专业领域的专家评审组人数不少于5人且为单数。评审专家原则上应为具备高级职称的鉴定人，执业范围应包含被评审的专业领域。评审组专家的专业能力应覆盖被评审的所有专业分领域及项目。

法医类司法鉴定评审专业领域分为法医病理鉴定、法医临床鉴定、法医精神病鉴定、法医物证鉴定、法医毒物鉴定。物证类司法鉴定评审专业领域分为文书鉴定、痕迹鉴定（不含交通事故痕迹物证鉴定）、交通事故痕迹物证鉴定、微量物证鉴定。声像资料司法鉴定评审专业领域分为录音鉴定、图像鉴定、电子数据鉴定。各专业领域包含的鉴定分领域及项目见《法医类司法鉴定执业分类规定》（司规〔2020〕3号）、《物证类司法鉴定执业分类规定》《声像资料司法鉴定执业分类规定》（司规〔2020〕5号）。

**第四条** 专家评审组应当按照确定评审组长、制定评审方案、开展评审工作、对申请人员进行评价、对申请机构进行综合评价、形成专家评审意见书等流程开展评审工作。

**第五条** 评审组采取组内推荐方式确定一名评审组长，由评审组长主持评审工作。若未能推选出评审组长，则由省级司法行政机关指定评审组长。

**第六条** 评审组根据申请机构拟申请从事鉴定业务的要求制定有针对性的评审方案。明确评审依据、评审时限、评审流程、评审内容、成员分工等，并统一评审标准，作为开展评审工作的指南和参考。

**第七条** 评审组按照评审方案开展评审工作。评审工作包括：查阅有关申请材料，听取申请机构的汇报，实地查看工作场所和环境，审查申请机构的管理制度和运行情况，对申请人员的专业技术能力进行考核评价，对实验室的仪器设备配置、质量管理水平进行现场核查和评估，也可以根据需要增加其他评审内容。

**第八条** 评审组的每名专家分别按照本细则确定的评分标准，根据申请人员拟从事的专业领域和分领域及项目对其逐人进行打分，评审得分取所有专家评分的平均值。

评审组应当根据评审得分，结合申请人员的工作能力和工作成果中反映出的专业特长，对申请人员可以从事的该专业领域的分领域及项目提出建议：

（一）原则上，不得跨法医类、物证类、声像资料司法鉴定执业，一个司法鉴定人的执业专业领域不超过 3 个。

（二）经评审，申请人员申请的专业领域评审得分 60 分（不含）以下的，不予通过；申请的专业领域评审得分 60—80 分（含）的，执业专业领域不超过 1 个；评审得分 80 分（不含）以上的，执业专业领域不超过 3 个。

（三）申请的专业领域评审得分 60—80 分（含）的，申请法医类和物证类（不含交通事故痕迹物证鉴定）专业领域的，可以从事的该专业领域的分领域及项目一般不超过 5 个，申请声像资料和交通事故痕迹物证鉴定专业领域的，可以从事的该专业领域的分领域及项目一般不超过 3 个；申请的专业领域评审得分 80 分（不含）以上的，可以从事的该专业领域的分领域及项目数量可以适当放宽。

评审组的每名专家分别按照本细则确定的评分标准，根据申请机构拟从事的专业领域和分领域及项目，按照该专业领域和分领域及项目实验室和仪器设备配置要求，结合申请人员的评价结果，对申请机构进行综合评分，评审得分取所有专家评分的平均值。

**第九条** 评审组应根据申请机构的评审得分，结合申请机构的鉴定人构成、鉴定能力和实验室条件反映出的综合情况，对申请机构可以从事的该专业领域的分领域及项目提出意见：

（一）评审得分为70分（不含）以下或鉴定人构成、鉴定能力和实验室条件得分中有一项未达到该项总分60%的申请机构，应当给予“不具备设立申请专业领域司法鉴定机构的技术条件和技术能力”的评审意见。

（二）评审得分为70分（含）以上，且鉴定人构成（鉴定人数量达到3人及以上）、鉴定能力和实验室条件均达到该项总分60%的申请机构，应当给予“具备设立申请专业领域司法鉴定机构的技术条件和技术能力”的评审意见，并对鉴定机构可以从事的该专业领域的分领域及项目提出意见。

各地可以根据司法鉴定行业发展实际对某专业领域评审通过的分数值进行适当调整，上下幅度不得超过10分。

**第十条** 评审工作完成后，评审组应当根据对申请机构评审得分情况及评审专家意见，汇总并填写《专家评审意见书》。评审结论应当明确是否“具备设立申请专业领域司法鉴定机构的技术条件和技术能力”，并明确通过评审的申请机构可以从事的该专业领域的分领域及项目。

每位评审专家应当在《专家评审意见书》上签名，并送交省级司法行政机关。评审结论应当经评审组三分之二以上专家同意，评审专家对评审结论有不同意见的，应当记录在《专家评审意见书》中。

**第十一条** 省级司法行政机关应当指定专人负责评审组的组织及联络沟通工作，并对评审过程进行见证和监督，同时做好相应的工作记录，将工作记录与专家评审材料一起作为工作档案留存。

评审专家产生的劳务费、差旅费等由司法行政机关承担，按照有关规定执行。

**第十二条** 省级司法行政机关应当按照《司法鉴定机构登记管理办法》《司法鉴定人登记管理办法》及有关规定，结合评审细则和《专家评审意见书》的评审结论，作出是否准予登记的决定。

**第十三条** 司法部组建国家级司法鉴定专家库，在全国范围内择优遴选政治素质高、业务能力强、工作业绩突出的司法鉴定专家入库。依托国家级司法鉴定专家库成立全国司法鉴定专家评审委员会(以下简称评审委员会)。省级司法行政机关组建省级司法鉴定专家库。

申请机构对省级司法行政机关组织的专家评审结果有异议,且能提出实质理由的,可以向评审委员会提出复审申请。经审查理由成立,确有必要进行复审的,从国家级司法鉴定专家库中抽取专家组成评审组进行复审。复审后的评审结论为专家评审的最终结果,交省级司法行政机关作为准入登记的参考。

**第十四条** 司法行政机关工作人员应当依法依规组织评审。

评审专家应当遵守法律、法规和有关保密、回避等要求,严格按照本细则所列的各个考核评审项目,独立、客观、公正地进行评审,并对评审意见负责。

司法行政机关工作人员或评审专家在评审工作中滥用职权、玩忽职守、弄虚作假、徇私舞弊的,按照有关规定承担相应责任;构成犯罪的,移送司法机关依法追究刑事责任。

**第十五条** 本细则适用于对申请从事法医类、物证类、声像资料司法鉴定业务的法人或者其他组织、人员的技术条件和专业能力进行评审的活动。

**第十六条** 本细则自发布之日起施行。原司法部颁布实施的《司法鉴定机构仪器设备配置标准》(司发通〔2011〕323号)同时废止。

附件:1.《法医类司法鉴定机构登记评审评分标准》

2.《物证类司法鉴定机构登记评审评分标准》

3.《声像资料司法鉴定机构登记评审评分标准》

4.《司法鉴定机构登记专家评审意见书》

附件1

## 法医类司法鉴定机构登记评审评分标准

（一）申请从事法医类专业领域司法鉴定业务法人或其他组织评分表

| 评审要素 | | 评审标准 | 得分 |
|---|---|---|---|
| 一、鉴定人构成(10分) | | 1. 按照所申请的法医类专业领域鉴定机构和人员专业能力的要求[见附件1－1至1－5中表(一)]，所申请专业领域的分领域及项目评审通过的鉴定人数量少于3人的，该分领域及项目不予通过。<br>2. 申请的专业领域中评审通过的鉴定人数量为3人的，得6分；超过3人的，每多1人得2分；评审通过的鉴定人中具有高级职称的，每人得2分。<br>注1：申请的分领域及项目对鉴定人数量、职称、专业背景和从业经历等有特殊要求的，应满足相应要求；不予通过的分领域及项目，相关的评审材料不参与评分，下同。<br>注2：本项累计得分不超过10分。 | |
| 二、鉴定能力(50分) | 人员综合能力(20分) | 按照《申请从事法医类专业领域司法鉴定人评分表》，对申请的每个分领域及项目的申请人进行评分后，计算通过的分领域及项目中，评审得分60分以上所有申请人的平均评审得分(按四舍五入取整)：<br>平均得分为60～69分的，得10分；<br>平均得分为70～79分的，得14分；<br>平均得分为80～89分的，得18分；<br>平均得分为90～100分的，得20分。<br>注：本项得分不超过20分。 | |

续表

| 评审要素 | | 评审标准 | 得分 |
| --- | --- | --- | --- |
| | 鉴定机构能力(30分) | 1. 按照所申请的法医类专业领域鉴定机构和人员专业能力的要求[见附件1-1至1-5中表(一)],申请的分领域及项目中,申请机构不满足相应要求的不予通过。<br>2. 申请机构所申请的每个分领域及项目,应提供5份以上近三年内出具的与该分领域及项目相关的鉴定案件的档案材料(含鉴定意见书及检验记录等,申请的分领域及项目有特殊要求的,应满足相应要求);无法提供鉴定档案材料的,可提供近三年内该分领域及项目参加能力验证或测量审核经历的证明材料,或申请机构为能力验证提供者的可作为评审依据;如申请的分领域及项目目前没有提供能力验证或测量审核的,或评审专家组认为提供的申报材料不足以证明申请机构的专业技术能力的,可采用现场考核方式进行综合评估。<br>根据提供的评估材料及现场考核评估的结果,按照所申请的法医类专业领域鉴定机构和人员专业能力的要求[见附件1-1至1-5中表(一)],结合本表中"三、实验室条件"的评价结果,对申请机构是否具备所申请的分领域及项目的鉴定能力进行综合评价。<br>根据综合评价的结果,所申请的分领域及项目中,基本符合要求的分领域及项目,每项扣1~3分,符合要求的不扣分,总得分不超过25分。不符合要求的分领域及项目不予通过。<br>3. 评审通过的分领域及项目涵盖该专业领域所有分领域及项目的,得5分;部分涵盖的,按照覆盖比率计算得分(覆盖比率×5分,按四舍五入取整)。<br>注:本项累计得分不超过30分。 | |

续表

<table>
<tr><th colspan="2">评审要素</th><th colspan="2">评审标准</th><th>得分</th></tr>
<tr><td rowspan="3">三、实验室条件（40分）</td><td>实验室资质（10分）</td><td colspan="2">1. 申请专业领域同时通过国家级或省级资质认定（CMA）和中国合格评定国家认可委员会（CNAS）认可的，得6分；仅通过中国合格评定国家认可委员会（CNAS）认可或国家级资质认定（CMA）的，得4分；仅通过省级资质认定的（CMA），得3分。<br>2. 获得认证认可的项目涵盖所有申请的分领域及项目的，得4分；部分涵盖的，按照覆盖比率计算得分（覆盖比率×4分，按四舍五入取整）。<br>3. 如所申请法医类专业领域或分领域及项目对实验室CMA和CNAS资质有特殊要求的，应满足相应要求，不满足的不予通过。<br>注：本项累计得分不超过10分。</td><td></td></tr>
<tr><td>场所设施（10分）</td><td colspan="2">1. 场所设施满足相应专业领域所列实验室功能区域要求的［见附件1－1至1－5中表（二）］，得3分；不满足要求的，不予通过。<br>2. 申请专业领域的实验室建筑面积大于等于70m²，得2分；大于等于100m²，得4分；大于等于150m²，得5分。<br>3. 实验室与办公区域有效隔离，得2分。<br>注：本项累计得分不超过10分。</td><td></td></tr>
<tr><td>仪器配置及使用情况（20分）</td><td>仪器配置（15分）</td><td>1. 申请的法医类专业领域的分领域及项目的必备仪器设备不满足相应配置要求的［见附件1－1至1－5中表（二）］，不予通过。<br>2. 申请的法医类专业领域和分领域及项目的必备仪器设备满足相应配置要求的，根据现场核查和对仪器设备性能及软件功能是否满足相应标准和方法及检验鉴定的实际需求进行综合评估。<br>所申请的分领域及项目中，基本符合要求的分领域及项目，每项扣1～3分，符合要求的分领域及项目不扣分。不符合要求的分领域及项目不予通过。<br>注：上述仪器设备需可正常使用，且仪器设备性能及软件功能应满足相应标准和方法及检验鉴定的实际需求。本项累计得分不超过15分。</td><td></td></tr>
</table>

续表

| 评审要素 | | | 评审标准 | 得分 |
|---|---|---|---|---|
| | | 仪器维护使用情况(5分) | 现场对申请的分领域及项目的通用和必备仪器设备的使用维护情况进行核查评估,根据评估结果进行打分:<br>抽查仪器设备的使用维护管理是否规范、状态是否良好,是否有定期维护及核查记录等,根据核查评估的结果,得0~5分。<br>注:本项累计得分不超过5分。 | |
| 总分 | | 评审专家签名及日期 | | |

专家评审组应根据申请机构的评审得分,结合申请机构的鉴定人构成、鉴定能力和实验室条件反映出的综合情况,对申请机构可以从事的该专业领域的分领域及项目提出意见。

申请司法鉴定机构的评审得分:___________(取所有专家评分的平均值)

申请司法鉴定机构可以从事的执业项目:(具体到分领域及项目,建议的打√,不建议的打×)

□**法医病理**

□0101 死亡原因鉴定(010101 尸体解剖,死亡原因鉴定;010102 尸表检验,死亡原因分析;010103 器官/切片检验,死亡原因分析)

□0102 器官组织法医病理学检验与诊断　□0103 死亡方式判断

□0104 死亡时间推断　□0105 损伤时间推断　□0106 致伤物推断

□0107 成伤机制分析　□0108 医疗损害鉴定

□0109 与死亡原因相关的其他法医病理鉴定

□**法医临床**

□0201 人体损伤程度鉴定 □0202 人体残疾等级鉴定 □0203 赔偿相关鉴定

□0204 人体功能评定(020401 视觉功能;020402 听觉功能;020403 男性性功能与生育功能;020404 嗅觉功能;020405 前庭平衡功能)

□0205 性侵犯与性别鉴定　□0206 诈伤、诈病、造作伤鉴定

□0207 医疗损害鉴定　□0208 骨龄鉴定

□0209 与人体损伤相关的其他法医临床鉴定

续表

| |
|---|
| □**法医精神病**<br>□0301 精神状态鉴定　□0302 刑事类行为能力鉴定<br>□0303 民事类行为能力鉴定　□0304 其他类行为能力鉴定<br>□0305 精神损伤类鉴定　□0306 医疗损害鉴定<br>□0307 危险性评估　□0308 精神障碍医学鉴定<br>□0309 与心理、精神相关的其他法医精神病鉴定或测试<br>□**法医物证**<br>□0401 个体识别　□0402 三联体亲子关系鉴定<br>□0403 二联体亲子关系鉴定　□0404 亲缘关系鉴定<br>□0405 生物检材种属和组织来源鉴定<br>□0406 生物检材来源生物地理溯源<br>□0407 生物检材来源个体表型推断<br>□0408 生物检材来源个体年龄推断<br>□0409 与非人源生物检材相关的其他法医物证鉴定<br>□**法医毒物**<br>□0501 气体毒物鉴定　□0502 挥发性毒物鉴定　□0503 合成药毒物鉴定<br>□0504 天然药毒物鉴定　□0505 毒品鉴定　□0506 易制毒化学品鉴定<br>□0507 杀虫剂鉴定　□0508 除草剂鉴定　□0509 杀鼠剂鉴定<br>□0510 金属毒物鉴定　□0511 水溶性无机毒物鉴定<br>□0512 与毒物相关的其他法医毒物鉴定<br><br>评审组长/评审组专家签名： |

## (二)申请从事法医类专业领域司法鉴定业务人员评分表

| 核定要素 | 分值 | 要素 | 主要内容 | 单项分值 | 评审标准 | 得分 |
|---|---|---|---|---|---|---|
| 一、职业道德 | 5 | 职业道德 | 拥护中华人民共和国宪法,遵守法律、法规和社会公德,品行良好的公民。 | 0~5 | 1. 满足《司法鉴定人登记管理办法》(司法部令第96号)中第十二条的,申报表填写规范,所附材料能与之对应且真实有效的,得5分。<br>2. 有《司法鉴定人登记管理办法》(司法部令第96号)中第十三条规定情形的,取消评审资格。<br>3. 有《司法鉴定人登记管理办法》(司法部令第96号)中第三十条规定情形的,鉴定人受到司法行政机关处罚,处罚期未满的,取消评审资格。 | |
| 二、基本情况 | 20 | 人员专业背景 | 具有相应学历、职称、资质及专业背景。 | 0~5 | 按照所申请的法医类专业领域鉴定机构和人员专业能力的要求[见附件1-1至1-5中表(一)],申请人满足所申请的专业领域和分领域及项目"人员专业要求"中相应要求的,得5分;不满足要求的分领域及项目,不建议执业。 | |

续表

| 核定要素 | 分值 | 要素 | 主要内容 | 单项分值 | 评审标准 | | 得分 |
|---|---|---|---|---|---|---|---|
| | | 人员从业经历 | 从事法医类专业领域司法鉴定相关工作的年限(本专业硕士及以上或相关专业博士及博士后阶段计入)。 | 0~15 | 按照所申请的法医类专业领域鉴定机构和人员专业能力的要求[见附件1-1至1-5中表(一)],申请人满足所申请的专业领域和分领域及项目"人员专业要求"中相应要求的,得10分;不满足分领域及项目要求的,不建议执业。从业经历超过相应要求的,每超过1年加1分,最高得15分。 | | |
| 三、工作能力 | 45 | 专业技术能力 | 在本专业领域开展鉴定工作及相关工作情况。 | 0~45 | 一般:0~20<br>良好:21~34<br>优秀:35~45 | 评审专家根据申请人的具体情况及其申报的专业领域和分领域及项目,采用如下方式进行综合评分:<br>1. 对于已经取得申请专业领域鉴定资质的申请人,申请人应提供5份以上近三年内负责或参与的与申请分领域及项目相关的鉴定案件的档案材料(含鉴定意见书及检验记录等,申请的分领域及项目有特殊要求的,应满足相应要求);无法 | |

续表

| 核定要素 | 分值 | 要素 | 主要内容 | 单项分值 | 评审标准 | | 得分 |
|---|---|---|---|---|---|---|---|
| | | | | | | 提供鉴定档案材料的,可提供近三年内参加能力验证或测量审核经历的证明材料,或申请人为能力验证出题或评审专家的可作为评审依据。通过审阅申请人完成的与申请分领域及项目相关的申报材料,结合申请人的基本情况,必要时采用现场考核的方式,综合评定其专业技术能力。<br>2. 对于新设立机构、现有机构增加专业领域、初次申请司法鉴定人执业的,或评审专家组认为提供的申报材料不足以证明申请人的专业技术能力的,应采用现场答辩、现场演示、现场试验等考核方式,对申请人的专业能力进行现场考核,综合评定其专业技术能力。 | |

续表

| 核定要素 | 分值 | 要素 | 主要内容 | 单项分值 | 评审标准 | | 得分 |
| --- | --- | --- | --- | --- | --- | --- | --- |
| | | | | | | 3. 新申请的司法鉴定人参加过本专业领域准入考核的，可根据考核分数结合现场考核的情况，综合评定其专业技术能力。<br>评审专家根据以上评定结果，结合本表中“四、工作成果”的评价结果，综合评估鉴定人是否具有附件 1－1 至 1－5 表（一）中相应专业领域和分领域及项目所列的专业能力，确定评分等级（一般、良好、优秀）及最终得分。申请人不满足专业能力要求的分领域及项目，不建议执业。 | |

续表

| 核定要素 | 分值 | 要素 | 主要内容 | 单项分值 | 评审标准 | 得分 |
|---|---|---|---|---|---|---|
| 四、工作成果 | 30 | 科研成果 | 主持或主要参与完成的法医类专业领域司法鉴定相关的科研项目、标准、专利等(科研项目以验收报告为准;标准、专利等以被发布或授权为准)。 | 0~6 | 申请人应提供如下反映科研成果的评审材料,评审专家根据成果类型、成果排名和完成质量(按如下排序)综合评分。<br>1. 国家级科研项目或国家标准,每项1~6分;<br>2. 省部级科研项目或行业标准,每项1~4分;<br>3. 地市级科研项目及地方或团体标准,每项1~3分;<br>4. 发明专利,每项1~3分;<br>5. 其他能够反映科研成果的材料,本项累计得分不超过2分。<br>注:科研成果累计得分不超过6分,科研成果应与申请的鉴定专业领域相关。 | |
| | | 论著成果 | 在公开发行的期刊上发表的法医类专业领域司法鉴定相关的学术论文,公开出版的学术著作。 | 0~6 | 申请人应提供如下反映论著成果的评审材料,评审专家根据成果类型、成果排名和完成质量(按如下排序)综合评分。<br>1. 发表SCI/EI论文(通信作者视同为第一作者,下同),每篇1~4分;<br>2. 在国内核心期刊发表论文,每篇1~3分;<br>3. 正式出版的专业著作(根据封面作者排名),每本1~3分; | |

续表

| 核定要素 | 分值 | 要素 | 主要内容 | 单项分值 | 评审标准 | 得分 |
| --- | --- | --- | --- | --- | --- | --- |
| | | | | | 4. 正式出版的专业翻译著作(根据封面作者排名),每本1~2分;<br>5. 在国内非核心期刊发表论文或其他能够反映论著成果的材料,本项得分累计不超过2分。<br>注:论著成果累计得分不超过6分,论著成果应与申报的鉴定专业领域相关。 | |
| | | 获奖成果 | 科研鉴定工作获奖及被收录的典型案例等情况。 | 0~6 | 申请人应提供如下反映获奖成果的评审材料,评审专家根据成果类型、成果排名和完成质量(按如下排序)综合评分。<br>1. 已获得的与申请人从事的科研鉴定工作相关的国家级奖项,每项1~6分;<br>2. 已获得的与申请人从事的科研鉴定工作相关的省部级奖项,每项1~4分;<br>3. 作为鉴定人获得司法部"宋慈杯"优秀司法鉴定文书(包括一等奖,二等奖,三等奖及其他特别奖项),每个案例1~4分;<br>4. 作为鉴定人完成的入选最高人民法院、最高人民检察院、公安部等部委发布的典型案例,每个案例1~3分; | |

续表

| 核定要素 | 分值 | 要素 | 主要内容 | 单项分值 | 评审标准 | 得分 |
|---|---|---|---|---|---|---|
| | | | | | 5. 作为鉴定人完成的入选司法部“12348 法网”案例库的案例,每个案例 1 ~2 分;<br>6. 其他能够反映获奖成果的材料,本项得分累计不超过 2 分。<br>注:获奖成果累计得分不超过 6 分,获奖成果应与申报的鉴定专业领域相关。 | |
| | | 培训交流 | 司法鉴定专业培训交流情况。 | 0 ~ 12 | 1. 近两年满足司法行政机关规定的培训要求的情况,满足要求的每年得 4 分,累计得 8 分。<br>2. 近两年参加省级以上司法行政机关或鉴定协会组织的专业培训班或学术会议的,每次得 2 分,累计得 4 分;授课或做报告的,得 4 分。<br>注:本项累计得分不超过 12 分,培训交流的内容应与申报的鉴定专业领域相关。 | |
| 总分 | | | | 评审专家签名及日期 | | |
| 专家评审组应根据评审得分,结合申请人员的工作能力和工作成果中反映出的专业特长,对申请人员可以从事的该专业领域的分领域及项目提出建议。<br>申请司法鉴定人的评审得分:____________(取所有专家评分的平均值)<br>建议申请司法鉴定人从事的执业项目:(具体到分领域及项目,建议的打√,不建议的打 ×) | | | | | | |

续表

□法医病理

□0101 死亡原因鉴定(010101 尸体解剖,死亡原因鉴定;010102 尸表检验,死亡原因分析;010103 器官/切片检验,死亡原因分析)
□0102 器官组织法医病理学检验与诊断 □0103 死亡方式判断
□0104 死亡时间推断 □0105 损伤时间推断 □0106 致伤物推断
□0107 成伤机制分析 □0108 医疗损害鉴定
□0109 与死亡原因相关的其他法医病理鉴定

□法医临床

□0201 人体损伤程度鉴定 □0202 人体残疾等级鉴定 □0203 赔偿相关鉴定
□0204 人体功能评定(020401 视觉功能;020402 听觉功能;020403 男性性功能与生育功能;020404 嗅觉功能;020405 前庭平衡功能)
□0205 性侵犯与性别鉴定 □0206 诈伤、诈病、造作伤鉴定
□0207 医疗损害鉴定 □0208 骨龄鉴定
□0209 与人体损伤相关的其他法医临床鉴定

□法医精神病

□0301 精神状态鉴定 □0302 刑事类行为能力鉴定
□0303 民事类行为能力鉴定 □0304 其他类行为能力鉴定
□0305 精神损伤类鉴定 □0306 医疗损害鉴定
□0307 危险性评估 □0308 精神障碍医学鉴定
□0309 与心理、精神相关的其他法医精神病鉴定或测试

□法医物证

□0401 个体识别 □0402 三联体亲子关系鉴定 □0403 二联体亲子关系鉴定
□0404 亲缘关系鉴定 □0405 生物检材种属和组织来源鉴定
□0406 生物检材来源生物地理溯源 □0407 生物检材来源个体表型推断
□0408 生物检材来源个体年龄推断
□0409 与非人源生物检材相关的其他法医物证鉴定

□法医毒物

□0501 气体毒物鉴定 □0502 挥发性毒物鉴定 □0503 合成药毒物鉴定
□0504 天然药毒物鉴定 □0505 毒品鉴定 □0506 易制毒化学品鉴定
□0507 杀虫剂鉴定 □0508 除草剂鉴定 □0509 杀鼠剂鉴定
□0510 金属毒物鉴定 □0511 水溶性无机毒物鉴定
□0512 与毒物相关的其他法医毒物鉴定

评审组长/评审组专家签名:

法医类司法鉴定各专业领域具体评分要求参见：

附件：1－1　法医病理鉴定登记评审评分标准

1－2　法医临床鉴定登记评审评分标准

1－3　法医精神病鉴定登记评审评分标准

1－4　法医物证鉴定登记评审评分标准

1－5　法医毒物鉴定登记评审评分标准

**附件1－1**

## 法医病理鉴定登记评审评分标准

（一）法医病理鉴定机构和人员专业能力要求

| 序号 | 专业领域 | 分领域及项目 | 人员专业要求（学历、职称、资质及专业背景和从业经历） | 专业技术能力 |
|---|---|---|---|---|
| 01 | 法医病理鉴定 | 0101 死亡原因鉴定<br>010101 尸体解剖，死亡原因鉴定<br>010102 尸表检验，死亡原因分析<br>0103 死亡方式判断<br>0106 致伤物推断<br>0107 成伤机制分析 | 新申请执业鉴定人员需具有法医学专业本科以上学历；已取得法医病理专业领域鉴定人执业资格者专业要求可以适当放宽。<br>鉴定人员需具备从事法医病理鉴定相关工作5年以上经历。<br>从事010101鉴定的，鉴定机构至少有2人以上专职法医病理鉴定人具备中级以上职称。<br>从事重新鉴定的，至少有1人以上专职法医病理鉴定人具备高级职称。 | 具备按照相关鉴定检验标准或规范方法进行尸体检验、分析判断的鉴定能力。具体包括：<br>（1）熟悉司法鉴定相关法律法规和《司法鉴定程序通则》有关要求；<br>（2）熟悉法医学尸体检验的一般程序和方法；<br>（3）熟悉尸体检验技术总则和猝死、机械性损伤、机械性窒息、中毒等死亡或疑似该暴力性原因致死时的尸体检验要求；<br>（4）熟悉法医病理组织检材/毒物检验检材提 |

续表

| 序号 | 专业领域 | 分领域及项目 | 人员专业要求（学历、职称、资质及专业背景和从业经历） | 专业技术能力 |
| --- | --- | --- | --- | --- |
| | | | | 取规范要求；<br>(5)具备常规尸体解剖操作、器官检查及特殊检查(气胸、空气栓塞、肺动脉栓塞、心脏传导系统等)技能；需要进行器官病理检验的应具备常见疾病/损伤的组织病理学诊断能力；<br>(6)掌握与死亡原因鉴定相关的法医病理学理论知识和专业技能；<br>(7)具备根据尸体检验所见、必要的实验室检验结果并结合案情和相关书证资料分析、鉴别、综合判断死亡原因和死亡方式的能力；<br>(8)申请0106/0107鉴定，应熟悉致伤物推断和成伤机制分析的方法，具备相应的知识、经验和鉴定能力；<br>(9)具有参与或辅助死亡原因鉴定的经历，提供近三年内5份以上死亡原因鉴定的案卷档案/鉴定意见书(应包含不同的死亡原因鉴定)或技术审核报告；也可提供近三年内其他与申请分领域相关 |

续表

| 序号 | 专业领域 | 分领域及项目 | 人员专业要求<br>（学历、职称、资质及专业背景和从业经历） | 专业技术能力 |
|---|---|---|---|---|
| | | | | 的能力证明。<br>注：010102 鉴定，一般仅限于按照《道路交通事故尸体检验》标准实施的尸表检验，且应注意尸表检验、死因分析的局限性，熟知道路交通事故尸体检验鉴定中须进行尸体解剖的情形。 |
| 02 | 法医病理鉴定 | 0101 死亡原因鉴定<br>010103 器官/切片检验，死亡原因分析<br>0102 器官组织法医病理学检验与诊断<br>0104 死亡时间推断<br>0105 损伤时间推断 | 新申请执业鉴定人员需具有法医学专业本科以上学历；已取得法医病理专业领域鉴定人执业资格者专业要求可以适当放宽。<br>鉴定人员需具备从事法医病理鉴定相关工作 5 年以上经历且具备法医病理专业中级以上职称。<br>鉴定机构至少有 2 人以上具备法医病理专业中级以上职称，其中至少有 1 人专职法医病理鉴定人具备高级职称。 | 具备按照相关鉴定检验标准或规范方法进行尸体检验、鉴定的能力。具体包括：<br>（1）具备前述 010101/010102/0103 的专业能力；<br>（2）申请 010103/0102 鉴定，应熟悉法医组织病理学常规检查方法和其他特殊实验室检查方法，具备常见疾病/损伤的组织病理学阅片、诊断能力；<br>（3）申请 0104/0105 鉴定，应熟悉死亡时间推断/损伤时间推断的方法，具备相应的知识、经验和鉴定能力； |

续表

| 序号 | 专业领域 | 分领域及项目 | 人员专业要求（学历、职称、资质及专业背景和从业经历） | 专业技术能力 |
| --- | --- | --- | --- | --- |
| | | | | (4)具有参与或辅助死亡原因鉴定或死亡时间推断或损伤时间推断的经历，提供近三年内5份以上（其中0104、0105年份不限，既往鉴定案例即可）与申请分领域相关的案卷档案/鉴定意见书或技术审核报告；也可提供近三年内其他与申请分领域相关的能力证明。 |
| 03 | 法医病理鉴定 | 0108 医疗损害鉴定 | 鉴定人员需具有法医学或相关医学专业本科以上学历。<br>鉴定人员需具备从事法医病理鉴定相关工作8年以上经历，且具备中级以上职称；或者专职法医病理鉴定人具备高级职称。 | 具备按照相关鉴定规范与方法对医疗损害案件进行鉴定的能力。具体包括：<br>(1)熟悉法医学与医疗损害鉴定有关的理论、技术与方法，熟悉医疗损害鉴定原则，了解相关法律法规的规定；<br>(2)熟悉常见医疗损害案件的基本特点及与其相关的临床医学基本理论、基本技术；<br>(3)具备死因分析的专业知识和技术能力，熟悉法医学因果关系判定准则； |

续表

| 序号 | 专业领域 | 分领域及项目 | 人员专业要求（学历、职称、资质及专业背景和从业经历） | 专业技术能力 |
| --- | --- | --- | --- | --- |
| | | | | (4)熟悉医疗损害司法鉴定流程，组织实施鉴定活动；<br>(5)具有参与（辅助）实施医疗损害鉴定3年以上工作经历，应提供近三年内5份以上医疗损害鉴定的案卷档案/鉴定意见书，也可提供近三年内其他与申请分领域相关的能力证明。 |
| | 法医病理鉴定 | 0109 与死亡原因相关的其他法医病理鉴定 | 鉴定人员需具有法医学专业本科以上学历。<br>鉴定人员需具备法医病理鉴定相关工作5年以上经历，且具备中级以上职称。<br>涉及法医人类学内容鉴定的，鉴定人员需具备法医病理鉴定相关工作10年以上经历或者专职法医病理鉴定人具备高级职称。 | 具备按照相关标准、规范与方法进行某种特殊实验室检查、检验或测量，及对结果进行解释的能力。具体包括：<br>(1)熟悉法医病理某种特殊实验室检查的方法、程序、要求和结果解释，具备结果判定所需的专业知识和能力；<br>(2)具备常见疾病、损伤等的医学影像片阅片能力；<br>(3)从事特殊实验室检查、检验或测量，操作特殊仪器设备的技术人员应有相应的岗位授权，以确保结果的可靠性。 |

## (二)法医病理鉴定实验室和仪器设备配置要求

| 序号 | 事项 | 配置 | 单位 | 配置要求 | 备注 |
|---|---|---|---|---|---|
| 01 | 实验室功能区域 | 尸体解剖室 | 间 | 必备 | 010101,010103,0102,0103,0104,0105<br>注:病理切片诊断室可为相对独立的实验室区域。 |
| | | 组织器官取材、储存室 | 间 | 必备 | |
| | | 病理切片制片室 | 间 | 必备 | |
| | | 病理切片诊断室 | 间 | 必备 | |
| | | 切片、蜡块存放室(柜) | 间(个) | 必备 | |
| | | 听证区 | 间 | 必备 | 0108 |
| | | 尸体影像学检查室 | 间 | 必备 | 0109 |
| | | 硅藻检验室 | 间 | 必备 | 0109 |
| 02 | 基本设备设施(尸体解剖室) | 尸体解剖台 | 台 | 必备 | 010101,010103,0102,0103,0104,0105<br>注1:应有可使用的尸体解剖室。<br>注2:解剖、测量器械包括但不限于:刀类:手术刀、脏器刀、脑刀;剪类:圆头手术剪、尖头手术剪、眼科剪、肠剪、骨剪;锯类:电动开颅锯、板锯、脊柱锯;钳子:弯止血钳、直止血钳;镊子:有齿镊、无齿镊;其他:丁字凿、 |
| | | 进排水系统 | 套 | 必备 | |
| | | 照明及消毒系统 | 套 | 必备 | |
| | | 照相设备/录像设备/视频监控 | 台 | 必备 | |
| | | 解剖、测量器械 | 套 | 必备 | |
| 03 | 基本设备设施(组织器官取材、储存室) | 取材台(含取材器械) | 台 | 必备 | |
| | | 进排水系统 | 套 | 必备 | |
| | | 照明及消毒系统 | 套 | 必备 | |
| | | 组织器官固定存放容器 | 套 | 必备 | |

续表

| 序号 | 事项 | 配置 | 单位 | 配置要求 | 备注 |
| --- | --- | --- | --- | --- | --- |
| | | 器官标本存放装置 | 个 | 必备 | 锤子、不锈钢勺、探针、穿刺针及注射器、缝针及缝线等。测量器械：卷尺、钢尺、器官秤等。 |
| | | 电子称(量程 1g ~ 5000g,0.1g ~ 100g) | 台 | 必备 | |
| | | 送排风系统 | 套 | 必备 | |
| | | 照相设备 | 台 | 必备 | |
| 04 | 基本设备(病理切片制片室) | 切片设备 | 台 | 必备 | 注 3：消毒系统包括：解剖室环境、设备消毒和解剖器械消毒。注 4：仅开展道路交通事故尸表检验的(010102)，尸体解剖室为选配，但应具备基本的尸体检验、测量器械。 |
| | | 脱水设备 | 台 | 必备 | |
| | | 包埋设备 | 台 | 必备 | |
| | | 染色设备 | 台 | 必备 | |
| | | 试剂柜 | 台 | 必备 | |
| 05 | 基本设备(病理切片诊断室) | 生物显微镜(放大倍数：40 倍 ~ 400 倍) | 台 | 必备 | |
| | | 图像采集/拍摄系统 | 台 | 必备 | |
| 06 | 基本设备(切片、蜡块存放室(柜)) | 切片存放柜 | 个 | 必备 | |
| | | 蜡块存放柜 | 个 | 必备 | |

续表

| 序号 | 事项 | 配置 | 单位 | 配置要求 | 备注 |
|---|---|---|---|---|---|
| 07 | 基本设备(检查区域) | 检查、测量器械 | 套 | 必备 | 0106,0107 |
| | | 照相设备 | 台 | 必备 | |
| 08 | 基本设备(听证区) | 视频监控 | 台 | 必备 | 0108<br>相对独立的听取医患陈述意见区域。 |
| 09 | 基本设备(尸体影像学检查室) | CT 机/X 光机 | 台 | 必备 | 0109<br>CT 机/X 光机至少具备一种 |
| 10 | 基本设备(硅藻检验室) | 硅藻检验设备 | 台 | 必备 | 0109 |
| | | 试剂柜 | 个 | 必备 | |
| | | 通风橱 | 个 | 必备 | |

注:备注中的执业分领域序号系指相应分领域应具备满足所规定的配置要求。

**附件 1－2**

## 法医临床鉴定登记评审评分标准

### (一)法医临床鉴定机构和人员专业能力要求

| 序号 | 专业领域 | 分领域及项目 | 人员专业要求(学历、职称、资质及专业背景和从业经历) | 专业技术能力 |
| --- | --- | --- | --- | --- |
| 01 | 法医临床鉴定 | 0201 人体损伤程度鉴定 | 新申请执业鉴定人员需具有法医学或相关医学专业本科以上学历,已取得法医临床专业领域的鉴定人执业资格者专业要求可以适当放宽。鉴定人员需具备从事法医临床工作5年以上经历。 | 具备按照相关鉴定标准与规范方法进行常见人体损伤程度鉴定的能力。具体包括:<br>(1)熟悉与人体损伤程度鉴定有关的法医临床学专业理论和技术,了解相关法律法规的规定;<br>(2)熟悉《人体损伤程度鉴定标准》的常用条款;<br>(3)具备审阅鉴定材料,判断鉴定可行性,制订鉴定方案,实施常规检验,提出鉴定意见及制作鉴定文书的能力;<br>(4)具备解读和分析与损伤程度鉴定相关的常见医学影像及神经电生理等辅助检验结果的能力;<br>(5)具有参与或辅助人体损伤程度鉴定的经历,提供近三年内5份以上常见人体损伤程度 |

续表

| 序号 | 专业领域 | 分领域及项目 | 人员专业要求（学历、职称、资质及专业背景和从业经历） | 专业技术能力 |
| --- | --- | --- | --- | --- |
| | | | | 鉴定的案卷档案/鉴定意见书(包含不同等级的损伤程度鉴定结果，且至少包含3个以上人体损伤部位)，也可提供近三年内其他与申请分领域相关的能力证明。<br>注1：常见人体损伤程度鉴定是指不涉及视觉功能、听觉功能、男性性功能与生育功能、嗅觉功能、前庭平衡功能等人体功能评定的鉴定。<br>注2：人体损伤部位按《人体损伤程度鉴定标准》条款分章确定。分为：颅脑与脊髓，面部与耳廓，颈部，胸部，腹部，盆部及会阴，脊柱与四肢，手部，体表，其他。损伤程度鉴定结果分为：重伤一级、重伤二级、轻伤一级、轻伤二级、轻微伤及未达轻微伤程度。 |

续表

| 序号 | 专业领域 | 分领域及项目 | 人员专业要求（学历、职称、资质及专业背景和从业经历） | 专业技术能力 |
| --- | --- | --- | --- | --- |
| 02 | 法医临床鉴定 | 0202 人体残疾等级鉴定 | 新申请执业鉴定人员需具有法医学或相关医学专业本科以上学历，已取得法医临床专业领域的鉴定人执业资格者专业要求可以适当放宽。鉴定人员需具备从事法医临床工作5年以上经历。 | 具备按照相关鉴定标准与规范方法进行常见人体损伤致残等级鉴定的能力。具体包括：<br>(1)熟悉与人体残疾等级鉴定有关的法医临床学专业理论和技术，了解相关法律法规的规定；<br>(2)熟悉《人体损伤致残程度分级》等相关鉴定标准的常用条款；<br>(3)具备审阅鉴定材料，判断鉴定可行性，制订鉴定方案，实施常规检验，提出鉴定意见及制作鉴定文书的能力；<br>(4)具备解读和分析与残疾等级鉴定相关的常见医学影像及神经电生理等辅助检验结果的能力；<br>(5)具有参与或辅助实施人体损伤致残疾等级鉴定的经历，应提供近三年内5份以上常见残疾等级鉴定的案卷档案/鉴定意见书（包含不同的残疾等级 |

续表

| 序号 | 专业领域 | 分领域及项目 | 人员专业要求（学历、职称、资质及专业背景和从业经历） | 专业技术能力 |
| --- | --- | --- | --- | --- |
|  |  |  |  | 鉴定结果，且至少包含3个以上残疾部位），也可提供近三年内其他与申请分领域相关的能力证明。<br>注1：常见人体残疾等级鉴定是指不涉及视觉功能、听觉功能、男性性功能与生育功能、嗅觉功能、前庭平衡功能等人体功能评定的鉴定。<br>注2：残疾部位按《人体损伤致残程度分级》条款分章确定。分为：颅脑、脊髓与周围神经，头面部，颈部与胸部，腹部，盆部与会阴部，脊柱、骨盆与四肢，体表与其他。残疾等级鉴定结果分为：一级至十级，以及未达残疾程度。 |

续表

| 序号 | 专业领域 | 分领域及项目 | 人员专业要求（学历、职称、资质及专业背景和从业经历） | 专业技术能力 |
| --- | --- | --- | --- | --- |
| 03 | 法医临床鉴定 | 0203 赔偿相关鉴定 | 新申请执业鉴定人员需具有法医学或相关医学专业本科以上学历，已取得法医临床专业领域鉴定人执业资格者专业要求可以适当放宽。<br>鉴定人员需具备从事法医临床工作 5 年以上经历。 | 具备按照相关鉴定标准、规范与方法进行常见人体损伤、残疾有关赔偿事项进行鉴定的能力。具体包括：<br>(1)熟悉与赔偿相关鉴定有关的法医临床学专业理论和技术，了解相关法律法规的规定；<br>(2)熟悉医疗终结时间、休息(误工)期、护理期、营养期、护理依赖、医疗依赖、营养依赖、后续诊疗项目、诊疗合理性和相关性等鉴定的相关技术标准/规范方法；<br>(3)具备审阅鉴定材料，判断鉴定可行性，制订鉴定方案，实施常规检验，提出鉴定意见及制作鉴定文书的能力；<br>(4)具备解读和分析与赔偿相关鉴定有关的常见医学影像及神经电生理等辅助检验结果的能力；<br>(5)具有参与或辅助实 |

续表

| 序号 | 专业领域 | 分领域及项目 | 人员专业要求（学历、职称、资质及专业背景和从业经历） | 专业技术能力 |
| --- | --- | --- | --- | --- |
| | | | | 施人体损伤、残疾有关赔偿事项鉴定的经历，应提供近三年内5份以上常见赔偿相关鉴定的案卷档案/鉴定意见书(至少包含2个不同的鉴定项目)，也可提供近三年内其他与申请分领域相关的能力证明。<br>注1：常见赔偿相关鉴定不涉及视觉功能、听觉功能、男性性功能与生育功能、嗅觉功能、前庭平衡功能等人体功能问题。<br>注2：鉴定项目依据执业分类规定确定。包括：医疗终结时间，休息(误工)期、护理期、营养期(也称为“三期”)，护理依赖，医疗依赖，营养依赖，后续诊疗项目，诊疗合理性和相关性。 |

续表

| 序号 | 专业领域 | 分领域及项目 | 人员专业要求（学历、职称、资质及专业背景和从业经历） | 专业技术能力 |
| --- | --- | --- | --- | --- |
| 04 | 法医临床鉴定 | 0204 人体功能评定<br>020401 视觉功能<br>020402 听觉功能<br>020403 男性性功能与生育功能<br>020404 嗅觉功能<br>020405 前庭平衡功能 | 新申请执业鉴定人员需具有法医学或相关医学专业本科以上学历，已取得法医临床专业领域鉴定人执业资格者专业要求可以适当放宽。<br>鉴定人员需具备从事法医临床工作5年以上经历，且应在具有相应资质的司法鉴定机构/实验室或者临床医学专业科室工作、学习或培训3个月以上。<br>鉴定人员需具备中级以上职称。 | 具备按照相关标准、规范与方法进行相应人体功能评定的能力。具体包括：<br>(1)熟悉与相应人体功能评定有关的法医临床学专业理论和技术，了解相关法律法规的规定；<br>(2)熟悉与相应申请项目有关的技术规范、标准；<br>(3)具备审阅送检材料，制订评定方案，实施常规检验，提出鉴定意见及制作鉴定文书的能力；<br>(4)具备解读和分析与相应申请项目有关的的常见医学影像的能力，具备相关常规实验室检验基本操作和结果分析、判定的能力；<br>(5)具有参与(辅助)实施相应人体功能评定的经历，应提供近三年内5份以上与申请分领域有关的案卷档案/鉴定意见书，也可提供近三年内其他与申请项目相关的能力证明。 |

续表

| 序号 | 专业领域 | 分领域及项目 | 人员专业要求（学历、职称、资质及专业背景和从业经历） | 专业技术能力 |
|---|---|---|---|---|
| | | | | 注：人体功能评定中的视觉功能、听觉功能、男性性功能与生育功能、嗅觉功能、前庭平衡功能均为独立的项目，在专业能力评价时应分别评定。 |
| 05 | 法医临床鉴定 | 0205 性侵犯与性别鉴定 | 新申请执业鉴定人员需具有法医学或相关医学专业本科以上学历，已取得法医临床专业领域鉴定人执业资格者专业要求可以适当放宽。<br>鉴定人员需具备从事相关工作 5 年以上经历。<br>鉴定人员需具备中级以上职称。 | 具备按照相关标准、规范与方法对强奸、猥亵、性虐待等非法性侵犯和反常性行为，以及个体性别所涉专门性问题进行鉴定的能力。具体包括：<br>(1)熟悉与性侵犯与性别鉴定有关的男性科学、妇产科学等学科的基本理论、基本技术与基本方法，熟悉相关法医临床学专业理论和技术，了解相关法律法规的规定；<br>(2)具备根据具体情况，制订鉴定方案，实施常规检验，提出鉴定意见及制作鉴定文书的能力； |

续表

| 序号 | 专业领域 | 分领域及项目 | 人员专业要求（学历、职称、资质及专业背景和从业经历） | 专业技术能力 |
| --- | --- | --- | --- | --- |
| | | | | (3)具备与性侵犯、性别鉴定有关的各类实验室与其他辅助检验结果的解读、分析和综合判定的能力；<br>(4)具有参与(辅助)实施性侵犯与性别鉴定的经历，应提供3份以上实施或者参与相关分领域鉴定的案卷档案/鉴定意见书，也可提供近三年内其他与申请分领域相关的能力证明。 |
| 06 | 法医临床鉴定 | 0206 诈伤、诈病、造作伤鉴定 | 新申请执业鉴定人员需具有法医学或相关医学专业本科以上学历，已取得法医临床专业领域鉴定人执业资格者专业要求可以适当放宽。<br>鉴定人员需具备从事法医临床工作8年以上经历。<br>鉴定人员需具备中级以上职称。 | 具备按照相关标准、规范与方法对诈称(夸大)损伤、诈称(夸大)疾病以及人为造成身体损伤进行鉴定的能力。具体包括：<br>(1)熟悉法医学有关诈伤、诈病、造作伤的基本理论、基本技术与基本方法，了解相关法律法规的规定；<br>(2)具备根据具体情况，制订鉴定方案，实施常规检验，提出鉴定意见及制作鉴定文书的能力； |

续表

| 序号 | 专业领域 | 分领域及项目 | 人员专业要求（学历、职称、资质及专业背景和从业经历） | 专业技术能力 |
| --- | --- | --- | --- | --- |
| | | | | (3)具备与诈伤、诈病、造作伤鉴定有关的常见医学影像及神经电生理等相关辅助检验结果的解读、分析和综合判定的能力；<br>(4)具有参与(辅助)实施诈伤、诈病、造作伤鉴定的经历，应提供3份以上与申请分领域有关的案卷档案/鉴定意见书，也可提供近三年内其他与申请分领域相关的能力证明。 |
| 07 | 法医临床鉴定 | 0207 医疗损害鉴定 | 鉴定人员需具有法医学或相关医学专业本科以上学历。<br>鉴定人员需具备从事相关工作8年以上经历。<br>鉴定人员需具备中级以上职称，且鉴定机构至少1位专职法医临床鉴定人具备高级职称。 | 具备按照相关标准、规范与方法对医疗损害案件进行鉴定的能力。具体包括：<br>(1)熟悉法医学与医疗损害鉴定有关的理论、技术与方法，了解相关法律法规的规定；<br>(2)熟悉常见医疗损害案件的基本特点及与其相关的临床医学基本理论、基本技术；<br>(3)具备审阅鉴定材料，判断鉴定可行性，制订鉴定方案，组织、完成鉴定，提出鉴定意见及制作鉴定文书的能力； |

续表

| 序号 | 专业领域 | 分领域及项目 | 人员专业要求（学历、职称、资质及专业背景和从业经历） | 专业技术能力 |
| --- | --- | --- | --- | --- |
| | | | | (4)参与(辅助)实施医疗损害鉴定3年以上,应提供近三年内5份以上医疗损害鉴定的案卷档案/鉴定意见书,也可提供近三年内其他与申请分领域相关的能力证明。 |
| 08 | 法医临床鉴定 | 0208 骨龄鉴定 | 新申请执业鉴定人员需具有法医学、人类学或相关医学专业本科以上学历,已取得法医临床专业领域鉴定人执业资格者专业要求可以适当放宽。<br>鉴定人员需具备从事法医临床或人类学相关工作5年以上经历。 | 具备按照相关标准、规范与方法对青少年活体年龄(骨龄)进行鉴定的能力。具体包括:<br>(1)熟悉与骨龄鉴定有关的法医人类学的基本理论、基本技术与基本方法,了解相关法律法规的规定;<br>(2)熟悉与相应骨龄鉴定有关的技术规范、标准;<br>(3)具备判断鉴定可行性,制订鉴定方案,实施常规检验,提出鉴定意见及制作鉴定文书的能力;<br>(4)具备根据检验结果综合进行骨龄分析和推断的能力; |

续表

| 序号 | 专业领域 | 分领域及项目 | 人员专业要求（学历、职称、资质及专业背景和从业经历） | 专业技术能力 |
| --- | --- | --- | --- | --- |
| | | | | (5)具有参与(辅助)实施骨龄鉴定的经历，应提供近三年内5份以上骨龄鉴定的案卷档案/鉴定意见书，也可提供近三年内其他与申请分领域相关的能力证明。 |
| 09 | 法医临床鉴定 | 0209 与人体损伤相关的其他法医临床鉴定 | 新申请执业鉴定人员需具有法医学或相关医学专业本科以上学历，已取得法医临床专业领域鉴定人执业资格者专业要求可以适当放宽。<br>鉴定人员需具备从事法医临床相关工作8年以上经历。<br>鉴定人员需具备中级以上职称，且鉴定机构至少1位专职法医临床鉴定人具备高级职称。 | 具备按照相关标准、规范与方法进行与人体损伤相关的其他法医临床鉴定的能力。具体包括：<br>(1)熟悉法医临床学、特别是与人体损伤相关的其他法医临床鉴定的专业理论和技术，了解相关法律法规的规定；<br>(2)熟悉法医学的基本理论、基本技术与基本方法，了解与损伤有关的临床医学专科的基本知识；<br>(3)具备审阅鉴定材料，判断鉴定可行性，制订鉴定方案，实施常规检验，提出鉴定意见及制作鉴定文书的能力； |

续表

| 序号 | 专业领域 | 分领域及项目 | 人员专业要求（学历、职称、资质及专业背景和从业经历） | 专业技术能力 |
|---|---|---|---|---|
| | | | | (4)具备解读和分析常见医学影像及神经电生理等相关辅助检验结果的能力；<br>(5)具有参与(辅助)实施与人体损伤相关的其他法医临床鉴定的经历,应提供近三年内5份以上与人体损伤相关的其他法医临床鉴定的案卷档案/鉴定意见书(至少包含2个不同的鉴定项目),也可提供近三年内其他与申请分领域相关的能力证明。<br>注:鉴定项目依据执业分类规定确定。包括损伤判定,损伤时间推断,成伤机制分析与致伤物推断,影像资料同一性认定,各种致伤因素造成的人身损害与疾病之间因果关系和原因力大小的鉴定。 |

（二）法医临床鉴定实验室和仪器设备配置要求

<table>
<tr><th>序号</th><th>事项</th><th>配置</th><th>单位</th><th>配置要求</th><th>备注</th></tr>
<tr><td rowspan="4">01</td><td rowspan="4">实验室功能区域</td><td>视觉功能检测实验室</td><td>间</td><td>必备</td><td>020401</td></tr>
<tr><td>听觉功能检测实验室</td><td>间</td><td>必备</td><td>020402</td></tr>
<tr><td>男性性功能检测实验室</td><td>间</td><td>必备</td><td>020403<br>有相对独立私密区域，有实施夜间勃起功能监测的区域。</td></tr>
<tr><td>听证区</td><td>间</td><td>必备</td><td>0207</td></tr>
<tr><td rowspan="9">02</td><td rowspan="9">基本设备</td><td>临床检查基本工具（听诊器、叩诊锤、关节量角器、直尺或卷尺、标准视力表）</td><td>套</td><td>必备</td><td rowspan="7">0201，0202，0203，0204，0205，0206，0207，0208，0209</td></tr>
<tr><td>体格检查床</td><td>台</td><td>必备</td></tr>
<tr><td>医学影像阅片灯</td><td>台</td><td>必备</td></tr>
<tr><td>照相机（或摄像机）</td><td>台</td><td>必备</td></tr>
<tr><td>血压计</td><td>台</td><td>必备</td></tr>
<tr><td>身高体重仪</td><td>台</td><td>必备</td></tr>
<tr><td>视听监控设备</td><td>台</td><td>必备</td></tr>
<tr><td>视力表投影仪或者标准视力表</td><td>台</td><td>必备</td><td rowspan="2">020401</td></tr>
<tr><td>裂隙灯</td><td>台</td><td>必备</td></tr>
</table>

续表

| 序号 | 事项 | 配置 | 单位 | 配置要求 | 备注 |
| --- | --- | --- | --- | --- | --- |
| | | 眼底镜 | 台 | 必备 | |
| | | 验光仪(电脑自动验光仪或检影镜) | 台 | 必备 | |
| | | 检眼镜片箱 | 台 | 必备 | |
| | | 神经电生理仪(含视觉电生理检测功能) | 台 | 必备 | |
| | | 听力计(电测听仪) | 台 | 必备 | 020402 |
| | | 中耳功能分析仪 | 台 | 必备 | |
| | | 神经电生理仪(含听觉电生理检测功能) | 台 | 必备 | |
| | | 耳镜 | 台 | 必备 | |
| | | 阴茎硬度测试仪 | 台 | 必备 | 020403 |
| | | 视听性刺激测试系统 | 台 | 必备 | |
| | | 神经电生理仪(含男性性功能相关电生理检测功能) | 台 | 必备 | |
| | | 鼻镜 | 台 | 必备 | 020404 |
| | | 妇科检查床 | 台 | 必备 | 0205 |
| | | 阴道扩张器 | 台 | 必备 | |

注:备注中的执业分领域序号系指相应分领域应具备满足所规定的配置要求。

附件 1 – 3

# 法医精神病鉴定登记评审评分标准

## （一）法医精神病鉴定机构和人员专业能力要求

| 序号 | 专业领域 | 分领域及项目 | 人员专业要求（学历、职称、资质及专业背景和从业经历） | 专业技术能力 |
|---|---|---|---|---|
| 01 | 法医精神病鉴定 | 0301 精神状态鉴定 | 鉴定人员需具有法医学、临床医学、精神病与精神卫生学专业本科以上学历；已取得法医精神病专业领域鉴定人执业资格者专业要求可以适当放宽。<br>鉴定人员需具备中级以上职称。 | 具备较好的精神障碍诊断与鉴别诊断能力。具体包括：<br>（1）熟练掌握《国际疾病分类（ICD）》、《中国精神障碍分类及诊断标准　第三版（CCMD－3）》等诊断标准；<br>（2）熟悉精神状态检查规范并能熟练运用；<br>（3）熟悉并能运用常见心理测量工具，具备对结果的运用和分析能力；<br>（4）具备对头颅影像学、神经电生理、神经心理学、脑功能检查等结果的运用及分析能力。<br>注：由于法医精神病鉴定多需要具备 0301 精神状态鉴定的能力，故 0301 不需要单独进行考核。 |

续表

| 序号 | 专业领域 | 分领域及项目 | 人员专业要求（学历、职称、资质及专业背景和从业经历） | 专业技术能力 |
|---|---|---|---|---|
| 02 | 法医精神病鉴定 | 0302 刑事类行为能力鉴定 | 鉴定人员需具有法医学、临床医学、精神病与精神卫生学专业本科以上学历；已取得法医精神病专业领域鉴定人执业资格者专业要求可以适当放宽。鉴定人员需具备高级职称。 | 具备较好的刑事类行为能力鉴定的能力。具体包括：<br>(1)具有 0301 精神状态鉴定的专业技术能力；<br>(2)熟悉刑事类行为能力鉴定的系统理论知识（包括相关法律知识）和鉴定要求；<br>(3)熟练掌握刑事责任能力、受审能力、服刑能力、性自我防卫能力等项目的鉴定标准；<br>(4)已完成 0303 类别中涉及特定事项民事行为能力及诉讼能力评定案例 30 例以上。 |
| 03 | 法医精神病鉴定 | 0303 民事类行为能力鉴定 | 鉴定人员需有法医学、临床医学、精神病与精神卫生学专业本科以上学历；已取得法医精神病专业领域鉴定人执业资格者专业要求可以适当放宽。<br>涉及特别程序民事行为能力评定时需具备中级以上职称。<br>涉及特定事项民事行为能力、诉讼能力评定时需具备高级职称。 | 具备较好的民事类行为能力鉴定的能力。具体包括：<br>(1)具有 0301 精神状态鉴定的专业技术能力；<br>(2)熟悉民事类行为能力鉴定的系统理论知识（包括相关法律知识）和鉴定要求；<br>(3)熟练掌握民事行为能力、诉讼能力等项目的鉴定标准；<br>(4)涉及特定事项民事行为能力、诉讼能力评定时需完成特别程序民事行为能力评定案例 100 例以上。 |

续表

| 序号 | 专业领域 | 分领域及项目 | 人员专业要求（学历、职称、资质及专业背景和从业经历） | 专业技术能力 |
| --- | --- | --- | --- | --- |
| 04 | 法医精神病鉴定 | 0304 其他类行为能力鉴定 | 鉴定人员需具有法医学、临床医学、精神病与精神卫生学专业本科以上学历；已取得法医精神病专业领域鉴定人执业资格者专业要求可以适当放宽。<br>鉴定人员需具备高级职称。 | 具备较好的其他类行为能力鉴定的能力。具体包括：<br>(1)具有0301精神状态鉴定的专业技术能力；<br>(2)熟悉行为能力鉴定的系统理论知识(包括相关法律知识)和鉴定要求；<br>(3)熟练掌握受处罚能力、作证能力等项目的鉴定标准。 |
| 05 | 法医精神病鉴定 | 0305 精神损伤类鉴定 | 鉴定人员需具有法医学、临床医学、精神病与精神卫生学专业本科以上学历；已取得法医精神病专业领域鉴定人执业资格者专业要求可以适当放宽。<br>鉴定人员需具备中级以上职称，涉及损伤程度评定时需具备高级职称。 | 具备较好的精神损伤类鉴定的能力。具体包括：<br>(1)具有0301精神状态鉴定的专业技术能力；<br>(2)熟悉精神损伤类鉴定的系统理论知识(包括相关法律知识)和鉴定要求；<br>(3)熟练掌握精神伤残、损伤程度、“三期”、护理依赖、劳动能力等项目的鉴定标准；<br>(4)涉及损伤程度评定时需已具备0302类别专业技术能力。 |

续表

| 序号 | 专业领域 | 分领域及项目 | 人员专业要求（学历、职称、资质及专业背景和从业经历） | 专业技术能力 |
|---|---|---|---|---|
| 06 | 法医精神病鉴定 | 0306 医疗损害鉴定 | 鉴定人员需具有法医学、临床医学、精神病与精神卫生学专业本科以上学历；已取得法医精神病专业领域鉴定人执业资格者专业要求可以适当放宽。<br>鉴定人员需具备高级职称。鉴定机构需至少1位专职法医精神病鉴定人具备精神科医师执业资格。 | 具备较好的医疗损害案件进行鉴定的能力。具体包括：<br>(1)具有 0301 精神状态鉴定的专业技术能力；<br>(2)熟悉医疗损害鉴定有关的理论、技术，了解相关法律规定；<br>(3)熟练掌握精神障碍诊疗规范与指南。 |
| 07 | 法医精神病鉴定 | 0307 危险性评估 | 鉴定人员需具有法医学、临床医学、精神病与精神卫生学专业本科以上学历；已取得法医精神病专业领域鉴定人执业资格者专业要求可以适当放宽。<br>鉴定人员需具备高级职称。 | 具备较好的危险性评估的能力。具体包括：<br>(1)具有 0301 精神状态鉴定的专业技术能力；<br>(2)熟悉危险性评估有关的理论、技术，了解相关法律规定；<br>(3)申请该执业类别前，已完成 0302 类别案件 100 例以上。 |

续表

| 序号 | 专业领域 | 分领域及项目 | 人员专业要求<br>（学历、职称、资质及专业背景和从业经历） | 专业技术能力 |
|---|---|---|---|---|
| 08 | 法医精神病鉴定 | 0308 精神障碍医学鉴定 | 鉴定人员需具有法医学、临床医学、精神病与精神卫生学专业本科以上学历。<br>鉴定人员需具备高级职称。鉴定机构需至少1位专职法医精神病鉴定人具备精神科医师执业资格。 | 具备较好的精神障碍医学鉴定的能力。具体包括：<br>（1）具有0301精神状态鉴定的专业技术能力；<br>（2）熟悉精神障碍医学鉴定有关的理论、技术与标准等及法律规定。 |
| 09 | 法医精神病鉴定 | 0309 与心理、精神相关的其他法医精神病鉴定或测试 | 如从事鉴定，鉴定人员需具有法医学、临床医学、精神病与精神卫生学专业本科以上学历及中级以上职称；<br>如从事测试，专业背景可扩大至心理学或其他医学专业，需具备专科以上学历、中级以上职称；<br>如从事多道心理生理测试（测谎），还需具备1年以上测试工作经历。 | 具备较好的与心理、精神相关的其他法医精神病鉴定或测试的能力。具体包括：<br>（1）多道心理生理测试（测谎）需要通过相关培训取得证书；其他项目需要具有0301精神状态鉴定的专业技术能力；<br>（2）熟悉相关鉴定或测试的有关的理论、技术与方法。 |

## (二)法医精神病鉴定实验室和仪器设备配置要求

| 序号 | 事项 | 配置 | 单位 | 配置要求 | 备注 |
|---|---|---|---|---|---|
| 01 | 基本设备与关键量表 | 精神科评定量表 | 套 | 必备 | 0301 |
| | | 精神科诊断标准 | 套 | 必备 | |
| | | 心理测试工具 | 套 | 必备 | |
| | | 脑电图仪 | 台 | 必备 | |
| 02 | | 精神科评定量表 | 套 | 必备 | 0302－0305 |
| | | 心理测试工具 | 套 | 必备 | |
| | | 脑电图仪 | 台 | 必备 | |
| 03 | | 精神科评定量表 | 套 | 必备 | 0306 |
| | | 心理测试工具 | 套 | 必备 | |
| | | 精神障碍诊疗指南 | 套 | 必备 | |
| | | 脑电图仪 | 台 | 必备 | |
| 04 | | 精神科评定量表 | 套 | 必备 | 0307 |
| | | 心理测试工具 | 套 | 必备 | |
| | | 危险性评估量表 | 套 | 必备 | |
| | | 脑电图仪 | 台 | 必备 | |
| 05 | | 精神科评定量表 | 套 | 必备 | 0308 |
| | | 心理测试工具 | 套 | 必备 | |
| | | 精神障碍诊疗指南 | 套 | 必备 | |
| | | 脑电图仪 | 台 | 必备 | |
| 06 | | 多道心理测试仪 | 台 | 必备 | 0309 |
| | | 精神科评定量表 | 套 | 必备 | |
| | | 心理测试工具 | 套 | 必备 | |
| | | 脑电图仪 | 台 | 必备 | |

注1：备注中的执业分领域序号系指相应分领域应具备满足所规定的配置要求。

注2：精神科评定量表包括但不限于：简明精神病评定量表（BPRS）、简明心理状况测验（MMSE）、阳性和阴性精神症状评定量表（PANSS）、汉密尔顿焦虑量表（HAMA）、汉密尔顿抑郁量表（HAMD）、社会功能缺陷筛选量表（SDSS）、日常生活能力评定量表（ADL）等。

注3：心理测试工具包括但不限于：韦氏成人记忆测验（WMS）、韦氏成人智力测验（WAIS）、韦氏儿童智力测验（WISC）、瑞文标准推理测验（SPM）、明尼苏达多相个性测验（MMPI）等。

注4：精神障碍诊疗指南包括但不限于：《精神障碍诊疗规范》《临床诊疗指南　精神病学分册》（中华医学会）、《临床技术操作规范　精神病学分册》（中华医学会）以及各类精神疾病的防治指南等。

## 附件1－4

# 法医物证鉴定登记评审评分标准

## （一）法医物证鉴定机构和人员专业能力要求

| 序号 | 专业领域 | 分领域及项目 | 人员专业要求（学历、职称、资质及专业背景和从业经历） | 专业技术能力 |
| --- | --- | --- | --- | --- |
| 01 | 法医物证鉴定 | 0401 个体识别<br>0402 三联体亲子关系鉴定<br>0403 二联体亲子关系鉴定 | 新申请执业鉴定人员需具有法医学、生物学、生命科学、遗传学、生物技术专业本科及以上学历；已取得法医物证专业领域的行业执业资格者专业要求可以适当放宽。鉴定人员需要具备从事法医物证鉴定相关工作5年以上经历。<br>鉴定机构需要至少1位专职法医物证鉴定人有法医类中级职称。 | 具备运用法医物证学相关技术和知识对各类生物检材进行个体识别和亲子关系鉴别和判断并提供鉴定意见的能力。具体包括：<br>（1）熟悉法医物证学的基础知识、原理和有关理论；<br>（2）熟悉法医物证鉴定相关的国家标准、行业标准、技术规范；<br>（3）掌握各类生物检材DNA提取的原理和技术； |

续表

| 序号 | 专业领域 | 分领域及项目 | 人员专业要求<br>（学历、职称、资质及专业背景和从业经历） | 专业技术能力 |
| --- | --- | --- | --- | --- |
| | | | | (4)掌握人类血(斑)种属试验、人类精液(斑)种属试验、常染色体 STR 及性别检测、Y 染色体 STR 检测、X 染色体 STR 检测的原理和技术；<br>(5)掌握对法医物证检验结果进行分析、判断和解释的能力；<br>(6)熟悉法医物证鉴定仪器设备的原理、操作和维护；<br>(7)具有参与个体识别和亲子鉴定的经历，提供近三年内 10 份以上个体识别或亲子鉴定的案卷档案/鉴定意见书或技术审核报告；也可提供近三年内其他与申请分领域相关的能力证明。 |

续表

| 序号 | 专业领域 | 分领域及项目 | 人员专业要求<br>(学历、职称、资质及专业背景和从业经历) | 专业技术能力 |
| --- | --- | --- | --- | --- |
| 02 | 法医物证鉴定 | 0404 亲缘关系鉴定 | 鉴定人员需具有法医学、生物学、生命科学、遗传学、生物技术专业本科及以上学历。<br>鉴定人员需具备从事法医物证鉴定相关工作 5 年以上经历。<br>鉴定机构需要至少 2 位专职法医物证鉴定人有法医类高级职称。 | 具备运用法医物证学相关技术和知识对生物检材进行亲缘关系鉴别和判断并提供鉴定意见的能力。具体包括:<br>(1)熟悉法医物证学的基础知识、原理和有关理论;<br>(2)熟悉法医物证鉴定相关的国家标准、行业标准、技术规范;<br>(3)掌握各类生物检材 DNA 提取的原理和技术;<br>(4)掌握 STR、SNP 分型和线粒体 DNA 测序的原理和技术;<br>(5)掌握对法医物证检验结果进行分析、判断和解释的能力;<br>(6)熟悉法医物证鉴定仪器设备的原理、操作和维护;<br>(7)具有参与亲缘关系鉴定的经历,提供近三年内 5 份以上亲缘鉴定的案卷档案/鉴定意见书或技术审核报告;也可提供近三年内其他与申请分领域相关的能力证明。 |

续表

| 序号 | 专业领域 | 分领域及项目 | 人员专业要求（学历、职称、资质及专业背景和从业经历） | 专业技术能力 |
|---|---|---|---|---|
| 03 | 法医物证鉴定 | 0405 生物检材种属和组织来源鉴定<br>0406 生物检材来源生物地理溯源<br>0407 生物检材来源个体表型推断<br>0408 生物检材来源个体年龄推断<br>0409 与非人源生物检材相关的其他法医物证鉴定 | 鉴定人员需具有法医学、生物学、生命科学、遗传学、生物技术专业本科及以上学历。<br>鉴定人员需具备从事法医物证鉴定相关工作5年以上经历。<br>鉴定机构需要至少3位专职法医物证鉴定人有法医类高级职称。 | 具备运用法医物证学相关技术和知识对生物检材进行种属和组织来源鉴定、生物地理溯源、表型推断、年龄推断及非人源生物检材的相关法医物证鉴定的能力。具体包括：<br>（1）熟悉法医物证学的基础知识、原理和有关理论；<br>（2）熟悉法医物证鉴定相关的国家标准、行业标准、技术规范；<br>（3）掌握各类生物检材DNA、RNA提取的原理和技术；<br>（4）掌握STR、SNP分型和线粒体DNA测序的原理和技术；<br>（5）掌握生物检材的组织类型、祖先信息、表型信息、年龄标志物等遗传标记的原理和检测技术；<br>（6）掌握对动物、植物、微生物等非人源生物检材进行法医物证检验的原理和检测技术；<br>（7）掌握对法医物证检验结果进行分析、判断和解释的能力； |

续表

| 序号 | 专业领域 | 分领域及项目 | 人员专业要求（学历、职称、资质及专业背景和从业经历） | 专业技术能力 |
| --- | --- | --- | --- | --- |
| | | | | (8)熟悉法医物证鉴定仪器设备的原理、操作和维护；<br>(9)具有参与生物检材种属和组织来源鉴定或生物检材来源生物地理溯源或生物检材来源个体表型推断或生物检材来源个体年龄推断或与非人源生物检材相关的其他法医物证鉴定的经历，提供近三年内5份以上0405－0409的案卷档案/鉴定意见书或技术审核报告；也可提供近三年内其他与申请分领域相关的能力证明。 |

（二）法医物证鉴定实验室和仪器设备配置要求

| 序号 | 事项 | 配置 | 单位 | 配置要求 | 备注 |
|---|---|---|---|---|---|
| 01 | 实验室功能区域 | 采样室 | 间 | 必备 | |
| | | 样品储存室(柜) | 间(柜) | 必备 | |
| | | 预检室 | 间 | 必备 | |
| | | DNA 提取室 | 间 | 必备 | |
| | | PCR 扩增室 | 间 | 必备 | |
| | | PCR 产物分析室 | 间 | 必备 | |
| | | SNP 检测室 | 间 | 必备 | 0404(检测 SNP 标记时),0406,0407,0408,0409 |
| | | RNA 检测室 | 间 | 必备 | 0405 |
| | | 高通量测序室 | 间 | 必备 | 0404(使用高通量测序技术时),0406,0407,0408,0409 |
| | | 表观遗传检测室 | 间 | 必备 | 0408 |

续表

| 序号 | 事项 | 配置 | 单位 | 配置要求 | 备注 |
|---|---|---|---|---|---|
| 02 | 基本设备 | 移液器 | 套 | 必备(不同区域必须分别配备移液器) | |
| | | 离心机(1000～10000rpm) | 台 | 必备 | |
| | | 离心机(10000rpm以上) | 台 | 必备 | |
| | | 纯水仪 | 台 | 必备 | |
| | | 振荡器 | 台 | 必备 | |
| | | 恒温器 | 台 | 必备 | |
| | | 灭菌设备 | 台 | 必备 | |
| | | 冰箱 | 台 | 必备 | |
| | | 紫外灯 | 台 | 必备 | |
| | | 超净工作台 | 台 | 必备 | |
| | | 分析天平(1mg) | 台 | 必备 | |
| | | PCR 扩增仪 | 台 | 必备 | |
| | | 遗传分析仪 | 台 | 必备 | |
| | | 生物安全柜 | 台 | 必备 | 0401 |
| | | 荧光定量 PCR 仪 | 台 | 必备 | 0405 |
| | | 显微镜 | 台 | 必备 | 0405 |
| | | SNP 检测设备 | 台 | 必备(除遗传分析仪以外) | 0404(检测 SNP 标记时),0406,0407,0408,0409 |

续表

| 序号 | 事项 | 配置 | 单位 | 配置要求 | 备注 |
|---|---|---|---|---|---|
| | | 高通量测序设备 | 台 | 必备 | 0404(使用高通量测序技术时),0406,0407,0408,0409 |
| | | 表观遗传检测设备 | 台 | 必备 | 0408 |
| 03 | 关键试剂 | 常染色体 STR 分型试剂盒 | 个 | 必备（必须配置不少于2家公司的常染色体STR检测试剂盒） | |
| | | Y 染色体 STR 分型试剂盒 | 个 | 必备 | |
| | | X 染色体 STR 分型试剂盒 | 个 | 必备 | |
| | | 核基因组 SNP 分型试剂盒 | 个 | 必备（商品化试剂盒或自行研发并经过科学验证的试剂盒） | 0404（检测 SNP 标记时）,0406,0407,0408,0409 |
| | | 线粒体 SNP 分型试剂盒或线粒体 DNA 测序试剂盒 | 个 | 必备（商品化试剂盒或自行研发并经过科学验证的试剂盒） | 0404（检测 SNP 标记时） |

续表

| 序号 | 事项 | 配置 | 单位 | 配置要求 | 备注 |
|---|---|---|---|---|---|
| | | 人血（斑）红蛋白检测试剂 | 个 | 必备 | 0405 |
| | | 人精液（斑）PSA检测试剂 | 个 | 必备 | 0405 |
| | | 组织来源推断 RNA 检测试剂盒 | 个 | 必备（商品化试剂盒或自行研发并经过科学验证的试剂盒） | 0405（做组织来源推断时） |
| | | 年龄推断检测试剂盒 | 个 | 必备（商品化试剂盒或自行研发并经过科学验证的试剂盒） | 0408 |

注：备注中的执业分领域序号系指相应分领域应具备满足所规定的配置要求。

**附件 1－5**

## 法医毒物鉴定登记评审评分标准

### (一)法医毒物鉴定机构和人员专业能力要求

| 序号 | 专业领域 | 分领域及项目 | 人员专业要求<br>(学历、职称、资质及专业背景和从业经历) | 专业技术能力 |
| --- | --- | --- | --- | --- |
| 01 | 法医毒物鉴定 | 0502 挥发性毒物鉴定(仅醇类鉴定) | 新申请执业鉴定人员需具有化学类、药学类、法医学类、医学技术类(医学检验技术或卫生检验与检疫)专业本科及以上学历;已取得法医毒物专业领域的行业执业资格者专业要求可以适当放宽。<br>鉴定人员需要具备从事毒物鉴定相关工作 5 年以上经历。<br>鉴定机构需要至少 1 位专职法医毒物鉴定人有法医类中级职称。 | 具备根据相关标准进行血液、尿液以及其他检材中醇类挥发性毒物鉴定的能力,具备醇类挥发性毒物定性和定量分析能力。具体包括:<br>(1)熟悉醇类挥发性毒物理化性质、毒性作用和人体内代谢的基础知识;<br>(2)熟悉醇类挥发性毒物鉴定相关的国家标准、行业标准和技术规范;<br>(3)熟悉气相色谱的原理及应用,能够熟练操作气相色谱仪、处理气相色谱数据。<br>(4)掌握血液、尿液以及其他检材的样品前处理操作;<br>(5)掌握醇类挥发性毒物的定性、定量分析和鉴定质量控制的原理和方法; |

续表

| 序号 | 专业领域 | 分领域及项目 | 人员专业要求（学历、职称、资质及专业背景和从业经历） | 专业技术能力 |
| --- | --- | --- | --- | --- |
| | | | | (6)能够根据案情资料、实验数据和文献资料，对醇类挥发性毒物鉴定结果进行解释；<br>(7)具有醇类挥发性毒物鉴定的经历，需提供近三年内5份以上醇类挥发性毒物鉴定的案卷档案；也可提供近三年内其他与申请分领域相关的能力证明。 |
| 02 | 法医毒物鉴定 | 0501 气体毒物鉴定<br>0502 挥发性毒物鉴定（除醇类鉴定外）<br>0503 合成药毒物鉴定<br>0504 天然药毒物鉴定<br>0505 毒品鉴定<br>0506 易制毒化学品鉴定<br>0507 杀虫剂鉴定<br>0508 除草剂鉴定<br>0509 杀鼠剂鉴定<br>0510 金属类毒物鉴定 | 新申请执业鉴定人员需具有化学类、药学类、法医学类、医学技术类（医学检验技术或卫生检验与检疫）专业本科及以上学历；已取得法医毒物专业领域的行业执业资格者专业要求可以适当放宽。<br>鉴定人员需要具备从事毒物鉴定相关工作5年以上经历。<br>鉴定机构需要至少1位专职法医毒物鉴定人有法医类高级职称。 | 具备根据相关标准进行血液、尿液以及其他检材中毒物鉴定的能力，具备毒物定性和定量分析能力。具体包括：<br>(1)熟悉相应毒物理化性质、毒性作用和法医毒理学的基础知识；<br>(2)熟悉毒物鉴定相关的国家标准、行业标准、技术规范，并具备选择合适方法进行毒物鉴定的能力；<br>(3)熟悉气相色谱仪、气相色谱－质谱仪、液相色谱－质谱仪等现代分析仪器的基本原理和应用，能够熟练操作相关仪器软件、处理分析数据。 |

续表

| 序号 | 专业领域 | 分领域及项目 | 人员专业要求（学历、职称、资质及专业背景和从业经历） | 专业技术能力 |
| --- | --- | --- | --- | --- |
| | | 0511 水溶性无机毒物类鉴定<br>0512 与毒物相关的其他法医毒物鉴定 | | (4)掌握血液、尿液以及其他检材的样品前处理操作；<br>(5)掌握毒物的定性、定量分析和鉴定质量控制的原理和方法；<br>(6)能够根据案情资料、实验数据和文献资料，对毒物鉴定结果进行解释。<br>(7)具有申请分领域相关毒物鉴定的经历，需提供近三年内 5 份以上申请分领域毒物鉴定的案卷档案；也可提供近三年内其他与申请分领域相关的能力证明。 |

（二）法医毒物鉴定实验室和仪器设备配置要求

| 序号 | 事项 | 配置 | 单位 | 配置要求 | 备注 |
|---|---|---|---|---|---|
| 01 | 实验室功能区域 | 样品预处理室 | 间 | 必备 | |
| | | 样品储存室（柜） | 间（柜） | 必备 | |
| | | 试剂储存柜 | 个 | 必备 | |
| | | 仪器室 | 间 | 必备 | |
| | | 天平室 | 间 | 必备 | |
| 02 | 基本设备 | 电子天平（分度值0.1mg） | 台 | 必备 | |
| | | 恒温水浴锅/干式恒温器 | 台 | 必备 | |
| | | 离心机（4000r/min及以上） | 台 | 必备 | |
| | | 涡旋混合仪 | 台 | 必备 | |
| | | 浓缩器 | 台 | 必备 | |
| | | 移液器/移液管 | 套 | 必备 | 生物检材预处理和非生物检材预处理必须分别配备不同的移液器/移液管。 |
| | | 玻璃器皿 | 套 | 必备 | |
| | | 烘箱 | 台 | 必备 | |
| | | 通风橱 | 个 | 必备 | |
| | | 冰箱 | 个 | 必备 | |

续表

| 序号 | 事项 | 配置 | 单位 | 配置要求 | 备注 |
| --- | --- | --- | --- | --- | --- |
| | | 紫外/可见分光光度计 | 台 | 必备 | 0501(一氧化碳) |
| | | 气相色谱－质谱仪 | 台 | 必备 | 0501(一氧化碳除外)0502(非醇类、非苯类)0503－0509(与液相色谱－质谱仪二选一) |
| | | 气相色谱仪 | 台 | 必备 | 0502(醇类、苯类) |
| | | 液相色谱－质谱仪 | 台 | 必备 | 0503－0509(与气相色谱－质谱仪二选一) |
| | | 样品消解设备 | 台 | 必备 | 0510 |
| | | 电感耦合等离子体质谱仪 | 台 | 必备(三选一) | 0510 |
| | | 电感偶合等离子体光谱仪 | 台 | | |
| | | 原子吸收分光光度计 | 台 | | |
| | | 紫外/可见分光光度计 | 台 | 必备(二选一) | 0511 |
| | | 离子色谱仪 | 台 | | |
| 03 | 关键试剂 | 毒物标准物质或对照品 | 套 | 必备 | |

注:备注中的执业分领域序号系指相应分领域应具备满足所规定的配置要求。

附件2

## 物证类司法鉴定机构登记评审评分标准

（一）申请从事物证类专业领域司法鉴定业务法人或其他组织评分表

| 评审要素 | | 评审标准 | 得分 |
| --- | --- | --- | --- |
| 一、鉴定人构成（10分） | | 1. 按照所申请的物证类专业领域鉴定机构和人员专业能力的要求[见附件2－1至2－4中表(一)]，所申请专业领域的分领域及项目评审通过的鉴定人数量少于3人的，该分领域及项目不予通过。<br>2. 申请的专业领域中评审通过的鉴定人数量为3人的，得6分；超过3人的，每多1人得2分；评审通过的鉴定人中具有高级职称的，每人得2分。<br>注1：申请的分领域及项目对鉴定人数量、职称、专业背景和从业经历等有特殊要求的，应满足相应要求；不予通过的分领域及项目，相关的评审材料不参与评分，下同。<br>注2：本项累计得分不超过10分。 | |
| 二、鉴定能力（50分） | 人员综合能力（20分） | 按照《申请从事物证类专业领域司法鉴定人评分表》，对申请的每个分领域及项目的申请人进行评分后，计算通过的分领域及项目中，评审得分60分以上所有申请人的平均评审得分（按四舍五入取整）：<br>平均得分为60～69分的，得10分；<br>平均得分为70～79分的，得14分；<br>平均得分为80～89分的，得18分；<br>平均得分为90～100分的，得20分。<br>注：本项得分不超过20分。 | |

续表

| 评审要素 | | 评审标准 | 得分 |
| --- | --- | --- | --- |
| | 鉴定机构能力(30分) | 1. 按照所申请的物证类专业领域鉴定机构和人员专业能力的要求[见附件2-1至2-4中表(一)],申请的分领域及项目中,申请机构不满足相应要求的不予通过。<br>2. 申请机构所申请的每个分领域及项目,应提供5份以上近三年内出具的与该分领域及项目相关的鉴定案件的档案材料(含鉴定意见书及检验记录等,申请的分领域及项目有特殊要求的,应满足相应要求);无法提供鉴定档案材料的,可提供近三年内该分领域及项目参加能力验证或测量审核经历的证明材料,或申请机构为能力验证提供者的可作为评审依据;如申请的分领域及项目目前没有提供能力验证或测量审核的,或评审专家组认为提供的申报材料不足以证明申请机构的专业技术能力的,可采用现场考核方式进行综合评估。<br>根据提供的评估材料及现场考核评估的结果,按照所申请的物证类专业领域鉴定机构和人员专业能力的要求[见附件2-1至2-4中表(一)],结合本表中“三、实验室条件”的评价结果,对申请机构是否具备所申请的专业领域的分领域及项目的技术能力进行综合评价。<br>根据综合评价的结果,所申请的分领域及项目中,基本符合要求的分领域及项目,每项扣1~3分,符合要求的不扣分,总得分不超过25分。不符合要求的分领域及项目不予通过。3. 评审通过的分领域及项目涵盖该专业领域所有分领域及项目的,得5分;部分涵盖的,按照覆盖比率计算得分(覆盖比率×5分,按四舍五入取整)。<br>注:本项累计得分不超过30分。 | |

续表

| 评审要素 | | | 评审标准 | 得分 |
|---|---|---|---|---|
| 三、实验室条件（40分） | 实验室资质（10分） | | 1. 申请专业领域同时通过国家级或省级资质认定（CMA）和中国合格评定国家认可委员会（CNAS）认可的，得6分；仅通过中国合格评定国家认可委员会（CNAS）认可或国家级资质认定（CMA）的，得4分；仅通过省级资质认定的（CMA），得3分。<br>2. 获得认证认可的项目涵盖所有申请的分领域及项目的，得4分；部分涵盖的，按照覆盖比率计算得分（覆盖比率×4分，按四舍五入取整）。<br>3. 如所申请的物证类专业领域或分领域及项目对实验室CMA和CNAS资质有特殊要求的，应满足相应要求，不满足的不予通过。<br>注：本项累计得分不超过10分。 | |
| | 场所设施（10分） | | 1. 场所设施满足相应专业领域所列实验室功能区域要求的［见附件2－1至2－4中表（二）］，得3分；不满足要求的，不予通过。2. 申请专业领域的实验室建筑面积大于等于$70m^2$，得2分；大于等于$100m^2$，得4分；大于等于$150m^2$，得5分。<br>3. 实验室与办公区域有效隔离，得2分。<br>注：本项累计得分不超过10分。 | |
| | 仪器配置及使用情况（20分） | 仪器配置（15分） | 1. 申请的物证类专业领域的分领域及项目的通用和必备仪器设备不满足相应配置要求的［见附件2－1至2－4中表（二）］，不予通过。<br>2. 申请的物证类专业领域和分领域及项目的通用和必备仪器设备满足相应配置要求的，根据现场核查和对仪器设备性能及软件功能是否满足相应标准和方法及检验鉴定的实际需求进行综合评估。<br>所申请的分领域及项目中，基本符合要求的分领域及项目，每项扣1～3分，符合要求的分领域及项目不扣分，总得分不超过15分。不符合要求的分领域及项目不予通过。<br>注：上述仪器设备需可正常使用，且仪器设备性能及软件功能应满足相应标准和方法及检验鉴定的实际需求。本项累计得分不超过15分。 | |

续表

| 评审要素 | | 评审标准 | | 得分 |
| --- | --- | --- | --- | --- |
| | | 仪器维护使用情况（5 分） | 现场对申请的分领域及项目的通用和必备仪器设备的使用维护情况进行核查评估，根据评估结果进行打分：<br>抽查仪器设备的使用维护管理是否规范、状态是否良好，是否有定期维护及核查记录等，根据核查评估的结果，得 0～5 分。<br>注：本项累计得分不超过 5 分。 | |
| 总分 | | 评审专家签名及日期 | | |

专家评审组应根据申请机构的评审得分，结合申请机构的鉴定人构成、鉴定能力和实验室条件反映出的综合情况，对申请机构可以从事的该专业领域的分领域及项目提出意见。

申请司法鉴定机构的评审得分：____________（取所有专家评分的平均值）

申请司法鉴定机构可以从事的执业项目：（具体到分领域及项目，建议的打√，不建议的打×）

□**文书鉴定**

□笔迹鉴定　　□印章印文鉴定

□印刷文件鉴定　　□篡改（污损）文件鉴定

□文件形成方式鉴定　　□特种文件鉴定

□朱墨时序鉴定　　□文件材料鉴定

□基于痕迹特征的文件形成时间鉴定

□基于材料特性的文件形成时间鉴定　　□文本内容鉴定

□**痕迹鉴定**

□手印鉴定　　□潜在手印显现

□足迹鉴定　　□工具痕迹鉴定

□整体分离痕迹鉴定　　□枪弹痕迹鉴定

□爆炸痕迹鉴定　　□火灾痕迹鉴定

□人体特殊痕迹鉴定　　□日用物品损坏痕迹鉴定

□**交通事故痕迹物证鉴定**

□车辆安全技术状况鉴定　　□交通设施安全技术状况鉴定

□交通事故痕迹鉴定　　□车辆速度鉴定

□交通事故痕迹物证综合鉴定

续表

| |
|---|
| □**微量物证鉴定**<br>□化工产品类鉴定　　□金属和矿物类鉴定<br>□纺织品类鉴定　　□日用化学品类鉴定<br>□文化用品类鉴定　　□食品类鉴定<br>□易燃物质类鉴定　　□爆炸物类鉴定<br>□射击残留物类鉴定　　□交通事故微量物证鉴定<br>□火灾微量物证鉴定<br><br>评审组长/评审组专家签名： |

## （二）申请从事物证类专业领域司法鉴定业务人员评分表

| 核定要素 | 分值 | 要素 | 主要内容 | 单项分值 | 评审标准 | 得分 |
|---|---|---|---|---|---|---|
| 一、职业道德 | 5 | 职业道德 | 拥护中华人民共和国宪法，遵守法律、法规和社会公德，品行良好的公民。 | 0～5 | 1. 满足《司法鉴定人登记管理办法》（司法部令第96号）中第十二条的，申报表填写规范，所附材料能与之对应且真实有效的，得5分。<br>2. 有《司法鉴定人登记管理办法》（司法部令第96号）中第十三条规定情形的，取消评审资格。<br>3. 有《司法鉴定人登记管理办法》（司法部令第96号）中第三十条规定情形的，鉴定人受到司法行政机关处罚，处罚期未满的，取消评审资格。 | |

续表

| 核定要素 | 分值 | 要素 | 主要内容 | 单项分值 | 评审标准 | | 得分 |
|---|---|---|---|---|---|---|---|
| 二、基本情况 | 20 | 人员专业背景 | 具有相应学历、职称、资质及专业背景。 | 0~5 | 按照所申请的物证类专业领域鉴定机构和人员专业能力的要求[见附件2-1至2-4中表(一)],申请人满足所申请的专业领域和分领域及项目“人员专业要求”中相应要求的,得5分;不满足要求的分领域及项目,不建议执业。 | | |
| | | 人员从业经历 | 从事物证类专业领域司法鉴定相关工作的年限(本专业硕士及以上或相关专业博士及博士后阶段计入)。 | 0~15 | 按照所申请的物证类专业领域鉴定机构和人员专业能力的要求[见附件2-1至2-4中表(一)],申请人满足所申请的专业领域和分领域及项目“人员专业要求”中相应要求的,得10分;不满足分领域及项目要求的,不建议执业。从业经历超过相应要求的,每超过1年加1分,最高得15分。 | | |
| 三、工作能力 | 45 | 专业技术能力 | 在本专业领域开展鉴定工作及相关工作情况。 | 0~45 | 一般:0~20<br>良好:21~34<br>优秀:35~45 | 评审专家根据申请人的具体情况及其申报的专业领域和分领域及项目,采用如下方式进行综合评分:<br>1. 对于已经取得申请专业领域鉴定资质的申请人,申请人应提供5份以上 | |

续表

| 核定要素 | 分值 | 要素 | 主要内容 | 单项分值 | 评审标准 | | 得分 |
|---|---|---|---|---|---|---|---|
| | | | | | | 近三年内负责或参与的与申请分领域及项目相关的鉴定案件的档案材料（含鉴定意见书及检验记录等，申请的分领域及项目有特殊要求的，应满足相应要求）；无法提供鉴定档案材料的，可提供近三年内参加能力验证或测量审核经历的证明材料，或申请人为能力验证出题或评审专家的可作为评审依据。通过审阅申请人完成的与申请分领域及项目相关的申报材料，结合申请人的基本情况，必要时采用现场考核的方式，综合评定其专业技术能力。<br>2. 对于新设立机构、现有机构增加专业领域、初次申请司法鉴定人执业的，或评审专家组认为提供的申报材料不足以证明申请 | |

续表

| 核定要素 | 分值 | 要素 | 主要内容 | 单项分值 | 评审标准 | | 得分 |
| --- | --- | --- | --- | --- | --- | --- | --- |
| | | | | | | 人的专业技术能力的,应采用现场答辩、现场演示、现场试验等考核方式,对申请人的专业能力进行现场考核,综合评定其专业技术能力。<br>3. 新申请的司法鉴定人参加过本专业领域准入考核的,可根据考核分数结合现场考核的情况,综合评定其专业技术能力。<br>评审专家根据以上评定结果,结合本表中“四、工作成果”的评价结果,综合评估鉴定人是否具备附件2－1至2－4表(一)中相应专业领域和分领域及项目所列的专业能力,确定评分等级(一般、良好、优秀)及最终得分。申请人不满足专业能力要求的分领域及项目,不建议执业。 | |

续表

| 核定要素 | 分值 | 要素 | 主要内容 | 单项分值 | 评审标准 | 得分 |
|---|---|---|---|---|---|---|
| 四、工作成果 | 30 | 科研成果 | 主持或主要参与完成的物证类专业领域司法鉴定相关的科研项目、标准、专利等(科研项目以验收报告为准;标准、专利等以被发布或授权为准)。 | 0~6 | 申请人应提供如下反映科研成果的评审材料,评审专家根据成果类型、成果排名和完成质量(按如下排序)综合评分。<br>1. 国家级科研项目或国家标准,每项1~6分;<br>2. 省部级科研项目或行业标准,每项1~4分;<br>3. 地市级科研项目及地方或团体标准,每项1~3分;<br>4. 发明专利,每项1~3分;<br>5. 其他能够反映科研成果的材料,本项得分累计不超过2分。<br>注:本项累计得分不超过6分,科研成果应与申请的专业领域相关。 | |
| | | 论著成果 | 在公开发行的期刊上发表的物证类专业领域司法鉴定相关的学术论文,公开出版的学术著作。 | 0~6 | 申请人应提供如下反映论著成果的评审材料,评审专家根据成果类型、成果排名和完成质量(按如下排序)综合评分。<br>1. 发表SCI/EI论文(通信作者视同为第一作者,下同),每篇1~4分;<br>2. 在国内核心期刊发表论文,每篇1~3分;<br>3. 正式出版的专业著作(根据封面作者排名),每本1~3分; | |

续表

| 核定要素 | 分值 | 要素 | 主要内容 | 单项分值 | 评审标准 | 得分 |
| --- | --- | --- | --- | --- | --- | --- |
| | | | | | 4. 正式出版的专业翻译著作(根据封面作者排名),每本1~2分;<br>5. 在国内非核心期刊发表论文或其他能够反映论著成果的材料,本项得分累计不超过2分。<br>注:本项累计得分不超过6分,论著成果应与申报的专业领域相关。 | |
| | | 获奖成果 | 科研鉴定工作获奖及被收录的典型案例等情况。 | 0~6 | 申请人应提供如下反映获奖成果的评审材料,评审专家根据成果类型、成果排名和完成质量(按如下排序)综合评分。<br>1. 已获得的与申请人从事的科研鉴定工作相关的国家级奖项,每项1~6分;<br>2. 已获得的与申请人从事的科研鉴定工作相关的省部级奖项,每项1~4分;<br>3. 作为鉴定人获得司法部"宋慈杯"优秀司法鉴定文书(包括一等奖,二等奖,三等奖及其他特别奖项),每个案例1~4分;<br>4. 作为鉴定人完成的入选最高人民法院、最高人民检察院、公安部等部委发布的典型案例,每个案例1~3分; | |

续表

| 核定要素 | 分值 | 要素 | 主要内容 | 单项分值 | 评审标准 | 得分 |
| --- | --- | --- | --- | --- | --- | --- |
| | | | | | 5. 作为鉴定人完成的入选司法部“12348 法网”案例库的案例，每个案例 1～2 分；<br>6. 其他能够反映获奖成果的材料，本项得分累计不超过 2 分。<br>注：本项累计得分不超过 6 分，获奖成果应与申报的专业领域相关。 | |
| | | 培训交流 | 司法鉴定专业培训交流情况。 | 0～12 | 1. 近两年满足司法行政机关规定的培训要求的情况，满足要求的每年得 4 分，累计得 8 分；<br>2. 近两年参加省级以上司法行政机关或鉴定协会组织的专业培训班或学术会议的，每次得 2 分，累计得 4 分；授课或做报告的，得 4 分。<br>注：本项累计得分不超过 12 分，培训交流的内容应与申报的鉴定专业领域相关。 | |
| 总分 | | | 评审专家签名及日期 | | | |

续表

专家评审组应根据评审得分,结合申请人员的工作能力和工作成果中反映出的专业特长,对申请人员可以从事的该专业领域的分领域及项目提出建议。

申请司法鉴定人的评审得分:____________(取所有专家评分的平均值)

建议申请司法鉴定人从事的执业项目:(具体到分领域及项目,建议的打√,不建议的打×)

□**文书鉴定**

- □笔迹鉴定 □印章印文鉴定
- □印刷文件鉴定 □篡改(污损)文件鉴定
- □文件形成方式鉴定 □特种文件鉴定
- □朱墨时序鉴定 □文件材料鉴定
- □基于痕迹特征的文件形成时间鉴定
- □基于材料特性的文件形成时间鉴定 □文本内容鉴定

□**痕迹鉴定**

- □手印鉴定 □潜在手印显现
- □足迹鉴定 □工具痕迹鉴定
- □整体分离痕迹鉴定 □枪弹痕迹鉴定
- □爆炸痕迹鉴定 □火灾痕迹鉴定
- □人体特殊痕迹鉴定 □日用物品损坏痕迹鉴定

□**交通事故痕迹物证鉴定**

- □车辆安全技术状况鉴定 □交通设施安全技术状况鉴定
- □交通事故痕迹鉴定 □车辆速度鉴定
- □交通事故痕迹物证综合鉴定

□**微量物证鉴定**

- □化工产品类鉴定 □金属和矿物类鉴定
- □纺织品类鉴定 □日用化学品类鉴定
- □文化用品类鉴定 □食品类鉴定
- □易燃物质类鉴定 □爆炸物类鉴定
- □射击残留物类鉴定 □交通事故微量物证鉴定
- □火灾微量物证鉴定

评审组长/评审组专家签名:

物证类司法鉴定各专业领域具体评分要求参见：

附件:2－1　文书鉴定登记评审评分要求

2－2　痕迹(不含交通事故痕迹物证)鉴定登记评审评分要求

2－3　交通事故痕迹物证鉴定登记评审评分要求

2－4　微量物证鉴定登记评审评分要求

**附件 2－1**

## 文书鉴定登记评审评分要求

(一)文书鉴定机构和人员专业能力要求

| 序号 | 专业领域 | 分领域及项目 | 人员专业要求(学历、职称、资质及专业背景和从业经历) | 专业技术能力 |
| --- | --- | --- | --- | --- |
| 01 | 文书鉴定 | 所有分领域及项目鉴定人的通用要求 | 申请人应满足如下条件之一,且拟执业机构已经取得或者正在申请文书鉴定专业领域《司法鉴定许可证》:<br>1.具备文书鉴定专业有关的高级职称;<br>2.具备文书鉴定专业有关的中级职称或文书鉴定相关专业中级以上职称并从事文书鉴定工作5年以上;<br>3.具有高等院校文书鉴定专业或相关专业本科以上学历,从事文书鉴定工作5年以上(文书鉴定专业硕士及以上或 | 1.申请人应具备根据相关标准及技术规范对各类文书进行处理、分析和判断的能力。具体包括但不限于:<br>(1)熟悉司法鉴定及文书鉴定相关的法律法规;<br>(2)熟悉司法鉴定及文书鉴定相关的基础知识、原理和有关理论;<br>(3)熟悉文书鉴定相关的国家标准、行业标准、技术规范等;<br>(4)熟悉文书鉴定设备的原理、维护保养,能够熟练操作文书鉴定设备以及相关软件等; |

续表

| 序号 | 专业领域 | 分领域及项目 | 人员专业要求（学历、职称、资质及专业背景和从业经历） | 专业技术能力 |
| --- | --- | --- | --- | --- |
| | | | 相关专业博士及博士后阶段计入）；<br>4. 已取得文书鉴定专业领域的行业执业资格并从事文书鉴定工作 5 年以上；<br>5. 具备文书鉴定专业工作 10 年以上经历和较强的专业技能。<br>文书鉴定专业包括：<br>①司法鉴定（物证技术）文书鉴定专业方向<br>②刑事技术（公安技术）文件检验专业方向<br>文书鉴定相关专业包括：<br>①司法鉴定（物证技术）痕迹和微量物证鉴定专业方向<br>②刑事技术（公安技术）痕迹和理化检验专业方向<br>③侦查学<br>④化学<br>⑤物理学<br>⑥印刷工程<br>⑦语言学及应用语言学（限 0111） | (5)具备根据案情资料、鉴定材料提取分析有关特征和数据、文献资料，对文书鉴定结果进行判断、解释的能力等；<br>(6)对于文书鉴定相关专业背景的初次申请的申请人，应有文书鉴定专业系统培训经历（累计至少 40 学时）。<br>2. 申请机构申请的每个分领域及项目通过评审的鉴定人数量不得少于 3 人。 |

续表

| 序号 | 专业领域 | 分领域及项目 | 人员专业要求（学历、职称、资质及专业背景和从业经历） | 专业技术能力 |
|---|---|---|---|---|
| 02 | 文书鉴定 | 0101 笔迹鉴定<br>0102 印章印文鉴定 | 申请机构应至少有1名具备文书鉴定专业背景的高级职称的专职鉴定人，或具备文书鉴定相关专业的中级以上职称并具备文书鉴定专业工作10年以上经历和较强的专业技能的专职鉴定人。 | 该项目只做笔迹和印章印文同一性（同源性）鉴定。如需对笔迹、印文形成方式进行鉴定并出具鉴定意见的，申请机构应取得文件形成方式鉴定分领域及项目的资质。 |
| 03 | 文书鉴定 | 0103 印刷文件鉴定 | 申请机构应至少有1名具备文书鉴定专业背景的高级职称的专职鉴定人，或具备文书鉴定相关专业的中级以上职称并具备文书鉴定专业工作10年以上经历和较强的专业技能的专职鉴定人。 | 该项目只做印刷文件的种类和同一性（同源性）鉴定。如需对印刷类篡改（污损）文件进行鉴定并出具鉴定意见的，申请机构应取得篡改（污损）文件鉴定分领域及项目的资质。 |
| 04 | 文书鉴定 | 0105 文件形成方式鉴定 | 申请机构应至少有1名具备理化专业或文书鉴定专业背景的专职鉴定人。 | 申请机构应取得笔迹鉴定、印章印文鉴定、印刷文件鉴定分领域及项目的资质。 |
| 05 | 文书鉴定 | 0104 篡改（污损）文件鉴定 | 申请机构应至少有1名具备理化专业或文书鉴定专业背景的专职鉴定人。 | 申请机构应取得笔迹鉴定、印章印文鉴定、印刷文件鉴定、文件形成方式鉴定分领域及项目的资质。 |

续表

| 序号 | 专业领域 | 分领域及项目 | 人员专业要求（学历、职称、资质及专业背景和从业经历） | 专业技术能力 |
|---|---|---|---|---|
| 06 | 文书鉴定 | 0106 特种文件鉴定 | 申请机构应至少有 1 名具备文书鉴定专业或印刷工程有关专业背景的专职鉴定人。 | 申请机构应取得笔迹鉴定、印章印文鉴定、印刷文件鉴定、文件形成方式鉴定分领域及项目的资质。 |
| 07 | 文书鉴定 | 0107 朱墨时序鉴定 | 申请机构应至少有 1 名具备理化专业或文书鉴定专业背景的专职鉴定人。 | 申请机构应取得笔迹鉴定、印章印文鉴定、印刷文件鉴定、文件形成方式鉴定分领域及项目的资质。 |
| 08 | 文书鉴定 | 0108 文件材料鉴定 | 申请机构应至少有 1 名具备理化专业背景的专职鉴定人。 | 申请机构应取得笔迹鉴定、印章印文鉴定、印刷文件鉴定、文件形成方式鉴定、篡改（污损）文件鉴定分领域及项目的资质。 |
| 09 | 文书鉴定 | 0109 基于痕迹特征的文件形成时间鉴定 | 申请机构应至少有 1 名具备文书鉴定专业背景的专职鉴定人。 | 申请机构应取得笔迹鉴定、印章印文鉴定、印刷文件鉴定、文件形成方式鉴定、特种文件鉴定、朱墨时序鉴定、篡改（污损）文件鉴定分领域及项目的资质。 |

续表

| 序号 | 专业领域 | 分领域及项目 | 人员专业要求（学历、职称、资质及专业背景和从业经历） | 专业技术能力 |
|---|---|---|---|---|
| 10 | 文书鉴定 | 0110 基于材料特性的文件形成时间鉴定 | 申请机构应至少有 2 名具备化学专业背景的专职鉴定人，且至少有 1 名具备化学专业背景的高级职称的专职鉴定人。 | 基于材料特性的文件形成时间鉴定受影响因素多，技术难度大，多数方法尚处于实验室研究阶段，申请机构应具备较强的文书鉴定综合能力，特别是文件材料理化特性检测分析能力和科研能力。申请机构应同时满足如下要求：<br>1. 申请机构应取得笔迹鉴定、印章印文鉴定、印刷文件鉴定、特种文件鉴定、文件形成方式鉴定、基于痕迹特征的文件形成时间鉴定项目、朱墨时序鉴定、篡改（污损）文件鉴定、文件材料鉴定分领域及项目的资质。<br>2. 申请机构应为综合性高资质的司法鉴定机构（国家级司法鉴定机构或省部级重点实验室，含所申请的专业领域）。 |

续表

| 序号 | 专业领域 | 分领域及项目 | 人员专业要求（学历、职称、资质及专业背景和从业经历） | 专业技术能力 |
| --- | --- | --- | --- | --- |
| | | | | 3. 申请机构应有文件材料及文件形成时间相关的科研经历（应有主持省部级以上相关科研项目的经历），具有研究建立相应的鉴定方法的能力，以及对有关检验方法进行验证和确认的能力。<br>4. 申请机构使用非标准方法的，开展鉴定前，应建立相应的鉴定方法并经行业多数专家确认，并符合有关法律法规和鉴定管理部门的要求。 |
| 11 | 文书鉴定 | 0111 文本内容鉴定 | 申请机构应至少有 1 名具备语言学及应用语言学或文书鉴定专业背景的专职鉴定人。 | 1. 申请机构应取得笔迹鉴定、印章印文鉴定、印刷文件鉴定、篡改（污损）文件鉴定分领域及项目的资质。<br>2. 申请机构使用非标准方法的，开展鉴定前，应建立相应的鉴定方法并经行业多数专家确认，并符合有关法律法规和鉴定管理部门的要求。 |

（二）文书鉴定实验室和仪器设备配置要求

配置表中序号为01、02的事项为文书鉴定所有项目均需满足的通用要求，其余为各项目的特殊要求。

| 序号 | 事项 | 配置 | 单位 | 配置要求 | 其他要求 |
|---|---|---|---|---|---|
| 01 | 实验室功能区域 | 案件受理/预检室 | 间 | 必备 | |
| | | 样品保管区（包括样品柜） | 个 | 必备 | |
| | | 检验鉴定分析室 | 间 | 必备 | 应满足相应鉴定项目仪器设备对环境及设施的要求。 |
| | | 档案保管室 | 间 | 必备 | |
| 02 | 通用设备 | 计算机及复印机、彩色打印机 | 套 | 必备 | |
| | | 高分辨率扫描仪（1200DPI以上） | 台 | 必备 | |
| | | 照相系统及录像系统（包括微距、翻拍、录像等） | 台 | 必备 | |
| | | 测量工具或软件（毫米） | 把/套 | 必备 | |
| | | 比对表制图辅助软件 | 套/人 | 必备 | 应满足图片的处理和编排、重合和尺寸比对、特征标识、打印输出等需求。 |
| | | 放大镜（10倍以上） | 台/人 | 必备 | |

续表

| 序号 | 事项 | 配置 | 单位 | 配置要求 | 其他要求 |
|---|---|---|---|---|---|
| | | 体视显微镜(可拍照) | 台 | 必备 | |
| | | 物证保存袋 | 只 | 必备 | |
| 03 | 笔迹鉴定印章印文鉴定 | 高倍显微镜(200倍以上) | 台 | 必备 | |
| | | 图像比对、测量软件或设备 | 套 | 必备 | |
| | | 视频光谱仪(又称文检仪,应具备可见光、紫外、红外及荧光检验功能) | 台 | 必备 | |
| | | 静电压痕显现仪 | 台 | 必备 | |
| 04 | 印刷文件鉴定 | 高倍显微镜(200倍以上) | 台 | 必备 | |
| | | 图像比对、测量软件或设备 | 套 | 必备 | |
| | | 视频光谱仪(又称文检仪,应具备可见光、紫外、红外及荧光检验功能) | 台 | 必备 | |
| | | 静电压痕显现仪 | 台 | 必备 | |

续表

| 序号 | 事项 | 配置 | 单位 | 配置要求 | 其他要求 |
|---|---|---|---|---|---|
| 05 | 文件形成方式鉴定 | 应同时满足以上序号为03、04事项必备仪器配置的要求。 | 台 | 必备 | |
| | | 显微分光光度计 | 台 | 必备（三选一） | |
| | | 激光拉曼光谱仪 | 台 | | |
| | | 显微红外光谱仪 | 台 | | |
| | | 荧光显微镜 | 台 | 必备 | |
| | | 高光谱 | 台 | 选配 | |
| 06 | 特种文件鉴定 | 应同时满足以上序号为03、04、05事项仪器配置的要求。 | 台/套 | 必备 | |
| | | 常见证照、货币等特种文件防伪特征资料或有关数据库 | 件/套 | 必备 | |
| | | 高光谱 | 台 | 选配 | |
| 07 | 朱墨时序鉴定 | 应同时满足以上序号为03、04、05事项必备仪器配置的要求。 | 台 | 必备 | |
| | | 共聚焦显微镜 | 台 | 选配 | |
| | | 比较显微镜 | 台 | 选配 | |
| | | 高光谱 | 台 | 选配 | |
| | | 光谱成像设备 | 台 | 选配 | |

续表

| 序号 | 事项 | 配置 | 单位 | 配置要求 | 其他要求 |
|---|---|---|---|---|---|
| 08 | 篡改(污损)文件鉴定 | 应同时满足以上序号为03、04、05事项必备仪器配置的要求。 | 台/套 | 必备 | |
| | | 化学分析实验室 | 间 | 必备 | 化学分析实验室应满足进行基本的化学分析试验的要求,应具备对文件材料及消退污损等文件进行化学分析检验的能力。 |
| | | 高光谱 | 台 | 选配 | |
| | | 光谱成像设备 | 台 | 选配 | |
| 09 | 基于痕迹特征的文件形成时间鉴定 | 应同时满足以上序号为03、04、05、06、07、08事项必备仪器配置的要求。 | 台/套 | 必备 | |

续表

| 序号 | 事项 | 配置 | 单位 | 配置要求 | 其他要求 |
|---|---|---|---|---|---|
| 10 | 文件材料鉴定 | 应同时满足以上序号为 03、04、05、06、07、08 事项必备仪器配置的要求。 | 台/套 | 必备 | |
| | | 高效液相色谱仪 | 台 | 必备（四选一） | 应具备对文件材料色谱特性进行检测分析的基本能力。 |
| | | 气相色谱仪 | 台 | | |
| | | 气相色谱/质谱 | 台 | | |
| | | 薄层色谱扫描仪 | 台 | | |
| | | 扫描电镜/X 射线能谱仪 | 台 | 必备（四选一） | 应具备对文件材料主要元素成分进行检测分析的基本能力。 |
| | | X 射线荧光光谱仪 | | | |
| | | 电感耦合等离子体质谱仪 | | | |
| | | 电感耦合等离子体光谱仪 | | | |
| | | 纸张厚度检测仪 | 台 | 必备 | 应具备对文件纸张物理特性进行检测分析的基本能力。 |
| | | 纸张白度检测仪 | 台 | 必备（二选一） | |
| | | 纸张光泽度检测仪 | 台 | | |
| | | 纸张粗糙度测试仪 | 台 | 选配 | |
| | | 纸张透气度检测仪 | 台 | 选配 | |
| | | 高光谱 | 台 | 选配 | |
| | | 光谱成像设备 | 台 | 选配 | |

续表

| 序号 | 事项 | 配置 | 单位 | 配置要求 | 其他要求 |
|---|---|---|---|---|---|
| 11 | 基于材料特性的文件形成时间鉴定 | 应同时满足以上序号为 03、04、05、06、07、08、09、10 事项必备仪器配置的要求。 | 台/套 | 必备 | |
| | | 文件材料样品库(应包含常见文件材料 300 种以上及主要检测数据;时间跨度 1 年以上常见文件材料制作的实物样本 10 种以上及主要检测数据) | 间/套 | 必备 | |
| | | 红外光谱仪 | 台 | 必备 | |
| | | 激光拉曼光谱仪 | 台 | 必备 | |
| | | 显微分光光度计 | 台 | 必备 | |
| | | 高效液相色谱仪(质谱检测器选配) | 台 | 必备 | |
| | | 气相色谱仪(质谱检测器选配) | 台 | 必备 | |
| | | 静电压痕显现仪 | 台 | 必备 | |

续表

| 序号 | 事项 | 配置 | 单位 | 配置要求 | 其他要求 |
| --- | --- | --- | --- | --- | --- |
| | | 文件老化仪或设备 | 台 | 必备 | |
| | | 薄层色谱扫描仪 | 台 | 必备 | |
| | | 热分析仪 | 台 | 必备 | |
| | | 高分辨质谱仪 | 台 | 选配 | |
| | | 紫外－可见光分光光度计 | 台 | 选配 | |
| | | 毛细管电泳 | 台 | 选配 | |
| | | 高光谱 | 台 | 选配 | |
| | | 光谱成像设备 | 台 | 选配 | |
| 12 | 文本内容鉴定 | 汉语方言基础资料或有关数据库 | 套 | 必备 | |
| | | 文本内容比较类软件 | 套 | 选配 | |

附件 2－2

## 痕迹(不含交通事故痕迹物证)鉴定登记评审评分要求

(一)痕迹(不含交通事故痕迹物证)鉴定机构和人员专业能力要求

| 序号 | 专业领域 | 分领域及项目 | 人员专业要求<br>(学历、职称、资质及专业背景和从业经历) | 专业技术能力 |
| --- | --- | --- | --- | --- |
| 01 | 痕迹鉴定 | 所有分领域及项目(不含交通事故痕迹物证)鉴定人的通用要求 | 申请人应满足如下条件之一,且拟执业机构已经取得或者正在申请痕迹鉴定专业领域《司法鉴定许可证》:<br>1. 具备痕迹鉴定专业有关的高级职称;<br>2. 具备痕迹鉴定专业有关的中级职称或痕迹鉴定相关专业中级以上职称并从事痕迹鉴定工作 5 年以上;<br>3. 具有高等院校痕迹鉴定专业或相关专业本科以上学历,从事痕迹鉴定工作 5 年以上(痕迹鉴定专业硕士及以上或相关专业博士及博士后阶段计入);<br>4. 已取得痕迹鉴定专业领域的行业执业资格并从事痕迹鉴定工作 5 年以上;<br>5. 具备痕迹鉴定专业工作 10 年以上经历和较 | 1. 申请人应具备根据相关标准对各类痕迹进行处理、分析和判断的能力。具体包括但不限于:<br>(1)熟悉司法鉴定及痕迹鉴定相关的法律法规;<br>(2)熟悉司法鉴定及痕迹鉴定相关的基础知识、原理和有关理论;<br>(3)熟悉痕迹鉴定相关的国家标准、行业标准、技术规范等;<br>(4)熟悉痕迹鉴定设备的原理、维护保养,能够熟练操作痕迹鉴定设备以及相关的痕迹分析软件等;<br>(5)具备根据案情资料、鉴定材料提取分析有关痕迹特征和数据、文献资料,对痕迹鉴定结果进行判断、解释的能力等; |

续表

| 序号 | 专业领域 | 分领域及项目 | 人员专业要求（学历、职称、资质及专业背景和从业经历） | 专业技术能力 |
| --- | --- | --- | --- | --- |
| | | | 强的专业技能。<br>痕迹鉴定专业包括：<br>①司法鉴定（物证技术）痕迹鉴定专业方向<br>②刑事技术（公安技术）痕迹检验专业方向<br>痕迹鉴定相关专业包括：<br>①司法鉴定（物证技术）文书和微量物证鉴定专业方向<br>②刑事技术（公安技术）文件和理化检验专业方向<br>③工学类与枪弹痕迹和爆炸痕迹相关专业方向（限0206、0207）<br>④火灾调查、消防工程、燃烧学、材料学、电气工程学、建筑学、车辆工程等专业相关方向（限0208）<br>⑤物理学<br>⑥化学<br>⑦侦查学 | (6)对于痕迹鉴定相关专业背景的初次申请的申请人，应有痕迹鉴定专业系统培训经历（累计至少40学时）。<br>2. 申请机构申请的每个分领域及项目通过评审的鉴定人数量不得少于3人。 |

续表

| 序号 | 专业领域 | 分领域及项目 | 人员专业要求（学历、职称、资质及专业背景和从业经历） | 专业技术能力 |
| --- | --- | --- | --- | --- |
| 02 | 痕迹鉴定 | 0201 手印鉴定<br>0203 足迹鉴定<br>0205 整体分离痕迹鉴定 | 申请机构应至少有1名具备痕迹鉴定专业背景的高级职称的专职鉴定人，或具备痕迹鉴定相关专业的中级以上职称并具备痕迹鉴定专业工作10年以上经历和较强的专业技能的专职鉴定人。 | |
| 03 | 痕迹鉴定 | 0202 潜在手印显现 | 申请机构应至少有1名具备痕迹鉴定专业背景的高级职称的专职鉴定人。 | 申请机构应取得手印鉴定分领域及项目的资质。 |
| 04 | 痕迹鉴定 | 0204 工具痕迹鉴定 | 申请机构应至少有2名具备痕迹鉴定专业有关的高级职称的专职鉴定人，且其中至少有1名具备痕迹鉴定专业背景的专职鉴定人。 | 申请机构应取得整体分离痕迹鉴定分领域及项目的资质。 |
| 05 | 痕迹鉴定 | 0209 人体特殊痕迹鉴定 | 申请机构应至少有2名具备痕迹鉴定专业有关的高级职称的专职鉴定人，且其中至少有1名具备痕迹鉴定专业背景的专职鉴定人。 | 申请机构应取得手印鉴定、足迹鉴定分领域及项目的资质。 |

续表

| 序号 | 专业领域 | 分领域及项目 | 人员专业要求（学历、职称、资质及专业背景和从业经历） | 专业技术能力 |
| --- | --- | --- | --- | --- |
| 06 | 痕迹鉴定 | 0210 日用物品损坏痕迹鉴定 | 申请机构应至少有 2 名具备痕迹鉴定专业有关的高级职称的专职鉴定人，且其中至少有 1 名具备痕迹鉴定专业背景的专职鉴定人。 | 1. 申请机构应取得整体分离痕迹鉴定、工具痕迹鉴定分领域及项目的资质。<br>2. 申请机构应取得微量物证鉴定中玻璃、纺织、陶瓷、塑料、金属鉴定的资质。 |
| 07 | 痕迹鉴定 | 0206 枪弹痕迹鉴定 | 申请机构应至少有 2 名具备痕迹鉴定或枪弹类专业背景的高级职称的专职鉴定人。 | 1. 申请机构应取得整体分离痕迹鉴定、工具痕迹鉴定分领域及项目的资质。<br>2. 申请机构应取得微量物证鉴定中射击残留物类鉴定的资质。 |
| 08 | 痕迹鉴定 | 0207 爆炸痕迹鉴定 | 申请机构应至少有 2 名具备痕迹鉴定或爆炸类专业背景的高级职称的专职鉴定人。 | 申请机构应取得微量物证鉴定中爆炸物类鉴定的资质。 |
| 09 | 痕迹鉴定 | 0208 火灾痕迹鉴定 | 申请机构应至少有 2 名具备痕迹鉴定或火灾类专业背景的高级职称的专职鉴定人。 | 申请机构应取得微量物证鉴定中火灾微量物证鉴定的资质。 |

（二）痕迹（不含交通事故痕迹物证）鉴定实验室和仪器设备配置要求

配置表中序号为01、02的事项为痕迹鉴定所有项目均需满足的通用要求，其余为各项目的特殊要求。

| 序号 | 事项 | 配置 | 单位 | 配置要求 | 其他要求 |
|---|---|---|---|---|---|
| 01 | 实验室功能区域 | 案件受理/预检室 | 间 | 必备 | |
| | | 样品保管区（包括样品柜） | 个 | 必备 | |
| | | 检验鉴定分析室 | 间 | 必备 | 应满足相应鉴定项目仪器设备对环境及设施的要求。 |
| | | 档案保管室 | 间 | 必备 | |
| 02 | 通用设备 | 计算机及复印机、彩色打印机 | 套 | 必备 | |
| | | 高分辨率扫描仪（1200DPI以上） | 台 | 必备 | |
| | | 照相系统及录像系统（包括微距、翻拍、录像等） | 台 | 必备 | |
| | | 测量工具或软件（毫米） | 把 | 必备 | |
| | | 比对表制图辅助软件 | 套/人 | 必备 | 应满足图片的处理和编排、重合和尺寸比对、特征标识、打印输出等需求。 |

续表

| 序号 | 事项 | 配置 | 单位 | 配置要求 | 其他要求 |
|---|---|---|---|---|---|
| | | 放大镜(10 倍以上) | 台/人 | 必备 | |
| | | 体视显微镜(可拍照) | 台 | 必备 | |
| | | 物证保存袋 | 只 | 必备 | |
| 03 | 手印鉴定 | 手印采集专用墨盒 | 套 | 必备 | |
| | | 图像比对、测量软件或设备 | 套 | 必备 | |
| | | 活体指掌纹采集设备 | 套 | 选配 | |
| | | 计算机指(掌)印分析/识别系统 | 套 | 选配 | |
| | | 材料显微镜 | 台 | 选配 | |
| 04 | 潜在手印显现 | 应满足以上序号为 03 事项必备仪器配置的要求。 | 台/套 | 必备 | |
| | | 显现实验室(包括通风橱) | 间 | 必备 | 应满足潜在手印显现试剂、仪器设备对环境及设施的要求。 |
| | | 光学显现设备 | 套 | 必备 | 应包括多波段光源、紫外光、强光源、面光源等。 |
| | | 潜在手印显现材料和试剂 | 套 | 必备 | 应包括常用粉末如银粉、磁性粉、荧光粉等,常用试剂如茚三酮、硝酸银、乙醇、甲醇等。 |

续表

| 序号 | 事项 | 配置 | 单位 | 配置要求 | 其他要求 |
| --- | --- | --- | --- | --- | --- |
| | | 502 熏显设备 | 台 | 必备 | |
| | | 茚三酮（DFO）熏显设备 | 台 | 必备 | |
| | | 普通天平/分析天平 | 套 | 必备 | |
| | | 真空镀膜显现设备 | 台 | 选配 | |
| | | 真空 502 熏显设备 | 台 | 选配 | |
| | | 纸张手印快速显现仪 | 台 | 选配 | |
| 05 | 足迹鉴定 | 足迹采集专用墨盒 | 套 | 必备 | |
| | | 图像比对、测量软件或设备 | 套 | 必备 | |
| | | 足迹提取/采集电子设备 | 套 | 选配 | |
| | | 计算机足迹分析/识别系统 | 套 | 选配 | |
| | | 静电印痕显现提取仪 | 套 | 选配 | |
| 06 | 整体分离痕迹鉴定 | 比较显微镜 | 台 | 必备 | |
| | | 视频显微镜 | 台 | 必备 | |
| | | 痕迹比对、测量软件或设备 | 套 | 必备 | |
| | | 凹凸面层痕提取仪 | 套 | 选配 | |
| | | 材料显微镜 | 台 | 选配 | |

续表

| 序号 | 事项 | 配置 | 单位 | 配置要求 | 其他要求 |
|---|---|---|---|---|---|
| 07 | 工具痕迹鉴定 | 应满足以上序号为06事项必备仪器配置的要求。 | 台/套 | 必备 | |
| | | 凹凸面层痕提取仪 | 套 | 必备 | |
| | | 材料显微镜 | 台 | 必备 | |
| 08 | 人体特殊痕迹鉴定 | 应同时满足以上序号为03、05事项必备仪器配置的要求。 | 台/套 | 必备 | |
| 09 | 日用物品损坏痕迹鉴定 | 应满足以上序号为07事项必备仪器配置的要求。 | 台/套 | 必备 | |
| | | 材料物理性能测试设备 | 套 | 必备 | |
| 10 | 枪弹痕迹鉴定 | 应满足以上序号为07事项必备仪器配置的要求。 | 台/套 | 必备 | 枪弹检验专门实验室应满足特殊的安全防护要求。 |
| | | 枪弹检验专门实验室 | 间 | 必备 | |
| | | 枪弹物证保管柜 | 套 | 必备 | |
| | | 比较显微镜 | 台 | 必备 | |
| | | 膛线痕迹展平器 | 套 | 必备 | |
| | | 三维视频显微系统 | 套 | 必备 | |
| | | 弹底、弹底槽痕迹检测仪 | 套 | 选配 | |
| | | 枪弹发射和子弹收集装置 | 套 | 选配 | |

续表

| 序号 | 事项 | 配置 | 单位 | 配置要求 | 其他要求 |
| --- | --- | --- | --- | --- | --- |
| | | 拔弹机 | 套 | 选配 | |
| | | 枪弹测速仪 | 套 | 选配 | |
| | | 枪弹痕迹建档设备 | 套 | 选配 | |
| 11 | 爆炸痕迹鉴定 | 从事爆炸痕迹鉴定需要特定的试验、观察、分析设备和储存装置，以及特殊的安全防护装备。 | 套 | 必备 | 实验室应满足特殊的安全防护要求。 |
| 12 | 火灾痕迹鉴定 | 物证提取设备（包括物证的分离、提取、包装等） | 套 | 必备 | 实验室应满足特殊的安全防护要求。 |
| | | 防护用具（护目镜、防护服等） | 套 | 必备 | |
| | | 现场勘查仪器（包括万用表、钳形表、兆欧表、剩磁仪、炭化深度测定仪、回弹仪、硬度计、检测管、可燃气体探测仪、红外热像仪等） | 套 | 必备 | |
| | | 视频显微镜 | 台 | 必备 | |
| | | 比较显微镜 | 台 | 必备 | |
| | | 金相显微镜 | 台 | 必备 | |
| | | 内窥镜 | 台 | 必备 | |
| | | 扫描电镜 | 台 | 必备 | |
| | | 现场三维重建系统 | 套 | 必备 | |

续表

| 序号 | 事项 | 配置 | 单位 | 配置要求 | 其他要求 |
|---|---|---|---|---|---|
| | | 无人机 | 台 | 必备 | |
| | | X光机(满足透视检验需求) | 台 | 必备 | |

附件2-3

## 交通事故痕迹物证鉴定登记评审评分要求

(一)交通事故痕迹物证鉴定机构和人员专业能力要求

| 序号 | 专业领域 | 分领域及项目 | 人员专业要求(学历、职称、资质及专业背景和从业经历) | 专业技术能力 |
|---|---|---|---|---|
| 01 | 交通事故痕迹物证 | 021101 车辆安全技术状况鉴定 | 申请人应满足如下条件之一,且拟执业机构已经取得或者正在申请车辆安全技术状况鉴定《司法鉴定许可证》:<br>1.具备车辆安全技术状况鉴定相关专业的中级以上职称并从事车辆安全技术状况鉴定工作5年以上;<br>2.具有高等院校相关专业本科以上学历,从事相关检验鉴定工作5年以上(车辆安全技术状况鉴定相关专业硕士及 | 1.申请人具备根据相关标准对车辆安全技术状况进行检验和判断的能力。具体包括但不限于:<br>(1)熟悉司法鉴定及交通事故痕迹物证相关的法律法规;<br>(2)熟悉车辆及交通事故痕迹物证相关的国家标准、行业标准、技术规范;<br>(3)熟悉车辆工程的基础知识、车辆的基本构造,掌握车辆制动系、转向系、传动系及行驶 |

续表

| 序号 | 专业领域 | 分领域及项目 | 人员专业要求（学历、职称、资质及专业背景和从业经历） | 专业技术能力 |
| --- | --- | --- | --- | --- |
| | | | 以上及博士后阶段计入）；<br>3. 从事车辆安全技术状况鉴定工作 10 年以上并具有较强的专业技术能力。<br>车辆安全技术状况鉴定相关专业包括：<br>①车辆工程<br>②交通工程<br>③汽车服务工程<br>④交通运输工程<br>⑤交通管理工程<br>注：车辆安全技术状况鉴定相关专业还包括上述一级学科或二级学科的下属专业及方向。 | 系的工作原理及常见类型；<br>(4)熟悉车辆机械安全技术状况的检验方法、技术，掌握必备仪器设备的原理、维护保养，能够熟练操作并分析获得的数据；<br>(5)具备根据案情、事故形态，以及相关检测数据和检查结果，对车辆安全技术状况进行判断、解释的能力等；<br>(6)对于车辆安全技术状况鉴定相关专业背景的初次申请的申请人，应有相关系统培训经历（累计至少 40 学时）。<br>2. 申请机构应满足如下要求：<br>(1)申请机构应取得交通事故痕迹鉴定分领域及项目的资质；<br>(2)申请机构通过评审的鉴定人数量不得少于 3 人，且至少有 1 人为具备相关专业高级职称，或具备相关专业中级职称并具备相关专业鉴定工作 10 年以上经历和较强的专业技能的专职鉴定人。 |

续表

| 序号 | 专业领域 | 分领域及项目 | 人员专业要求<br>（学历、职称、资质<br>及专业背景和从业经历） | 专业技术能力 |
|---|---|---|---|---|
| 02 | 交通事故痕迹物证 | 021102 交通设施安全技术状况鉴定 | 申请人应满足如下条件之一，且拟执业机构已经取得或者正在申请交通设施安全技术状况鉴定《司法鉴定许可证》：<br>1. 具备交通设施安全技术状况鉴定相关专业的中级以上职称并从事交通设施安全技术状况鉴定工作5年以上；<br>2. 具有高等院校相关专业本科以上学历，从事相关检验鉴定工作5年以上（交通设施安全技术状况鉴定相关专业硕士及以上及博士后阶段计入）；<br>3. 从事交通设施安全技术状况鉴定工作10年以上并具有较强的专业技术能力。<br>交通设施安全技术状况鉴定相关专业包括：<br>①道路工程<br>②交通工程<br>③交通土建工程<br>④交通运输工程<br>注：交通设施安全技术状况鉴定相关专业还包括上述一级学科或二级学科的下属专业及方向。 | 1. 申请人具备根据相关标准对交通设施安全技术状况进行检验和判断的能力。具体包括但不限于：<br>(1)熟悉司法鉴定及交通事故痕迹物证相关的法律法规；<br>(2)熟悉道路交通设施及交通事故痕迹物证相关的国家标准、行业标准、技术规范；<br>(3)熟悉道路工程、桥梁与隧道工程、交通工程等道路相关基础知识，掌握道路安全的基本要素和作用机理；<br>(4)熟悉道路线形测量、路面技术状况及材料强度等检测方法、技术，掌握必备仪器设备的原理、维护保养，能够熟练操作并分析获得的数据；<br>(5)具备根据案情、事故形态，以及相关检测数据和检查结果，对交通设施安全技术状况进行判断、解释的能力等；<br>(6)对于交通设施安全 |

续表

| 序号 | 专业领域 | 分领域及项目 | 人员专业要求（学历、职称、资质及专业背景和从业经历） | 专业技术能力 |
|---|---|---|---|---|
| | | | | 技术状况鉴定相关专业背景的初次申请的申请人,应有相关系统培训经历(累计至少40学时)。<br>2. 申请机构应满足如下要求:<br>(1)申请机构应取得交通事故痕迹鉴定分领域及项目的资质;<br>(2)申请机构通过评审的鉴定人数量不得少于3人,且至少有1人为具备相关专业高级职称,或具备相关专业中级职称并具备相关专业鉴定工作10年以上经历和较强的专业技能的专职鉴定人。 |

续表

| 序号 | 专业领域 | 分领域及项目 | 人员专业要求<br>(学历、职称、资质及专业背景和从业经历) | 专业技术能力 |
|---|---|---|---|---|
| 03 | 交通事故痕迹物证 | 021103 交通事故痕迹鉴定 | 申请人应满足如下条件之一,且拟执业机构已经取得或者正在申请交通事故痕迹鉴定《司法鉴定许可证》:<br>1. 具备交通事故痕迹鉴定相关专业的中级以上职称并从事交通事故痕迹鉴定工作5年以上;<br>2. 具有高等院校相关专业本科以上学历,从事相关工作5年以上(交通事故痕迹鉴定相关专业硕士及以上及博士后阶段计入);<br>3. 已取得交通事故痕迹鉴定相关专业资质并有相关鉴定工作经历5年以上;<br>4. 从事交通事故痕迹鉴定工作10年以上并具有较强的专业技术能力。<br>交通事故痕迹鉴定相关专业包括:<br>①侦查学<br>②法医学<br>③车辆工程<br>④交通工程<br>⑤刑事科学技术(公安技术) | 1. 申请人具备根据相关标准对交通事故痕迹鉴定进行检验和判断的能力。具体包括但不限于:<br>(1)熟悉司法鉴定及交通事故痕迹物证相关的法律法规;<br>(2)熟悉交通事故痕迹物证相关的国家标准、行业标准、技术规范;<br>(3)熟悉车辆的基本构造和运动特征,掌握道路安全的基本因素和作用机理;<br>(4)熟悉交通事故痕迹检验的方法、技术,掌握必备仪器设备的原理、维护保养,能够熟练操作并分析获得的数据;<br>(5)具备根据案情、事故形态,以及相关检查结果和鉴定文书,对交通事故痕迹进行判断、解释的能力等;<br>(6)对于交通事故痕迹鉴定相关专业背景的初次申请的申请人,应有相关系统培训经历(累计至少40学时)。 |

续表

| 序号 | 专业领域 | 分领域及项目 | 人员专业要求（学历、职称、资质及专业背景和从业经历） | 专业技术能力 |
|---|---|---|---|---|
| | | | ⑥司法鉴定技术（物证技术）<br>⑦交通管理工程<br>⑧交通运输工程<br>⑨汽车服务工程<br>注：交通事故痕迹鉴定相关专业还包括上述一级学科或二级学科的下属专业及方向。 | 2. 申请机构本分领域及项目通过评审的鉴定人数量不得少于 3 人，且至少有 1 人为具备相关专业高级职称，或具备相关专业中级职称并具备相关专业鉴定工作 10 年以上经历和较强的专业技能的专职鉴定人。 |
| 04 | 交通事故痕迹物证 | 021104 车辆速度鉴定 | 申请人应满足如下条件之一，且拟执业机构已经取得或者正在申请车辆速度鉴定《司法鉴定许可证》：<br>1. 具备车辆速度鉴定相关专业的中级以上职称并从事车辆速度鉴定工作 5 年以上；<br>2. 具有高等院校相关专业本科以上学历，从事相关工作 5 年以上（车辆速度鉴定相关专业硕士及以上及博士后阶段计入）；<br>3. 已取得车辆速度鉴定相关专业资质并有相关鉴定工作经历 5 年以上。 | 1. 申请人具备根据相关标准对车辆行驶速度进行计算、分析和判断的能力。具体包括但不限于：<br>（1）熟悉司法鉴定及交通事故痕迹物证相关的法律法规；<br>（2）熟悉车辆速度鉴定（重建）的基础知识、原理和有关理论，掌握车辆的基本构造及运动特征；<br>（3）熟悉车辆速度鉴定相关的国家标准、行业标准、技术规范；<br>（4）掌握基于事故形态、视频图像、汽车事件记录数据等速度鉴 |

续表

| 序号 | 专业领域 | 分领域及项目 | 人员专业要求（学历、职称、资质及专业背景和从业经历） | 专业技术能力 |
| --- | --- | --- | --- | --- |
| | | | 车辆速度鉴定相关专业包括：<br>①交通工程<br>②车辆工程<br>③道路工程<br>④交通运输工程<br>⑤汽车服务工程<br>⑥交通管理工程<br>注：车辆速度鉴定相关专业还包括上述一级学科或二级学科的下属专业及方向。 | 定鉴定方法；<br>(5)具备根据案情、事故形态，以及相关检测、检查结果和鉴定文书，对车辆行驶速度进行计算、分析和判断的能力等；<br>(6)对于车辆速度鉴定相关专业背景的初次申请的申请人，应有相关系统培训经历(累计至少40学时)。<br>2.申请机构应满足如下要求：<br>(1)申请机构应取得交通事故痕迹鉴定分领域及项目的资质；<br>(2)申请机构通过评审的鉴定人数量不得少于3人，且至少有1人为具备相关专业高级职称，或具备相关专业中级职称并具备相关专业鉴定工作10年以上经历和较强的专业技能的专职鉴定人。 |

续表

| 序号 | 专业领域 | 分领域及项目 | 人员专业要求<br>(学历、职称、资质<br>及专业背景和从业经历) | 专业技术能力 |
| --- | --- | --- | --- | --- |
| 05 | 交通事故痕迹物证 | 021105 交通事故痕迹物证综合鉴定 | 申请人应满足如下条件,且拟执业机构已经取得或者正在申请交通事故痕迹物证综合鉴定《司法鉴定许可证》:<br>1. 已取得 021103 交通事故痕迹鉴定的执业资质;<br>2. 已取得 021101 车辆安全技术状况鉴定、021102 交通设施安全技术状况鉴定及 021104 车辆速度鉴定中 2 项及以上的执业资质。<br>交通事故痕迹物证综合鉴定相关专业包括:<br>包含 021101、021102、021103、021104 的上述相关专业及方向。 | 1. 申请人应具备根据案情、交通事故痕迹物证,结合相关检查结果和鉴定文书,综合判断涉案人员、车辆、设施等交通要素在事故过程中的状态、痕迹物证形成过程及原因的技术能力。<br>2. 申请机构应满足如下要求:<br>(1)申请机构应取得车辆安全技术状况鉴定(或交通设施安全技术状况鉴定)、交通事故痕迹鉴定、车辆速度鉴定项目的资质;<br>(2)申请机构通过评审的鉴定人数量不得少于 5 人,且至少有 2 人为具备相关专业高级职称的专职鉴定人。 |

（二）交通事故痕迹物证鉴定实验室和仪器设备配置要求

配置表中序号为01、02事项为交通事故痕迹物证鉴定所有项目均需满足的通用要求，其余为各项目的特殊要求。

| 序号 | 事项 | 配置 | 单位 | 配置要求 | 其他要求 |
|---|---|---|---|---|---|
| 01 | 实验室功能区域 | 案件受理/预检室 | 间 | 必备 | |
| | | 痕迹检验室 | 间 | 必备 | |
| | | 样品保管区（包括样品柜） | 个 | 必备 | |
| | | 档案保管室（柜） | 间/柜 | 必备 | |
| | | 交通设施安全技术状况检测实验室 | 间 | 必备（021102） | |
| 02 | 通用设备 | 照相系统及录像系统（包括微距、翻拍、录像等） | 套 | 必备 | |
| | | 卷尺（2m、5m、50m、100m） | 把 | 必备 | |
| | | 塔尺 | 把 | 必备 | |
| | | 勘查车辆 | 台 | 必备 | |

续表

| 序号 | 事项 | 配置 | 单位 | 配置要求 | 其他要求 |
| --- | --- | --- | --- | --- | --- |
| | | 交通事故痕迹物证勘查箱 | 套 | 必备 | 至少包含强光光源、匀光光源、放大镜、便携式显微镜、常用提证工具(如镊子、钳子、剪刀、刀片、采血针、采血卡、医用棉签等)、物证袋(多型号)及物证瓶、防护装备(如防护服、橡胶手套、口罩等)、比例尺、量角器、标签纸、无色透明胶带、彩色粉笔、标志牌、毛刷、生物检材发现工具或试剂。 |
| | | 激光测距仪 | 把 | 选配 | |
| 03 | 车辆安全技术状况鉴定 | 游标卡尺 | 把 | 必备 | |
| | | 轮胎气压计 | 件 | 必备 | |
| | | 轮胎花纹深度检测尺 | 件 | 必备 | |
| | | 千斤顶 | 台 | 必备 | |
| | | 6角套筒5mm~32mm | 套 | 必备 | |
| | | 扳手(活动扳手)8mm~24mm | 套 | 必备 | |

续表

| 序号 | 事项 | 配置 | 单位 | 配置要求 | 其他要求 |
|---|---|---|---|---|---|
| | | 钳子(尖嘴钳、斜嘴钳) | 套 | 必备 | |
| | | 车辆制动性能检测仪 | 台 | 必备 | |
| | | 内六角扳手 | 套 | 必备 | |
| | | 螺丝批(一字形、十字形) | 套 | 必备 | |
| | | 万用表 | 台 | 必备 | |
| | | 内窥镜 | 台 | 选配 | |
| | | 逆反射测量仪 | 台 | 选配 | |
| | | 汽车总线通讯设备 | 套 | 选配 | |
| | | 车辆转向系统检测仪 | 台 | 选配 | |
| | | 汽车事件记录系统数据提取系统 | 套 | 选配 | |
| | | 汽车行驶记录仪数据提取系统 | 套 | 选配 | |
| | | 车辆动力学检测设备(五轮仪) | 套 | 选配 | |
| | | 电动两轮车综合性能检测系统 | 套 | 选配 | |

续表

| 序号 | 事项 | 配置 | 单位 | 配置要求 | 其他要求 |
| --- | --- | --- | --- | --- | --- |
| 04 | 交通设施安全技术状况鉴定 | 铅锤 | 把 | 必备 | |
| | | 坡度仪(尺)/水平尺 | 件 | 必备 | |
| | | 全站仪 | 台 | 必备 | |
| | | 外径千分尺 | 把 | 必备 | |
| | | 涂层测厚仪 | 台 | 必备 | |
| | | 亮度计 | 把 | 必备 | |
| | | 照度计 | 把 | 必备 | |
| | | 逆反射测量仪 | 台 | 必备 | |
| | | 混凝土碳化深度测量仪 | 台 | 必备 | |
| | | 混凝土回弹仪 | 台 | 必备 | |
| | | 路面摩擦系数检测设备 | 台 | 必备 | |
| | | 金相显微镜 | 台 | 必备 | |
| | | 材料实验机 | 台 | 必备 | |
| | | 无人机航拍勘查系统 | 套 | 选配 | |
| | | 路面平整度检测设备 | 台 | 选配 | |
| | | 卫星定位装置 | 套 | 选配 | |
| | | 落锤弯沉仪 | 台 | 选配 | |

续表

| 序号 | 事项 | 配置 | 单位 | 配置要求 | 其他要求 |
|---|---|---|---|---|---|
| | | 激光断面仪 | 台 | 选配 | |
| | | 激光测速仪 | 台 | 选配 | |
| | | 激光三维扫描仪 | 台 | 选配 | 可替代坡度仪(尺)/水平尺、全站仪和激光断面仪。 |
| 05 | 交通事故痕迹鉴定 | 显微照相机 | 台 | 必备 | |
| | | 体视显微镜 | 台 | 必备 | |
| | | 比较显微镜 | 台 | 必备 | |
| | | 便携式多波段光源 | 套 | 必备 | |
| | | 近景摄影测量系统 | 套 | 选配 | |
| | | 磁光显现仪 | 台 | 选配 | |
| | | 涂层测厚仪 | 台 | 选配 | |
| | | 色度计 | 台 | 选配 | |
| | | 近景三维扫描系统 | 套 | 选配 | |
| 06 | 车辆速度鉴定 | 汽车行驶记录仪数据读取系统 | 套 | 必备 | |
| | | 多功能只读读卡器 | 台 | 必备 | |
| | | 校验码计算工具 | 套 | 必备 | |
| | | 电子数据存储介质只读设备 | 套 | 必备 | |
| | | 电子数据存储介质复制设备 | 套 | 必备 | |

续表

| 序号 | 事项 | 配置 | 单位 | 配置要求 | 其他要求 |
|---|---|---|---|---|---|
| | | 电子数据存储介质转接接口 | 套 | 必备 | |
| | | 多功能视频图像播放软件 | 套 | 必备 | |
| | | 汽车事件记录系统数据读取系统 | 套 | 选配 | |
| | | 交通事故仿真再现/重建系统 | 套 | 选配 | |
| | | 地面激光三维扫描仪 | 套 | 选配 | |
| | | 无人机航拍勘查系统 | 台 | 选配 | |
| | | 基于视频图像的车辆运动重建系统 | 套 | 选配 | |
| 07 | 交通事故痕迹物证综合鉴定 | 应同时满足以上序号05、06事项必备仪器配置的要求，以及序号03、04事项中任一项目必备仪器配置的要求。 | 台/套 | 必备 | |

附件 2 -4

# 微量物证鉴定登记评审评分要求

## (一)微量物证鉴定机构和人员专业能力要求

| 序号 | 专业领域 | 分领域及项目 | 人员专业要求(学历、职称、资质及专业背景和从业经历) | 专业技术能力 |
| --- | --- | --- | --- | --- |
| 01 | 微量物证鉴定(不含食品类鉴定) | 所有分领域及项目(不含食品类鉴定)鉴定人的通用要求 | 申请人应满足如下条件之一,且拟执业机构已经取得或者正在申请微量物证鉴定专业领域《司法鉴定许可证》:<br>1. 具备微量物证鉴定专业有关的高级职称;<br>2. 具备微量物证鉴定专业有关的中级职称或微量物证鉴定相关专业中级职称并从事微量物证鉴定工作 5 年以上;<br>3. 具有高等院校微量物证鉴定专业或相关专业本科以上学历,从事微量物证鉴定工作 5 年以上(微量物证鉴定专业硕士及以上或相关专业博士及博士后阶段计入);<br>4. 已取得微量物证鉴定专业领域的行业执业资格并从事微量物证鉴定工作 5 年以上;<br>5. 具备微量物证鉴定专业工作 10 年以上经历和较强的专业技能。 | 1. 申请人具备根据相关标准对各类微量物证样品进行鉴别和判断的能力。具体包括但不限于:<br>(1)熟悉化学、材料学的基础知识、原理和有关理论;<br>(2)熟悉微量物证鉴定相关的国家标准、行业标准、技术规范;<br>(3)熟悉微量物证学的基础知识、原理和有关理论;<br>(4)熟悉显微镜类、光谱类、色谱类、质谱类仪器的原理、维护保养,能够熟练操作相应仪器、分析数据;<br>(5)掌握微量物证检材和样本的前处理等操作;<br>(6)具备根据案情资料、实验数据和文献资料,对微量物证鉴定结果进行判断、解释的能力等; |

续表

| 序号 | 专业领域 | 分领域及项目 | 人员专业要求（学历、职称、资质及专业背景和从业经历） | 专业技术能力 |
| --- | --- | --- | --- | --- |
| | | | 微量物证鉴定专业包括：<br>①司法鉴定（物证技术）微量物证鉴定专业方向<br>②刑事技术（公安技术）理化检验专业方向<br>微量物证鉴定相关专业包括：<br>①化学类：分析/有机/无机/应用化学、化学生物学、分子科学与工程专业、能源化学等化学类专业<br>②药学类：药物化学、药物分析、制药工程等与实验室分析有关的专业<br>③公安技术类：刑事科学技术、火灾勘察等相关专业<br>④物理类：物理学<br>⑤材料类：材料化学、材料与工程等相关专业<br>⑥纺织类（限0303） | (7)对于微量物证鉴定相关专业背景的初次申请的申请人，应有微量物证鉴定专业系统培训经历（累计至少40学时）。<br>2. 申请机构申请的每个分领域及项目通过评审的鉴定人数量不得少于3人。 |

续表

| 序号 | 专业领域 | 分领域及项目 | 人员专业要求（学历、职称、资质及专业背景和从业经历） | 专业技术能力 |
|---|---|---|---|---|
| | | 0301 化工产品类鉴定<br>0302 金属和矿物类鉴定<br>0303 纺织品类鉴定<br>0304 日用化学品类鉴定<br>0305 文化用品类鉴定<br>0307 易燃物质类鉴定<br>0308 爆炸物类鉴定<br>0309 射击残留物类鉴定 | 申请机构应至少有 1 名具备微量物证鉴定专业有关的高级职称的专职鉴定人，或具备微量物证鉴定专业有关的中级职称并具备微量物证鉴定专业工作 10 年以上经历和较强的专业技能的专职鉴定人。 | 申请机构申请的分领域及项目需通过省级或国家级资质认定（CMA）。 |
| | | 0310 交通事故微量物证鉴定 | 申请机构应至少有 2 名具备微量物证鉴定专业有关的高级职称的专职鉴定人，或具备微量物证鉴定专业有关的中级职称并具备微量物证鉴定专业工作 10 年以上经历和较强的专业技能的专职鉴定人。 | 申请机构应取得化工产品类鉴定（包含油漆、橡胶、塑料、玻璃）、金属和矿物类鉴定（包含金属）、纺织品鉴定（包含纤维）、易燃物质类鉴定分领域及项目的资质。 |

续表

| 序号 | 专业领域 | 分领域及项目 | 人员专业要求（学历、职称、资质及专业背景和从业经历） | 专业技术能力 |
| --- | --- | --- | --- | --- |
| | | 0311 火灾微量物证鉴定 | 申请机构应至少有 2 名具备微量物证鉴定专业有关的高级职称的专职鉴定人，或具备微量物证鉴定专业有关的中级职称并具备微量物证鉴定专业工作 10 年以上经历和较强的专业技能的专职鉴定人。 | 申请机构应取得化工产品类鉴定、金属和矿物类鉴定（包含金属）、易燃物质类鉴定分领域及项目的资质。 |
| 02 | 微量物证食品类鉴定 | 0306 食品类鉴定 | 申请人应满足如下条件之一，且拟执业机构已经取得或者正在申请食品类鉴定《司法鉴定许可证》：<br>1. 具备食品类鉴定相关专业高级职称；<br>2. 具备食品类鉴定相关专业中级职称并从事食品类鉴定相关专业工作 5 年以上；<br>3. 具有高等院校食品类鉴定相关专业本科以上学历，从事食品类鉴定相关专业工作 5 年以上（食品类鉴定相关专业硕士及以上及博士后阶段计入）；<br>4. 具备食品类鉴定相关专业工作 10 年以上经历和较强的专业技能。 | 1. 申请人具备根据相关标准对各类食品类样品进行鉴别和判断的能力。具体包括但不限于：<br>(1)熟悉食品科学、化学、生物学的基础知识、原理和有关理论；<br>(2)熟悉微量物证鉴定及食品类鉴定相关的国家标准、行业标准、技术规范；<br>(3)熟悉微量物证学及食品鉴定的基础知识、原理和有关理论；<br>(4)熟悉显微镜类、光谱类、色谱类、质谱类仪器的原理、维护保养，能够熟练操作相应仪器、分析数据； |

续表

| 序号 | 专业领域 | 分领域及项目 | 人员专业要求（学历、职称、资质及专业背景和从业经历） | 专业技术能力 |
|---|---|---|---|---|
| | | | 食品类鉴定相关专业包括：<br>①食品科学：食品化学/食品工程/食品微生物学等食品类科学专业<br>②化学：分析/有机/无机/应用化学等化学类专业<br>③生物学：生物化学、微生物学等与生物有关的专业<br>④司法鉴定（物证技术）微量物证鉴定专业方向<br>⑤刑事技术（公安技术）理化检验专业方向 | (5)掌握微量物证食品类鉴定检材和样本的前处理等操作；<br>(6)具备根据案情资料、实验数据和文献资料，对食品类鉴定结果进行判断、解释的能力等。<br>2.申请机构应满足如下要求：<br>(1)申请机构通过评审的鉴定人数量不得少于5人，且至少有2名具有食品类鉴定相关专业高级职称的专职鉴定人，或具备食品鉴定相关专业中级职称并具备食品鉴定相关专业工作10年以上经历和较强的专业技能的专职鉴定人；<br>(2)申请机构申请的分领域及项目需通过国家级或省级资质认定(CMA)和中国合格评定国家认可委员会(CNAS)认可。 |

(二)微量物证鉴定实验室和仪器设备配置要求

由于微量物证鉴定项目中食品类鉴定的特殊性,故对其实验室和仪器设备配置要求单列。

1. 微量物证(不含食品类)鉴定实验室和仪器设备配置要求

配置表中序号为01、02事项为微量物证鉴定所有项目均需满足的通用要求,其余为各项目的特殊要求。

| 序号 | 事项 | 配置 | 单位 | 配置要求 | 其他要求 |
| --- | --- | --- | --- | --- | --- |
| 01 | 实验室功能区域 | 案件受理/预检室 | 间 | 必备 | |
| | | 样品保管区(包括样品柜) | 个 | 必备 | |
| | | 化学实验室 | 间 | 必备 | |
| | | 仪器室 | 间 | 必备 | |
| | | 天平室 | 间 | 必备 | |
| | | 档案保管室 | 间 | 必备 | |
| 02 | 通用设备 | 照相系统及录像系统(包括微距、翻拍、录像等) | 套 | 必备 | |
| | | 测量工具或软件(毫米) | 把/套 | 必备 | |
| | | 分析天平 | 台 | 必备 | |
| | | 体视显微镜(可拍照) | 台 | 必备 | |
| | | 冰箱 | 台 | 必备 | |
| | | 烘箱 | 台 | 必备 | |

续表

| 序号 | 事项 | 配置 | 单位 | 配置要求 | 其他要求 |
| --- | --- | --- | --- | --- | --- |
| 03 | 化工产品类鉴定 | 红外光谱仪 | 台 | 必备 | 其他设备根据具体鉴定对象和鉴定方法选配。 |
| | | 扫描电子显微镜/X 射线能谱仪 | 台 | 必备 | |
| | | 裂解－气相色谱/质谱仪 | 台 | 必备 | |
| | | 液相色谱/质谱仪 | 台 | 选配 | |
| | | X 射线荧光光谱仪 | 台 | 选配 | |
| | | 拉曼光谱仪 | 台 | 选配 | |
| | | 电感耦合等离子体质谱仪 | 台 | 选配 | |
| | | 差示扫描量热仪 | 台 | 选配 | |
| | | 玻璃折射率仪 | 台 | 选配 | |
| 04 | 金属和矿物类鉴定 | 扫描电子显微镜/X 射线能谱仪 | 台 | 必备 | 其他设备根据具体鉴定对象和鉴定方法选配。 |
| | | 金相显微镜 | 台 | 必备 | |
| | | X 射线荧光光谱仪 | 台 | 选配 | |
| | | 电感耦合等离子体质谱仪 | 台 | 选配 | |
| | | 拉曼光谱仪 | 台 | 选配 | |

续表

| 序号 | 事项 | 配置 | 单位 | 配置要求 | 其他要求 |
| --- | --- | --- | --- | --- | --- |
| 05 | 纺织品类鉴定 | 扫描电子显微镜 | 台 | 必备 | 其他设备根据具体鉴定对象和鉴定方法选配。 |
| | | 生物显微镜 | 台 | 必备 | |
| | | 红外光谱仪 | 台 | 必备 | |
| | | 液相色谱/质谱仪 | 台 | 选配 | |
| | | 拉曼光谱仪 | 台 | 选配 | |
| | | 裂解－气相色谱/质谱仪 | 台 | 选配 | |
| 06 | 日用化学品类鉴定 | 红外光谱仪 | 台 | 必备 | 其他设备根据具体鉴定对象和鉴定方法选配。 |
| | | 扫描电子显微镜/X射线能谱仪 | 台 | 必备 | |
| | | 气相色谱/质谱仪 | 台 | 必备 | |
| | | 液相色谱/质谱仪 | 台 | 必备 | |
| | | 拉曼光谱仪 | 台 | 选配 | |
| 07 | 文化用品类鉴定 | 视频光谱仪(文检仪) | 台 | 必备 | 其他设备根据具体鉴定对象和鉴定方法选配。 |
| | | 红外光谱仪 | 台 | 必备 | |
| | | 扫描电子显微镜/X射线能谱仪 | 台 | 必备 | |
| | | 气相色谱/质谱仪 | 台 | 必备 | |
| | | 液相色谱/质谱仪 | 台 | 必备 | |
| | | 拉曼光谱仪 | 台 | 必备 | |

续表

| 序号 | 事项 | 配置 | 单位 | 配置要求 | 其他要求 |
|---|---|---|---|---|---|
| 08 | 易燃物质类鉴定 | 危险品安全柜 | 台 | 必备 | 其他设备根据具体鉴定对象和鉴定方法选配。 |
| | | 气相色谱/质谱仪 | 台 | 必备 | |
| | | 闪点仪 | 台 | 必备 | |
| | | 液相色谱/质谱仪 | 台 | 选配 | |
| | | 红外光谱仪 | 台 | 选配 | |
| | | 扫描电子显微镜/X 射线能谱仪 | 台 | 选配 | |
| 09 | 爆炸物类鉴定 | 气相色谱/质谱仪 | 台 | 必备 | 其他设备根据具体鉴定对象和鉴定方法选配。 |
| | | 液相色谱/质谱仪 | 台 | 必备 | |
| | | 摩擦感度实验仪 | 台 | 必备 | |
| | | 撞击感度实验仪 | 台 | 必备 | |
| | | 克南实验仪 | 台 | 必备 | |
| | | 离子色谱仪 | 台 | 必备 | |
| 10 | 射击残留物类鉴定 | 扫描电子显微镜/X 射线能谱仪 | 台 | 必备 | 其他设备根据具体鉴定对象和鉴定方法选配。 |
| | | 液相色谱/质谱仪 | 台 | 选配 | |
| 11 | 交通事故微量物证鉴定 | 应同时满足以上序号03、04、05、08 事项必备仪器配置的要求。 | 台 | 必备 | 其他设备根据具体鉴定对象和鉴定方法选配。 |
| 12 | 火灾微量物证鉴定 | 应同时满足以上序号03、04、08 事项所需的必备仪器配置的要求。 | 台 | 必备 | 其他设备根据具体鉴定对象和鉴定方法选配。 |

2. 微量物证食品类鉴定实验室和仪器设备配置要求

| 序号 | 事项 | 配置 | 单位 | 配置要求 | 其他要求 |
| --- | --- | --- | --- | --- | --- |
| 01 | 洁净实验室 | 洁净工作台 | 套 | 微生物鉴定必备 | 其他设备根据具体鉴定对象和鉴定方法选配。 |
| | | 风室 | 套 | | |
| | | 均质器 | 台 | | |
| | | 紫外线灯 | 台 | | |
| | | 传递窗 | 台 | | |
| 02 | 培养室 | 培养箱 | 台 | 微生物鉴定必备 | |
| | | 厌氧培养系统 | 套 | | |
| | | 摇床 | 台 | | |
| | | 冰箱 | 台 | | |
| | | 移液器 | 套 | | |
| | | 移动式紫外灯 | 台 | | |
| | | 生物安全柜 | 台 | | |
| 03 | 生物种属鉴定室 | 安全柜 | 台 | 微生物鉴定必备 | |
| | | 生物显微镜 | 台 | | |
| | | 细菌鉴定系统 | 套 | | |
| | | 离心机 | 台 | | |
| | | 冰箱 | 台 | | |
| | | 移液器 | 套 | | |
| | | 恒温水浴锅 | 台 | | |
| | | 移动式紫外灯 | 台 | | |

续表

| 序号 | 事项 | 配置 | 单位 | 配置要求 | 其他要求 |
|---|---|---|---|---|---|
| 04 | 前处理室 | 无机前处理室 | 间 | 必备 | |
| | | 有机前处理室 | 间 | 必备 | |
| | | 通风柜 | 套 | 必备 | |
| | | 桌面通风罩 | 套 | 根据具体鉴定对象和鉴定方法选配。 | |
| | | 旋转蒸发仪 | 台 | | |
| | | 氮吹仪 | 台 | | |
| | | 微波消解仪 | 台 | | |
| | | 离心机 | 台 | | |
| | | 浓缩仪 | 台 | | |
| 05 | 高温设备室 | 烘箱 | 台 | 必备 | |
| | | 马弗炉 | 台 | 选配 | |
| 06 | 天平室 | 分析天平 | 台 | 必备 | |
| 07 | 小型仪器室 | 红外分光光度计 | 台 | 根据具体鉴定对象和鉴定方法选配。 | |
| | | 紫外分光光度计 | 台 | | |
| | | 电位滴定仪 | 枚 | | |
| | | 阿贝折光仪 | 台 | | |
| | | 浊度计 | 把 | | |
| | | 旋光仪 | 台 | | |
| | | 粘度计 | 台 | | |
| | | pH 计 | 台 | | |
| | | 生物培养箱 | 台 | | |
| | | 生物显微镜 | 台 | | |

续表

| 序号 | 事项 | 配置 | 单位 | 配置要求 | 其他要求 |
|---|---|---|---|---|---|
| 08 | 光谱实验室 | 原子吸收光谱仪 | 台 | 根据具体鉴定对象和鉴定方法选配。 | |
| | | 原子荧光光谱仪 | 台 | | |
| | | 电感耦合等离子体发射光谱仪 | 台 | | |
| | | 电感耦合等离子体发射质谱仪 | 台 | | |
| | | 红外光谱仪 | 台 | | |
| | | 拉曼光谱仪 | 台 | | |
| 09 | 色谱实验室 | 气相色谱仪 | 台 | 根据具体鉴定对象和鉴定方法选配。 | |
| | | 气相色谱/质谱仪 | 台 | | |
| | | 液相色谱仪 | 台 | | |
| | | 液相色谱/质谱仪 | 台 | | |

附件 3

## 声像资料司法鉴定机构登记评审评分标准

### (一)申请从事声像资料司法鉴定业务法人或其他组织评分表

| 评审要素 | | 评审标准 | 得分 |
|---|---|---|---|
| 一、鉴定人构成(10分) | | 1. 按照所申请的声像资料专业领域鉴定机构和人员专业能力的要求[见附件 3-1 至 3-3 中表(一)],所申请专业领域的分领域及项目评审通过的鉴定人数量少于 3 人的,该分领域及项目不予通过。<br>2. 申请的专业领域中评审通过的鉴定人数量为 3 人的,得 6 分;超过 3 人的,每多 1 人得 2 分;评审通过的鉴定人中具有高级职称的,每人得 2 分。<br>注 1:申请的分领域及项目对鉴定人数量、职称、专业背景和从业经历等有特殊要求的,应满足相应要求;不予通过的分领域及项目,相关的评审材料不参与评分,下同。<br>注 2:本项累计得分不超过 10 分。 | |
| 二、鉴定能力(50分) | 人员综合能力(20分) | 按照《申请从事声像资料司法鉴定人评分表》,对申请的每个分领域及项目的申请人进行评分后,计算通过的分领域及项目中,评审得分 60 分以上所有申请人的平均评审得分(按四舍五入取整):<br>平均得分为 60~69 分的,得 10 分;<br>平均得分为 70~79 分的,得 14 分;<br>平均得分为 80~89 分的,得 18 分;<br>平均得分为 90~100 分的,得 20 分。<br>注:本项得分不超过 20 分。 | |

续表

| 评审要素 | | 评审标准 | 得分 |
| --- | --- | --- | --- |
| | 鉴定机构能力(30分) | 1. 按照所申请的声像资料专业领域鉴定机构和人员专业能力的要求[见附件3-1至3-3中表(一)],申请的分领域及项目中,申请机构不满足相应要求的不予通过。<br>2. 申请机构所申请的每个分领域及项目,应提供5份以上近三年内出具的与该分领域及项目相关的鉴定案件的档案材料(含鉴定意见书及检验记录等,申请的分领域及项目有特殊要求的,应满足相应要求);无法提供鉴定档案材料的,可提供近三年内该分领域及项目参加能力验证或测量审核经历的证明材料,或申请机构为能力验证提供者的可作为评审依据;如申请的分领域及项目目前没有提供能力验证或测量审核的,或评审专家组认为提供的申报材料不足以证明申请机构的专业技术能力的,可采用现场考核方式进行综合评估。<br>根据提供的评估材料及现场考核评估的结果,按照所申请的声像资料专业领域鉴定机构和人员专业能力的要求[见附件3-1至3-3中表(一)],结合本表中"三、实验室条件"的评价结果,对申请机构是否具备所申请的专业领域的分领域及项目的技术能力进行综合评价。<br>根据综合评价的结果,所申请的分领域及项目中,基本符合要求的分领域及项目,每项扣1~3分,符合要求的不扣分,总得分不超过25分。不符合要求的分领域及项目不予通过。<br>3. 评审通过的分领域及项目涵盖该专业领域所有分领域及项目的,得5分;部分涵盖的,按照覆盖比率计算得分(覆盖比率×5分,按四舍五入取整)。<br>注:本项累计得分不超过30分。 | |

续表

| 评审要素 | | | 评审标准 | 得分 |
| --- | --- | --- | --- | --- |
| 三、实验室条件(40分) | 实验室资质(10分) | | 1. 申请专业领域同时通过国家级或省级资质认定(CMA)和中国合格评定国家认可委员会(CNAS)认可的,得6分;仅通过中国合格评定国家认可委员会(CNAS)认可或国家级资质认定(CMA)的,得4分;仅通过省级资质认定的(CMA),得3分。<br>2. 获得认证认可的项目涵盖所有申请的分领域及项目的,得4分;部分涵盖的,按照覆盖比率计算得分(覆盖比率×4分,按四舍五入取整)。<br>3. 如所申请声像资料专业领域或分领域及项目对实验室CMA和CNAS资质有特殊要求的,应满足相应要求,不满足的不予通过。<br>注:本项累计得分不超过10分。 | |
| | 场所设施(10分) | | 1. 场所设施满足相应专业领域所列实验室功能区域要求的[见附件3-1至3-3中表(二)],得3分;不满足要求的,不予通过;<br>2. 申请专业领域的实验室建筑面积大于等于$70m^2$,得2分;大于等于$100m^2$,得4分;大于等于$150m^2$,得5分;<br>3. 实验室与办公区域有效隔离,得2分。<br>注:本项累计得分不超过10分。 | |
| | 仪器配置及使用情况(20分) | 仪器配置(15分) | 1. 申请的声像资料专业领域的分领域及项目的通用和必备仪器设备不满足相应配置要求的[见附件3-1至3-3中表(二)],不予通过。<br>2. 申请的声像资料专业领域和分领域及项目的通用和必备仪器设备满足相应配置要求的,根据现场核查和对仪器设备性能及软件功能是否满足相应标准和方法及检验鉴定的实际需求进行综合评估。<br>所申请的分领域及项目中,基本符合要求的分领域及项目,每项扣1~3分,符合要求的分领域及项目不扣分,总得分不超过15分。不符合要求的分领域及项目不予通过。<br>注:上述仪器设备需可正常使用,且仪器设备性能及软件功能应满足相应标准和方法及检验鉴定的实际需求。本项累计得分不超过15分。 | |

续表

| 评审要素 | | | 评审标准 | 得分 |
|---|---|---|---|---|
| | | 仪器维护使用情况(5 分) | 现场对申请的分领域及项目的通用和必备仪器设备的使用维护情况进行核查评估,根据评估结果进行打分:<br>抽查仪器设备的使用维护管理是否规范、状态是否良好,是否有定期维护及核查记录等,根据核查评估的结果,得 0 ~5 分。<br>注:本项累计得分不超过 5 分。 | |
| 总分 | | | 评审专家签名及日期 | |

专家评审组应根据申请机构的评审得分,结合申请机构的鉴定人构成、鉴定能力和实验室条件反映出的综合情况,对申请机构可以从事的该专业领域的分领域及项目提出意见。

申请司法鉴定机构的评审得分:____________(取所有专家评分的平均值)

申请司法鉴定机构可以从事的执业项目:(具体到分领域及项目,建议的打√,不建议的打 ×)

**□录音鉴定**

□0101 录音处理　□0102 录音真实性鉴定

□0103 录音同一性鉴定　□0104 录音内容分析

□0105 录音作品相似性鉴定

**□图像鉴定**

□0201 图像处理　□0202 图像真实性鉴定

□0203 图像同一性鉴定　□0204 图像内容分析

□0205 图像作品相似性鉴定　□0206 特种照相检验

**□电子数据鉴定**

□0301 电子数据存在性鉴定　□0302 电子数据真实性鉴定

□0303 电子数据功能性鉴定　□0304 电子数据相似性鉴定

评审组长/评审组专家签名:

## (二)申请从事声像资料司法鉴定业务人员评分表

| 核定要素 | 分值 | 要素 | 主要内容 | 单项分值 | 评审标准 | 得分 |
|---|---|---|---|---|---|---|
| 一、职业道德 | 5 | 职业道德 | 拥护中华人民共和国宪法,遵守法律、法规和社会公德,品行良好的公民。 | 0~5 | 1. 满足《司法鉴定人登记管理办法》(司法部令第96号)中第十二条的,申报表填写规范,所附材料能与之对应且真实有效的,得5分。<br>2. 有《司法鉴定人登记管理办法》(司法部令第96号)中第十三条规定情形的,取消评审资格。<br>3. 有《司法鉴定人登记管理办法》(司法部令第96号)中第三十条规定情形的,鉴定人受到司法行政机关处罚,处罚期未满的,取消评审资格。 | |
| 二、基本情况 | 20 | 人员专业背景 | 具有相应学历、职称、资质及专业背景。 | 0~5 | 按照所申请的声像资料专业领域鉴定机构和人员专业能力的要求[见附件3-1至3-3中表(一)],申请人满足所申请的专业领域和分领域及项目"人员专业要求"中相应要求的,得5分;不满足要求的分领域及项目,不建议执业。 | |

续表

| 核定要素 | 分值 | 要素 | 主要内容 | 单项分值 | 评审标准 | | 得分 |
|---|---|---|---|---|---|---|---|
| | | 人员从业经历 | 从事声像资料司法鉴定相关工作的年限（本专业硕士及以上或相关专业博士及博士后阶段计入）。 | 0～15 | 按照所申请的声像资料专业领域鉴定机构和人员专业能力的要求［见附件3－1至3－3中表（一）］，申请人满足所申请的专业领域和分领域及项目“人员专业要求”中相应要求的，得10分；不满足分领域及项目要求的，不建议执业。从业经历超过相应要求的，每超过1年加1分，最高得15分。 | | |
| 三、工作能力 | 45 | 专业技术能力 | 在本专业领域开展鉴定工作及相关工作情况。 | 0～45 | 一般：0～20<br>良好：21～34<br>优秀：35～45 | 评审专家根据申请人的具体情况及其申报的专业领域和分领域及项目，采用如下方式进行综合评分：<br>1.对于已经取得申请专业领域鉴定资质的申请人，申请人应提供5份以上近三年内负责或参与的与申请分领域及项目相关的鉴定案件的档案材料（含鉴定意见书及检验记录等，申请的分领域及项目有特殊要求的，应满足相应要求）；无法提供鉴定档案材 | |

续表

| 核定要素 | 分值 | 要素 | 主要内容 | 单项分值 | 评审标准 | | 得分 |
| --- | --- | --- | --- | --- | --- | --- | --- |
| | | | | | | 料的,可提供近三年内参加能力验证或测量审核经历的证明材料,或申请人为能力验证出题或评审专家的可作为评审依据。通过审阅申请人完成的与申请分领域及项目相关的申报材料,结合申请人的基本情况,必要时采用现场考核的方式,综合评定其专业技术能力。<br>2. 对于新设立机构、现有机构增加专业领域、初次申请司法鉴定人执业的,或评审专家组认为提供的申报材料不足以证明申请人的专业技术能力的,应采用现场答辩、现场演示、现场试验等考核方式,对申请人的专业能力进行现场考核,综合评定其专业技术能力。 | |

续表

| 核定要素 | 分值 | 要素 | 主要内容 | 单项分值 | 评审标准 | | 得分 |
|---|---|---|---|---|---|---|---|
| | | | | | | 3.新申请的司法鉴定人参加过本专业领域准入考核的,可根据考核分数结合现场考核的情况,综合评定其专业技术能力。<br>评审专家根据以上评定结果,结合本表中“四、工作成果”的评价结果,综合评估鉴定人是否具有附件3－1至3－3表(一)中相应专业领域和分领域及项目所列的专业能力,确定评分等级(一般、良好、优秀)及最终得分。不满足专业能力要求的分领域及项目,不建议执业。 | |

续表

| 核定要素 | 分值 | 要素 | 主要内容 | 单项分值 | 评审标准 | 得分 |
|---|---|---|---|---|---|---|
| 四、工作成果 | 30 | 科研成果 | 主持或主要参与完成的声像资料司法鉴定相关科研项目、标准、专利等(科研项目以验收报告为准;标准、专利等以被发布或授权为准)。 | 0~6 | 申请人应提供如下反映科研成果的评审材料,评审专家根据成果类型、成果排名和完成质量(按如下排序)综合评分。<br>1. 国家级科研项目或国家标准,每项1~6分;<br>2. 省部级科研项目或行业标准,每项1~4分;<br>3. 地市级科研项目及地方或团体标准,每项1~3分;<br>4. 发明专利,每项1~3分;<br>5. 其他能够反映科研成果的材料,本项得分累计不超过2分。<br>注:本项累计得分不超过6分,科研成果应与申请的鉴定专业领域相关。 | |
| | | 论著成果 | 在公开发行的期刊上发表的声像资料专业领域司法鉴定相关的学术论文,公开出版的学术著作。 | 0~6 | 申请人应提供如下反映论著成果的评审材料,评审专家根据成果类型、成果排名和完成质量(按如下排序)综合评分。<br>1. 发表SCI/EI论文(通信作者视同为第一作者,下同),每篇1~4分;<br>2. 在国内核心期刊发表论文,每篇1~3分;<br>3. 正式出版的专业著作(根据封面作者排名),每本1~3分; | |

续表

| 核定要素 | 分值 | 要素 | 主要内容 | 单项分值 | 评审标准 | 得分 |
|---|---|---|---|---|---|---|
| | | | | | 4. 正式出版的专业翻译著作(根据封面作者排名),每本1～2分;<br>5. 在国内非核心期刊发表论文或其它能够反映论著成果的材料,本项得分累计不超过2分。<br>注:本项累计得分不超过6分,论著成果应与申报的鉴定专业领域相关。 | |
| | | 获奖成果 | 科研鉴定工作获奖及被收录的典型案例等情况。 | 0～6 | 申请人应提供如下反映获奖成果的评审材料,评审专家根据成果类型、成果排名和完成质量(按如下排序)综合评分。<br>1. 已获得的与申请人从事的科研鉴定工作相关的国家级奖项,每项1～6分;<br>2. 已获得的与申请人从事的科研鉴定工作相关的省部级奖项,每项1～4分;<br>3. 作为鉴定人获得司法部“宋慈杯”优秀司法鉴定文书(包括一等奖,二等奖,三等奖及其它特别奖项),每个案例1～4分;<br>4. 作为鉴定人完成的入选最高人民法院、最高人民检察院、公安部等部委发布的典型案例,每个案例1～3分; | |

续表

| 核定要素 | 分值 | 要素 | 主要内容 | 单项分值 | 评审标准 | 得分 |
| --- | --- | --- | --- | --- | --- | --- |
| | | | | | 5. 作为鉴定人完成的入选司法部“12348 法网”案例库的案例,每个案例 1 ~ 2 分;<br>6. 其他能够反映获奖成果的材料,本项得分累计不超过 2 分。<br>注:本项累计得分不超过 6 分,获奖成果应与申报的鉴定专业领域相关。 | |
| | | 培训交流 | 司法鉴定专业培训交流情况。 | 0 ~ 12 | 1. 近两年满足司法行政机关规定的培训要求的情况,满足要求的每年得 4 分,累计得 8 分。<br>2. 近两年参加省级以上司法行政机关或鉴定协会组织的专业培训班或学术会议的,每次得 2 分,累计得 4 分;授课或做报告的,得 4 分。<br>注:本项累计得分不超过 12 分,培训交流的内容应与申报的鉴定专业领域相关。 | |
| 总分 | | | | 评审专家签名及日期 | | |

续表

| |
|---|
| 专家评审组应根据评审得分,结合申请人员的工作能力和工作成果中反映出的专业特长,对申请人员可以从事的该专业领域的分领域及项目提出建议。<br>申请司法鉴定人的评审得分:____________(取所有专家评分的平均值)<br>建议申请司法鉴定人从事的执业项目:(具体到分领域及项目,建议的打√,不建议的打×)<br>**□录音鉴定**<br>□0101 录音处理　□0102 录音真实性鉴定<br>□0103 录音同一性鉴定　□0104 录音内容分析<br>□0105 录音作品相似性鉴定<br>**□图像鉴定**<br>□0201 图像处理　□0202 图像真实性鉴定<br>□0203 图像同一性鉴定　□0204 图像内容分析<br>□0205 图像作品相似性鉴定　□0206 特种照相检验<br>**□电子数据鉴定**<br>□0301 电子数据存在性鉴定　□0302 电子数据真实性鉴定<br>□0303 电子数据功能性鉴定　□0304 电子数据相似性鉴定<br><br>评审组长/评审组专家签名: |

声像资料司法鉴定各专业领域具体评分要求参见:

附件:3-1　录音鉴定登记评审评分要求

3-2　图像鉴定登记评审评分要求

3-3　电子数据鉴定登记评审评分要求

**附件 3 -1**

## 录音鉴定登记评审评分要求

(一)录音鉴定机构和人员专业能力要求

| 序号 | 专业领域 | 分领域及项目 | 人员专业要求(学历、职称、资质及专业背景和从业经历) | 专业技术能力 |
|---|---|---|---|---|
| 01 | 录音鉴定 | 所有分领域及项目鉴定人的通用要求 | 申请人应满足如下条件之一,且拟执业机构已经取得或者正在申请录音鉴定专业领域《司法鉴定许可证》:<br>1. 具备录音鉴定专业有关的高级职称;<br>2. 具备录音鉴定专业有关的中级职称或录音鉴定相关专业中级以上职称并从事录音鉴定工作5年以上;<br>3. 具有高等院校录音鉴定相关专业本科以上学历,从事录音鉴定工作5年以上(录音鉴定专业硕士及以上或相关专业博士及博士后阶段计入);<br>4. 已取得录音鉴定专业领域的行业职业资格并从事录音鉴定工作五年以上;<br>5. 具备录音鉴定专业工作10年以上经历和较强的专业技能。 | 1. 申请人应具备根据相关标准对各类录音资料进行处理、分析和判断的能力。具体包括但不限于:<br>(1)熟悉司法鉴定及录音鉴定相关的法律法规;<br>(2)熟悉司法鉴定及录音鉴定相关的基础知识、理论和技术;<br>(3)熟悉录音鉴定相关的国家标准、行业标准、技术规范;<br>(4)熟悉录音鉴定设备的原理、维护保养,能够熟练操作录音鉴定设备以及相关的录音分析软件;<br>(5)具备根据案情资料、鉴定材料提取分析录音特征和数据、文献资料,对录音鉴定结果进行判断、解释的能力等;<br>(6)对于录音鉴定相关专业背景的初次申请 |

续表

| 序号 | 专业领域 | 分领域及项目 | 人员专业要求（学历、职称、资质及专业背景和从业经历） | 专业技术能力 |
| --- | --- | --- | --- | --- |
| | | | 录音鉴定专业包括：<br>①司法鉴定（物证技术）录音鉴定专业方向<br>②刑事技术（公安技术）录音鉴定专业方向<br>录音鉴定相关专业包括：<br>①语言学及应用语言学<br>②计算机类<br>③电子信息类<br>④自动化类 | 的申请人，应有录音鉴定专业系统培训经历（累计至少 40 学时）。<br>2. 申请机构申请的每个分领域及项目通过评审的鉴定人数量不得少于 3 人。 |
| 02 | 录音鉴定 | 0102 录音真实性鉴定 | 申请机构应至少有 1 名具备录音鉴定专业有关的高级职称的专职鉴定人，或具备录音鉴定专业有关的中级职称并具备录音鉴定专业工作 10 年以上经历和较强的专业技能的专职鉴定人。 | 申请人应具备电子数据真实性鉴定的技术能力。 |
| 03 | 录音鉴定 | 0103 录音同一性鉴定 | 申请机构应至少有 1 名具备录音鉴定专业有关的高级职称的专职鉴定人，且至少有 1 名具备语言学或应用语言学或录音鉴定专业背景的专职鉴定人。 | |

续表

| 序号 | 专业领域 | 分领域及项目 | 人员专业要求（学历、职称、资质及专业背景和从业经历） | 专业技术能力 |
|---|---|---|---|---|
| 04 | 录音鉴定 | 0104 录音内容分析 | 申请机构应至少有1名具备录音鉴定专业有关的高级职称的专职鉴定人，且至少有1名具备语言学或应用语言学或录音鉴定专业背景的专职鉴定人。 | 申请机构应取得录音处理和录音同一性鉴定分领域及项目的资质。 |
| 05 | 录音鉴定 | 0105 录音作品相似性鉴定 | 申请机构应至少有1名具备录音鉴定专业有关的高级职称的专职鉴定人，且至少有1名具备语言学或应用语言学或录音鉴定专业背景的专职鉴定人。 | 鉴定机构应取得录音同一性鉴定和录音内容分析分领域及项目的资质。 |

（二）录音鉴定实验室和仪器设备配置要求

配置表中序号为01、02、03的事项为录音鉴定所有项目均需满足的通用要求，其余为各项目的特殊要求。

| 序号 | 事项 | 配置 | 单位 | 配置要求 | 其他要求 |
|---|---|---|---|---|---|
| 01 | 实验室功能区域 | 案件受理/预检室 | 间 | 必备 | |
| | | 样品保管区（包括样品柜） | 个 | 必备 | |
| | | 录音室（隔音、吸声环境） | 间 | 必备 | |
| | | 检验鉴定分析室 | 间 | 必备 | |
| | | 档案保管室 | 间 | 必备 | |
| 02 | 通用保障设备 | UPS不间断电源（不间断供电） | 台 | 必备 | |
| | | 样品储存柜/架（防火、防磁、防静电） | 台 | 必备 | |
| | | 监控摄像 | 套 | 必备 | 对案件受理、鉴定工作场地、检材保管场地等进行录像监控。 |
| | | 档案柜 | 个 | 必备 | |
| | | 打印机、复印机、扫描仪 | 台 | 必备 | |
| | | 碎纸机 | 台 | 必备 | |
| | | 光盘刻录机 | 台 | 必备 | |
| | | 防病毒软件 | 套 | 必备 | |

续表

| 序号 | 事项 | 配置 | 单位 | 配置要求 | 其他要求 |
| --- | --- | --- | --- | --- | --- |
| | | 数据存储设备 | 台 | 必备 | |
| | | 物证封存袋 | 个 | 必备 | |
| | | 摄像机 | 台 | 必备 | |
| | | 翻拍仪 | 台 | 必备 | |
| | | 照相机 | 台 | 必备 | |
| 03 | 通用检验设备 | 高保真话筒 | 个 | 必备 | |
| | | 高保真录音机 | 台 | 必备 | |
| | | 高保真耳机 | 个 | 必备 | |
| | | 录音采集设备 | 套 | 必备 | |
| | | 文件属性及元数据分析工具 | 个 | 必备 | |
| | | 音频格式转换工具 | 个 | 必备 | |
| | | 电子数据存储介质只读设备 | 个 | 必备 | |
| | | 校验码计算工具 | 个 | 必备 | |
| | | 镜像文件加载工具 | 套 | 必备 | |
| | | 专业录音处理分析工作站 | 套 | 必备 | |
| | | 综合性音频编辑软件 | 套 | 必备 | |
| | | 数据克隆工具 | 个 | 必备 | |
| 04 | 录音处理 | 降噪处理系统 | 套 | 必备 | |
| | | 文件修复工具 | 套 | 选配 | |

续表

| 序号 | 事项 | 配置 | 单位 | 配置要求 | 其他要求 |
|---|---|---|---|---|---|
| 05 | 录音真实性鉴定 | 专用录音真实性分析系统 | 台 | 必备 | |
| | | 电子数据恢复、搜索、分析工具 | 台 | 选配 | |
| | | 手机数据提取、恢复工具 | 台 | 选配 | |
| 06 | 录音同一性鉴定 | 专业语音同一性分析系统 | 台 | 必备 | |
| | | 降噪处理系统 | 个 | 选配 | |
| 07 | 录音内容分析 | 应同时满足以上序号为04、06事项必备仪器配置的要求。 | 台/套 | 必备 | |
| | | 录音内容分析系统 | 套 | 选配 | |
| 08 | 录音作品相似性鉴定 | 应同时满足以上序号为04、06、07事项必备仪器配置的要求 | 台/套 | 必备 | |
| | | 录音作品相似性鉴定系统 | 套 | 选配 | |

**附件 3 – 2**

# 图像鉴定登记评审评分要求

## (一)图像鉴定机构和人员专业能力要求

| 序号 | 专业领域 | 分领域及项目 | 人员专业要求(学历、职称、资质及专业背景和从业经历) | 专业技术能力 |
|---|---|---|---|---|
| 01 | 图像鉴定 | 所有分领域及项目鉴定人的通用要求 | 申请人应满足如下条件之一,且拟执业机构已经取得或者正在申请图像鉴定专业领域《司法鉴定许可证》:<br>1. 具备图像鉴定专业有关的高级职称;<br>2. 具备图像鉴定专业有关的中级职称或图像鉴定相关专业中级以上职称并从事图像鉴定工作五年以上;<br>3. 具有高等院校图像鉴定相关专业本科以上学历,从事图像鉴定工作五年以上(图像鉴定专业硕士及以上或相关专业博士及博士后阶段计入);<br>4. 已取得图像鉴定资质并有图像鉴定工作经历5年以上;<br>5. 具备图像鉴定专业工作10年以上经历和较强的专业技能。<br>图像鉴定专业包括: | 1. 申请人应具备根据相关标准对各类图像进行处理、分析和判断的能力。具体包括但不限于:<br>(1)熟悉司法鉴定及图像鉴定相关的法律法规;<br>(2)熟悉司法鉴定及图像鉴定相关的基础知识、理论和技术;<br>(3)熟悉图像鉴定相关的国家标准、行业标准、技术规范;<br>(4)熟悉图像鉴定设备的原理、维护保养,能够熟练操作图像鉴定设备以及相关的图像分析软件等;<br>(5)具备根据案情资料、鉴定材料提取分析图像特征和数据、文献资料,对图像鉴定结果进行判断、解释的能力等;<br>(6)对于图像鉴定相关专业背景的初次申请的 |

续表

| 序号 | 专业领域 | 分领域及项目 | 人员专业要求（学历、职称、资质及专业背景和从业经历） | 专业技术能力 |
| --- | --- | --- | --- | --- |
| | | | ①司法鉴定（物证技术）图像鉴定专业方向<br>②刑事技术（公安技术）图像鉴定专业方向<br>图像鉴定相关专业包括：<br>①电子信息类<br>②自动化类<br>③计算机类<br>④物理学 | 申请人,应有图像鉴定专业系统培训经历(累计至少40学时)。<br>2. 申请机构申请的每个分领域及项目通过评审的鉴定人数量不得少于3人。 |
| 02 | 图像鉴定 | 0202 图像真实性鉴定 | 申请机构应至少有1名具备图像鉴定专业有关的高级职称的专职鉴定人,或具备图像鉴定专业有关的中级职称并具备图像鉴定专业工作10年以上经历和较强的专业技能的专职鉴定人。 | 1. 申请机构应取得录音真实性鉴定分领域及项目的资质。<br>2. 申请人应具备电子数据真实性鉴定的技术能力。 |

续表

| 序号 | 专业领域 | 分领域及项目 | 人员专业要求（学历、职称、资质及专业背景和从业经历） | 专业技术能力 |
| --- | --- | --- | --- | --- |
| 03 | 图像鉴定 | 0203 图像同一性鉴定 | 申请机构应至少有 1 名具备图像鉴定专业有关的高级职称的专职鉴定人，或具备图像鉴定专业有关的中级职称并具备图像鉴定专业工作 10 年以上经历和较强的专业技能的专职鉴定人。 | |
| 04 | 图像鉴定 | 0204 图像内容分析 | 申请机构应至少有 1 名具备图像鉴定专业有关的高级职称的专职鉴定人。 | 申请机构应取得图像同一性鉴定和图像内容分析分领域及项目的资质。 |
| 05 | 图像鉴定 | 0205 图像作品相似性鉴定 | 申请机构应至少有 1 名具备图像鉴定专业有关的高级职称的专职鉴定人。 | 申请机构应取得图像同一性鉴定和图像内容分析分领域及项目的资质。 |

（二）图像鉴定实验室和仪器设备配置要求

配置表中序号为01、02、03的事项为图像鉴定所有项目的通用要求，其余为各项目的特殊要求。

| 序号 | 事项 | 配置 | 单位 | 配置要求 | 其他要求 |
|---|---|---|---|---|---|
| 01 | 实验室功能区域 | 案件受理/预检室 | 间 | 必备 | |
| | | 样品保管区（包括样品柜） | 个 | 必备 | |
| | | 检验鉴定分析室 | 间 | 必备 | |
| | | 档案保管室 | 间 | 必备 | |
| 02 | 通用保障设备 | 样品储存柜/架（防火、防磁、防静电） | 台 | 必备 | |
| | | 监控摄像 | 套 | 必备 | 对案件受理、鉴定工作场地、检材保管场地等进行录像监控。 |
| | | 档案柜 | 台 | 必备 | |
| | | 打印机/复印机/扫描仪 | 台 | 必备 | |
| | | 碎纸机 | 台 | 必备 | |
| | | 光盘刻录机 | 台 | 必备 | |
| | | 防病毒软件 | 套 | 必备 | |
| | | UPS不间断电源（不间断供电） | 台 | 选配 | |
| | | 物证封存袋 | 个 | 选配 | |

续表

| 序号 | 事项 | 配置 | 单位 | 配置要求 | 其他要求 |
|---|---|---|---|---|---|
| 03 | 通用检验设备 | 图像检验工作站 | 套 | 必备 | |
| | | 数码摄像机 | 台 | 必备 | |
| | | 数码照相机 | 台 | 必备 | |
| | | 物证翻拍仪 | 台 | 必备 | |
| | | 元数据分析工具 | 套 | 必备 | |
| | | 图像格式转换工具 | 套 | 必备 | |
| | | 图像多功能播放软件 | 套 | 必备 | |
| | | 综合性图像编辑软件 | 套 | 必备 | |
| | | 校验码计算工具 | 套 | 必备 | |
| | | 屏幕录像软件 | 套 | 必备 | |
| | | 多功能读卡器 | 台 | 必备 | |
| | | 专业显示器及显示器校色仪 | 套 | 选配 | |
| | | 电子数据存储介质只读设备 | 套 | 选配 | |
| | | 电子数据存储介质复制设备 | 套 | 选配 | |
| | | 电子数据存储介质转接接口 | 套 | 选配 | |
| | | 常见接口数据线 | 套 | 选配 | |
| | | 电子数据恢复软件 | 套 | 选配 | |
| | | 手机数据提取工具 | 套 | 选配 | |
| | | 电磁信号屏蔽工具 | 套 | 选配 | |

续表

| 序号 | 事项 | 配置 | 单位 | 配置要求 | 其他要求 |
|---|---|---|---|---|---|
| 04 | 图像处理 | 专业图像处理及分析系统 | 套 | 必备 | |
| 05 | 图像真实性鉴定 | 专业图像处理及分析系统 | 套 | 必备 | |
| | | 专业图像真实性鉴定系统 | 套 | 必备 | |
| 06 | 图像同一性鉴定 | 专业图像处理及分析系统 | 套 | 必备 | |
| | | 专业人像鉴定系统 | 套 | 必备 | |
| | | 三维人像成像和分析系统 | 套 | 选配 | |
| | | 人脸属性重建系统 | 套 | 选配 | |
| | | 人脸相似性比对分析系统 | 套 | 选配 | |
| 07 | 图像内容分析 | 应同时满足以上序号为04、06事项必备仪器配置的要求 | 套 | 必备 | |
| | | 录像过程分析系统 | 套 | 选配 | |
| 08 | 图像作品相似性鉴定 | 应同时满足以上序号为06、07事项必备仪器配置的要求 | 套 | 必备 | |
| | | 图像相似性比对分析系统 | 套 | 选配 | |
| 09 | 特种照相检验 | 图像处理及分析系统 | 套 | 必备 | |
| | | 红外照相设备 | 套 | 必备 | |
| | | 紫外照相设备 | 套 | 必备 | |
| | | 视频(荧光)光谱仪 | 套 | 必备 | |
| | | 光谱成像仪 | 套 | 必备 | |

**附件 3-3**

# 电子数据鉴定登记评审评分要求

## (一)电子数据鉴定机构和人员专业能力要求

| 序号 | 专业领域 | 分领域及项目 | 人员专业要求(学历、职称、资质及专业背景和从业经历) | 专业技术能力 |
| --- | --- | --- | --- | --- |
| 01 | 电子数据鉴定 | 所有分领域及项目鉴定人的通用要求 | 申请人应满足如下条件之一,且拟执业机构已经取得或者正在申请电子数据鉴定专业领域《司法鉴定许可证》:<br>1. 具备电子数据鉴定专业有关的高级职称;<br>2. 具备电子数据鉴定专业有关的中级职称或电子数据鉴定相关专业中级以上职称并从事电子数据鉴定工作 5 年以上;<br>3. 具有高等院校电子数据鉴定专业或相关专业本科以上学历,从事电子数据鉴定工作 5 年以上(电子数据鉴定专业硕士及以上或相关专业博士及博士后阶段计入);<br>4. 已取得电子数据鉴定专业领域的行业执业资格并从事电子数据鉴定工作 5 年以上; | 1. 申请人应具备根据相关标准对各类电子数据进行处理、分析和判断的能力。具体包括但不限于:<br>(1)熟悉司法鉴定及电子数据鉴定相关的法律法规;<br>(2)熟悉司法鉴定及电子数据鉴定相关的基础知识、原理和有关理论;<br>(3)熟悉电子数据鉴定相关的国家标准、行业标准、技术规范;<br>(4)熟悉电子数据鉴定设备的原理、维护保养,能够熟练操作电子数据鉴定设备以及相关的电子数据分析软件等;<br>(5)具备根据案情资料、鉴定材料提取分析数据、文献资料,对电子数据鉴定结果进行判断、解释的能力等;<br>(6)对于电子数据鉴定 |

续表

| 序号 | 专业领域 | 分领域及项目 | 人员专业要求（学历、职称、资质及专业背景和从业经历） | 专业技术能力 |
|---|---|---|---|---|
| | | | 5. 具备电子数据鉴定专业工作10年以上经历和较强的专业技能。<br>电子数据鉴定专业包括：<br>①司法鉴定（物证技术）电子数据鉴定专业方向<br>②公安技术网络安全执法专业方向<br>③刑事技术（公安技术）电子物证检验专业方向<br>电子数据鉴定相关专业：<br>①电子信息类<br>②计算机类<br>③自动化类 | 相关专业背景的初次申请的申请人，应有电子数据鉴定专业系统培训经历（累计至少40学时）。<br>2. 申请机构申请的每个分领域及项目通过评审的鉴定人数量不得少于3人。 |
| 02 | 电子数据鉴定 | 0301 电子数据存在性鉴定 | 申请机构应至少有1名具备电子数据鉴定专业或电子数据鉴定相关专业背景的专职鉴定人。 | |
| 03 | 电子数据鉴定 | 0302 电子数据真实性鉴定 | 申请机构应至少有1名具备电子数据鉴定专业有关的高级职称的专职鉴定人。 | 申请机构应取得电子数据存在性鉴定分领域及项目的资质。 |

续表

| 序号 | 专业领域 | 分领域及项目 | 人员专业要求<br>（学历、职称、资质及专业背景和从业经历） | 专业技术能力 |
|---|---|---|---|---|
| 04 | 电子数据鉴定 | 0303 电子数据功能性鉴定 | 申请机构应至少有 1 名具备电子数据鉴定专业有关的高级职称的专职鉴定人。 | 申请机构应取得电子数据存在性鉴定分领域及项目的资质。 |
| 05 | 电子数据鉴定 | 0304 电子数据相似性鉴定 | 申请机构应至少有 1 名具备电子数据鉴定专业有关的高级职称的专职鉴定人。 | 申请机构应取得电子数据存在性鉴定分领域及项目的资质。 |

（二）电子数据鉴定实验室和仪器设备配置要求

配置表中序号为 01、02、03 的事项为电子数据鉴定所有项目均需满足的通用要求，其余为各项目的特殊要求。

| 序号 | 事项 | 配置 | 单位 | 配置要求 | 其他要求 |
|---|---|---|---|---|---|
| 01 | 实验室功能区域 | 案件受理/预检室 | 间 | 必备 | |
| | | 样品保管区（包括样品柜） | 个 | 必备 | |
| | | 检验鉴定分析室（具有防静电措施） | 间 | 必备 | |
| | | 档案保管室 | 间 | 必备 | |
| | | 洁净室（洁净度达到百级以上） | 间 | 选配 | |
| | | 屏蔽室（屏蔽、阻断通讯信号） | 间 | 选配 | |

续表

| 序号 | 事项 | 配置 | 单位 | 配置要求 | 其他要求 |
|---|---|---|---|---|---|
| 02 | 通用保障设备 | UPS 不间断电源(不间断供电) | 台 | 必备 | |
| | | 样品储存柜/架(防火、防磁、防静电) | 台 | 必备 | |
| | | 监控摄像 | 套 | 必备 | 对案件受理、鉴定工作场地、检材保管场地等进行录像监控。 |
| | | 档案柜 | 台 | 必备 | |
| | | 打印机/复印机/扫描仪 | 台 | 必备 | |
| | | 碎纸机 | 台 | 必备 | |
| | | 电子数据销毁设备(支持各类存储介质的数据清除) | 套 | 必备 | |
| | | 光盘刻录机 | 台 | 必备 | |
| | | 防病毒软件 | 套 | 必备 | |
| | | 数据存储设备 | 台 | 必备 | |
| | | 物证封存袋 | 个 | 必备 | |
| 03 | 通用检验设备 | 电子数据鉴定专用计算机 | 套 | 必备 | |
| | | 数码摄像机 | 台 | 必备 | |
| | | 数码照相机 | 台 | 必备 | |
| | | 物证翻拍仪 | 台 | 必备 | |

续表

| 序号 | 事项 | 配置 | 单位 | 配置要求 | 其他要求 |
| --- | --- | --- | --- | --- | --- |
| | | 电子数据存储介质复制设备 | 套 | 必备 | |
| | | 电子数据存储介质只读设备 | 套 | 必备 | |
| | | 多功能只读读卡器 | 套 | 必备 | |
| | | 电子数据存储介质转接接口 | 套 | 必备 | |
| | | 各类接口数据线 | 套 | 必备 | |
| | | 镜像文件加载工具(支持存储介质镜像文件或虚拟机文件) | 套 | 必备 | |
| | | 校验码计算工具 | 套 | 必备 | |
| | | 屏幕录像软件 | 套 | 必备 | |
| | | 计算机操作系统仿真工具 | 套 | 必备 | |
| | | 移动终端操作系统仿真工具 | 套 | 必备 | |
| | | 电磁信号屏蔽工具 | 套 | 必备 | |
| 04 | 电子数据存在性鉴定 | 电子数据鉴定综合分析系统 | 套 | 必备 | |
| | | 移动终端检验分析系统 | 套 | 必备 | |
| | | 电子数据恢复软件 | 套 | 必备 | |
| | | 密码破解工具 | 套 | 必备 | |

续表

| 序号 | 事项 | 配置 | 单位 | 配置要求 | 其他要求 |
|---|---|---|---|---|---|
| | | 文件元数据分析软件 | 套 | 必备 | |
| | | 网络数据流获取分析工具(支持抓包分析等功能) | 套 | 必备 | |
| | | 免拆机硬盘复制工具 | 套 | 必备 | |
| | | 芯片拆焊及读取设备 | 套 | 必备 | |
| | | 智能卡数据提取设备 | 套 | 必备 | |
| | | 计算机绕密取证工具 | 套 | 必备 | |
| | | 移动终端绕密取证工具 | 套 | 选配 | |
| | | 数据库分析软件 | 套 | 选配 | |
| | | 数据库数据恢复软件 | 套 | 选配 | |
| | | 监控视频数据恢复软件 | 套 | 选配 | |
| | | 网络数据提取分析系统(云端数据、远程服务器数据等) | 套 | 选配 | |
| | | 电子邮件分析软件 | 套 | 选配 | |
| | | 即时通讯记录分析软件 | 套 | 选配 | |
| | | 内存数据分析软件 | 套 | 选配 | |
| | | 日志分析软件 | 套 | 选配 | |
| | | 注册表分析软件 | 套 | 选配 | |
| | | 内存数据分析软件 | 套 | 选配 | |
| | | 物联网设备电子数据检验分析系统 | 套 | 选配 | |

续表

| 序号 | 事项 | 配置 | 单位 | 配置要求 | 其他要求 |
| --- | --- | --- | --- | --- | --- |
| | | 工业控制设备电子数据检验分析工具 | 套 | 选配 | |
| | | 机动车辆电子数据检验分析系统 | 套 | 选配 | |
| | | 隐写检测分析工具 | 套 | 选配 | |
| | | 可视化关联分析系统 | 套 | 选配 | |
| | | RAID 阵列重组工具 | 套 | 选配 | |
| | | 故障硬盘修复设备 | 套 | 选配 | |
| | | 磁盘开盘工具(含无尘工作台) | 套 | 选配 | |
| | | 闪存数据恢复设备 | 套 | 选配 | |
| | | 光盘修复设备 | 套 | 选配 | |
| | | 移动终端备件库 | 套 | 选配 | |
| | | 硬盘备件库 | 套 | 选配 | |
| 05 | 电子数据真实性鉴定 | 应同时满足以上序号为04事项仪器配置的要求。 | 套 | 必备 | |
| | | 日志分析软件 | 套 | 必备 | |
| | | 注册表分析软件 | 套 | 必备 | |
| | | 内存数据分析软件 | 套 | 必备 | |
| | | 数据库分析软件 | 套 | 必备 | |
| | | 数据库数据恢复软件 | 套 | 必备 | |
| | | 监控视频数据恢复软件 | 套 | 必备 | |
| | | 电子邮件分析软件 | 套 | 必备 | |
| | | 即时通讯记录分析软件 | 套 | 必备 | |

续表

| 序号 | 事项 | 配置 | 单位 | 配置要求 | 其他要求 |
| --- | --- | --- | --- | --- | --- |
| 06 | 电子数据功能性鉴定 | 应满足以上序号为04事项必备仪器配置的要求。 | 套 | 必备 | |
| | | 程序开发工具 | 套 | 必备 | |
| | | 程序逆向分析工具 | 套 | 必备 | |
| | | 计算机系统应用程序功能分析工具 | 套 | 必备 | |
| | | 移动终端应用程序功能分析工具 | 套 | 必备 | |
| | | 日志分析软件 | 套 | 必备 | |
| | | 注册表分析软件 | 套 | 必备 | |
| | | 内存数据分析软件 | 套 | 必备 | |
| | | 日志分析软件 | 套 | 选配 | |
| | | 沙箱系统 | 套 | 选配 | |
| 07 | 电子数据相似性鉴定 | 应满足以上序号为04事项必备仪器配置的要求。 | 套 | 必备 | |
| | | 电子数据相似性比较软件 | 套 | 必备 | |
| | | 程序开发工具 | 套 | 必备 | |
| | | 程序逆向分析工具 | 套 | 必备 | |
| | | 数据库分析软件 | 套 | 必备 | |
| | | 计算机系统应用程序功能分析工具 | 套 | 选配 | |
| | | 移动终端应用程序功能分析工具 | 套 | 选配 | |

附件 4

# 司法鉴定机构登记专家评审意见书

申请机构名称：________________________

评审日期：____________________________

**一、申请机构基本信息**

1. 名称：________________________________________

2. 统一社会信用代码：______________________________

3. 地址：________________________________________

4. 法定代表人：__________职务：______________________

5. 机构负责人：__________职务：______________________

6. 联系电话：_____________________________________

7. 申请执业类别：_________________________________

**二、评审简况**

1. 评审日期：________年____月____日

2. 评审地点：_______________________

3. 评审范围［明确申请从事的________（类别）司法鉴定的专业领域和分领域及项目］：

**申请的专业领域：**

**申请的分领域及项目和相应的申请人员：**

4. 评审依据：

《全国人民代表大会常务委员会关于司法鉴定管理问题的决定》《司法鉴定机构登记管理办法》（司法部令第 95 号）、《司法鉴定人登记管理办法》（司法部令第 96 号）、《法医类司法鉴定执业分类规定》（司规〔2020〕3 号）、《物证类司法鉴定执业分类规定》《声像资料司法鉴定执业分类规定》（司规〔2020〕5 号）、《关于〈司法鉴定机构登记管理办法〉第二十条、〈司法鉴定人登记管理办法〉第十五条的解释》（司规〔2020〕4 号）。

**三、评审情况**

1. 整体情况：

2. 实验室及仪器设备等技术条件（需明确满足要求和不满足要求的申请的分领域及项目及其依据）：

3. 鉴定人技术能力（需明确满足要求和不满足要求的申请的分领域及项目的申请人及其依据）：

4. 其他需要说明的情况：

**四、评审结论**

□不具备设立________（专业领域）司法鉴定机构的技术条件和技术能力。

□具备设立________（专业领域）司法鉴定机构的技术条件和技术能力，可以从事的分领域及项目包括（列出项目编号和名称）：

________________________________________

________________________________________

________________________________________

评审组组长签字：

评审组成员签字：

日期：

（如有不同意见请在下面空白处注明）

**五、附件**

# 司法部办公厅　中国银行保险监督管理委员会办公厅关于规范涉及保险理赔司法鉴定工作的通知

（2021 年 11 月 17 日　司办通〔2021〕91 号）

各省、自治区、直辖市司法厅（局），新疆生产建设兵团司法局，各银保监局：

为切实解决专项治理发现的突出问题，严格规范涉及保险理赔司法鉴定工作（以下简称涉保司法鉴定），加强行业监管，提升司法鉴定质量和公信力，增强人民群众法治获得感、幸福感、安全感，根据《中华人民共和国保险法》《全国人民代表大会常务委员会关于司法鉴定管理问题的决定》《司法鉴定程序通则》等规定，现就规范涉及保险理赔司法鉴定工作通知如下。

**一、提高政治站位，确保鉴定质量**

近年来，广大司法鉴定机构和保险机构认真履责，积极作为，有力维护了人民群众合法权益和社会公平正义，但涉保司法鉴定还存在着不规范、不诚信等问题。各级司法行政机关和各银保监局要深入学习贯彻习近平法治思想，切实提高政治站位，深入践行以人民为中心的发展思想，把规范涉保司法鉴定、加强行业监管作为"我为群众办实事"的具体举措，完善制度机制，进一步加大监管力度，坚决杜绝涉保司法鉴定中"司法黄牛""暗箱操作"，坚决打击各类违法违规行为，提升保险业服务能力和服务水平，提高司法鉴定质量和公信力，切实维护保险消费者合法权益。

**二、强化监督管理，规范执业行为**

（一）坚持公正合规。司法鉴定机构和司法鉴定人应当坚持科学、客观、独立、公正原则开展涉保司法鉴定，不受任何单位和个人的非法干涉，不得有收受他人财物、接受请吃、出具虚假鉴定意见、谋取不正当利益等违法违规行为。保险机构和当事人应当遵守法律法规和司法鉴定程序规则，不得干涉司法鉴定机构独立、公正执业，不得与司法鉴定从业人员、相关组织或个人串通操控涉保司法鉴定牟利。保险机构不得与司法鉴定机构签订合作协议，保险机构从业人员不得违规兼任司法鉴定人。

（二）提倡共同委托。为提高工作质效，提倡保险机构和当事人共同委托鉴定。保险机构应当主动与当事人沟通，告知共同委托鉴定的意义、程序、法律后果等，协商选择司法鉴定机构；无法协商一致的，双方可共同在司法行政机关公告的司法鉴定人和司法鉴定机构名册中随机选择。保险机构和当事人共同委托鉴定的，双方应当确认鉴定材料，未经双方确认的，不得用于鉴定。当事人单方委托鉴定的，司法鉴定机构应当告知单方委托的风险及法律后果，严格审查鉴定材料，当事人应当对鉴定材料的真实性、合法性负责。不符合程序规则的，不得受理。在出具鉴定意见书之前，保险机构和（或）当事人不得就同一鉴定事项另行委托鉴定，如另行委托且故意向司法鉴定机构隐瞒情况的，司法鉴定机构不承担由此引发的不利后果。

（三）鼓励到场见证。为防止“司法黄牛”对鉴定过程的干扰，保险机构在条件允许的情况下应当派员到场见证，司法鉴定机构应当如实记录保险机构和当事人到场情况，双方应当在委托（确认）书、鉴定告知书等材料上签字确认。到场人员应当遵守相关法律法规和《司法鉴定程序通则》，不得干扰或干预司法鉴定人独立、公正执业。当事人单方委托鉴定的，由司法鉴定机构通知保险机构到场见证，保险机构在约定时间不到场的，司法鉴定机构应当按规定实施鉴定。保险机构和当事人无正当理由不配合鉴定，应当承担相应法律后果。

**三、加强沟通交流，构建长效机制**

（一）构建信息共享机制。各级司法行政机关应当向同级银行保险监管部门提供司法鉴定人和司法鉴定机构名册及相关监管信息，中国银保监会指导中国银行保险信息技术管理有限公司将上述信息纳入反保险欺诈信息系统供行业使用，并及时更新。各保险机构应当指定内设部门负责涉保司法鉴定的对外沟通协调和对内统筹管理等工作，同时明确专门联络员。各银保监局指导当地保险行业协会组织汇总保险机构联络员信息及相关监管信息，提供同级司法行政机关，如有变动应当及时更新。

（二）构建通报会商机制。各级司法行政机关与同级银行保险监管部门建立涉保司法鉴定重大案件通报和重大问题会商机制，及时通报新出台的监管政策、工作举措和案件风险形势，共同研究解决涉保司法鉴定中出现的新情况、新问题；加强舆情监测，及时发现苗头线索，完善应急预案，依法妥善处置；广泛宣传政策法规，指导发布典型案例，组织交流经验做法，促进提升业务能力水平。

（三）构建纠纷解决机制。各级司法行政机关与同级银行保险监管部门要畅通投诉举报受理渠道，及时进行调查处理。鼓励各地司法鉴定协会、保险行业协会建立纠纷调解机制，充分发挥专家优势，积极化解矛盾。保险机构、司法鉴定机构及从业人员要注重事前预防，积极宣讲相关法律和政策规定，耐心听取当事人意见，引导其理性表达利益诉求，依法维护自身合法权益。

（四）构建联合执法机制。各级司法行政机关与同级银行保险监管部门要强化协作协同，通过联合执法、委托执法、异地交叉执法等措施，切实加强行业监管，严厉打击“司法黄牛”利用鉴定进行保险欺诈等违法违规行为，共同规范涉保司法鉴定。涉嫌犯罪的，依法移送公安机关。

各地可参照本通知精神，结合工作实际，研究制定实施细则。执行本通知中如遇问题，请及时报告司法部公共法律服务管理局和中国银保监会重大风险事件与案件处置局。

# 司法部关于印发《司法鉴定机构诚信等级评估办法（试行）》的通知

（2021年12月28日　司规〔2021〕4号）

各省、自治区、直辖市司法厅（局），新疆生产建设兵团司法局：

《司法鉴定机构诚信等级评估办法（试行）》已经2021年12月22日司法部第17次部长办公会议审议通过，现予印发，请认真贯彻执行。

## 司法鉴定机构诚信等级评估办法（试行）

### 第一章　总　　则

**第一条**　为加强对司法鉴定机构和司法鉴定人的监督管理，促进依法诚信执业，推动司法鉴定行业健康有序发展，根据《全国人民代表大会常务委员会关于司法鉴定管理问题的决定》等规定，制定本办法。

**第二条**　本办法所称诚信等级评估，是指司法行政机关依照本办法规定的评估内容和标准，对司法鉴定机构诚信执业状况等进行评估，并评定相应等级的活动。

**第三条**　经司法行政机关审核登记的司法鉴定机构的诚信等级评估工作，适用本办法。

**第四条**　司法鉴定机构诚信等级评估工作应当坚持正向激励、分级分类、综合评价、公开公正、动态管理的原则。

**第五条**　各地司法行政机关可以结合实际，根据本办法制定本地司法鉴定机构诚信等级评估实施细则。

司法行政机关可以委托并指导司法鉴定行业协会具体实施评估工作。

**第六条**　司法行政机关应当加强司法鉴定信息化建设，充分利用信息技术手段，提高司法鉴定机构诚信等级评估工作效率。

司法行政机关应当加强与监察机关、侦查机关、检察机关、审判机关等相关单位的沟通与协作，收集涉及司法鉴定机构和司法鉴定人的相关执业信息。

**第七条**　司法鉴定机构诚信等级按照综合评估情况分为 A、B、C、D 四个等级。

（一）分值在 90 分（含）以上的，确定为 A；

（二）分值在 80—90 分（不含）的，确定为 B；

（三）分值在 70—80 分（不含）的，确定为 C；

（四）分值在 70 分（不含）以下的，确定为 D。

**第八条**　司法鉴定机构诚信等级评估工作原则上每年进行一次，以司法鉴定机构上一年度执业等情况为依据。

司法鉴定机构出现影响诚信等级的重大事项的，司法行政机关应当及时组织重新评估，实时更新评估结果。

## 第二章　评 估 内 容

**第九条**　司法鉴定机构诚信等级评估基础指标，包括以下内容：

（一）党的建设工作情况；

（二）遵守法律、法规、规章和规范性文件情况；

（三）遵守职业道德和执业纪律情况；

（四）执行司法鉴定程序、标准和技术规范情况；

（五）接受司法行政机关、行业协会管理监督情况；

（六）履行内部管理职责情况；

（七）执业公示情况；

（八）其他情况。

上述指标总分为85分。

**第十条** 司法鉴定机构诚信等级评估加分指标，包括以下内容：

（一）参加公益活动情况；

（二）司法鉴定科研活动情况；

（三）能力验证情况；

（四）信息化建设情况；

（五）业务案例入选采纳情况；

（六）获得省级及以上表彰奖励情况；

（七）其他情况。

上述指标总分为15分。

**第十一条** 司法鉴定机构出现不同扣分情形的，按不同情形分别扣分。

因同一情形，符合两个以上不同扣分项的，以最高分值扣分。

因同一情形，符合两个以上不同加分项的，以最高分值加分。

## 第三章 评估程序

**第十二条** 司法鉴定机构诚信等级评估工作按照司法鉴定机构自查自评、地市级司法行政机关初评、省级司法行政机关综合评估并发布三个步骤进行。

司法鉴定机构诚信等级评估材料包括自查报告、评估量化表、相关证明材料复印件，以及司法行政机关要求提供的其他材料等。

司法行政机关可以邀请专家参与司法鉴定机构诚信等级评估

工作。

**第十三条** 司法鉴定机构应当按照本办法确定的评估指标，参照评估量化表对本机构的诚信状况进行自查自评，并将自查报告及相关材料报地市级司法行政机关。

地市级司法行政机关应当对司法鉴定机构自查报告及相关材料进行初评，将初评意见及相关材料一并报省级司法行政机关。

**第十四条** 省级司法行政机关收到相关材料后，应当组织专家或以其他方式进行综合评估，确定相应的诚信等级，并公示七个工作日。

公示期内，任何单位或个人对评估结果有异议的，应当向省级司法行政机关提出书面复核申请，并提供相关证明材料。经审查确有必要进行复核的，省级司法行政机关应当组建复核组进行复核。复核结果应及时反馈申请人。

公示期满无异议或经审查异议不成立的，由省级司法行政机关公布评估结果。

**第十五条** 司法鉴定机构存在下列情形之一的，诚信等级直接确定为 D：

（一）司法鉴定机构构成单位犯罪的，或司法鉴定人、其他工作人员在实施鉴定过程中构成犯罪的；

（二）被列为失信被执行人的；

（三）被司法行政机关处以停止从事司法鉴定业务行政处罚的；

（四）以欺骗、贿赂等不正当手段取得行政许可的；

（五）报送的评估材料经查实有虚假内容或瞒报的；

（六）拒不履行司法行政机关处罚决定的；

（七）除本办法第十六条外，未参加诚信等级评估的；

（八）有其他严重违反法律、法规、规章等规定情形的。

**第十六条** 司法鉴定机构有下列情形之一的，可以暂不予评定诚信等级：

（一）审核登记未满一年的；

（二）经司法行政机关同意，超过一年未开展司法鉴定业务的；

（三）存在其他特殊情形的。

司法行政机关应当公布暂时不参加诚信等级评估的司法鉴定机构名单并注明原因。

## 第四章　结果运用

**第十七条**　省级司法行政机关应当及时将评估结果通过《国家司法鉴定人和司法鉴定机构名册》、门户网站等方式向社会公布，并通报或共享给监察机关、侦查机关、检察机关、审判机关等相关单位。

司法鉴定机构应当在执业场所适当位置公示评估结果。

**第十八条**　地市级司法行政机关应当根据司法鉴定机构诚信等级评估情况，建立诚信执业档案。

**第十九条**　评估结果为A的司法鉴定机构，可优先被推荐参评表彰奖励、推送使用部门等。

评估结果为C的司法鉴定机构，属地司法行政机关应当对其主要负责人、直接责任人进行约谈，强化日常巡视检查。

评估结果为D的司法鉴定机构，司法行政机关应当责令其限期整改，并加强监管。整改完成后，司法行政机关应当对司法鉴定机构进行重新评估。经评估，司法鉴定机构评估结果仍然为D，不再符合设立条件的，原负责登记的司法行政机关应当依法办理注销登记手续。

## 第五章　附　　则

**第二十条**　司法行政机关及其工作人员在诚信等级评估工作中滥用职权、玩忽职守、徇私舞弊的，按照有关规定承担相应责任；构成犯罪的，移送司法机关依法追究刑事责任。

**第二十一条**　本办法自发布之日起施行。

附件：司法鉴定机构诚信等级评估量化表

附件

## 司法鉴定机构诚信等级评估量化表

（　　年　　月至　　年　　月）

| 机构名称 | | | | 统一社会信用代码 | | | |
|---|---|---|---|---|---|---|---|
| 首次获准登记日期 | | | | 许可证有效期 | | | |
| 评估指标 | | 分值 | 量化标准 | 扣(加)分原因及分值 | 自查得分 | 初评得分 | 评定得分 |
| 基础指标(85分) | 党的建设工作 | 10 | 1. 党组织不健全的,扣5分;<br>2. 党的组织生活未正常开展的,扣3分;<br>3. 未按党章党规行使党员权利、履行党员义务的,扣3分;<br>4. 党组织班子成员、党建工作联络员参与机构重大事项决策制度不健全的,扣3分;<br>5. 其他党的建设工作要求未落实的,扣3分。 | | | | |
| | 遵守法律、法规、规章和规范性文件 | 15 | 1. 司法鉴定人受到停止执业、撤销登记行政处罚的,每次(人)扣10分;<br>2. 受到警告、罚款处罚的,每次(人)扣5分;<br>3. 受到行业惩戒的,每次(人)扣5分;<br>4. 有违反法律、法规和规章的行为,尚不构成行政处罚或行业惩戒被通报批评、责令整改的,每次(人)扣1分,累计扣分不超过5分。 | | | | |

续表

| 评估指标 | | 分值 | 量化标准 | 扣(加)分原因及分值 | 自查得分 | 初评得分 | 评定得分 |
|---|---|---|---|---|---|---|---|
| | 遵守职业道德和执业纪律 | 15 | 1. 机构管理人员、司法鉴定人为招揽业务而夸大鉴定效果或承诺鉴定结果的,扣5分;<br>2. 无正当理由拒绝出庭作证的,扣5分;<br>3. 违反保密和回避规定的,扣5分;<br>4. 具有支付回扣、介绍费、进行虚假宣传、恶意降低收费标准等不正当行为的,扣5分;<br>5. 以咨询点、接待点等名义变相设立分支机构或受理鉴定委托的,扣5分;<br>6. 存在其他违反职业道德和(或)执业纪律行为的,每项扣3分。 | | | | |
| | 执行司法鉴定程序、标准和技术规范 | 15 | 1. 违反鉴定时限造成不良影响的,扣5分;<br>2. 不按委托事项进行鉴定的,扣5分;<br>3. 未依照鉴定程序和操作规范实施鉴定,扣3分,造成不良影响的,扣5分;<br>4. 受理鉴定用途不合法或者违背社会公德的,扣5分;<br>5. 鉴定要求不符合司法鉴定执业规则或标准、技术规范的鉴定委托的,扣5分;<br>6. 采集数据资料失实、不全面,或者应当进行检查、检验而未检查、检验的,扣5分; | | | | |

续表

| 评估指标 | | 分值 | 量化标准 | 扣(加)分原因及分值 | 自查得分 | 初评得分 | 评定得分 |
|---|---|---|---|---|---|---|---|
| | | | 7. 接收和使用未经委托人认可的鉴定材料的,扣3分,造成不良影响的,扣5分;<br>8. 组织无司法鉴定人资质的人员开展鉴定业务的,每次(人)扣5分;<br>9. 存在其他违反司法鉴定程序、标准和技术规范情形的,每项扣3分。 | | | | |
| | 接受司法行政机关、行业协会管理监督 | 15 | 1. 不配合司法行政机关依法进行监督检查的,扣5分;<br>2. 未依法办理变更登记手续的,扣3分;<br>3. 采取提供虚假材料等手段弄虚作假的,扣3分;<br>4. 机构管理人员、司法鉴定人未按要求参加司法行政机关、行业协会组织的会议、培训等活动的,每次(人)扣3分,累计扣分不超过5分;<br>5. 未按照规定时限上报各类报表、总结等业务资料的,每次扣3分,累计扣分不超过5分;<br>6. 未按要求通过相应执业类别检测实验室资质认定或实验室认可的,扣5分;<br>7. 存在其他不接受司法行政机关、行业协会管理监督行为的,每次扣3分,累计扣分不超过5分。 | | | | |

续表

| 评估指标 | | 分值 | 量化标准 | 扣(加)分原因及分值 | 自查得分 | 初评得分 | 评定得分 |
|---|---|---|---|---|---|---|---|
| | 履行内部管理职责 | 10 | 1. 未建立鉴定人管理、鉴定人助理及聘用人员管理、财务管理、鉴定收费管理、鉴定质量管理、重大疑难复杂案件集体讨论、鉴定复核、档案管理、设备管理、投诉核查、错鉴纠错、错鉴内部责任追究等内部管理制度的,每缺少1项扣1分,制度未落实和执行的,每项扣2分;<br>2. 不遵守协会制度的,扣5分;<br>3. 未按照核准的名称制作、使用印章、牌匾标识的,每项扣2分;<br>4. 未依照技术规范保管和使用鉴定材料和鉴定档案的,扣2分,造成不良后果的,扣5分;<br>5. 拒绝履行司法鉴定法律援助义务的,扣2分;<br>6. 未依照《司法鉴定文书格式》要求制作鉴定文书的,扣2分;<br>7. 存在其他违反管理职责和义务的,每项扣2分。 | | | | |
| | 执业公示 | 5 | 1. 未公示司法鉴定机构的业务范围和《司法鉴定许可证(正本)》证书的,扣2分;<br>2. 未公示司法鉴定人姓名、职称、执业类别和执业证号的,扣2分;<br>3. 未公示委托、受理和鉴定流程的,扣1分;<br>4. 未公示司法鉴定收费项目和收费标准的,扣1分; | | | | |

续表

| 评估指标 | | 分值 | 量化标准 | 扣(加)分原因及分值 | 自查得分 | 初评得分 | 评定得分 |
|---|---|---|---|---|---|---|---|
| | | | 5. 未公示职业道德和执业纪律、投诉监督电话的，扣 1 分；<br>6. 未公示鉴定风险告知、执业承诺的，扣 1 分；<br>7. 存在其他违反执业公示义务的，扣 1 分。 | | | | |
| 加分指标（15 分） | | 15 | 1. 积极参加公益活动的，每项加 0.5 分，累计加分不超过 3 分；<br>2. 主持国家级科研项目或国家标准的，每项加 2 分；省部级科研项目或行业标准的，每项加 1 分；地市级科研项目及地方或团体标准的，每项加 0.5 分；正式出版专业著作的，每部加 1 分；在期刊发表论文的，每篇加 0.5 分；获得授权专利、软件著作权的，每项加 0.5 分，累计加分不超过 3 分；<br>3. 在能力验证中取得满意结果的，每项加 0.5 分，累计加分不超过 3 分；<br>4. 建设与司法行政机关互联互通的司法鉴定信息系统的，加 1 分；<br>5. 司法鉴定案例被司法部或省级司法行政机关采纳的，每个加 0.5 分，累计加分不超过 3 分；<br>6. 获国家级表彰奖励的，每项加 2 分；获省部级表彰奖励的，每项加 1 分，累计加分不超过 2 分。<br>加分情形应与司法鉴定相关。 | | | | |

续表

| 评估指标 | 分值 | 量化标准 | 扣(加)分原因及分值 | 自查得分 | 初评得分 | 评定得分 |
|---|---|---|---|---|---|---|
| 受行业惩戒或行政处罚情况备注 | | 合计得分 | | | | |
| 注:1. 单项量化标准合计加分或扣分不得超过评估指标总分值;<br>2. 单个评估指标内加分或扣分情形,以分值最高计,不重复加分或扣分。 | | | | | | |
| 司法鉴定机构自评意见 | 经自查,我机构得分为:________分。<br><br>(盖章)<br>年　月　日 | | | | | |
| 地市级司法行政机关初评意见 | 经初评,该机构得分为:________分,初评结果为:________。<br><br>(盖章)<br>年　月　日 | | | | | |
| 省级司法行政机关评估结果 | 经评定,该机构得分为:________分,评估结果为:________。<br><br>(盖章)<br>年　月　日 | | | | | |

# 司法部关于印发《司法鉴定机构和司法鉴定人退出管理办法(试行)》的通知

(2021年12月28日　司规〔2021〕5号)

各省、自治区、直辖市司法厅(局),新疆生产建设兵团司法局:

《司法鉴定机构和司法鉴定人退出管理办法(试行)》已经2021年12月22日司法部第17次部长办公会议审议通过,现予印发,请认真贯彻执行。

## 司法鉴定机构和司法鉴定人退出管理办法(试行)

### 第一章　总　　则

**第一条**　为加强司法鉴定执业活动监督,规范司法鉴定机构和司法鉴定人退出管理工作,根据《行政许可法》《行政处罚法》《全国人民代表大会常务委员会关于司法鉴定管理问题的决定》《司法鉴定机构登记管理办法》《司法鉴定人登记管理办法》等规定,制定本办法。

**第二条** 本办法所称司法鉴定机构和司法鉴定人退出，是指经司法行政机关审核登记的司法鉴定机构和司法鉴定人因具有本办法规定的退出情形，由原负责登记的司法行政机关依法办理注销登记手续。

**第三条** 司法鉴定机构和司法鉴定人退出，应当按照法定权限、范围、条件和程序实施，遵循公开、公平、公正的原则。

**第四条** 省级司法行政机关应当建立健全工作机制，依法推动司法鉴定机构和司法鉴定人退出规范化、制度化，促进司法鉴定行业有序竞争、优胜劣汰。

## 第二章 退出情形和程序

**第五条** 司法鉴定机构或司法鉴定人有下列情形之一，情节严重的，由原负责登记的司法行政机关依法撤销登记：

（一）因严重不负责任给当事人合法权益造成重大损失的；

（二）提供虚假证明文件或采取其他欺诈手段，骗取登记的；

（三）司法鉴定机构具有《司法鉴定机构登记管理办法》第三十九条规定的情形之一，并造成严重后果的；

（四）司法鉴定人具有《司法鉴定人登记管理办法》第二十九条规定的情形之一，并造成严重后果的；

（五）司法鉴定人经人民法院依法通知，非法定事由拒绝出庭作证的；

（六）司法鉴定人故意作虚假鉴定的；

（七）法律、行政法规规定的其他情形。

**第六条** 司法鉴定机构或司法鉴定人有下列情形之一的，原负责登记的司法行政机关应当依法办理注销登记手续：

（一）依法申请终止司法鉴定活动的；

（二）《司法鉴定许可证》《司法鉴定人执业证》使用期限届满未

申请延续登记，或未延续的；

（三）司法鉴定机构自愿解散、停业，或登记事项发生变化，不符合设立条件的；

（四）司法鉴定人因丧失行为能力或者死亡等身体健康原因，导致无法继续从事司法鉴定业务的；

（五）司法鉴定人所在司法鉴定机构注销或者被撤销登记的；

（六）法律、法规规定的其他情形。

**第七条** 司法鉴定机构或司法鉴定人有下列情形之一的，司法行政机关应当责令其限期整改，并加强监管：

（一）未经司法行政机关同意，擅自停止执业一年以上的；

（二）经第三方能力评估不具备相应执业能力的；

（三）司法鉴定诚信等级评估结果为 D 的；

（四）被列入严重失信主体名单的；

（五）司法鉴定机构无正当理由不组织司法鉴定人参加教育培训，或司法鉴定人拒绝参加继续教育培训，或岗位培训未达到学时要求的；

（六）未按规定检定校准计量仪器设备的；

（七）存在其他应当加强监管情形的。

司法鉴定机构整改完成后经审核不再符合设立条件的，原负责登记的司法行政机关应当依法办理注销登记手续。

**第八条** 司法行政机关撤销、注销登记的，应当作出书面决定，说明法律依据和理由。

司法鉴定机构和司法鉴定人对省级司法行政机关撤销、注销登记有异议的，可以依法申请行政复议或者提起行政诉讼。

## 第三章 监督管理

**第九条** 省级司法行政机关对司法鉴定机构、司法鉴定人依法办理注销登记手续的，应当将相关信息通过门户网站等方式，及时向社会公布，并通报监察机关、侦查机关、检察机关、审判机关等相关单位。

**第十条** 地市级司法行政机关应当落实属地监管职责，加强日常监督管理，定期开展执法检查，了解掌握司法鉴定机构人员、场地、仪器、设备和内部管理、执业情况。

## 第四章 附　　则

**第十一条** 本办法涉及撤销、注销等行政行为，按照《全国人民代表大会常务委员会关于司法鉴定管理问题的决定》等规定执行。

**第十二条** 各省级司法行政机关可以结合本地实际，根据本办法制定实施细则。

**第十三条** 本办法自发布之日起施行。

# （九）仲裁工作类

# 文化和旅游部办公厅　司法部办公厅关于开展旅游投诉调解与仲裁衔接试点工作的通知

（2021年6月11日　办市场发〔2021〕108号）

各省、自治区、直辖市文化和旅游厅（局）、司法厅（局），新疆生产建设兵团文化体育广电和旅游局：

为持续推进旅游投诉处理体系现代化建设，提升旅游投诉处理效率，切实维护旅游者合法权益，推动旅游业高质量发展，经研究决定，在全国开展旅游投诉调解与仲裁衔接的试点工作。现将有关事项通知如下：

**一、充分认识旅游投诉调解与仲裁衔接的重要意义**

随着我国旅游业的快速发展，当前旅游投诉调解工作面临投诉量持续增长、游客诉求多元化、调解难度不断增强、调解成功率降低、诉讼周期较长等困境。在条件成熟的地区试点搭建专门的旅游投诉纠纷仲裁平台，建立旅游投诉调解与仲裁衔接工作机制具有重要的现实意义。

（一）旅游投诉调解与仲裁衔接能够大幅提升旅游投诉调解工作的效率和权威。在仲裁机制下，旅游投诉纠纷双方当事人达成和解意见后，通过仲裁文书确认法律效力，可以申请人民法院强制执行，解决当前旅游投诉处理机构调解意见书执行力弱，不能申请人民法院强制执行等问题。另外，仲裁机构的仲裁员具有深厚全面的法律专业知识，可以有效将法律专业知识和行业知识融入旅游投诉纠纷处理,能够有效提高旅游投诉的依法调解能力,进而提升旅游投诉纠纷化解的满意度和成功率。

(二)旅游投诉调解与仲裁衔接可以避免诉讼时间和费用成本高的问题。仲裁与诉讼相比,具有便捷高效、时间和金钱成本较低等特点,更适于解决日趋复杂的标的额较小的旅游投诉纠纷。仲裁实行“一裁终局”,避免了诉讼一审、二审乃至再审的冗长程序,审结期限短,能够有效遏制当事人恶意拖延诉讼、逃避执行等行为,从而避免另一方当事人合法权益受损。仲裁没有地域管辖和级别管辖的限制,旅游投诉纠纷当事人可以灵活任意选择仲裁机构,不受当事人所在地、纠纷发生地等因素约束,适合旅游投诉纠纷区域跨度大的特点。

(三)旅游投诉调解与仲裁衔接能够拓宽旅游投诉纠纷的受理范围。在调解与仲裁衔接机制下,不仅传统的旅游者与旅游企业的纠纷能够得到解决,而且旅游企业之间的经济纠纷也可以纳入投诉纠纷受理范围,能够对打造优质和谐的旅游消费市场、提升旅游服务质量发挥重要作用。此外,通过仲裁机制作用的发挥,能够将跨国旅游投诉纠纷纳入受理范围,有效解决涉外旅游投诉纠纷,特别是国内旅行社和国外地接社及供应商之间的经济纠纷,保障出国游客的合法权益。

**二、旅游投诉调解与仲裁衔接机制的构建**

(一)搭建旅游投诉纠纷仲裁平台。旅游投诉纠纷仲裁平台由设立地的文化和旅游行政部门和仲裁机构共同协商后联合搭建。鼓励仲裁机构下设“旅游投诉纠纷仲裁中心”负责专门处理旅游投诉纠纷仲裁案件,当地文化和旅游行政部门为“旅游投诉纠纷仲裁中心”提供办公场所以及必要的经费等支持。鼓励充分利用当地公共法律服务中心开展旅游投诉纠纷调解仲裁衔接工作。

(二)明确旅游投诉纠纷仲裁平台工作职责。旅游投诉纠纷仲裁平台主要承担以下职责:一是宣传通过仲裁方式解决旅游投诉纠纷的特点和优势,鼓励和引导旅游市场主体在合同中明确或事后达成仲裁协议，拓宽旅游投诉纠纷处理渠道，不断扩大仲裁的社会影响力；二是研究制定适宜旅游投诉纠纷处理的仲裁规则，提升旅游投诉纠纷仲裁的专业化、规范化水平；三是代表仲裁机构受理旅游者与旅游经营者之间或者旅游经营者之间的民商事投诉纠纷而提出的仲裁申请，提请仲裁机构组庭依法依规公正及时对旅游投诉纠纷案件进行调解、裁决；四是出台《旅游纠纷快速调解仲裁规则》，引导旅行社规范旅游合同适用该规则。

（三）建立旅游仲裁员名册和旅游纠纷处理专家库。旅游投诉纠纷仲裁平台要在现有仲裁员队伍的基础上，研究选聘熟悉旅游法律制度、具有相关纠纷处理经验的专业人士担任仲裁员，制定旅游仲裁员名册。积极在旅游投诉处理机构、旅游行业协会、旅游法律专家队伍中推荐选聘仲裁员。旅游投诉处理机构要与仲裁机构加大资源共享力度，积极探索在仲裁员名册、旅游行业协会、旅游法律专家队伍中选拔既有理论知识又有实务经验的专业人士，建立旅游投诉纠纷处理专家库，为调解与仲裁衔接机制提供专业咨询和研究等服务。鼓励旅游投诉处理机构与仲裁机构建立旅游纠纷解决专业人才选拔培养工作机制，提升人才储备基础。

（四）明确旅游投诉纠纷仲裁平台运行机制。旅游投诉处理机构收到旅游投诉后，依其职责先行调解，达成调解协议的出具《旅游投诉调解意见书》送达当事人。如当事人有仲裁协议的，可告知当事人直接进入仲裁程序的快速调解流程，以提升旅游投诉调解的权威性和成功率。对于无法达成调解协议的，引导当事人协商达成仲裁协议，通过旅游投诉纠纷仲裁平台进入仲裁程序进行快速调解，达成调解的，由仲裁庭根据当事人的请求制作调解书或者按照协议的结果制作仲裁裁决书并送达当事人。仲裁调解无法达成调解协议的，由仲裁庭依法依规进行裁决，出具仲裁裁决书送达当事人。

**三、加强组织领导**

（一）加强领导，高度重视。要充分认识旅游投诉调解与仲裁衔接对维护旅游者合法权益、推动旅游业高质量发展的重要作用，高度重视试点工作，切实加强组织领导。将试点工作列入重要议事议程，明确专人负责，建立健全试点工作考核推进机制。已经建立旅游投诉纠纷与仲裁衔接机制的地区要按照通知要求进一步完善组织架构和运行机制，真正让旅游投诉调解与司法仲裁相衔接机制活起来、动起来，彻底发挥解决旅游投诉纠纷的积极作用。

（二）有序推进试点工作。各省级文化和旅游行政部门会同省级司法行政部门对辖区内各地旅游投诉情况进行综合研判，确定推荐1—2个城市作为试点地区，于2021年7月5日前填写《旅游投诉纠纷仲裁中心试点城市申报表》和《旅游投诉纠纷仲裁中心试点城市申报汇总表》，报送文化和旅游部。文化和旅游部将会同司法部根据各地推荐情况，综合研究确定试点城市名单后公布，并适时召开试点工作推进会议，进行集中培训和指导，确保试点工作同步有序推进。

（三）加强试点工作创新。探索对旅游投诉纠纷标的额不高的案件和困难群体建立优惠减免政策，最大化的减免或降低仲裁费用。要根据旅游投诉特点，最大化缩短仲裁时限，做到快审快结。探索仲裁庭对简易案件当天出具调解书或一周内结案，对一般案件在一个月内结案，对复杂案件原则上结案时间不超过三个月。基于旅游投诉纠纷的案件特性，提倡通过网络仲裁平台进行线上处理，实现案件的申请、受理、送达、选（指）定仲裁员、仲裁员组庭、审理、调解、裁决等一系列流程，打破地域限制和时间限制，便于各方当事人参与仲裁活动，提高案件办理效率。

（四）加大宣传推广力度。各地应加大旅游投诉调解和仲裁衔接机制的宣传力度和推广力度，通过多种形式做好有关政策法律解读和实施工作，让更多的旅游市场主体和游客了解、认识、选择仲裁机制解决旅游投诉纠纷。要认真研究总结试点中好的经验做法，加大宣传推广，提升试点工作效果。

有关试点工作的问题，要及时报文化和旅游部旅游质量监督管理所和司法部公共法律服务管理局。

联系人及电话：
文化和旅游部旅游质量监督管理所
杨超　010－65201421，李德春　010－65201465
传真：010－65201420
司法部公共法律服务管理局
刘世虎　010－65152204，牟昱城　010－65152587
特此通知。
附件：1. 旅游投诉纠纷仲裁中心试点城市申报表
2. 旅游投诉纠纷仲裁中心试点城市申报汇总表

附件1

## 旅游投诉纠纷仲裁中心试点城市申报表

| | | | |
|---|---|---|---|
| 申报城市名称 | | | |
| 申报单位名称 | | | |
| 负责人 | | 联系方式 | |
| 通讯地址 | | | |
| 是否已建立旅游投诉纠纷与仲裁衔接机制 | | | |
| 申报城市投诉情况简介 | | | |
| 申报城市文化和旅游行政部门意见 | （盖　章）　年　月　日 | | |

续表

| | |
|---|---|
| 申报仲裁机构意见 | （盖　章）　年　月　日 |
| 省级<br>司法行政部门意见 | （盖　章）　年　月　日 |
| 省级文化和旅游<br>行政部门意见 | （盖　章）　年　月　日 |

附件2

## 旅游投诉纠纷仲裁中心试点城市申报汇总表

省级文化和旅游行政部门（盖章）：　　填表日期：　年　月　日

| 排序 | 申报城市名称 | 负责人姓名 | 单位及职务 | 联系电话 | 是否已建立旅游投诉纠纷与仲裁衔接机制 |
|---|---|---|---|---|---|
| 1 | | | | | |
| 2 | | | | | |
| 3 | | | | | |
| 4 | | | | | |

联系人：　　联系电话：

# 关于依法开展证券期货行业仲裁试点的意见

（2021年10月11日　中国证券监督管理委员会
司法部公告〔2021〕25号）

为贯彻落实中共中央办公厅、国务院办公厅印发的《关于依法从严打击证券违法活动的意见》（以下简称《意见》）关于“开展证券行业仲裁制度试点”的任务要求，完善证券期货纠纷多元化解机制，有效保护资本市场投资者的合法权益，维护证券期货行业健康发展，根据《中华人民共和国仲裁法》（以下简称《仲裁法》）、《中华人民共和国证券法》（以下简称《证券法》）、《中华人民共和国证券投资基金法》（以下简称《基金法》）、《期货交易管理条例》（以下简称《期货条例》）、《国务院办公厅关于进一步加强资本市场中小投资者合法权益保护工作的意见》（国办发〔2013〕110号，以下简称《中小投资者保护意见》）等相关规定和要求，现就开展证券期货行业仲裁试点的意见公告如下：

**一、开展证券期货行业仲裁试点的重要意义**

随着资本市场的发展，证券期货纠纷日益呈现出案情复杂、专业性强、涉及主体众多、行业特点明显、解决难度大等特征。其中，证券期货民事赔偿纠纷通常还具有涉案金额巨大、当事人请求事项较为集中、涉及众多投资者合法权益的保护甚至市场秩序的平稳运行等特征。提高证券期货纠纷和争议解决的专业性、公平性、公正性、高效性和权威性，强化处理结果的法律约束力，是保护市场主体的合法权益，防范化解金融风险，维护市场稳定，保障证券期货行业健康发展的重要体现和迫切要求。

仲裁作为一种法定的商事纠纷解决制度，具有专业性强、一裁终局、程序灵活、经济高效、注重保密性、裁决可依法强制执行等优势，符合证券期货纠纷解决的特点和行业发展的需要，是促进资本市场法治化和专业化的重要渠道。有必要开展证券期货行业仲裁试点，依法化解证券期货矛盾纠纷，切实维护投资者的合法权益，进一步完善矛盾多元化解机制。

**二、开展证券期货行业仲裁试点的总体要求**

开展证券期货行业仲裁试点应当遵循资本市场的基本规律和基本原则，遵守资本市场的法律、行政法规、规章、规范性文件、自律规则和行业惯例，建立专门的证券期货仲裁院（中心），制定符合证券期货行业特点的仲裁规则，提升仲裁从业人员的证券期货专业水平，保障纠纷解决的公平公正，提高证券期货纠纷解决的高效便捷性。

维护投资者尤其是中小投资者的合法权益是《证券法》《基金法》《期货条例》以及《中小投资者保护意见》的基本要求，是资本市场持续健康发展的基础。开展证券期货仲裁试点的仲裁委员会（以下简称试点仲裁委员会）应当充分运用投资者权益保障机制，在仲裁规则中设立注重调解、先行赔付、纠纷速裁、互联网仲裁专门条款，依法保护投资者合法权益。试点仲裁委员会可以制定符合证券期货类案件特点的专门收费办法。中国证券监督管理委员会（以下简称中国证监会）及其派出机构，证券期货交易场所，证券登记结算机构，投资者保护机构，证券期货行业协会要积极支持引导证券期货争议当事人主动选择仲裁作为争议解决方式，在仲裁协议或仲裁条款中选择试点仲裁委员会作为仲裁机构。

**三、设立证券期货仲裁院（中心）**

支持、推动证券期货业务活跃的北京、上海、深圳三地开展试点，在依法组建的仲裁委员会内部设立证券期货仲裁院（中心），适用专门的仲裁规则，专门处理我国资本市场产生的证券期货纠纷。鼓励证券期货行业协会、证券交易场所为证券期货仲裁院(中心)提供办公场所以及必要的经费等支持。证券期货仲裁院(中心)可以设立协调咨询机构,建立咨询协调机制,协调有关部门处理证券期货仲裁院(中心)发展的重大事项,并提供咨询意见。

中国证监会及其派出机构,证券期货交易场所、证券登记结算机构、投资者保护机构、证券期货行业协会等自律组织应当为证券期货仲裁院(中心)的设立、专门仲裁员名册的建立、仲裁规则的制定提供专业支持。证券期货行业协会、证券交易场所提供多种形式的专业合作和支持,根据证券期货仲裁院(中心)的需要提供证券期货行业专业咨询意见。

**四、关于证券期货仲裁院(中心)的仲裁范围**

证券期货合同纠纷和其他财产权益纠纷符合《仲裁法》规定的,可依法适用仲裁方式解决。证券期货合同纠纷和其他财产权益纠纷具体包括以下方面:

(一)证券基金期货经营机构、证券基金期货服务机构、私募投资基金管理人和托管机构、证券发行人、上市公司和非上市公众公司等证券期货市场主体之间,上述主体与投资者或客户之间因证券期货合同或协议引起的纠纷。

(二)证券期货交易场所、证券登记结算机构、证券期货行业协会等证券期货市场自律组织的会员、参与人之间,以及会员、参与人与投资者或客户之间因交易结算、登记存管等证券期货业务产生的纠纷;证券发行人、非上市公众公司与证券交易场所因上市协议、挂牌协议等协议产生的纠纷。

(三)证券期货市场平等主体之间产生的财产性权利受到侵害引起的民事赔偿纠纷。其中,证券期货侵权行为引起的财产权益纠纷包括违反证券期货法律、行政法规、规章和规范性文件、自律规则规定的义务引起的虚假陈述民事赔偿纠纷,以及市场主体从事操纵市场、内幕交易、损害客户利益等行为引起的民事赔偿纠纷。

(四)证券期货市场主体之间产生的其他证券期货类合同纠纷

和其他财产权益纠纷。

**五、关于证券期货民事赔偿纠纷的仲裁**

为保障证券期货民事赔偿纠纷的高效处理，保护投资者的合法财产权益及时获得赔偿，推动、支持证券期货民事赔偿纠纷通过仲裁方式解决。

（一）投资者与证券期货侵权行为人或负有赔偿责任的主体间有仲裁协议的，投资者可以依据有关机关的行政处罚决定或者人民法院的裁判文书，对证券期货侵权行为人或者负有赔偿责任的主体提起民事赔偿仲裁。

（二）发生证券期货民事赔偿纠纷后，投资者可以与发行人、上市公司、非上市公众公司、证券期货经营机构、证券期货服务机构、资产管理机构等赔偿方签订仲裁协议。投资者与上述赔偿方存在的基础合同或协议中约定了仲裁条款，或者公司章程中载明相关纠纷的仲裁条款，投资者可以根据仲裁条款申请仲裁。

**六、关于资本市场自律组织会员纠纷的仲裁**

证券期货交易场所、证券登记结算机构、证券期货行业协会等资本市场自律组织的会员或参与人之间、投资者与资本市场自律组织的会员或参与人之间发生的证券期货业务纠纷，当事人可以事先在合同或协议中约定仲裁条款或者事后达成仲裁协议。

资本市场自律组织的会员章程可以载明会员之间证券期货业务纠纷的仲裁条款，规定或约定仲裁方式解决的争议范围，当事人可以根据仲裁条款申请仲裁。

资本市场自律组织的会员之间发生的证券期货业务纠纷，当事人选择仲裁方式解决的，应当选择试点仲裁委员会作为仲裁机构。

**七、创新仲裁员选聘机制，提升仲裁员的专业水平**

拓宽仲裁员选聘渠道，支持、推动按照《仲裁法》的规定从证券期货监管机构及自律组织的专业人员、证券期货行业专家、从事证券期货领域研究或科研的高校学者、相关仲裁经验丰富的人员中选聘仲裁员。鼓励选择多年从事证券期货相关工作，具有丰富的证券期货法律、会计、金融等专业知识，熟悉证券期货市场情况的专业人士担任仲裁员。试点仲裁委员会应当建立专门的证券期货专业仲裁员名册。

证券期货行业协会或证券交易场所应当从证券期货监管机构、自律组织、证券基金期货经营机构和服务机构及证券期货行业专家中向试点仲裁委员会提出证券期货专业仲裁员或专家咨询委员会委员的推荐名单，并提供相关人员的专业背景、从业经验、职业履职和操守等情况。

试点仲裁委员会按照《仲裁法》及本机构章程的规定，建立证券期货专业仲裁员培训、考核及续聘、解聘相关制度规定。

证券期货专业仲裁员涉及所在证券、期货机构或组织的仲裁案件应当依法回避。对在仲裁过程中违规私自会见当事人、代理人的，或者接受当事人、代理人请客送礼，情节严重的；或者有索贿受贿、徇私舞弊、枉法裁决行为的证券期货专业仲裁员，应当按照有关规定处理，并由所聘任的仲裁委员会依法予以除名，并通报证券期货行业协会或证券交易场所。

**八、加强试点仲裁委员会与证券期货监管机构、自律组织之间的合作**

（一）加强试点仲裁委员会与证券期货监管机构、自律组织之间的专业合作，提升证券期货纠纷仲裁的公信力和专业水平

证券期货行业协会或证券交易场所应当协助试点仲裁委员会聘任证券期货专业仲裁员，并根据所推荐仲裁员的任职和履职等情况，及时做好相关仲裁员的推荐、更换。

对重大复杂的证券期货纠纷，证券期货监管机构、自律组织可以根据试点仲裁委员会的请求，提供专业意见。接受咨询的专家负有保密义务。

证券期货监管机构、自律组织应当协助试点仲裁委员会，为证券期货纠纷的仲裁案件办理提供支持和便利。

证券期货监管机构、自律组织应当支持试点仲裁委员会对证券

期货专业仲裁员开展证券期货法律、行政法规、规章、规范性文件、自律规则、行业惯例及监管政策的培训，提高仲裁员的专业素养。

支持试点仲裁委员会与证券期货行业协会、证券交易场所建立证券期货纠纷的信息通报和资源共享机制，针对证券期货纠纷涉及的重大疑难专业性问题进行沟通和咨询，建立常态化联系机制。试点仲裁委员会对于相关涉密信息和数据负有保密义务。

（二）支持、推动试点仲裁委员会与资本市场自律组织、调解中心签订长期合作协议

试点仲裁委员会可以与具有调解权的资本市场自律组织或其调解中心签订调解和仲裁衔接的合作协议。上述自律组织、调解中心主持达成调解协议的，可以根据当事人意愿引导当事人协商达成仲裁协议，由仲裁庭根据当事人的请求制作调解书或者按照协议的结果制作仲裁裁决书并送达当事人。积极推动证券期货仲裁院（中心）与资本市场调解组织或调解中心建立长期合作和交流机制。资本市场自律组织可以委托证券期货仲裁院（中心）调解相关证券期货纠纷。

**九、推动完善证券期货纠纷仲裁与调解、诉讼的有效衔接**

推动试点仲裁委员会建立健全证券期货纠纷仲裁与调解有效衔接的工作机制。仲裁庭在作出裁决前，可以根据当事人意愿先行调解。证券期货仲裁院（中心）应当完善调解规则，健全优化仲裁、调解相衔接的工作机制，调解协议达成的，仲裁庭应当制作调解书或者根据协议结果制作裁决书。

积极争取司法支持保障。通过仲裁方式解决的案件，证券期货仲裁院（中心）应当加强与人民法院等司法机关的协调沟通，完善相关制度规则，积极建立健全信息互联互通平台或机制。

**十、关于证券期货行业仲裁试点工作的指导和监督**

司法部对全国证券期货行业仲裁试点工作予以监督和指导，省级司法行政部门对所在行政区域内证券期货行业仲裁试点工作予以监督和指导。中国证监会对全国证券期货行业仲裁试点工作提供专

业支持，中国证监会派出机构对所监管区域内证券期货行业仲裁试点工作提供专业支持。证券期货行业协会、证券交易场所对证券期货行业仲裁试点工作提供专业合作和支持。

各地试点工作情况及时报中国证监会和司法部。

# (十)律师工作类

# 最高人民法院　司法部关于为律师提供一站式诉讼服务的意见

（2020 年 12 月 16 日　法发〔2021〕3 号）

为深入贯彻落实党中央关于深化律师制度改革要求，进一步落实《最高人民法院、最高人民检察院、公安部、国家安全部、司法部关于依法保障律师执业权利的规定》《最高人民法院关于依法切实保障律师诉讼权利的规定》等规定，完善便利律师参与诉讼机制，为律师提供更加优质的诉讼服务，充分发挥律师在全面依法治国中的重要作用，更好地维护人民群众合法权益，制定本意见。

**第一条**　人民法院为依法执业的律师（含公职律师、公司律师）提供集约高效、智慧便捷的一站式诉讼服务，并为律师助理在辩护、代理律师授权范围内开展辅助性工作提供必要的诉讼服务。

律师助理包括辩护、代理律师所在律师事务所的其他律师和申请律师执业实习人员。

基层法律服务工作者在司法部规定的业务范围和执业区域内参与诉讼活动时，参照本意见执行。

**第二条**　司法部中国律师身份核验平台（以下简称律师身份核验平台）为律师参与诉讼提供"实时实人实证"的律师执业身份核验服务。

律师通过人民法院线上线下诉讼服务平台办理诉讼事务前，应当自行或者由人民法院依托律师身份核验平台完成身份核验。

**第三条**　律师身份一次核验后，可以通过人民法院律师服务平台（以下简称律师服务平台）、诉讼服务大厅、12368 诉讼服务热线等线上线下方式在全国法院通办各类诉讼事务。

**第四条** 人民法院建立律师参与诉讼专门通道，为律师提供“一码通”服务。律师可以使用律师服务平台生成动态二维码，通过扫码或者其他便捷方式快速进入人民法院诉讼服务场所和审判法庭。

司法行政机关与人民法院积极推动应用律师电子执业证，支持律师使用律师身份核验平台亮证功能或者律师电子执业证快速进入人民法院，办理各类诉讼事务。

**第五条** 对于入驻人民法院开展诉讼辅导、调解、法律援助、代理申诉等公益性服务的律师，应当为其设立专门工作场所，提供扫描、打印、复印、刻录等服务。有条件的人民法院可以提供停车、就餐等服务。

**第六条** 依托 12368 诉讼服务热线一号通办功能，为律师提供查询、咨询、诉讼事务办理等服务，并将支持律师在律师服务平台查看通过 12368 诉讼服务热线申请的诉讼事务办理情况。

**第七条** 积极为律师提供一网通办服务。律师可以通过律师服务平台办理立案、调解、庭审、阅卷、保全、鉴定，申请回避、撤诉，申请人民法院调查收集证据、延长举证期限、延期开庭、核实代理关系等事务，以及在线查收人民法院电子送达材料等，实现诉讼事务在线办理、网上流转、全程留痕。

律师服务平台实时接收律师在线提交的电子材料。受理案件的人民法院对确有核实、归档需要的身份证明、授权委托书或者书证、鉴定意见等需要质证的证据，以及对方当事人提出异议且有合理理由的诉讼材料和证据材料，可以要求律师提供原件。

**第八条** 进一步完善网上立案工作，为律师提供一审民事、行政、刑事自诉、申请执行和国家赔偿案件的网上立案服务。对不符合要求的材料，做到一次性告知补正事项。对律师通过律师服务平台或者诉讼服务大厅提交电子化诉讼材料的，实行快速办理。

进一步畅通网上交退费渠道，支持通过网银、支付宝、微信等线上支付方式交纳诉讼费用。

**第九条** 充分发挥律师在预防化解矛盾纠纷中的专业优势、职业优势和实践优势，依托人民法院调解平台加大律师在线调解工作力度，打造党员律师、骨干律师调解品牌。纳入特邀调解员名册的律师，可以接受人民法院委派或者委托，在调解平台上调解案件。律师依法按程序出具的调解协议，当事人可以在线申请司法确认。

**第十条** 具备在线庭审条件的人民法院，对适宜通过在线方式进行庭审、庭前会议或者询问等诉讼环节的案件，应当为律师提供在线庭审服务。

依托律师服务平台为律师在全国法院参加庭审以及其他诉讼活动提供排期避让提醒服务。对有冲突的排期自动向人民法院作出提醒，律师也可以根据传票等信息在律师服务平台自助添加开庭时间等，主动向人民法院提供需要避让的信息。人民法院根据案件实际审理情况合理排期。

**第十一条** 加强网上阅卷工作，逐步为律师提供电子诉讼档案在线查看、打印、下载等服务。对依法可以公开的民事、行政、刑事、申请执行和国家赔偿案件材料，律师可以通过律师服务平台申请网上阅卷。

在律师服务平台建立个人案件空间。推进对正在审理中、依法可以公开的案件电子卷宗同步上传至案件空间，供担任诉讼代理人的律师随时查阅。

**第十二条** 律师服务平台为律师关联可公开的代理案件，提供立案、开庭、结案等节点信息查看服务，方便律师一键获取代理案件的诉讼信息。

**第十三条** 律师服务平台支持律师通过文字、语音等方式在线联系法官，支持多种格式电子文档批量上传，提供证据网盘以及立案材料指引、诉状模板、诉状助手、诉讼费用计算、法律法规查询等智能工具辅助律师办案。律师还可以根据需要设置个人常用事项导航窗口。

**第十四条** 律师服务平台在律师账号下设有律师助理账号。每名律师可以申请开通 3 个律师助理账号,由律师一案一指定并授权使用诉讼材料提交、诉讼费用交纳、案卷查阅以及智能辅助工具等。

律师应当定期管理和更新律师账号及律师助理账号。

**第十五条** 建立健全律师诉讼权利救济机制。律师可以通过 12368 诉讼服务热线、律师服务平台对诉讼服务事项进行满意度评价,或者提出意见建议。对律师反映的重大问题或者提出的意见建议由人民法院工作人员及时予以回复。

**第十六条** 加强律师诚信诉讼建设。对律师在诉讼活动中存在提供虚假材料、故意拖延诉讼、串通调解、滥用诉权、虚假诉讼、规避或者抗拒执行以及其他违反职业道德和执业纪律等行为,或者因管理律师账号及律师助理账号不当造成严重不良影响的,人民法院将限制律师使用律师服务平台相关功能,同时通报许可律师执业的司法行政机关,并将相关信息推送全国律师综合管理信息系统。

进一步完善律师执业监督管理。省级司法行政机关应当建立健全律师执业信息线上采集和更新机制,实时、准确、完整地向全国律师综合管理信息系统汇聚律师执业许可、变更、吊销、注销、受到停止执业处罚和处罚期间等信息,并将律师诚信诉讼情况纳入律师事务所年度检查考核和律师年度考核内容。

**第十七条** 人民法院与司法行政机关应当为律师在参与诉讼过程中提交的电子材料和律师个人信息等提供安全保障,确保数据在存储和流转等过程中的真实性、有效性和安全性。

**第十八条** 人民法院、司法行政机关、律师协会应当加强协调配合,建立常态化联席会议工作机制,定期召开会议,充分听取律师对人民法院和司法行政机关的意见建议,及时研究解决诉讼服务过程中律师反映的新情况新问题,不断提升一站式服务律师的能力水平。

# 司法部　全国工商联　中华全国律师协会关于建立“万所联万会”机制的意见

（2021 年 4 月 22 日　司发通〔2021〕30 号）

各省、自治区、直辖市司法厅（局）、工商联、律师协会，新疆生产建设兵团司法局、工商联、律师协会：

为深化民营企业法律服务工作，打造法治化营商环境，促进民营经济健康发展，现就建立律师事务所与工商联所属商会联系合作机制（以下简称“万所联万会”机制），提出如下意见。

**一、总体要求**

坚持以习近平新时代中国特色社会主义思想为指导，深入贯彻落实党的十九大和十九届二中、三中、四中、五中全会精神，深入学习贯彻习近平法治思想和中央全面依法治国工作会议精神，认真落实习近平总书记关于民营企业发展的重要指示批示精神和党中央关于积极探索群团组织参与社会治理、增强自律能力有效途径的部署要求，立足新发展阶段，贯彻新发展理念，服务构建新发展格局，组织动员全国万家律师事务所与万家工商联所属商会、县级工商联建立联系合作机制，搭建律师服务民营企业新平台，深化“法治体检”和“法律三进”活动，助力法治民企建设，加快打造法治化营商环境，为民营经济健康发展和民营经济人士健康成长提供优质法律服务和坚实法治保障。

## 二、主要内容

坚持面向基层、服务基层、建设基层，在推进民营企业“法治体检”常态化基础上，推动各地律师事务所与3万多家工商联所属商会、2800多家县级工商联开展工作对接，建立“万所联万会”联系合作机制，增进信息沟通、人员融通、业务联通，共同深化民营企业法律服务工作。

（一）律师事务所与工商联、商会加强日常联络和信息交流，围绕营造法治化营商环境开展联合调研和情况会商，积极参与涉民营企业政策咨询、决策论证等活动，向党委、政府和有关部门及时反映民营企业诉求，为促进民营经济发展建言献策。

（二）律师事务所支持工商联、商会建设专门的法律维权服务工作机构，或者在工商联、商会设立律师值班服务岗、法律服务工作站、律师调解工作室等，派员协助工商联、商会做好会员企业法律咨询、普法宣传、权益维护、纠纷调解等工作。

（三）律师事务所与工商联、商会合作举办法律讲堂、法务培训、座谈交流等活动，帮助民营企业培养法律专业人才，加强专职法务团队建设，提升民营企业家和经营管理人员法商素养，提高企业守法合规经营能力。

（四）律师事务所与工商联、商会合作建立法律服务公众号、微信群、小程序等信息化工具和平台，为民营企业提供网上普法、在线咨询、远程调解等法律服务，扩大服务覆盖面，提高服务效能。

（五）在律师资源发展不平衡地区，由律师协会牵头，组织多家律师事务所优势互补，共同与工商联、商会建立联系合作机制，或者引导大中城市、发达地区律师事务所与县域、欠发达地区工商联、商会建立跨地区联系合作机制，解决部分地方律师事务所发展不充分、律师人才短缺问题。

（六）工商联、商会根据需要聘请律师事务所担任法律顾问，服务基层工商联依法决策、依法履职，协助各级商会完善法人治理结构，健全议事决策机制和内部管理制度，制定修订行规行约和团体标准，做好行业自律和会员服务工作，提高依法依章办会水平。

（七）律师事务所党组织与工商联、商会及会员企业党组织深化党建工作交流，结合庆祝中国共产党成立100周年，联合开展党史学习教育等活动，相互学习借鉴党建工作经验，共同提高党的建设质量，引领促进事业发展。

（八）鼓励各地因地制宜采取其他灵活多样、务实管用的联系合作方式，统筹发挥律师事务所的法律专业优势和工商联、商会的联络协调优势，形成法律服务整体合力。

**三、组织领导**

各级司法行政机关、工商联和律师协会要从政治和大局的高度，切实增强服务民营企业的责任感、紧迫感，把建立“万所联万会”机制摆在重要位置抓紧抓实。

（一）精心组织实施。各省（区、市）司法厅（局）、工商联、律师协会要科学谋划、周密安排，立足当地民营经济发展实际，根据律师事务所和商会数量、规模、分布等情况，研究制定本地区建立“万所联万会”机制实施方案，通过召开工作推进会等形式，对省、市、县三级分层建立机制作出部署。要加强指导督促，力争在2021年6月底前省、市两级工商联所属商会与律师事务所普遍建立联系合作机制，7月底前县级工商联及所属商会与律师事务所普遍建立联系合作机制。

（二）务求工作实效。各地司法行政机关、工商联和律师协会要密切配合，积极为律师事务所和商会建立联系合作机制牵线搭桥，及时协调解决工作中的困难和问题，实现需求精准匹配、工作有序对接。要把“万所联万会”作为服务民营企业的有力抓手，结合开展“法治体检”“法律三进”“我为群众办实事”等活动，为民营企业提供形式多样的法律服务。要加强分类指导，适应各级各类商会、大中小微企业和个体工商户的法律服务需求，提高法律服务针对性、实效性，力戒形式主义。要尊重基层首创精神，突出地方特色、行业特色，鼓励探索创新，及时总结、提炼和推广各地工作中的成功做法和典型经验。

（三）强化工作保障。各地司法行政机关、工商联和律师协会、商会要积极为参与“万所联万会”机制建设的律师事务所提供工作便利条件和其他必要支持，充分调动律师参与积极性。对工作表现突出、服务效果显著的律师事务所和律师，可以采取通报表扬等形式进行激励，并在评优表彰等工作中优先考虑。要主动联系各类主流媒体、新媒体和司法行政系统、工商联系统所属媒体，跟踪报道活动进展情况、主要成效和典型案例，为活动开展营造良好舆论氛围，扩大活动社会知晓度、参与度和影响力。

各省（区、市）司法厅（局）、工商联、律师协会请于2021年8月15日前将建立“万所联万会”机制进展情况分别报送司法部、全国工商联、全国律协。

# 关于印发《关于建立涉案企业合规第三方监督评估机制的指导意见（试行）》的通知

（2021 年 6 月 3 日　高检发〔2021〕6 号）

为深入学习贯彻党的十九大和十九届二中、三中、四中、五中全会精神，全面贯彻习近平法治思想，在依法推进企业合规改革试点工作中建立健全涉案企业合规第三方监督评估机制，有效惩治预防企业违法犯罪，服务保障经济社会高质量发展，助力推进国家治理体系和治理能力现代化，最高人民检察院、司法部、财政部、生态环境部、国务院国有资产监督管理委员会、国家税务总局、国家市场监督管理总局、全国工商联、中国国际贸易促进委员会研究制定了《关于建立涉案企业合规第三方监督评估机制的指导意见（试行）》，现印发你们，请结合实际认真贯彻落实。贯彻落实中遇到的重要情况和问题，请及时层报最高人民检察院、司法部、财政部、生态环境部、国务院国有资产监督管理委员会、国家税务总局、国家市场监督管理总局、全国工商联、中国国际贸易促进委员会。

# 关于建立涉案企业合规第三方监督评估机制的指导意见(试行)

为贯彻落实习近平总书记重要讲话精神和党中央重大决策部署,在依法推进企业合规改革试点工作中建立健全涉案企业合规第三方监督评估机制,有效惩治预防企业违法犯罪,服务保障经济社会高质量发展,助力推进国家治理体系和治理能力现代化,根据刑法、刑事诉讼法等法律法规及相关政策精神,制定本指导意见。

## 第一章　总　　则

**第一条**　涉案企业合规第三方监督评估机制(以下简称第三方机制),是指人民检察院在办理涉企犯罪案件时,对符合企业合规改革试点适用条件的,交由第三方监督评估机制管理委员会(以下简称第三方机制管委会)选任组成的第三方监督评估组织(以下简称第三方组织),对涉案企业的合规承诺进行调查、评估、监督和考察。考察结果作为人民检察院依法处理案件的重要参考。

**第二条**　第三方机制的建立和运行,应当遵循依法有序、公开公正、平等保护、标本兼治的原则。

**第三条**　第三方机制适用于公司、企业等市场主体在生产经营活动中涉及的经济犯罪、职务犯罪等案件,既包括公司、企业等实施的单位犯罪案件,也包括公司、企业实际控制人、经营管理人员、关键技术人员等实施的与生产经营活动密切相关的犯罪案件。

**第四条**　对于同时符合下列条件的涉企犯罪案件,试点地区人民检察院可以根据案件情况适用本指导意见:

（一）涉案企业、个人认罪认罚；

（二）涉案企业能够正常生产经营，承诺建立或者完善企业合规制度，具备启动第三方机制的基本条件；

（三）涉案企业自愿适用第三方机制。

**第五条** 对于具有下列情形之一的涉企犯罪案件，不适用企业合规试点以及第三方机制：

（一）个人为进行违法犯罪活动而设立公司、企业的；

（二）公司、企业设立后以实施犯罪为主要活动的；

（三）公司、企业人员盗用单位名义实施犯罪的；

（四）涉嫌危害国家安全犯罪、恐怖活动犯罪的；

（五）其他不宜适用的情形。

## 第二章 第三方机制管委会的组成和职责

**第六条** 最高人民检察院、国务院国有资产监督管理委员会、财政部、全国工商联会同司法部、生态环境部、国家税务总局、国家市场监督管理总局、中国国际贸易促进委员会等部门组建第三方机制管委会，全国工商联负责承担管委会的日常工作，国务院国有资产监督管理委员会、财政部负责承担管委会中涉及国有企业的日常工作。

第三方机制管委会履行下列职责：

（一）研究制定涉及第三方机制的规范性文件；

（二）研究论证第三方机制涉及的重大法律政策问题；

（三）研究制定第三方机制专业人员名录库的入库条件和管理办法；

（四）研究制定第三方组织及其人员的工作保障和激励制度；

（五）对试点地方第三方机制管委会和第三方组织开展日常监督和巡回检查；

（六）协调相关成员单位对所属或者主管的中华全国律师协会、中国注册会计师协会、中国企业联合会、中国注册税务师协会、中国贸促会全国企业合规委员会(中国贸促会商事法律服务中心)以及其他行业协会、商会、机构等在企业合规领域的业务指导,研究制定涉企犯罪的合规考察标准;

(七)统筹协调全国范围内第三方机制的其他工作。

**第七条** 第三方机制管委会各成员单位建立联席会议机制,由最高人民检察院、国务院国有资产监督管理委员会、财政部、全国工商联负责同志担任召集人,根据工作需要定期或者不定期召开会议,研究有关重大事项和规范性文件,确定阶段性工作重点和措施。

各成员单位应当按照职责分工,认真落实联席会议确定的工作任务和议定事项,建立健全日常联系、联合调研、信息共享、宣传培训等机制,推动企业合规改革试点和第三方机制相关工作的顺利进行。

**第八条** 试点地方的人民检察院和国资委、财政部门、工商联应当结合本地实际,参照本指导意见第六条、第七条规定组建本地区的第三方机制管委会并建立联席会议机制。

试点地方第三方机制管委会履行下列职责:

(一)建立本地区第三方机制专业人员名录库,并根据各方意见建议和工作实际进行动态管理;

(二)负责本地区第三方组织及其成员的日常选任、培训、考核工作,确保其依法依规履行职责;

(三)对选任组成的第三方组织及其成员开展日常监督和巡回检查;

(四)对第三方组织的成员违反本指导意见的规定,或者实施其他违反社会公德、职业伦理的行为,严重损害第三方组织形象或公信力的,及时向有关主管机关、协会等提出惩戒建议,涉嫌违法犯罪的,及时向公安司法机关报案或者举报,并将其列入第三方机制专业人员名录库黑名单;

(五)统筹协调本地区第三方机制的其他工作。

**第九条** 第三方机制管委会应当组建巡回检查小组,按照本指导意见第六条第五项、第八条第三项的规定,对相关组织和人员在第三方机制相关工作中的履职情况开展不预先告知的现场抽查和跟踪监督。

巡回检查小组成员可以由人大代表、政协委员、人民监督员、退休法官、检察官以及会计审计等相关领域的专家学者担任。

## 第三章 第三方机制的启动和运行

**第十条** 人民检察院在办理涉企犯罪案件时,应当注意审查是否符合企业合规试点以及第三方机制的适用条件,并及时征询涉案企业、个人的意见。涉案企业、个人及其辩护人、诉讼代理人或者其他相关单位、人员提出适用企业合规试点以及第三方机制申请的,人民检察院应当依法受理并进行审查。

人民检察院经审查认为涉企犯罪案件符合第三方机制适用条件的,可以商请本地区第三方机制管委会启动第三方机制。第三方机制管委会应当根据案件具体情况以及涉案企业类型,从专业人员名录库中分类随机抽取人员组成第三方组织,并向社会公示。

第三方组织组成人员名单应当报送负责办理案件的人民检察院备案。人民检察院或者涉案企业、个人、其他相关单位、人员对选任的第三方组织组成人员提出异议的,第三方机制管委会应当调查核实并视情况做出调整。

**第十一条** 第三方组织应当要求涉案企业提交专项或者多项合规计划,并明确合规计划的承诺完成时限。

涉案企业提交的合规计划,主要围绕与企业涉嫌犯罪有密切联系的企业内部治理结构、规章制度、人员管理等方面存在的问题,制定可行的合规管理规范,构建有效的合规组织体系,健全合规风险防范报告机制,弥补企业制度建设和监督管理漏洞,防止再次发生相同或者类似的违法犯罪。

**第十二条** 第三方组织应当对涉案企业合规计划的可行性、有效性与全面性进行审查,提出修改完善的意见建议,并根据案件具体情况和涉案企业承诺履行的期限，确定合规考察期限。

在合规考察期内，第三方组织可以定期或者不定期对涉案企业合规计划履行情况进行检查和评估，可以要求涉案企业定期书面报告合规计划的执行情况，同时抄送负责办理案件的人民检察院。第三方组织发现涉案企业或其人员尚未被办案机关掌握的犯罪事实或者新实施的犯罪行为，应当中止第三方监督评估程序，并向负责办理案件的人民检察院报告。

**第十三条**　第三方组织在合规考察期届满后，应当对涉案企业的合规计划完成情况进行全面检查、评估和考核，并制作合规考察书面报告，报送负责选任第三方组织的第三方机制管委会和负责办理案件的人民检察院。

**第十四条**　人民检察院在办理涉企犯罪案件过程中，应当将第三方组织合规考察书面报告、涉案企业合规计划、定期书面报告等合规材料，作为依法作出批准或者不批准逮捕、起诉或者不起诉以及是否变更强制措施等决定，提出量刑建议或者检察建议、检察意见的重要参考。

人民检察院发现涉案企业在预防违法犯罪方面制度不健全、不落实，管理不完善，存在违法犯罪隐患，需要及时消除的，可以结合合规材料，向涉案企业提出检察建议。

人民检察院对涉案企业作出不起诉决定，认为需要给予行政处罚、处分或者没收其违法所得的，应当结合合规材料，依法向有关主管机关提出检察意见。

人民检察院通过第三方机制，发现涉案企业或其人员存在其他违法违规情形的，应当依法将案件线索移送有关主管机关、公安机关或者纪检监察机关处理。

**第十五条**　人民检察院对于拟作不批准逮捕、不起诉、变更强制措施等决定的涉企犯罪案件，可以根据《人民检察院审查案件听证工作规定》召开听证会，并邀请第三方组织组成人员到会发表意见。

**第十六条** 负责办理案件的人民检察院应当履行下列职责：

(一)对第三方组织组成人员名单进行备案审查，发现组成人员存在明显不适当情形的，及时向第三方机制管委会提出意见建议；

(二)对涉案企业合规计划、定期书面报告进行审查，向第三方组织提出意见建议；

(三)对第三方组织合规考察书面报告进行审查，向第三方机制管委会提出意见建议，必要时开展调查核实工作；

(四)依法办理涉案企业、个人及其辩护人、诉讼代理人或者其他相关单位、人员在第三方机制运行期间提出的申诉、控告或者有关申请、要求；

(五)刑事诉讼法、人民检察院刑事诉讼规则等法律、司法解释规定的其他法定职责。

**第十七条** 第三方组织及其组成人员在合规考察期内，可以针对涉案企业合规计划、定期书面报告开展必要的检查、评估，涉案企业应当予以配合。

第三方组织及其组成人员应当履行下列义务：

(一)遵纪守法，勤勉尽责，客观中立；

(二)不得泄露履职过程中知悉的国家秘密、商业秘密和个人隐私；

(三)不得利用履职便利，索取、收受贿赂或者非法侵占涉案企业、个人的财物；

(四)不得利用履职便利，干扰涉案企业正常生产经营活动。

第三方组织组成人员系律师、注册会计师、税务师(注册税务师)等中介组织人员的，在履行第三方监督评估职责期间不得违反规定接受可能有利益关系的业务；在履行第三方监督评估职责结束后一年以内，上述人员及其所在中介组织不得接受涉案企业、个人或者其他有利益关系的单位、人员的业务。

**第十八条** 涉案企业或其人员在第三方机制运行期间，认为第三方组织或其组成人员存在行为不当或者涉嫌违法犯罪的，可以向负责选任第三方组织的第三方机制管委会反映或者提出异议，或者向负责办理案件的人民检察院提出申诉、控告。

涉案企业及其人员应当按照时限要求认真履行合规计划，不得拒绝履行或者变相不履行合规计划、拒不配合第三方组织合规考察或者实施其他严重违反合规计划的行为。

## 第四章　附　　则

**第十九条**　纪检监察机关认为涉嫌行贿的企业符合企业合规试点以及第三方机制适用条件，向人民检察院提出建议的，人民检察院可以参照适用本指导意见。

**第二十条**　试点地方人民检察院、国资委、财政部门、工商联可以结合本地实际，参照本指导意见会同有关部门制定具体实施办法，并按照试点工作要求报送备案。

本指导意见由最高人民检察院、国务院国有资产监督管理委员会、财政部、全国工商联会同司法部、生态环境部、国家税务总局、国家市场监督管理总局、中国国际贸易促进委员会负责解释，自印发之日起施行。

# 最高人民法院　最高人民检察院　司法部印发《关于建立健全禁止法官、检察官与律师不正当接触交往制度机制的意见》的通知

（2021年9月30日　司发通〔2021〕60号）

各省、自治区、直辖市高级人民法院、人民检察院、司法厅（局），新疆维吾尔自治区高级人民法院生产建设兵团分院、新疆生产建设兵团人民检察院、司法局：

现将《关于建立健全禁止法官、检察官与律师不正当接触交往制度机制的意见》印发你们，请结合实际认真贯彻执行。

## 关于建立健全禁止法官、检察官与律师不正当接触交往制度机制的意见

**第一条**　为深入贯彻习近平法治思想，认真贯彻落实防止干预司法“三个规定”，建立健全禁止法官、检察官与律师不正当接触交往制度机制，防止利益输送和利益勾连，切实维护司法廉洁和司法公正，依据《中华人民共和国法官法》《中华人民共和国检察官法》《中华人民共和国律师法》等有关规定，结合实际情况，制定本意见。

**第二条**　本意见适用于各级人民法院、人民检察院依法履行审

判、执行、检察职责的人员和司法行政人员。

本意见所称律师，是指在律师事务所执业的专兼职律师（包括从事非诉讼法律事务的律师）和公职律师、公司律师。本意见所称律师事务所“法律顾问”，是指不以律师名义执业，但就相关业务领域或者个案提供法律咨询、法律论证，或者代表律师事务所开展协调、业务拓展等活动的人员。本意见所称律师事务所行政人员，是指律师事务所聘用的从事秘书、财务、行政、人力资源、信息技术、风险管控等工作的人员。

**第三条** 严禁法官、检察官与律师有下列接触交往行为：

（一）在案件办理过程中，非因办案需要且未经批准在非工作场所、非工作时间与辩护、代理律师接触。

（二）接受律师或者律师事务所请托，过问、干预或者插手其他法官、检察官正在办理的案件，为律师或者律师事务所请托说情、打探案情、通风报信；为案件承办法官、检察官私下会见案件辩护、代理律师牵线搭桥；非因工作需要，为律师或者律师事务所转递涉案材料；向律师泄露案情、办案工作秘密或者其他依法依规不得泄露的情况；违规为律师或律师事务所出具与案件有关的各类专家意见。

（三）为律师介绍案件；为当事人推荐、介绍律师作为诉讼代理人、辩护人；要求、建议或者暗示当事人更换符合代理条件的律师；索取或者收受案件代理费用或者其他利益。

（四）向律师或者其当事人索贿，接受律师或者其当事人行贿；索取或者收受律师借礼尚往来、婚丧嫁娶等赠送的礼金、礼品、消费卡和有价证券、股权、其他金融产品等财物；向律师借款、租借房屋、借用交通工具、通讯工具或者其他物品；接受律师吃请、娱乐等可能影响公正履行职务的安排。

（五）非因工作需要且未经批准，擅自参加律师事务所或者律师举办的讲座、座谈、研讨、培训、论坛、学术交流、开业庆典等活动；以提供法律咨询、法律服务等名义接受律师事务所或者律师输送的相关利益。

（六）与律师以合作、合资、代持等方式，经商办企业或者从事其他营利性活动；本人配偶、子女及其配偶在律师事务所担任“隐名合伙人”；本人配偶、子女及其配偶显名或者隐名与律师“合作”开办企业或者“合作”投资；默许、纵容、包庇配偶、子女及其配偶或者其他特定关系人在律师事务所违规取酬；向律师或律师事务所放贷收取高额利息。

（七）其他可能影响司法公正和司法权威的不正当接触交往行为。

严禁律师事务所及其律师从事与前款所列行为相关的不正当接触交往行为。

**第四条** 各级人民法院、人民检察院和司法行政机关探索建立法官、检察官与律师办理案件动态监测机制，依托人民法院、人民检察院案件管理系统和律师管理系统，对法官、检察官承办的案件在一定期限内由同一律师事务所或者律师代理达到规定次数的，启动预警机制，要求法官、检察官及律师说明情况，除非有正当理由排除不正当交往可能的，依法启动调查程序。各省、自治区、直辖市高级人民法院、人民检察院根据本地实际，就上述规定的需要启动预警机制的次数予以明确。

**第五条** 各级人民法院、人民检察院在办理案件过程中发现律师与法官、检察官不正当接触交往线索的，应当按照有关规定将相关律师的线索移送相关司法行政机关或者纪检监察机关处理。各级司法行政机关、律师协会收到投诉举报涉及律师与法官、检察官不正当接触交往线索的，应当按照有关规定将涉及法官、检察官的线索移送相关人民法院、人民检察院或者纪检监察机关。

**第六条** 各级人民法院、人民检察院可以根据需要与司法行政机关组成联合调查组，对法官、检察官与律师不正当接触交往问题共同开展调查。

对查实的不正当接触交往问题，要坚持从严的原则，综合考虑行为性质、情节、后果、社会影响以及是否存在主动交代等因素，依规依纪依法对法官、检察官作出处分，对律师作出行政处罚、行业处分和党纪处分。律师事务所默认、纵容或者放任本所律师及“法律顾问”、行政人员与法官、检察官不正当接触交往的，要同时对律师事务所作出处罚处分，并视情况对律师事务所党组织跟进作出处理。法官、检察官和律师涉嫌违法犯罪的，依法按照规定移送相关纪检监察机关或者司法机关等。

**第七条** 各级人民法院、人民检察院和司法行政机关、律师协会要常态化开展警示教育，在人民法院、人民检察院、司法行政系统定期通报不正当接触交往典型案件，印发不正当接触交往典型案例汇编，引导法官、检察官与律师深刻汲取教训，心存敬畏戒惧，不碰底线红线。

**第八条** 各级人民法院、人民检察院和司法行政机关、律师协会要加强法官、检察官和律师职业道德培训，把法官、检察官与律师接触交往相关制度规范作为职前培训和继续教育的必修课和培训重点，引导法官、检察官和律师把握政策界限，澄清模糊认识，强化行动自觉。

**第九条** 各级人民法院、人民检察院要完善司法权力内部运行机制，充分发挥审判监督和检察监督职能，健全类案参考、裁判指引、指导性案例等机制，促进裁判尺度统一，防止法官、检察官滥用自由裁量权。强化内外部监督制约，将法官、检察官与律师接触交往，法官、检察官近亲属从事律师职业等问题，纳入司法巡查、巡视巡察和审务督察、检务督察范围。

各级人民法院、人民检察院要加强对法官、检察官的日常监管，强化法官、检察官工作时间之外监督管理，对发现的苗头性倾向性问题，早发现早提醒早纠正。严格落实防止干预司法“三个规定”月报告制度，定期分析处理记录报告平台中的相关数据，及时发现违纪违法线索。

**第十条** 各级司法行政机关要切实加强律师执业监管，通过加强律师和律师事务所年度考核、完善律师投诉查处机制等，强化日常监督管理。

完善律师诚信信息公示制度,加快律师诚信信息公示平台建设,及时向社会公开律师与法官、检察官不正当接触交往受处罚处分信息,强化社会公众监督,引导督促律师依法依规诚信执业。

完善律师收费管理制度,强化对统一收案、统一收费的日常监管,规范律师风险代理行为,限制风险代理适用范围,避免风险代理诱发司法腐败。

**第十一条** 律师事务所应当切实履行对本所律师及“法律顾问”、行政人员的监督管理责任,不得指使、纵容或者放任本所律师及“法律顾问”、行政人员与法官、检察官不正当接触交往。律师事务所违反上述规定的,由司法行政机关依法依规处理。

**第十二条** 各级人民法院、人民检察院要加强律师执业权利保障,持续推动审判流程公开和检务公开,落实听取律师辩护代理意见制度,完善便利律师参与诉讼机制,最大限度减少权力设租寻租和不正当接触交往空间。

各级人民法院、人民检察院和司法行政机关要建立健全法官、检察官与律师正当沟通交流机制,通过同堂培训、联席会议、学术研讨、交流互访等方式,为法官、检察官和律师搭建公开透明的沟通交流平台。探索建立法官、检察官与律师互评监督机制。

完善从律师中选拔法官、检察官制度,推荐优秀律师进入法官、检察官遴选和惩戒委员会,支持律师担任人民法院、人民检察院特邀监督员,共同维护司法廉洁和司法公正。

# 最高人民法院　最高人民检察院　司法部印发《关于进一步规范法院、检察院离任人员从事律师职业的意见》的通知

（2021年9月30日　司发通〔2021〕61号）

各省、自治区、直辖市高级人民法院、人民检察院、司法厅（局），新疆维吾尔自治区高级人民法院生产建设兵团分院、新疆生产建设兵团人民检察院、司法局：

现将《关于进一步规范法院、检察院离任人员从事律师职业的意见》印发你们，请结合实际认真贯彻执行。

## 关于进一步规范法院、检察院离任人员从事律师职业的意见

**第一条**　为深入贯彻习近平法治思想，认真贯彻落实防止干预司法“三个规定”，进一步规范法院、检察院离任人员从事律师职业，防止利益输送和利益勾连，切实维护司法廉洁和司法公正，依据《中华人民共和国公务员法》《中华人民共和国法官法》《中华人民共和国检察官法》《中华人民共和国律师法》等有关规定，结合实际情况，制定本意见。

**第二条** 本意见适用于从各级人民法院、人民检察院离任且在离任时具有公务员身份的工作人员。离任包括退休、辞去公职、开除、辞退、调离等。

本意见所称律师,是指在律师事务所执业的专兼职律师(包括从事非诉讼法律事务的律师)。本意见所称律师事务所“法律顾问”,是指不以律师名义执业,但就相关业务领域或者个案提供法律咨询、法律论证,或者代表律师事务所开展协调、业务拓展等活动的人员。本意见所称律师事务所行政人员,是指律师事务所聘用的从事秘书、财务、行政、人力资源、信息技术、风险管控等工作的人员。

**第三条** 各级人民法院、人民检察院离任人员从事律师职业或者担任律师事务所“法律顾问”、行政人员,应当严格执行《中华人民共和国法官法》《中华人民共和国检察官法》《中华人民共和国律师法》和公务员管理相关规定。

各级人民法院、人民检察院离任人员在离任后二年内,不得以律师身份担任诉讼代理人或者辩护人。各级人民法院、人民检察院离任人员终身不得担任原任职人民法院、人民检察院办理案件的诉讼代理人或者辩护人,但是作为当事人的监护人或者近亲属代理诉讼或者进行辩护的除外。

**第四条** 被人民法院、人民检察院开除人员和从人民法院、人民检察院辞去公职、退休的人员除符合本意见第三条规定外,还应当符合下列规定:

(一)被开除公职的人民法院、人民检察院工作人员不得在律师事务所从事任何工作。

(二)辞去公职或者退休的人民法院、人民检察院领导班子成员,四级高级及以上法官、检察官,四级高级法官助理、检察官助理以上及相当职级层次的审判、检察辅助人员在离职三年内,其他辞去公职或退休的人民法院、人民检察院工作人员在离职二年内,不得到原任职人民法院、人民检察院管辖地区内的律师事务所从事律师职业或者担任“法律顾问”、行政人员等,不得以律师身份从事与原任职人民法院、人民检察院相关的有偿法律服务活动。

（三）人民法院、人民检察院退休人员在不违反前项从业限制规定的情况下，确因工作需要从事律师职业或者担任律师事务所“法律顾问”、行政人员的，应当严格执行中共中央组织部《关于进一步规范党政领导干部在企业兼职（任职）问题的意见》（中组发〔2013〕18 号）规定和审批程序，并及时将行政、工资等关系转出人民法院、人民检察院，不再保留机关的各种待遇。

**第五条** 各级人民法院、人民检察院离任人员不得以任何形式，为法官、检察官与律师不正当接触交往牵线搭桥，充当司法掮客；不得采用隐名代理等方式，规避从业限制规定，违规提供法律服务。

**第六条** 人民法院、人民检察院工作人员拟在离任后从事律师职业或者担任律师事务所“法律顾问”、行政人员的，应当在离任时向所在人民法院、人民检察院如实报告从业去向，签署承诺书，对遵守从业限制规定、在从业限制期内主动报告从业变动情况等作出承诺。

人民法院、人民检察院离任人员向律师协会申请律师实习登记时，应当主动报告曾在人民法院、人民检察院工作的情况，并作出遵守从业限制的承诺。

**第七条** 律师协会应当对人民法院、人民检察院离任人员申请实习登记进行严格审核，就申请人是否存在不宜从事律师职业的情形征求原任职人民法院、人民检察院意见，对不符合相关条件的人员不予实习登记。司法行政机关在办理人民法院、人民检察院离任人员申请律师执业核准时，应当严格审核把关，对不符合相关条件的人员不予核准执业。

**第八条** 各级人民法院、人民检察院应当在离任人员离任前与本人谈话，提醒其严格遵守从业限制规定，告知违规从业应承担的法律责任，对不符合从业限制规定的，劝其调整从业意向。

司法行政机关在作出核准人民法院、人民检察院离任人员从事律师职业决定时，应当与本人谈话，提醒其严格遵守从业限制规定，告知违规从业应承担的法律责任。

**第九条** 各级人民法院、人民检察院在案件办理过程中，发现担任诉讼代理人、辩护人的律师违反人民法院、人民检察院离任人员从业限制规定情况的，应当通知当事人更换诉讼代理人、辩护人，并及时通报司法行政机关。

司法行政机关应当加强从人民法院、人民检察院离任后在律师事务所从业人员的监督管理，通过投诉举报调查、“双随机一公开”抽查等方式，及时发现离任人员违法违规问题线索并依法作出处理。

**第十条** 律师事务所应当切实履行对本所律师及工作人员的监督管理责任，不得接收不符合条件的人民法院、人民检察院离任人员到本所执业或者工作，不得指派本所律师违反从业限制规定担任诉讼代理人、辩护人。律师事务所违反上述规定的，由司法行政机关依法依规处理。

**第十一条** 各级人民法院、人民检察院应当建立离任人员信息库，并实现与律师管理系统的对接。司法行政机关应当依托离任人员信息库，加强对人民法院、人民检察院离任人员申请律师执业的审核把关。

各级司法行政机关应当会同人民法院、人民检察院，建立人民法院、人民检察院离任人员在律师事务所从业信息库和人民法院、人民检察院工作人员近亲属从事律师职业信息库，并实现与人民法院、人民检察院立案、办案系统的对接。人民法院、人民检察院应当依托相关信息库，加强对离任人员违规担任案件诉讼代理人、辩护人的甄别、监管，做好人民法院、人民检察院工作人员回避工作。

**第十二条** 各级人民法院、人民检察院和司法行政机关应当定期对人民法院、人民检察院离任人员在律师事务所违规从业情况开展核查，并按照相关规定进行清理。

对人民法院、人民检察院离任人员违规从事律师职业或者担任律师事务所“法律顾问”、行政人员的，司法行政机关应当要求其在规定时间内申请注销律师执业证书、与律所解除劳动劳务关系；对在规定时间内没有主动申请注销执业证书或者解除劳动劳务关系的，司法行政机关应当依法注销其执业证书或者责令律所与其解除劳动劳务关系。

本意见印发前，已经在律师事务所从业的人民法院、人民检察院退休人员，按照中共中央组织部《关于进一步规范党政领导干部在企业兼职（任职）问题的意见》（中组发〔2013〕18号）相关规定处理。

# 司法部关于申请兼职律师执业人员范围有关问题的批复

（2021 年 12 月 2 日　司复〔2021〕24 号）

北京市司法局：

你局《关于明确申请兼职律师执业人员范围的请示》（京司文〔2021〕71 号）收悉。经研究，批复如下：

根据《中华人民共和国律师法》第十二条规定，高等院校中从事法学研究工作的人员可以依法申请兼职律师执业，博士后流动站（工作站）的博士后不符合申请兼职律师执业的条件。该条规定的“法学”应理解为狭义上的“法学”，不包括政治学、社会学、民族学等。

此复。

# 司法部办公厅关于加强公司律师参与企业合规管理工作的通知

（2021 年 12 月 15 日　司办通〔2021〕98 号）

各省、自治区、直辖市司法厅（局），新疆生产建设兵团司法局：

为充分发挥公司律师职能作用，提升企业依法合规经营水平，促进经济高质量发展，现就加强公司律师参与企业合规管理工作通知如下。

**一、提高政治站位，充分认识公司律师参与企业合规管理工作的重要意义**

党的十八大以来，以习近平同志为核心的党中央高度重视企业合规和公司律师工作，习近平总书记多次作出重要指示，提出明确要求。当前，我国进入新发展阶段，发展内外环境发生深刻变化，贯彻新发展理念、构建新发展格局、推动高质量发展对打造市场化法治化国际化营商环境、提高企业依法合规经营水平提出了新要求。高水平对外开放持续扩大，共建"一带一路"深入推进，与此同时经济全球化遭遇逆流，企业"走出去"面临的法律合规风险不断增多，强化合规管理工作的重要性、紧迫性更加凸显。全面依法治国深入推进，《法治中国建设规划（2020—2025 年）》《法治社会建设实施纲要（2020—2025 年）》《法治政府建设实施纲要（2021—2025 年）》相继实施，对推进依法治企、加强公司律师工作等作出战略部署。经济社会发展的新需求和全面依法治国的新要求，为公司律师参与企业合规管理、充分发挥专业优势提供了更加广阔的平台，也提出了更高的标准和要求。新形势下,必须引导、支持广大公司律师立足党和国家工作大局,积极参与企业合规管理工作,强化法律服务保障职能,推动完善企业合规管理体系,防范化解企业经营风险,促进我国经济高质量发展。

**二、强化目标导向,明确加强公司律师参与企业合规管理工作的总体要求**

加强公司律师参与企业合规管理工作,要坚持以习近平新时代中国特色社会主义思想为指导,全面贯彻落实党的十九大和十九届历次全会精神,认真学习贯彻习近平法治思想和习近平总书记重要指示精神,科学把握新发展阶段,完整、准确、全面贯彻新发展理念,服务构建新发展格局,把参与企业合规管理作为公司律师履行职责的重要内容,加大工作指导、推进力度,充分发挥公司律师在企业合规管理中的职能作用,促进企业合规管理制度机制更加健全,依法规范经营管理水平不断提升,各类合规风险得到有效预防和化解,在法治轨道上增强企业发展效益和核心竞争力,为实现经济社会高质量发展提供有力法治保障。

加强公司律师参与企业合规管理工作,必须把握以下原则:坚持党的领导,坚定不移走中国特色社会主义法治道路,坚决贯彻落实党和国家各项方针政策、决策部署,牢牢把握正确政治方向;坚持依法依规,认真履职尽责,促进企业全面遵守法律法规规章、行政规范性文件、国际条约、监管规则、政策要求、行业准则、商业惯例、道德规范等规定;坚持立足实际,强化风险意识和底线思维,根据企业自身发展阶段和经营特点,深入查找合规管理薄弱环节,制定和执行切实可行的合规措施,确保合规管理工作取得实效;坚持统筹兼顾,统筹风险源头预防与事后处置,统筹国内业务合规与涉外业务合规,兼顾企业利益、职工利益与社会公共利益、国家整体利益,实现政治效果、法律效果、社会效果的统一。

**三、聚焦重点难点,推动公司律师全面参与企业合规管理工作**

企业合规工作涉及企业经营管理各领域、各环节。要组织、引导公司律师全面、深度参与企业合规管理各项工作，聚焦合规风险易发多发领域和重点难点环节加大工作力度，增强合规管理针对性、实效性。

（一）着力做好企业治理合规管理。完善的内部治理是现代企业制度建设的核心，是企业依法合规经营、持续健康发展的前提条件。公司律师应当协助企业按照法律法规和相关规定，健全以章程为核心、权责明确、运转协调、制衡有效的法人治理结构，规范股东会、董事会、监事会、管理层、执行层、党组织、职工代表大会等各治理主体权利义务，完善重大经营管理决策合法合规性审查机制，健全适应合规管理要求的各项内部规章制度，提升企业合规治理水平。

（二）着力做好刑事合规管理。刑事合规是企业经营管理必须遵守的底线和红线，直接关系企业生存和发展。公司律师应当协助企业建立刑事违法案事件应对处置机制，开展内外部刑事违法风险评估、加强预防犯罪教育培训，完善投诉举报、审查处理、线索移送等工作制度，配合司法机关和纪检监察等部门依法办案，积极参与企业合规和第三方监督评估机制改革试点工作，推进刑事合规问题整改，降低刑事责任风险，促进企业在守法合规中实现可持续发展。

（三）着力做好行政合规管理。遵守法律法规规章和国家有关部门的政策规定、监管要求、业务指引，是企业依法合规经营的应有之义。公司律师应当跟进了解国家相关法律法规规章和大政方针政策，帮助企业在有关部门指导、监督下，有针对性地制定、实施合规管理措施，严格执行产品质量、安全生产、劳动用工、财务税收、节能减排、环境保护、数据安全、信息保护、广告宣传、规划建设、交通运输、卫生防疫等各项行政监管政策和规定，防范违规风险，整改违规问题，促进企业依法合规审慎经营。

（四）着力做好海外合规管理。合规是企业“走出去”行稳致远的前提，合规管理能力是企业国际竞争力的重要方面。公司律师应当协助企业健全海外经营合规制度，根据跨境贸易、对外投资、承包工程等不同业务特点加强风险防控，遵守东道国法律法规、监管政策和相关国际规则，落实市场准入、安全审查、外汇管理、劳工保护、反洗钱、反贿赂等方面合规要求，注重保护环境和履行社会责任，防范经济制裁、出口管制、技术封锁等方面法律经营风险，切实维护我国企业在海外合法权益，维护国家主权、安全和发展利益。

（五）着力做好反垄断合规管理。强化反垄断和反不正当竞争，防止资本无序扩张、野蛮生长，是维护公平竞争市场环境、构建高水平社会主义市场经济体制的重要举措。公司律师应当密切关注国家反垄断法律法规和政策要求，帮助企业制定内部反垄断规章制度及工作流程，避免在参与市场竞争、扩大经营规模过程中出现签订垄断协议、滥用市场支配地位、违规实施经营者集中等垄断行为，切实维护市场经济秩序，维护消费者利益和社会公共利益。

（六）着力做好知识产权合规管理。加强知识产权保护和运用，对激发企业创新创造活力、推进产业转型升级、强化国家战略科技力量具有重要作用。公司律师应当密切关注新技术、新产品、新业态的立法执法司法动态，帮助企业做好专利、商标、著作权等各类知识产权的申请、取得、维护等工作，强化商业秘密、个人信息和数据安全保护，规范科技创新成果许可和转让，防范应对知识产权侵权行为，为推动企业创新发展、实现科技自立自强提供有力法治支撑。

**四、注重长效长治，推动持续提升企业合规管理工作整体水平**

公司律师参与企业合规管理工作，既要发挥自身专业优势，妥善应对处置企业经营中的合规风险，也要推动企业完善合规管理制度机制，强化合规文化建设和力量配备，提升企业合规管理整体水平，形成工作长效。

（一）完善合规管理制度。确保企业合规管理工作有序开展，必须实现合规管理制度化、规范化。公司律师应当协助企业搭建合规管理工作架构，制定覆盖企业经营管理各领域各部门各层级的合规管理工作规范，形成系统完备、科学合理、运行有效的合规制度体系，明确决策管理层和生产、运营、销售、财务、行政、人力、内控等各职能部门、各业务条线、各管理层级的合规管理职责，定期制定和实施合规管理计划和具体方案,使企业合规管理各项工作都有制可依、有规可循。

(二)健全合规工作机制。有效应对企业合规风险,必须建立事前预警防范、事中应对处置、事后评估改进等一整套工作机制。公司律师应当协助企业全面分析采购销售、生产运营、项目工程、投资并购、人力资源等各项经营管理活动的合规风险,建立健全风险识别、分析、预警、报告、咨询、审核、调查、处置、评价、改进等全流程工作机制,明确各项业务合规工作标准和操作指引,并将合规管理作为企业发展和员工绩效考核的重要指标,推动落实合规管理责任,增强合规管理效能。

(三)加强合规文化建设。做好企业合规管理工作,必须在企业内部树立合规人人有责、合规创造价值的正确理念。公司律师应当协助企业加强合规管理宣传,对全体员工特别是经营管理层人员、高风险岗位人员开展合规培训和警示教育,制定合规行为准则,划定合规纪律红线,营造合规文化氛围,使全体员工不断提升合规意识,增强参与、支持合规管理工作的自觉性、主动性。

(四)配强合规专业力量。企业合规管理工作具有很强的法律性、政策性、专业性、复杂性,要求合规工作人员必须具备较高的能力素质。公司律师应当协助企业积极建立健全法务、合规、监察、审计等合规管理专门机构,加强专职合规工作队伍建设,及时配备、培养专业合规人才,做好外部法律顾问的选聘、使用和管理工作,积极推动将具备必要的合规意识和合规知识作为特定岗位人员任职、晋升的前提条件,提升企业合规管理专业化水平。

**五、加强组织领导,确保公司律师参与企业合规管理工作有序推进**

公司律师所在企业负责具体推动本企业公司律师参与合规管理工作,要把公司律师参与决策过程、提出法律意见作为依法合规决策的重要程序,明确公司律师参与企业合规管理的具体职责和方式,为公司律师履行职责提供条件和便利。各级司法行政机关要统筹推动本地区公司律师参与企业合规管理工作,指导律师协会加强公司律师专门委员会或专业委员会建设,研究制订业务指引或工作规范,组织开展培训、交流、研讨等活动,提高公司律师合规管理业务水平。要加强与国有资产监管机构、企业协会商会组织和相关行业主管部门、行政执法机关、司法机关、纪检监察机关的信息沟通,密切协作配合,共同研究解决公司律师参与企业合规管理中面临的困难和问题,形成工作合力。要把参与企业合规管理工作情况作为公司律师年度考核的重要内容,指导、监督公司律师充分发挥职能作用,注重总结、推广公司律师参与企业合规管理工作的有益经验和做法。要通过多种形式积极宣传公司律师参与合规管理工作取得的成效,及时选树先进典型,加大表彰力度,增强公司律师参与企业合规管理工作的责任感、荣誉感。

# 司法部　国家发展和改革委员会 国家市场监督管理总局印发《关于进一步规范律师服务收费的意见》的通知

（2021年12月28日　司发通〔2021〕87号）

各省、自治区、直辖市司法厅(局)、发展和改革委员会、市场监督管理局，新疆生产建设兵团司法局、发展和改革委员会、市场监督管理局：

现将《关于进一步规范律师服务收费的意见》印发你们，请结合实际认真贯彻执行。

## 关于进一步规范律师服务收费的意见

为推进律师事业高质量发展，更好地满足新时代人民群众法律服务需求，现就进一步规范律师服务收费提出如下意见。

**一、总体要求**

坚持以习近平新时代中国特色社会主义思想为指导，深入学习贯彻习近平法治思想，深入贯彻落实习近平总书记关于律师工作的重要指示精神，坚持以人民为中心的发展思想，规范律师服务收费行为，健全律师事务所收费管理制度，强化律师服务收费监管，引导广大律师认真履行社会责任，促进律师行业健康有序发展，切实增强人民群众的法治获得感。

## 二、完善律师服务收费政策

（一）提升律师服务收费合理化水平。律师服务收费项目、收费方式、收费标准等原则上由律师事务所制定。在制定律师服务费标准时，律师事务所应当统筹考虑律师提供服务耗费的工作时间、法律事务的难易程度、委托人的承受能力、律师可能承担的风险和责任、律师的社会信誉和工作水平等因素。各省（区、市）律师协会指导设区的市或者直辖市的区（县）律师协会对律师事务所制定的律师服务费标准实施动态监测分析。

（二）提高律师服务收费公开化程度。律师事务所制定的律师服务费标准，应当每年向所在设区的市或者直辖市的区（县）律师协会备案，备案后一年内原则上不得变更。新设律师事务所在取得执业许可证书10个工作日内，应当制定律师服务费标准并向所在设区的市或者直辖市的区（县）律师协会备案。律师事务所不得超出该所在律师协会备案的律师服务费标准收费。律师事务所应当严格执行明码标价制度，将本所在律师协会备案的律师服务费标准在其执业场所显著位置进行公示，接受社会监督。

（三）扩大律师服务收费普惠化范围。律师事务所办理涉及农民工、残疾人等弱势群体或者与公益活动有关的法律服务事项，可以酌情减免律师服务费。对当事人符合法律援助条件的，律师事务所应当及时告知当事人可以申请法律援助。鼓励律师事务所和律师积极参与公益法律服务。

## 三、严格规范律师风险代理行为

（四）严格限制风险代理适用范围。禁止刑事诉讼案件、行政诉讼案件、国家赔偿案件、群体性诉讼案件、婚姻继承案件，以及请求给予社会保险待遇、最低生活保障待遇、赡养费、抚养费、扶养费、抚恤金、救济金、工伤赔偿、劳动报酬的案件实行或者变相实行风险代理。

（五）严格规范风险代理约定事项。律师事务所和律师不得滥用专业优势地位，对律师事务所与当事人各自承担的风险责任作出明显不合理的约定,不得在风险代理合同中排除或者限制当事人上诉、撤诉、调解、和解等诉讼权利,或者对当事人行使上述权利设置惩罚性赔偿等不合理的条件。

(六)严格限制风险代理收费金额。律师事务所与当事人约定风险代理收费的,可以按照固定的金额收费,也可以按照当事人最终实现的债权或者减免的债务金额(以下简称“标的额”)的一定比例收费。律师事务所在风险代理各个环节收取的律师服务费合计最高金额应当符合下列规定:标的额不足人民币100万元的部分,不得超过标的额的18%;标的额在人民币100万元以上不足500万元的部分,不得超过标的额的15%;标的额在人民币500万元以上不足1000万元的部分,不得超过标的额的12%;标的额在人民币1000万元以上不足5000万元的部分,不得超过标的额的9%;标的额在人民币5000万元以上的部分,不得超过标的额的6%。

(七)建立风险代理告知和提示机制。律师事务所应当与当事人签订专门的书面风险代理合同,并在风险代理合同中以醒目方式明确告知当事人风险代理的含义、禁止适用风险代理案件范围、风险代理最高收费金额限制等事项,并就当事人委托的法律服务事项可能发生的风险、双方约定的委托事项应达成的目标、双方各自承担的风险和责任等进行提示。

**四、健全律师事务所收费管理制度**

(八)切实规范律师服务收费行为。律师事务所与当事人协商收费,应当遵循公开公平、平等自愿、诚实信用的原则,不得作出违背社会公序良俗或者显失公平的约定,不得采取欺骗、诱导等方式促使当事人接受律师服务价格,不得相互串通、操纵价格。律师事务所不得在协商收费时向当事人明示或者暗示与司法机关、仲裁机构及其工作人员有特殊关系,不得以签订“阴阳合同”等方式规避律师服务收费限制性规定。

律师事务所应当加强对律师服务收费合同或者委托代理合同中收费条款的审核把关,除律师服务费、代委托人支付的费用、异地办案差旅费外,严禁以向司法人员、仲裁员疏通关系等为由收取所谓的"办案费""顾问费"等任何其他费用。律师事务所在提供法律服务过程中代委托人支付的诉讼费、仲裁费、鉴定费、公证费、查档费、保全费、翻译费等费用,不属于律师服务费,由委托人另行支付。律师事务所应当向委托人提供律师服务收费清单,包括律师服务费、代委托人支付的费用以及异地办案差旅费,其中代委托人支付的费用及异地办案差旅费应当提供有效凭证。

(九)严格执行统一收案、统一收费规定。律师事务所应当建立健全收案管理、收费管理、财务管理、专用业务文书、档案管理等内部管理制度,确保律师业务全面登记、全程留痕。建立律师业务统一登记编码制度,加快推进律师管理信息系统业务数据采集,按照统一规则对律师事务所受理的案件进行编号,做到案件编号与收费合同、收费票据一一对应,杜绝私自收案收费。律师服务收费应当由财务人员统一收取、统一入账、统一结算,并及时出具合法票据,不得用内部收据等代替合法票据,不得由律师直接向当事人收取律师服务费。确因交通不便等特殊情况,当事人提出由律师代为收取律师服务费的,律师应当在代收后 3 个工作日内将代收的律师服务费转入律师事务所账户。

(十)压实对律师的教育管理责任。律师事务所应当加强对本所律师的教育管理,引导律师践行服务为民理念,树立正确的价值观、义利观,恪守职业道德和执业纪律,严格遵守律师服务收费各项管理规定。强化内部监督制约,确保律师服务收费全流程可控,认真办理涉及收费的投诉举报,及时纠正律师违法违规收费行为。

**五、强化律师服务收费监督检查**

(十一)加强律师服务收费常态化监管。司法行政部门、律师协会要把律师服务收费作为律师事务所年度检查考核和律师执业年度考核的重要内容,对上一年度有严重违法违规收费行为、造成恶劣社会影响的律师事务所和律师,应当依法依规评定为"不合格""不称职"。开展"双随机一公开"抽查,司法行政部门每年对不少于5%的律师事务所收费情况开展执法检查，对该所承办一定比例的案件倒查委托代理合同、收费票据等，及时发现违法违规收费问题。

（十二）加大违法违规收费查处力度。完善违法违规收费投诉处理机制，重点查处涉及群众切身利益的民生类律师服务收费投诉，确保有投诉必受理、有案必查、违法必究。依法依规严肃查处违法违规收费行为，对不按规定明码标价、价格欺诈等违反价格法律法规的行为，由市场监管部门依法作出行政处罚；对私自收费、违规风险代理收费、变相乱收费以及以向司法人员、仲裁员疏通关系为由收取所谓的"办案费""顾问费"等违法违规收费行为，由司法行政部门、律师协会依据《律师法》《律师和律师事务所违法行为处罚办法》等作出行政处罚、行业处分。市场监管部门、司法行政部门对律师事务所和律师违法违规收费行为作出行政处罚的，应当及时抄送同级司法行政部门、市场监管部门。健全律师服务收费诚信信息公示机制，司法行政部门及时在律师诚信信息公示平台公示律师事务所和律师因违法违规收费被处罚处分信息，定期通报违法违规收费典型案例，强化警示教育效果。

（十三）健全律师服务收费争议解决机制。因律师服务收费发生争议的，律师事务所和当事人可以协商解决。协商不成的，双方可以提请律师事务所所在设区的市或者直辖市的区（县）律师协会进行调解。设区的市或者直辖市的区（县）律师协会应当成立律师服务收费争议调解委员会，制定律师服务收费争议调解规则，依法依规开展调解。

**六、加强组织实施**

（十四）强化责任落实。各级司法行政、发展改革和市场监管部门要高度重视，加强工作指导，密切沟通配合，结合实际研究制定贯彻落实举措。

（十五）发挥行业自律作用。省级律师协会要在同级司法行政部门指导下，制定律师服务费标准制定指引和示范文本，明确律师服务费标准应当载明的收费项目、制定律师服务费标准应当考虑的因素等事项，但不得直接制定律师服务费标准；制定律师服务费标准备案管理办法，明确律师服务费标准在律师协会备案的程序和要求；制定律师风险代理书面提示和风险代理收费合同示范文本，督促律师事务所严格规范风险代理收费行为。

本《意见》印发前国家发展改革委、司法部制定的律师服务收费规范性文件的规定与本《意见》规定相抵触的，以本《意见》为准。

# 最高人民法院　司法部印发《关于为死刑复核案件被告人依法提供法律援助的规定(试行)》的通知

(2021年12月30日　法〔2021〕348号)

各省、自治区、直辖市高级人民法院、司法厅(局),解放军军事法院,新疆维吾尔自治区高级人民法院生产建设兵团分院、新疆生产建设兵团司法局:

现将《最高人民法院、司法部关于为死刑复核案件被告人依法提供法律援助的规定(试行)》印发给你们,请认真遵照执行。执行过程中遇到的问题,请及时层报最高人民法院、司法部。

## 最高人民法院　司法部关于为死刑复核案件被告人依法提供法律援助的规定(试行)

为充分发挥辩护律师在死刑复核程序中的作用,切实保障死刑复核案件被告人的诉讼权利,根据《中华人民共和国刑事诉讼法》《中华人民共和国律师法》《中华人民共和国法律援助法》《最高人民法院关于适用〈中华人民共和国刑事诉讼法〉的解释》等法律及司法解释,制定本规定。

**第一条** 最高人民法院复核死刑案件,被告人申请法律援助的,应当通知司法部法律援助中心指派律师为其提供辩护。

法律援助通知书应当写明被告人姓名、案由、提供法律援助的理由和依据、案件审判庭和联系方式,并附二审或者高级人民法院复核审裁判文书。

**第二条** 高级人民法院在向被告人送达依法作出的死刑裁判文书时,应当书面告知其在最高人民法院复核死刑阶段可以委托辩护律师,也可以申请法律援助;被告人申请法律援助的,应当在十日内提出,法律援助申请书应当随案移送。

**第三条** 司法部法律援助中心在接到最高人民法院法律援助通知书后,应当采取适当方式指派律师为被告人提供辩护。

**第四条** 司法部法律援助中心在接到最高人民法院法律援助通知书后,应当在三日内指派具有三年以上刑事辩护执业经历的律师担任被告人的辩护律师,并函告最高人民法院。

司法部法律援助中心出具的法律援助公函应当写明接受指派的辩护律师的姓名、所属律师事务所及联系方式。

**第五条** 最高人民法院应当告知或者委托高级人民法院告知被告人为其指派的辩护律师的情况。被告人拒绝指派的律师为其辩护的,最高人民法院应当准许。

**第六条** 被告人在死刑复核期间自行委托辩护律师的,司法部法律援助中心应当作出终止法律援助的决定,并及时函告最高人民法院。

最高人民法院在复核死刑案件过程中发现有前款规定情形的,应当及时函告司法部法律援助中心。司法部法律援助中心应当作出终止法律援助的决定。

**第七条** 辩护律师应当在接受指派之日起十日内,通过传真或者寄送等方式,将法律援助手续提交最高人民法院。

**第八条** 辩护律师依法行使辩护权,最高人民法院应当提供便利。

**第九条** 辩护律师在依法履行辩护职责中遇到困难和问题的，最高人民法院、司法部有关部门应当及时协调解决，切实保障辩护律师依法履行职责。

**第十条** 辩护律师应当在接受指派之日起一个半月内提交书面辩护意见或者当面反映辩护意见。辩护律师要求当面反映意见的，最高人民法院应当听取辩护律师的意见。

**第十一条** 死刑复核案件裁判文书应当写明辩护律师姓名及所属律师事务所，并表述辩护律师的辩护意见。受委托宣判的人民法院应当在宣判后五日内将最高人民法院生效裁判文书送达辩护律师。

**第十二条** 司法部指导、监督全国死刑复核案件法律援助工作，司法部法律援助中心负责具体组织和实施。

**第十三条** 本规定自2022年1月1日起施行。

# （十一）国家统一法律职业资格考试工作类

# 司法部关于做好2020年国家统一法律职业资格考试主观题考试成绩公布及法律职业资格审核授予工作的通知

（2021年1月6日　司发通〔2021〕1号）

各省、自治区、直辖市司法厅（局），新疆生产建设兵团司法局：

依据《国家统一法律职业资格考试实施办法》《法律职业资格管理办法》有关规定，司法部于2021年1月8日公布2020年国家统一法律职业资格考试主观题考试成绩、合格分数线及申请授予法律职业资格等事项。现就相关工作通知如下。

**一、合格分数线**

依据《国家统一法律职业资格考试实施办法》第十五条规定，经商最高人民法院、最高人民检察院等部门，确定2020年国家统一法律职业资格考试主观题考试合格分数线。全国统一合格分数线为108分。放宽地方合格分数线分为三档，其中，西藏自治区放宽合格分数线为85分；青海、四川、云南、甘肃四省涉藏州县，四川凉山州、云南怒江州、甘肃临夏州等“三区三州”放宽合格分数线为90分；其他放宽地方合格分数线为95分。使用少数民族语言文字试卷参加考试的，单独确定合格分数标准。

**二、考试成绩发布与核查**

（一）成绩发布。2020年国家统一法律职业资格考试主观题考试成绩于2021年1月8日公布。应试人员可自1月8日上午8时，通过司法部网站、司法部微信公众号和中国普法网、中国普法微信公众号查询本人成绩，自行下载打印成绩通知单。

（二）分数核查。应试人员对主观题考试成绩有异议的，可自考试成绩公布之日起15日内，以书面形式向报名地司法行政机关申请核查。书面申请应写明申请人姓名、准考证号、考试所在考区、考点和考场，提供本人准考证复印件。

报名地司法行政机关汇总应试人员分数核查申请后，通过考试报名管理平台填报；省（区、市）司法厅（局）对各考区上报的应试人员分数核查申请信息核对无误后通过考试报名管理平台报司法部，同时下载打印《2020年国家统一法律职业资格考试主观题考试分数核查呈报表》（附件4）并加盖公章，于2021年1月25日前书面报送司法部考试中心。司法部及其考试机构不直接受理个人分数核查申请。

各省（区、市）司法厅（局）按照《国家统一法律职业资格考试工作规则》第四十二条、第四十三条规定，公告接受应试人员分数核查申请的期限，超过公告期限的不予受理。

**三、法律职业资格审核授予**

通过2019年、2020年国家统一法律职业资格考试客观题考试的应试人员，参加2020年主观题考试取得合格成绩的，经审核符合授予条件的，由司法部授予法律职业资格，颁发法律职业资格证书。

（一）网上申请和现场受理

法律职业资格申请实行网上填报申请信息、现场提交申请材料、统一受理等工作方式。

申请授予法律职业资格人员（以下简称申请人）应于2021年1月13日8时至1月17日24时，登录司法部网站或者司法部政务服务平台，自行选择受理地并填报申请授予法律职业资格的相关信息，自动生成《2020年国家统一法律职业资格考试法律职业资格申请表》（附件1）。申请人可以选择在报名地、户籍地、工作和生活所在地设区的市级或者直辖市司法行政机关申请授予法律职业资格。

完成网上申请程序后，应试人员应于2021年1月25日至2月3

日到受理机关指定场所现场提交申请材料。对于疫情中高风险地区，司法行政机关可以根据本地疫情防控工作要求，视情延迟现场审查相关材料，采用申请人先行网上提交申请材料等方式。

司法行政机关统一受理法律职业资格申请，统一受理日期为2021年2月4日。

受理申请的司法行政机关应根据司法部下发的考试成绩合格人员名单，登录法律职业资格管理系统打印《2020年国家统一法律职业资格考试法律职业资格申请表》（2份）、《2020年国家统一法律职业资格考试报名表》（1份，由核查机关存档），由申请人核对无误后签字确认。同时要求申请人本人现场提交下列材料。

1. 居民身份证。港澳居民需同时提交港澳居民来往内地通行证或者港澳居民居住证原件，台湾居民需同时提交台湾居民来往大陆通行证或者台湾居民居住证原件。

符合放宽学历条件、成绩达到放宽合格分数线并申请享受放宽政策的申请人，需提供本人户口簿原件。

2. 高等学校毕业证书原件。持港澳台地区或国外高等学校学历学位证书的，须提交教育部留学服务中心出具的认证书。

3. 证件照片。与本人2020年国家统一法律职业资格考试网上报名上传照片同一底片2寸（46mm×32mm）免冠彩色证件照片4张（其中2张用于申请表上，1张用于报名表上，1张用于制作证书）。

4. 根据审核需要提交的学信网学历查询结果、中国高等教育学历认证报告等补正材料。

申请材料原件经司法行政机关审验后复印或者扫描留存归档，原件退回申请人。

司法行政机关在接收申请材料时，应当根据不同情况，依据《法律职业资格管理办法》第八条规定分别作出处理。对符合受理条件的，向申请人出具《法律职业资格申请受理单》（附件6）；对需要补充其他相关材料的，当场或者五个工作日内向申请人出具《法律职业资格申请补正材料通知书》(附件7或者附件8),告知申请人需要补正的全部材料及内容;对不属于法律职业资格认定事项或不符合申请条件的,向申请人出具《法律职业资格申请不予受理通知书》(附件9)并说明理由。

5. 申请人因姓名、学历、户籍等重要信息填写错误需要更改的,应由受理、审查和核查机关逐级核实后,向司法部法律职业资格管理局书面报请信息勘误,经司法部法律职业资格管理局审核同意后统一更改。

6. 申请人因出国留学、重大疾病、现役军人执行任务以及公务人员执行重大紧急任务等特殊情况无法在规定期限到现场申请的,可申请适当延期提交申请材料或者委托近亲属、单位相关人员代为提交申请材料。申请延期提交申请材料的,留学人员需提交护照、签证复印件,重大疾病人员需提交医院诊断书,现役军人需提交所在部队团级以上单位政治部门出具的执行任务情况说明,公务人员执行重大紧急公务的需提交所在单位的情况说明。申请委托近亲属或单位有关人员代为提交申请材料的,除提交申请材料及上述材料或情况说明外,还需提交委托书和被委托人身份证件。法律职业资格证书需申请人本人领取。

(二)学历信息核验

网上申请结束后,司法部法律职业资格管理局将申请人的学历信息,统一交教育部全国高等学校学生信息咨询与就业指导中心核验,并于1月25日前将核验结果通过法律职业资格管理系统通知各地。各地受理和审查机关应当在现场进行审查,审查期间,受理申请的司法行政机关要认真审查申请人提交的毕业证书与申请表填报信息、本人身份信息的一致性。对于未通过教育部统一核验的,应登录中国高等教育学生信息网查询并下载打印学历查询结果,没有学历查询结果的通过《法律职业资格申请补正材料通知书》(附件7)书面告知,通知其在3月3日前补正提交由教育部全国高等学校学生信息咨询与就业指导中心出具的学历认证报告。

（三）申请享受放宽政策信息核验

报名时户籍在放宽报名学历条件地方且申请享受放宽政策，达到放宽合格分数线的申请人，资格申请由其户籍所在地市级司法行政机关受理。

司法部法律职业资格管理局于1月25日前将公安机关对申请人户籍信息核验结果通过法律职业资格管理系统通知各地。对于通过户籍信息核验的，各地审查机关须打印《户籍信息确认表》（附件10），上报省级司法行政机关核查存档。同时，要严格依照《户籍信息确认表》上的户籍信息和公安机关户籍信息核验结果核实申请人提交的户籍材料，与报名时所填信息不一致的，要查明原因，作出受理或不予受理的通知。对于未通过统一核验的，需要进一步核实情况或者补正材料，应当在受理现场明确告知，出具《法律职业资格补正材料通知书》，补正材料提交截止时间为3月3日。

对于具有2020年应届大学毕业生回原籍、现役军人复员转业、婚姻关系、工作调动等情形，并于主观题考试成绩发布前将户籍迁入放宽报名学历条件地区且主观题考试成绩达到所在地放宽合格分数线的，可以在1月25日至2月3日向户籍所在地司法行政机关书面申请享受放宽政策，提交相关材料并作出申请材料信息真实有效的承诺，逾期不予受理。申请机关受理申请后应对申请人户口、工作单位等情况进行调查核实，相关调查材料与申请人的书面申请一同上报。

（四）审查和核查

自统一受理申请至省级司法行政机关向司法部报送书面核查报告的期限为二十个工作日。

受理机关应当自2月4日起对申请人提交的申请材料进行审查，受理机关要严格按照规定条件进行审查，及时将书面审查报告与相关材料一并报本省（区、市）司法厅（局）核查。

各省（区、市）司法厅（局）应依据《2020年国家统一法律职业资格考试成绩合格人员名单》对申请人申请材料进行核查，提交授予或者不授予法律职业资格的书面核查报告。

各省(区、市)司法厅(局)应于2021年3月8日前完成核查工作,通过法律职业资格管理系统上报信息数据,提交书面核查报告。对符合资格授予条件的,制作《2020年法律职业资格审批呈报表》(附件2);对不符合规定条件的,制作《2020年不予授予法律职业资格意见表》(附件3),连同申请人的申请表、相关材料(毕业证书、放宽地方人员户籍复印件等)及理由,一并报送司法部法律职业资格管理局。

因疫情防控工作需要,司法部拟于3月上旬进行集中审核,完成审核认定的期限为三十个工作日。经审查符合授予条件的,由司法部授予法律职业资格,颁发法律职业资格证书。

(五)港澳台居民申请授予法律职业资格的审核工作

各地司法行政机关受理在本地申请的港澳台成绩合格人员申请时,按照审核内地申请人的工作程序和办法,代为办理和接收申请材料,并在审核报告中进行说明,单独登记汇总造册后报送司法部法律职业资格管理局。

应试人员在香港、澳门考区参加国家统一法律职业资格考试主观题考试成绩达到合格分数线的,可向司法部委托的内地驻港、驻澳机构提交申请材料,申请授予法律职业资格。

台湾地区居民参加国家统一法律职业资格考试主观题考试成绩达到合格分数线的,在收到《2020年国家统一法律职业资格考试申请办理法律职业资格事宜通知书》(附件5)后,可在台北市办理授予法律职业资格申请材料转递事宜。负责办理台湾地区成绩合格人员资格申请事宜的有关省司法厅及地市司法局,应指定专人做好转发《2020年国家统一法律职业资格考试申请办理法律职业资格事宜通知书》和申请材料转递接收工作。

(六)现役军人申请授予法律职业资格的审核工作

现役军人成绩合格人员资格申请事宜由各地司法行政机关负责。各地司法行政机关应依据申请人提交的申请材料,统一受理审核，加盖审核机关印章，并单独造册；各地省级司法行政机关汇总本地军队系统人员审核结果后，单独排序并制作《2020 年法律职业资格审批呈报表》（A 类），随同申请人申请材料（各两份）上报（注：《2020 年国家统一法律职业资格考试法律职业资格申请表》上不盖司法厅、局印章），由司法部法律职业资格管理局统一移交中央军委机关职能部门，各地审核机关应留存复印件备查。现役军人法律职业资格证书由资格申请地司法行政机关代为颁发。

（七）2021 年应届毕业生申请授予法律职业资格的审核工作

普通高等学校、军队院校 2021 年全日制应届本科毕业生（包括专升本）和以同等学力报考的应届硕士毕业生参加国家统一法律职业资格考试达到合格分数线的，取得毕业证书后申请授予法律职业资格的有关事宜，另行公告。

（八）其他事宜

各地进行法律职业资格申请受理和审查核查工作，应当遵守国家、申请地新冠肺炎疫情防控工作的各项规定，自觉配合做好疫情防控工作。

法律职业资格证书的适用范围及管理，按司法部和最高人民法院、最高人民检察院等部门的有关规定执行。

申请授予法律职业资格其他事宜按照《法律职业资格管理办法》规定执行。颁发法律职业资格证书有关事宜另行通知。

**四、工作要求**

（一）切实加强组织领导。各地司法行政机关要充分认识法律职业资格审核认定工作的重要意义和今年面临的特殊形势要求，认真做好法律职业资格审核认定工作。各地司法行政机关要成立由分管领导负责、法律职业资格管理处（科、室）人员等参加的审核工作小组，选派精干力量，加强审核工作人员配备，确保审核工作顺利进行。要深入学习贯彻《法律职业资格管理办法》，强化对法律职业资格认定的业务培训，切实提高审核人员依法依规履职工作水平。

（二）继续抓好常态化疫情防控。认真落实司法部办公厅、教育部办公厅、国家卫生健康委办公厅关于《新冠肺炎疫情防控常态化下国家统一法律职业资格考试组织实施与防疫工作指导意见》，严格执行当地疫情防控工作规定，做好申请材料现场受理、集中审核等工作场所的消毒、体温检测以及申请人提交的纸质材料消毒工作，做好人员防护等疫情防控工作。要结合实际，灵活采用网上分批预约的现场受理方式，最大限度避免人员聚集。做好有非低风险地区旅居史以及进入内地（大陆）的港澳台申请人申请授予法律职业资格的防疫和相关服务工作，务必确保审核授予工作和疫情防控绝对安全。

（三）严把审核工作质量关。要严格按照《中华人民共和国行政许可法》及《法律职业资格管理办法》，认真落实现场集中统一受理，补正事项一次性告知等有关程序要求。要提高工作效率，严格遵循受理申请、审查、核查以及证书颁发等工作时限。加强对申请人姓名、户籍、学历以及拟取得资格类别等信息的审核，加大对通过隐瞒信息、虚假承诺等方式骗取报名和参加考试人员的审核和惩治力度，对审核工作过程中有异议、发现问题以及出现举报、投诉或信访等情况的，及时核实并依法依规处理，坚决杜绝弄虚作假、违规操作等行为。

（四）提高服务管理水平。认真落实国务院关于推进行政执法三项制度和全国一体化在线政务服务平台建设要求，大力推进一网通办，推行申请授予法律职业资格异地办理，推进法律职业资格档案管理电子化，努力为申请人提供优质便捷服务。要做好申请授予法律职业资格的依据、条件、程序及需要提交的全部材料和目录等告知公示工作，做好相关信息发布、政策宣传和咨询解答工作，防止因政策把握不准或沟通不畅影响审核服务工作。要细化服务措施，扎实做好申请人因出国留学、重大疾病、现役军人执行任务以及公务人员执行重大紧急任务等特殊情况人员的审核认定工作。

（五）确保信息数据安全。各地不得在互联网、自媒体上发布、转载《通知》相关内容等内部工作信息，未经司法部批准，不得公开发布法律职业资格考试统计分析数据及情况。工作中发现有严重负面舆情等问题的，要及时上报，并按属地原则采取切实有效措施消除影响。对违反信息管理规定和要求，造成后果的，要追究相应责任。

附件：1. 2020 年国家统一法律职业资格考试法律职业资格申请表
2. 2020 年法律职业资格审批呈报表
3. 2020 年不予授予法律职业资格意见表
4. 2020 年国家统一法律职业资格考试主观题考试分数核查呈报表
5. 2020 年国家统一法律职业资格考试申请办理法律职业资格事宜通知书（居住在台湾地区的成绩合格人员使用）
6. 法律职业资格申请受理单
7. 法律职业资格申请补正材料通知书（学历）
8. 法律职业资格申请补正材料通知书（其他）
9. 法律职业资格申请不予受理通知书
10. 户籍信息确认表

附件 1

## 2020 年国家统一法律职业资格考试法律职业资格申请表

<table>
<tr><td>姓名</td><td></td><td>性别</td><td></td><td>年龄</td><td colspan="2"></td><td rowspan="5">贴照片处<br>46mm × 32mm</td></tr>
<tr><td>身份证号</td><td></td><td>民族</td><td></td><td>政治面貌</td><td colspan="2"></td></tr>
<tr><td>学历</td><td></td><td>毕业专业</td><td></td><td>职业</td><td colspan="2"></td></tr>
<tr><td>客观题考区</td><td></td><td>准考证号</td><td colspan="2"></td><td>成绩</td><td></td></tr>
<tr><td>主观题考区</td><td></td><td>准考证号</td><td colspan="2"></td><td>成绩</td><td></td></tr>
</table>

续表

| | | | |
|---|---|---|---|
| 申请地 | 省(区、市)　市 | 代码 | □□□□ |
| 户籍地 | 省(区、市)　市　县 | 代码 | □□□□□□ |
| 联系地址 | | 联系电话 | |
| 毕业院校 | | 毕业证书编号 | |
| | | 毕业年份 | □□□□ |
| 学习情况、学历学位及其证明 | | | |
| 有无《国家统一法律职业资格考试实施办法》第十条规定的情形 | | 有无《国家统一法律职业资格考试违纪行为处理办法》第五、六、七、八、九条规定情况 | |
| 受理机关意见 | 市司法局 | 省(区、市)司法厅(局) | |

本人承诺:以上填报内容真实准确。如有不实,本人自愿承担由此引起的一切后果,并放弃法律职业资格申请。

申请人签名:

年　月　日

附件 2

## 2020 年法律职业资格审批呈报表

呈报机关：(盖章)　　　　　　　　　　　　　　　　　　　类别：(　　)类

| 序号 | 姓名 | 性别 | 年龄 | 民族 | 职业 | 毕业专业 | 最后学历 | 准考证号 | 客观题分数 | 主观题分数 | 呈报机关意见 | 司法部审核意见 | 备注 |
|---|---|---|---|---|---|---|---|---|---|---|---|---|---|
| | | | | | | | | | | | | | |
| | | | | | | | | | | | | | |
| | | | | | | | | | | | | | |
| | | | | | | | | | | | | | |
| | | | | | | | | | | | | | |
| | | | | | | | | | | | | | |
| | | | | | | | | | | | | | |
| | | | | | | | | | | | | | |
| | | | | | | | | | | | | | |
| | | | | | | | | | | | | | |

附件 3

## 2020 年不予授予法律职业资格意见表

呈报机关:(盖章)　　　　　　　　　　　　　　　　类别:(　　)类

| 序号 | 姓名 | 性别 | 年龄 | 民族 | 职业 | 毕业专业 | 最后学历 | 准考证号 | 客观题分数 | 主观题分数 | 不予授予资格理由 | 呈报机关意见 | 司法部审核意见 | 备注 |
|---|---|---|---|---|---|---|---|---|---|---|---|---|---|---|
| | | | | | | | | | | | | | | |
| | | | | | | | | | | | | | | |
| | | | | | | | | | | | | | | |
| | | | | | | | | | | | | | | |
| | | | | | | | | | | | | | | |
| | | | | | | | | | | | | | | |
| | | | | | | | | | | | | | | |
| | | | | | | | | | | | | | | |
| | | | | | | | | | | | | | | |
| | | | | | | | | | | | | | | |

附件 4

## 2020 年国家统一法律职业资格考试<br>主观题考试分数核查呈报表

| 序号 | 行政区 | 姓名 | 准考证号 | 主观题试卷 | 查前成绩 |
|---|---|---|---|---|---|
| | | | | | |
| | | | | | |
| | | | | | |
| | | | | | |
| | | | | | |
| | | | | | |
| | | | | | |
| | | | | | |
| | | | | | |
| | | | | | |
| | | | | | |
| | | | | | |
| | | | | | |
| | | | | | |
| | | | | | |
| | | | | | |
| | | | | | |
| | | | | | |
| | | | | | |

附件5

## 2020年国家统一法律职业资格考试<br>申请办理法律职业资格事宜通知书

____________先生(女士):

您参加国家统一法律职业资格考试客观题考试和主观题考试，已取得合格成绩。根据2021年1月7日司法部《公告》，您可以直接前往报名地司法行政机关提交授予法律职业资格、颁发法律职业资格证书申请材料；也可以通过司法行政机关委托的台湾社团法人海峡两岸法学交流协会办理申请材料转递事宜。

现将《2020年国家统一法律职业资格考试法律职业资格申请表》两份(可复制使用)寄去，请认真填写后，随同其它申请材料一并提交。申请人领取法律职业资格证书有关事宜另行通知。

**一、受理时间地点**

1. 台北市受理资格授予申请材料转递工作时间为:1月25日至2月3日,9:00—17:30,星期六、日不休息;

2. 地点:台北市开封街一段66号4楼。

**二、提交材料**

1.《2020年国家统一法律职业资格考试法律职业资格申请表》两份;

2. 台湾居民身份证和台湾居民来往大陆通行证或台湾居民居住证原件;

3. 高等学校毕业证书或教育部留学服务中心出具的对港澳台地区及国外高等学校学历学位认证书原件;

4. 与本人2020年国家统一法律职业资格考试主观题考试网上确认报名照片同一底片2寸(46mm×32mm)免冠彩色证件照片4张(其中2张贴在申请表上,2张用于制作证书、报名信息登记表)。

材料原件经审验后复印留存归档,原件退回申请人。

**三、联系方法**

联系人：

电　话：

网　址：

特此通知。

年　　月　　日

附件 6

## 法律职业资格申请受理单

流水号：

| 事项名称 | 法律职业资格认定 | |
|---|---|---|
| 申请人信息 | 姓名 | |
| | 电话 | 手机：　　　　座机： |
| | 地址 | |
| | 电子邮箱 | |
| 受理机关 | 申请地司法行政机关 | |
| 受理依据 | 《法官法》第十二条;《检察官法》第十二条;《公务员法》第二十五条;《律师法》第五条;《公证法》第十八条;《仲裁法》第十三条;《行政复议法》第三条;《行政处罚法》第三十八条。《国家统一法律职业资格考试实施办法》;《法律职业资格管理办法》。 | |

续表

| | | | |
|---|---|---|---|
| 申请材料 | 1.《法律职业资格申请表》(现场确认并打印);<br>2. 居民身份证原件;<br>3. 毕业证书原件;持港澳台地区或国外高等学校学历学位证书的,由教育部留学服务中心出具认证材料;<br>4. 享受放宽报名学历条件地方申请人户口簿(集体户口)原件;<br>5. 与网上报名同底版二寸免冠彩色证件照片 4 张;<br>6. 司法部公告要求的有关材料。 | | |
| 接收材料时间 | 年　月　日 | 接收时限 | 2021 年 1 月 25 日—2 月 3 日 |
| 统一受理日期 | 2021 年 2 月 4 日 | 办结时限 | 50 个工作日 |
| 审批编号 | | 批件发放方式 | 统一通知、颁发证书 |
| 受理工作人员 | | 联系电话 | |

注:申请人凭本受理单及有效身份证件领取审批结果。

受理机关盖章

日期:　　年　月　日

《行政许可法》相关条文:

第三十一条:申请人申请行政许可,应当如实向行政机关提交有关材料和反映真实情况,并对其申请材料实质内容的真实性负责。行政机关不得要求申请人提交与其申请的行政许可事项无关的技术资料和其他材料。

第七十八条:行政许可申请人隐瞒有关情况或者提供虚假材料申请行政许可的,行政机关不予受理或者不予行政许可,并给予警告;行政许可申请属于直接关系公共安全、人身健康、生命财产安全事项的,申请人在一年内不得再次申请该行政许可。

附件 7

## 法律职业资格申请补正材料通知书(学历学位)

____________(申请人姓名):

________年____月____日,本机关收到你提交的法律职业资格申请材料。经审查,你所提交的学历(毕业证书、学位证书)信息材料,未能通过教育部学历认证机构核验。

依据《中华人民共和国行政许可法》第三十二条第一款第(三)项、第(四)项规定,请你于 2021 年 3 月 3 日前向本机关补正提交由教育部全国高等学校学生信息咨询与就业指导中心出具的学历信息查询结果或中国高等教育学历认证报告(网址:http://www. Chsi. com. cn)。

特此通知。

司法行政机关

________年____月____日

**温馨提示**:请在申请学历认证时注明**"参加国家统一法律职业资格考试申请法律职业资格人员"**,学历认证机构将提供便利快捷服务。

附件 8

## 法律职业资格申请补正材料通知书(其他)

____________(申请人姓名):

________年____月____日,本机关收到你提交的法律职业资格申请材料。经审查,你需提交____________________等补正材料。

依据《中华人民共和国行政许可法》第三十二条第一款第(三)项、第(四)项规定,请你于 2021 年 3 月 3 日前向本机关提交补正材料。

特此通知。

司法行政机关

________年____月____日

附件9

## 法律职业资格申请不予受理通知书

文号：

____________（申请人姓名）：

________年____月____日，你向____________提交的法律职业资格申请及相关材料收悉。经审查，你提交的申请存在《中华人民共和国行政许可法》和《法律职业资格管理办法》规定的下列不予受理的情形，具体为：______________________________________________

______________________________________________________________

根据《中华人民共和国行政许可法》第____条和《法律职业资格管理办法》第____条的规定，本机关决定不予受理。

如对本决定不服，可以自收到本决定之日起六十日内，依法向____________（行政复议机关）提出行政复议申请，或在六个月内向人民法院提起行政诉讼。

特此通知。

联系人及电话：____________________

（本机关行政许可专用章）

________年____月____日

（相关依据附后，双面打印）

**注：**

1.《中华人民共和国行政许可法》第三十二条第一款：

（一）申请事项依法不需要取得行政许可的，应当及时告知申请人不受理；

（二）申请事项依法不属于本行政机关职权范围的，应当即时作出不予受理的决定，并告知申请人向有关行政机关申请。

2.《中华人民共和国行政许可法》第七十八条：行政许可申请人隐瞒有关情况或者提供虚假材料申请行政许可的，行政机关不予受理或者不予行政许可，并给予警告。

3.《法律职业资格管理办法》第八条：受理机关收到申请人的申请材料后，应当根据下列情况分别作出处理：

……

（三）不符合法律职业资格申请条件的，应当出具不予受理通知书并说明理由。

## 附件 10

### 户籍信息确认表

<table>
<tr><td>姓名</td><td></td><td>性别</td><td></td><td rowspan="4">照片</td></tr>
<tr><td>出生日期</td><td></td><td>民族</td><td></td></tr>
<tr><td>身份证号</td><td colspan="3"></td></tr>
<tr><td>准考证号</td><td></td><td>成绩</td><td></td></tr>
<tr><td>申领地</td><td colspan="4">省　　　市</td></tr>
<tr><td>户籍所在地</td><td colspan="4"></td></tr>
<tr><td>户籍地公安机关名称</td><td></td><td>户号</td><td colspan="2"></td></tr>
<tr><td>住址</td><td colspan="4"></td></tr>
<tr><td>户主姓名</td><td></td><td>与户主关系</td><td colspan="2"></td></tr>
<tr><td colspan="5">注：黑体内容为本人报名时填写信息，审核工作人员应对申请人提交的户口簿相关内容进行核验，并填写以下处理意见。</td></tr>
</table>

续表

| | |
|---|---|
| 如信息不一致须填写 | 内容：<br><br>原因： |
| 审核机关意见 | <br><br><br>审核人签字： |

本人承诺：以上填报内容真实准确，如有不实，本人自愿承担由此引起的一切后果，并放弃法律职业资格申请。

申请人签字：

日期：　　年　月　日

# 中华人民共和国司法部公告

（2021 年 1 月 7 日　2021 年第 1 号）

依据《国家统一法律职业资格考试实施办法》《法律职业资格管理办法》等有关规定，现就 2020 年国家统一法律职业资格考试主观题考试成绩、合格分数线公布以及申请授予法律职业资格等事宜公告如下。

**一、成绩公布、查询与核查**

2020 年国家统一法律职业资格考试主观题考试成绩于 2021 年 1 月 8 日公布。

应试人员可自 1 月 8 日上午 8 时，通过司法部网站、司法部微信公众号和中国普法网、中国普法微信公众号查询本人成绩，自行下载打印成绩通知单。

应试人员对主观题考试成绩有异议的，可自考试成绩公布之日起 15 日内，向报名地司法行政机关提出核查的书面申请。香港、澳门考区应试人员对考试成绩有异议的，可向考试承办机构提出分数核查的书面申请。居住在台湾地区的应试人员对考试成绩有异议的，可在台北市办理分数核查书面申请转递事宜。

根据《国家统一法律职业资格考试工作规则》第四十二条、第四十三条规定，主观题考试分数核查只限于复核申请人试卷卷面各题得分的计算合计和登录是否有误。考试成绩经核查并按规定通知本人的，不予再次核查。司法部及其考试机构不直接受理个人核查申请。应试人员逾期申请的，司法行政机关不予受理。

**二、合格分数线**

依据《国家统一法律职业资格考试实施办法》第十五条规定，经商最高人民法院、最高人民检察院等部门，确定2020年国家统一法律职业资格考试主观题考试合格分数线。全国统一合格分数线为108分。放宽地方合格分数线分为三档，其中，西藏自治区放宽合格分数线为85分；青海、四川、云南、甘肃四省涉藏州县，四川凉山州、云南怒江州、甘肃临夏州等“三区三州”放宽合格分数线为90分；其他放宽地方合格分数线为95分。使用少数民族语言文字试卷参加考试的，单独确定合格分数标准。

**三、申请授予法律职业资格**

通过2019年、2020年国家统一法律职业资格考试客观题考试的人员，参加2020年主观题考试取得合格成绩的，经审核符合授予条件的，由司法部授予法律职业资格，颁发法律职业资格证书。

（一）提交申请材料的时间和地点

申请授予法律职业资格人员（以下简称申请人）应于2021年1月13日8时至1月17日24时，登录司法部网站或者司法部政务服务平台，自行选择受理地并填报申请授予法律职业资格的相关信息，自动生成《2020年国家统一法律职业资格考试法律职业资格申请表》。申请人可以选择在报名地、户籍地、工作和生活所在地设区的市级或者直辖市司法行政机关申请授予法律职业资格。

完成网上申请程序后，申请人应于2021年1月25日至2月3日到受理机关指定现场提交申请材料。对于疫情中高风险地区，应根据当地司法行政机关具体要求提交申请材料。

报名时户籍在放宽报名学历条件地方，申请享受放宽政策，达到放宽合格分数线的申请人，应当选择户籍所在地设区的市级司法行政机关申请授予法律职业资格。完成网上申请程序后，应当到户籍所在地市级司法行政机关指定场所现场提交申请材料。

对于具有2020年应届大学毕业生回原籍、现役军人复员转业、婚姻关系、工作调动等情形，户籍已迁入放宽报名学历条件地区且主观题考试成绩达到所在地放宽合格分数线的,可以向户籍所在地市级司法行政机关书面申请享受放宽政策,提交相关材料并作出申请材料信息真实有效的承诺。

在香港、澳门考区参加国家统一法律职业资格考试主观题考试成绩达到合格分数线的,可向司法部委托的内地驻港、驻澳机构提交申请材料,申请授予法律职业资格。

居住在台湾地区的居民参加国家统一法律职业资格考试主观题考试成绩达到合格分数线的,在收到《2020 年国家统一法律职业资格考试申请办理法律职业资格事宜通知书》后,可在台北市办理授予法律职业资格申请材料转递事宜。

普通高等学校、军队院校 2021 年全日制应届本科毕业生(包括专升本)和以同等学力报考的应届硕士毕业生参加国家统一法律职业资格考试达到合格分数线的,取得毕业证书后申请授予法律职业资格。具体时间和办法另行公告。

(二)现场提交申请材料

申请人应当如实填写《2020 年国家统一法律职业资格考试法律职业资格申请表》,本人应现场提交下列材料:

1. 居民身份证。港澳居民需同时提交港澳居民来往内地通行证或者港澳居民居住证原件,台湾居民需同时提交台湾居民来往大陆通行证或者台湾居民居住证原件。

享受放宽政策的申请人,需提供本人户口簿原件。

2. 高等学校毕业证书原件。持港澳台地区或国外高等学校学历学位证书的,须提交教育部留学服务中心出具的认证书。

3. 证件照片。与本人 2020 年国家统一法律职业资格考试主观题考试网上确认报名照片同一底片 2 寸(46mm × 32mm)免冠彩色证件照片 4 张。

4. 根据审核需要提交的学信网学历查询结果、中国高等教育学历认证报告等补正材料。

上述材料原件经司法行政机关审验后复印或者扫描留存归档,

原件退回申请人。

司法行政机关统一受理法律职业资格申请,统一受理日期为2021年2月4日。

(三)审查、核查和审核认定

自统一受理申请之日起至省级司法行政机关向司法部报送书面核查报告的期限为二十个工作日。因疫情防控工作需要,司法部完成审核认定的期限为三十个工作日。

**四、其他事宜**

申请人现场提交申请材料、领取法律职业资格证书,应当遵守国家、申请地新冠肺炎疫情防控工作的各项规定,自觉配合做好疫情防控工作。

法律职业资格证书的适用范围,适用司法部、最高人民法院、最高人民检察院等部门的相关规定。

法律职业资格管理的其他事宜按照《法律职业资格管理办法》规定执行。

# 司法部关于做好2021年国家统一法律职业资格考试工作的通知

（2021年5月27日　司发通〔2021〕36号）

各省、自治区、直辖市司法厅（局），新疆生产建设兵团司法局：

为做好2021年国家统一法律职业资格考试组织实施工作，根据《国家统一法律职业资格考试实施办法》等规定，现就有关事项通知如下。

**一、报考条件及认定**

（一）报名条件

1. 符合以下条件的人员，可以报名参加国家统一法律职业资格考试：

（1）具有中华人民共和国国籍；

（2）拥护《中华人民共和国宪法》，享有选举权和被选举权；

（3）具有良好的政治、业务素质和道德品行；

（4）具有完全民事行为能力；

（5）具备全日制普通高等学校法学类本科学历并获得学士及以上学位，全日制普通高等学校非法学类本科及以上学历并获得法律硕士、法学硕士及以上学位，全日制普通高等学校非法学类本科及以上学历并获得相应学位且从事法律工作满三年。

《国家统一法律职业资格考试实施办法》实施前已取得学籍（考籍）或者已取得相应学历的高等学校法学类专业本科及以上学历毕业生，或者高等学校非法学类专业本科及以上学历毕业生并具有法律专业知识的，可以报名参加国家统一法律职业资格考试。

为巩固和拓展脱贫攻坚成果，落实党中央、国务院关于过渡期内保持主要帮扶政策总体稳定的政策要求，2021年继续实施国家统一法律职业资格考试放宽政策（2021—2025年），报名人员户籍在放宽条件地方的，可以将报名学历条件放宽为高等学校本科毕业。（放宽条件地方名单附后）

普通高等学校、军队院校2022年全日制应届本科毕业生（包括专升本，下同）和以同等学力报考的应届硕士毕业生，可以报名参加2021年国家统一法律职业资格考试。其中，《国家统一法律职业资格考试实施办法》实施后取得学籍（考籍）的普通高等学校2022年全日制应届本科毕业生应获得法学类专业本科学历及学士学位；《国家统一法律职业资格考试实施办法》实施后取得学籍（考籍）的军队院校2022年全日制应届本科毕业生应获得本科学历及学士学位。

"普通高等学校"是指：依法设立并经国务院教育行政部门批准，举办全日制本科层次普通高等学历教育的高等学校，包括全日制普通本科院校和独立学院。（《中华人民共和国高等教育法》）

持港澳台或国外高等学校本科及以上学历学位人员，学历学位证书经过教育部留学服务中心认证后，可以报名参加国家统一法律职业资格考试。《国家统一法律职业资格考试实施办法》实施后取得学籍（考籍）的港澳台或者国外高等学校法学（法律）类本科及以上学历学位的人员，学历学位证书经过教育部留学服务中心认证后，可以报名参加国家统一法律职业资格考试。

2. 有下列情形之一的，不得报名参加国家统一法律职业资格考试：

（1）因故意犯罪受过刑事处罚的；

（2）曾被开除公职或者曾被吊销律师执业证书、公证员执业证书的；

（3）被吊销法律职业资格证书的；

（4）被给予二年内不得报名参加国家统一法律职业资格考试处理期限未满或者被给予终身不得报名参加国家统一法律职业资格考试（国家司法考试）处理的；

（5）因严重失信行为被国家有关单位确定为失信联合惩戒对象并纳入国家信用信息共享平台的；

（6）因其他情形被给予终身禁止从事法律职业处理的。

有前款规定情形之一的人员，已经办理报名手续的，报名无效；已经参加考试的，考试成绩无效。

已经取得A类法律职业资格证书的，不得报名参加2021年国家统一法律职业资格考试。

3. 2020年国家统一法律职业资格考试客观题考试成绩达到全国统一合格分数线或者放宽合格分数线的，合格成绩在2021年法律职业资格考试中有效。其中，达到全国统一合格分数线的，可在主观题考试报名时确认参加2021年主观题考试，符合放宽政策的可同时申请享受放宽政策；达到放宽合格分数线的，可报名参加2021年客观题考试和主观题考试，或者主观题考试报名时确认参加2021年主观题考试。

4. 报名人员应选择使用汉文试卷参加考试，也可以选择使用蒙古文、藏文、维吾尔文、哈萨克文、朝鲜文五种少数民族语言文字试卷参加考试。应试人员应当使用同一语言文字试卷参加客观题考试和主观题考试。香港、澳门和台湾居民可以选择使用简体汉字或者繁体汉字填报本人信息和答题。

（二）报名条件认定

各地司法行政机关在报名工作中，要按照规定严格掌握报名条件，不得自行对报名条件进行变通和解释，对于不符合报名条件的人员不得办理报名手续。违反规定的，依法追究有关人员责任。

1. 对于报名人员是否符合规定的报名专业学历条件的认定，要以报名人员报名时是否具有相应的学历学位证书为准。报名时不具有学历学位证书的，原则上不予报名。按照《国家统一法律职业资格考试实施办法》第九条或者《现役军人参加国家统一法律职业资格考试若干规定》第二条规定执行的报名人员，应当具有普通高等学校、军队院校全日制本科及以上学历（毕业证书）和学位证书。按照《国家统一法律职业资格考试实施办法》第二十二条或者第二十三条规定执行的报名人员，应具有高等学校本科或以上学历的毕业证书，不需要提供相应学位证书。

普通高等学校、军队院校2022年全日制应届本科毕业生和以同等学力报考的应届硕士毕业生参加2021年国家统一法律职业资格考试客观题考试和主观题考试成绩合格的，应在规定期限内向报名地司法行政机关申请授予法律职业资格。

《国家统一法律职业资格考试实施办法》实施前已取得学籍（考籍），并于2021年国家统一法律职业资格考试报名时已经完成学业但尚未取得学历学位证书的普通高等学校、军队院校2021年应届本科毕业生和以同等学力报考的应届硕士研究生及继续教育（包括网络教育、成人教育、开放大学等）的2021年本科毕业生，以及参加高等教育自学考试单科成绩已全部合格且本年度内能取得毕业证书人员，可以报名参加2021年国家统一法律职业资格考试。考试结束，成绩合格人员应当按照网上报名填报确认和承诺的信息，在规定的资格申请期限内提交毕业证书及其他材料，不能在规定期限提交且无正当理由的，视为不符合规定的报名条件，考试成绩无效。

2. 对于高等学校学历学位证书的认可、管理和解释，要严格按照有关法律、法规和国务院教育行政部门的规定掌握，各地司法行政机关不得自行变通和解释。

2021年报名参加国家统一法律职业资格考试的有效毕业证书为：

（1）经国务院教育行政部门批准，具有举办学历教育资格的成人高等学校、普通高等学校（含培养研究生的科研单位）颁发的毕业证书；

（2）通过高等教育自学考试、高等教育学历文凭考试，由全国高等教育自学考试委员会授权各省、自治区、直辖市高等教育自学考试委员会颁发的毕业证书；

(3)经国务院教育行政部门批准，纳入国家招生计划并参加全国统一考试录取，在党校、军队院校中就读的学生取得的毕业证书；

(4)经国务院教育行政部门批准，实施网络教育试点的普通高等学校颁发的远程(网络)教育毕业证书；

(5)符合教育部、原解放军总参谋部、原解放军总政治部关于《中国人民解放军院校学历证书管理暂行规定》所颁发的毕业证书。

3. 放宽条件地方可以将报名学历条件放宽为高等学校本科毕业。

放宽报名学历条件的适用以报名人员报名时户籍为准，即报名时户籍在放宽地方的，可以按照放宽政策确定的学历条件报考。

4. 各地应认真审查报名人员的毕业证书是否属于国民教育序列或者国务院教育行政部门认可的学历。凡在教育部全国高等学校学生信息咨询与就业指导中心网站查询后仍不能判别的，或者查询不到的，需要报名人员承诺如考试成绩合格，须在规定的资格申请期限内，提交由教育部全国高等学校学生信息咨询与就业指导中心出具的“中国高等教育学历认证报告”。持香港、澳门、台湾地区或者国外高等学校学历学位证书报名的，其学历学位证书须经教育部留学服务中心认证。

**二、客观题考试**

(一)报名方式与时间

2021 年国家统一法律职业资格考试客观题考试实行网上报名，报名时间为 6 月 10 日 0 时至 6 月 24 日 18 时。报名人员应当在规定期限内登录司法部网站(www. moj. gov. cn)，按照网上报名要求、流程及步骤填报个人信息。逾期不予补报。

(二)报名材料

报名人员报名时应当具有以下材料：

1. 有效居民身份证。

2. 毕业证书。本人毕业证书应当能够在全国高等学校学生信息咨询与就业指导中心网站查询或认证。

3. 申请享受放宽政策人员,须具有放宽报名学历条件地方户籍。网上报名时,应上传户口簿首页及本人页电子照片。

4. 电子证件照片。报名人员应当提供符合规定格式(宽 413 像素 × 高 626 像素)要求的本人近三个月内彩色(红、蓝、白底色均可)正面免冠电子证件照片。此照片将作为本人准考证、考试成绩通知单、法律职业资格申请表、法律职业资格证书唯一使用照片。

5. 司法行政机关要求的其他材料。报名人员应当如实、准确填报个人信息,对报名信息作出真实有效承诺,并对其填报材料实质内容的真实性负责。普通高等学校、军队院校 2022 年全日制应届本科毕业生和以同等学力报考的应届硕士毕业生网上报名时,应当签署《应届毕业生承诺书》。参加高等教育自学考试单科成绩已全部合格人员网上报名时,应当签署《单科成绩已全部合格承诺书》。

报名人员填报虚假信息或以其他方式骗取报名的,司法行政机关将按照《国家统一法律职业资格考试违纪行为处理办法》等规定进行处理。

(三)报名审查

客观题考试网上报名期间,司法行政机关应当按照相关要求及时审查电子证件照片、取得学籍(考籍)时间、申请享受放宽政策人员的户籍材料,并对报名人员的毕业证书等进行形式审查;

网上交费截止后,应当按照报考要求对报名信息进行审查,审查意见及报名信息须在规定时限内报省(区、市)司法行政机关复查。

(四)考试费

报名人员应当按照报名地司法行政机关公告的标准和支付方式交纳考试费。客观题考试网上交费截止时间为 6 月 28 日 18 时。考试费标准由各省(区、市)、新疆生产建设兵团司法行政机关与当地价格管理部门根据考试工作实际需要确定。收取的考试费要用于考试组织实施工作支出,不得挪作他用。交纳中央财政部分应按规定及时上缴。

（五）考区考点设置

各省（区、市）、新疆生产建设兵团司法行政机关应根据报考人员数量、交通状况、疫情防控工作需要和组织实施能力等情况科学设置考区。报名人员可在各省（区、市）、新疆生产建设兵团司法行政机关设置的考区选择报名。交纳客观题考试的考试费后，不得更改报名地。

选择使用少数民族语言文字试卷的需在设置相应考点考场的考区报名，内蒙古自治区设蒙古文考点考场，西藏自治区、青海省设藏文考点考场，新疆维吾尔自治区设蒙古文、维吾尔文、哈萨克文考点考场，吉林省设朝鲜文考点考场。

（六）考试内容与科目

国家统一法律职业资格考试实行全国统一命题。司法部制定并公布的《2021 年国家统一法律职业资格考试大纲》作为命题依据。

2021 年国家统一法律职业资格考试客观题考试共两卷。分为试卷一、试卷二，每张试卷 100 道试题、分值为 150 分，其中单项选择题 50 题、每题 1 分，多项选择题和不定项选择题共 50 题、每题 2 分，两张试卷总分为 300 分。具体考查科目为：

试卷一：习近平法治思想、法理学、宪法、中国法律史、国际法、司法制度和法律职业道德、刑法、刑事诉讼法、行政法与行政诉讼法

试卷二：民法、知识产权法、商法、经济法、环境资源法、劳动与社会保障法、国际私法、国际经济法、民事诉讼法（含仲裁制度）

（七）考试时间与方式

2021 年国家统一法律职业资格考试客观题考试实行分批次考试方式。报名地司法行政机关按各考区机位数量和报考人数确定应试人员考试批次，分为 9 月 11 日、12 日共两个批次，应试人员参加其中的一个批次考试。具体为：

第 1 批次考试时间：

试卷一：9 月 11 日 9：00—12：00，考试时间 180 分钟。

试卷二:9 月 11 日 14:30—17:30,考试时间 180 分钟。

第 2 批次考试时间:

试卷一:9 月 12 日 9:00—12:00,考试时间 180 分钟。

试卷二:9 月 12 日 14:30—17:30,考试时间 180 分钟。

2021 年国家统一法律职业资格考试客观题考试实行闭卷、计算机化考试方式,试题、答题要求和答题界面均在计算机显示屏上显示,应试人员应当使用计算机鼠标或键盘在计算机答题界面上直接作答。

(八)打印准考证

客观题考试报名人员经司法行政机关审核,符合报考条件的,准予核发准考证。报名人员可于 9 月 1 日至 9 月 10 日登录司法部网站自行打印准考证。

(九)合格分数线

国家统一法律职业资格考试客观题考试实行全国统一计算机评卷。

根据《国家统一法律职业资格考试实施办法》,2021 年国家统一法律职业资格考试客观题考试合格分数线由司法部商最高人民法院、最高人民检察院等有关部门确定。9 月 23 日,司法部公布客观题考试成绩及合格分数线,应试人员可在司法部网站自行打印考试成绩通知单。

客观题考试合格成绩在本年度和下一个考试年度内有效。

**三、主观题考试**

(一)报名与交费

2020 年客观题考试保留有效成绩人员、2021 年客观题考试成绩合格人员,可以报名参加主观题考试。应试人员应当在客观题考试成绩公布之日起 5 日内登录司法部网站确认参加主观题考试并按规定交纳考试费。

2020 年客观题考试保留有效成绩人员,确认报名参加 2021 年主观题考试的(不含参加 2021 年客观题考试的),可以选择在工作、生活地所在省(区、市)、新疆生产建设兵团司法行政机关设置的考区参加主观题考试。

2021 年客观题考试成绩合格人员,应当到客观题考试报名地所在的省(区、市)、新疆生产建设兵团司法行政机关设置的考区参加主观题考试。

(二)考区考点设置

各省(区、市)、新疆生产建设兵团司法行政机关应按照主观题考试报考人数、交通状况、疫情防控工作需要和组织实施能力等因素集中设置主观题考试考区考点。

(三)考试内容与科目

主观题考试为一卷,包括案例分析题、法律文书题、论述题等题型,分值为 180 分。具体考查科目为:

习近平法治思想、法理学、宪法、刑法、刑事诉讼法、民法、商法、民事诉讼法(含仲裁制度)、行政法与行政诉讼法、司法制度和法律职业道德

主观题考试设置选作题的,应试人员可选择其一作答。

(四)考试时间与方式

2021 年国家统一法律职业资格考试主观题考试时间为 10 月 17 日。

主观题试卷:9:00—13:00,考试时间 240 分钟。

2021 年国家统一法律职业资格考试主观题考试实行计算机化考试,试题、答题要求和答题界面均在计算机显示屏上显示。应试人员应当使用计算机鼠标及键盘在计算机答题界面上直接作答。考试系统支持 5 种输入法:搜狗全拼输入法、QQ 全拼输入法、谷歌双拼输入法、搜狗五笔输入法(86 版)、极品五笔输入法(86 版),港澳考区应试人员可以选择使用仓颉输入法和速成输入法,应试人员使用其中一种输入法作答。考试系统不支持手写板、语音等辅助输入设备与软件。

应试人员因身体、年龄等原因使用计算机考试确有困难的,可在

确认报名参加主观题考试时申请使用纸笔答题方式，试题、答题要求均在计算机显示屏上显示，应试人员在答题纸上作答。

选择使用少数民族语言文字试卷的，实行纸笔答题方式，试题、答题要求均在计算机显示屏上显示，应试人员在答题纸上作答。

省（区、市）司法行政机关根据参加纸笔答题人员数量等情况集中设置纸笔考试考区考点考场，新疆生产建设兵团不设置纸笔考试考点考场。

主观题考试由司法行政机关为应试人员统一提供电子法律法规，应试人员在计算机上查阅。

（五）打印准考证

参加主观题考试人员，可于10月12日至16日登录司法部网站自行打印准考证。

（六）合格分数线

国家统一法律职业资格考试主观题考试实行全国统一评卷。

根据《国家统一法律职业资格考试实施办法》，主观题考试合格分数线由司法部商最高人民法院、最高人民检察院等有关部门确定。司法部于11月30日公布主观题考试成绩及合格分数线，应试人员可在司法部网站自行打印考试成绩通知单。

**四、香港、澳门和台湾居民报考事宜**

香港、澳门特别行政区永久性居民中的中国公民和台湾居民，可以报名参加国家统一法律职业资格考试。

司法部在香港、澳门特别行政区设立考区，举行考试。香港、澳门考区考试的具体工作，由香港、澳门特别行政区承办机构负责。

（一）报名信息

香港、澳门和台湾居民报名时须如实填报以下信息，并作出相应承诺。

1. 身份信息。

（1）香港、澳门居民。应使用香港、澳门居民身份证和香港、澳门居民来往内地通行证（回乡证）或者港澳居民居住证报名。不能填报来往内地通行证(回乡证)或者港澳居民居住证相关信息的,应在网上报名时间截止前,向香港或澳门考试承办机构提交由特别行政区身份证明机关出具的未放弃中国国籍的相关证明。香港居民也可以提交根据香港法例第十一章《宣誓及声明条例》作出的证明其未申请放弃中国国籍的法定声明。

(2)台湾居民。应使用台湾居民身份证和来往大陆通行证(台胞证)或者台湾居民居住证报名;没有办理来往大陆通行证的,应当填报台湾居民身份证和户籍誊本或者户口名簿相关信息。

2. 学历信息。香港、澳门和台湾居民持内地(大陆)高等学校毕业证书报名的,可以直接填报相关信息;持香港、澳门和台湾地区高等学校或者国外高等学校学历学位证书报名的,其学历学位证书须经教育部留学服务中心认证。国(境)外学历学位认证的具体要求,可以查阅教育部留学服务中心网站(www. cscse. edu. cn)。

(二)报名方式及交费

1. 报名方式。香港、澳门和台湾居民参加 2021 年国家统一法律职业资格考试,实行网上报名。逾期不予补报。

2. 报名及审核。香港、澳门和台湾居民选择在香港、澳门考区报名参加考试的,由香港、澳门考区考试承办机构核验相关信息,根据香港、澳门考区考试承办机构规定的时间办理交费和自行打印准考证事宜;选择在内地(大陆)报名参加考试的,应当按照报名地司法行政机关的公告办理有关报考事项。

(三)考试地点

1. 在内地(大陆)报名的,应当在报名地司法行政机关设置的考点参加考试。

2. 在香港、澳门考区报名的,应当在香港、澳门考区考试承办机构设置的考点参加考试。

3. 居住在台湾或者国(境)外的台湾居民网上报名时,可以选择在广东省深圳市考区或福建省厦门市考区参加考试。

香港、澳门和台湾居民参加 2021 年国家统一法律职业资格考试的其他事宜,按照《国家统一法律职业资格考试实施办法》及年度考试公告和通知有关规定执行。司法行政机关可告知应试人员登录司法部网站查询,并接受有关问题的咨询。

**五、法律职业资格审核认定**

2020 年客观题考试保留有效成绩人员、2021 年客观题考试成绩合格人员,参加 2021 年主观题考试取得合格成绩的,经审核符合资格授予条件的,由司法部授予法律职业资格,颁发法律职业资格证书。具体事宜由司法部另行公告。

**六、其他事宜**

(一)符合条件的报名人员,因不具备网络通讯条件或无法自行操作等原因不能完成网上报名或自行打印准考证的,可在规定期限内到报名地司法行政机关办理。

(二)各省(区、市)、新疆生产建设兵团司法行政机关和香港、澳门考区的考试承办机构应根据司法部公告和本通知规定,确定并及时公告本辖区具体报名事项。对因不具备网络通讯条件或无法自行操作等原因不能完成网上报名或者打印准考证的,可在规定期限内确定具体的现场办理时间和地点,一并向社会公告。

(三)符合条件的现役军人报考国家统一法律职业资格考试,应当通过司法部网站进行网上报名、交费和打印准考证,并到地方司法行政机关设置的考区参加考试。地方司法行政机关负责现役军人的报名信息审核、考试交费、考场编排等考务工作。司法部会同中央军委政法委员会对现役军人相关信息进行统一核验,现役军人报名参加考试的其他事宜,按照司法部和中央军委政法委员会有关通知要求办理。

(四)2021 年国家统一法律职业资格考试不公布试题及参考答案。主观题考试成绩公布后,应试人员如对考试成绩有异议的,可自考试成绩公布之日起 15 日内,向报名地司法行政机关提出分数核查的书面申请。

(五)司法部制定并公布的《2021 年国家统一法律职业资格考试

大纲》可作为应试人员备考依据。司法行政机关不举办考前培训班,也不委托任何单位进行2021年国家统一法律职业资格考试考前培训辅导。

(六)国家统一法律职业资格考试组织实施相关规定出台前,适用原国家司法考试相关规定。

(七)各省(区、市)、新疆生产建设兵团司法厅(局)发布考试公告应当同时将电子版(或者传真件)发送至司法部网站,报送部法律职业资格管理局。

司法部网站电子邮箱:sfbgwbjb@163.com;传真号:010-84772595。

司法部法律职业资格管理局电子邮箱:sfb_ksc@163.com;传真号:010-65153084。

(八)司法部将根据疫情防控工作形势,对考试组织实施工作进行相应调整部署并发布相关通知、公告。

**七、工作要求**

(一)提高政治站位。坚持以习近平新时代中国特色社会主义思想为指导,深入学习贯彻习近平法治思想,贯彻落实党的十九大和十九届二中、三中、四中、五中全会精神及中央全面依法治国工作会议、中央政法工作会议精神,围绕建设德才兼备的高素质法治工作队伍,把握法治人才选拔培养的正确方向,深刻认识和把握法律职业资格考试工作的政治属性和面临的形势任务,切实提高政治判断力、政治领悟力、政治执行力,精心组织、周密部署,不折不扣做好疫情防控常态化下的法律职业资格考试组织实施工作,为推进国家治理体系和治理能力现代化选拔储备高素质法律职业人才。

(二)加强组织领导。各地司法行政机关要强化属地管理,明确考区主体责任,实行"分级管理、逐级负责""谁主管、谁负责",层层压实责任,从严从实做好考试组织管理工作。各级司法行政机关主要负责同志要深入一线,重要工作亲自部署、亲自协调、亲自督察。要在本地党委和政府领导协调下,积极发挥卫生健康、公安、网信、保密、教育等部门职能作用，完善联席会议工作机制，强化对考试组织实施、应急处置等保障作用，务必确保考试组织和疫情防控万无一失。

（三）做好考试的疫情防控常态化工作。认真落实司法部办公厅、教育部办公厅、国家卫生健康委办公厅关于《新冠肺炎疫情防控常态化下国家统一法律职业资格考试组织实施与防疫工作指导意见》，严格执行当地疫情防控工作规定，加强组织领导，巩固完善司法行政部门、教育部门、卫生健康部门常态化协作机制，做好考前人员健康筛查、防疫物资准备、考点考场设置、考试期间防护及应急处置等各项工作。做好有非低风险地区旅居史以及在内地参考的国（境）外考生的数据筛查、报考审核、健康筛查等工作，确保将疫情防范在考场之外、确保考试不受疫情影响、确保考试和人员安全。

（四）严密组织实施。继续按照“从严治考、规范管理、热情服务”工作原则和“严密组织、严谨程序、严格标准、严明纪律”的工作要求，严格落实“十个百分之百”工作要求，提前筹划，积极挖掘优质机位资源，科学合理设置考区考点考场，适当拉开间距，减少考场人数，不打折扣做好机考全时空、全要素测试等工作。积极协调机考配置到位、运行稳定、管理规范的考点院校，推进培育共建法律职业资格考试基地。要认真总结以往工作经验，建立风险排查和应对措施清单，完善应急工作预案，有效开展应急演练，切实提高处理突发事件能力，确保考试安全顺利。

（五）严肃考风考纪。加强人员教育培训，严格落实考试工作纪律，充分运用现代化管理手段，提高在考试报名审核、监考、违纪查处等工作环节的执法力度和规范化水平。积极争取公安、网信等部门的支持和配合，依法打击高科技手段作弊、替考和群体性舞弊等违规行为，依法严肃查处违纪作弊人员，切实维护法律职业资格考试公平性、公正性、权威性。

（六）坚持服务应试人员。落实国务院关于“放管服”改革部署和推进行政执法三项制度要求，继续推行网上报名信息个人承诺制，减少证明材料,根据考生报考数量分布等因素,优化考点考场编排方式,让应试人员就近参考,减少人员聚集和流动。为不能熟练操作计算机、视障、疾患等特殊应试人员参加考试提供便利和保障,在考试期间做好疫情防控、交通、住宿、饮食等方面的服务工作。继续做好军队系统、港澳台地区应试人员报考的服务工作。

(七)做好教育宣传和舆情导控工作。各地要加强正面引导,抓好法律职业资格考试公告发布、报名、考试实施、成绩发布等重点环节的宣传工作,充分利用主流媒体和新媒体做好信息发布、政策解读、考生问答等说明引导工作,及时回应广大应试人员的关切。加强考试诚信教育,开展诚信考试和考试纪律宣传教育活动,重点宣传涉考法律法规、违纪作弊惩戒案例,教育和引导考生遵守考试纪律和考试规则,自觉抵制违纪作弊等行为。继续强化与公安、网信等部门的协作机制,加强网络舆情的预警、研判和引导工作,按照舆情处置三同步原则,做好依法处置、舆论引导,协调有关部门做好社会面管控工作,确保不发生负面舆情。

(八)强化教育培训工作。总结2020年考试工作做法和经验,针对考试机构人员调整以及制度政策叠加适用等情况,强化法律职业资格考试制度规范的培训力度,提高考试管理队伍业务素质和能力。加强对考试工作人员在考务工作要求、机考技术操作、考试异常情况处理、疫情防控和突发事件应急处置等方面的培训和演练,提高业务能力水平。协调技术服务公司加强对技术服务人员和监考人员的培训,确保熟练掌握机考规则和操作要求,切实提高突发情况的应急处置能力。进一步加强对考试工作人员保密教育,防止失泄密事件发生。

(九)严格考试工作纪律。要利用考试信息化手段,建立高效统一的考试信息传达和反馈机制,确保信息上下畅通。落实好请示报告制度,按时上报考试情况和数据,对考试工作中发生的重大突发情况要第一时间上报司法部,对隐瞒不报的要严肃问责。对执行政策规定遇到的问题和有关情况,要书面专报。要严守工作纪律,严格落实保密工作责任制，对擅自将有关内部信息甚至涉密信息外泄的，要严肃追责，造成严重后果的，依法移送有关部门处理。

附件：1. 国家统一法律职业资格考试放宽条件地方名单

2. 2021年国家统一法律职业资格考试工作时间表

3. 2021年国家统一法律职业资格考试考区报表

附件1

## 国家统一法律职业资格考试放宽条件地方名单

1. 北京市（无）

2. 天津市（无）

3. 河北省（48个）

涞水县、阜平县、唐县、涞源县、望都县、易县、曲阳县、顺平县、宣化区（原宣化县辖区）、张北县、康保县、沽源县、尚义县、蔚县、阳原县、怀安县、万全区、承德县、平泉市、隆化县、丰宁满族自治县、围场满族蒙古族自治县、宽城满族自治县、大厂回族自治县、孟村回族自治县、行唐县、灵寿县、赞皇县、平山县、青龙满族自治县、大名县、魏县、临城县、巨鹿县、新河县、广宗县、平乡县、威县、赤城县、崇礼区、滦平县、海兴县、盐山县、南皮县、武邑县、武强县、饶阳县、阜城县、（涿鹿县赵家蓬区）

4. 山西省（36个）

娄烦县、阳高县、天镇县、广灵县、灵丘县、浑源县、云州区（原大同县）、平顺县、壶关县、武乡县、右玉县、左权县、和顺县、平陆县、五台县、代县、繁峙县、宁武县、静乐县、神池县、五寨县、岢岚县、河曲县、保德县、偏关县、吉县、大宁县、隰县、永和县、汾西县、兴县、临县、

石楼县、岚县、方山县、中阳县

5. 内蒙古自治区(75 个)

武川县、阿鲁科尔沁旗、巴林左旗、巴林右旗、林西县、翁牛特旗、喀喇沁旗、宁城县、敖汉旗、科尔沁左翼中旗、科尔沁左翼后旗、库伦旗、奈曼旗、莫力达瓦达斡尔族自治旗、鄂伦春自治旗、卓资县、化德县、商都县、兴和县、察哈尔右翼前旗、察哈尔右翼中旗、察哈尔右翼后旗、四子王旗、阿尔山市、科尔沁右翼前旗、科尔沁右翼中旗、扎赉特旗、突泉县、苏尼特右旗、太仆寺旗、正镶白旗、土默特左旗、托克托县、和林格尔县、清水河县、土默特右旗、固阳县、达尔罕茂明安联合旗、克什克腾旗、开鲁县、扎鲁特旗、达拉特旗、准格尔旗、鄂托克前旗、鄂托克旗、杭锦旗、乌审旗、伊金霍洛旗、阿荣旗、鄂温克族自治旗、陈巴尔虎旗、新巴尔虎左旗、新巴尔虎右旗、五原县、磴口县、乌拉特前旗、乌拉特中旗、乌拉特后旗、杭锦后旗、凉城县、阿巴嘎旗、苏尼特左旗、东乌珠穆沁旗、西乌珠穆沁旗、镶黄旗、正蓝旗、多伦县、阿拉善左旗、阿拉善右旗、额济纳旗、白云鄂博矿区、根河市、额尔古纳市、牙克石市、扎兰屯市

6. 辽宁省(8 个)

岫岩满族自治县、新宾满族自治县、清原满族自治县、本溪满族自治县、桓仁满族自治县、宽甸满族自治县、阜新蒙古族自治县、喀喇沁左翼蒙古族自治县

7. 吉林省(11 个)

长白朝鲜族自治县、前郭尔罗斯蒙古族自治县、伊通满族自治县、靖宇县、镇赉县、通榆县、大安市、龙井市、和龙市、汪清县、安图县

8. 黑龙江省(67 个)

巴彦县、通河县、木兰县、延寿县、龙江县、泰来县、甘南县、富裕

县、林甸县、克东县、拜泉县、鹤岗市区（向阳区、工农区、南山区、兴安区、东山区、兴山区）、萝北县、绥滨县、饶河县、杜尔伯特蒙古族自治县、伊美区、南岔县、友好区、金林区、乌翠区、丰林县、汤旺县、大箐山县、嘉荫县、铁力市、桦南县、桦川县、汤原县、抚远市、同江市、孙吴县、五大连池市、逊克县、北安市、嫩江市、爱辉区、绥棱县、庆安县、明水县、青冈县、望奎县、兰西县、海伦市、呼玛县、塔河县、漠河市、加格达奇区、松岭区、新林区、呼中区、密山市、虎林市、鸡东县、恒山区、滴道区、集贤县、友谊县、宝清县、四方台区、勃利县、新兴区

9. 上海市（无）

10. 江苏省（无）

11. 浙江省（1 个）
景宁畲族自治县

12. 安徽省（20 个）
潜山市、太湖县、宿松县、望江县、岳西县、利辛县、寿县、霍邱县、金寨县、临泉县、阜南县、颍上县、颍东区、砀山县、萧县、灵璧县、泗县、裕安区、舒城县、石台县

13. 福建省（无）

14. 江西省（24 个）
莲花县、赣县区、上犹县、安远县、宁都县、于都县、兴国县、会昌县、寻乌县、石城县、瑞金市、南康区、遂川县、万安县、永新县、井冈山市、乐安县、修水县、吉安县、广昌县、广信区、横峰县、余干县、鄱阳县

15. 山东省(无)

16. 河南省(38 个)

嵩县、汝阳县、洛宁县、栾川县、鲁山县、卢氏县、南召县、内乡县、镇平县、淅川县、商水县、沈丘县、郸城县、淮阳区、太康县、新蔡县、兰考县、民权县、宁陵县、柘城县、光山县、新县、固始县、淮滨县、商城县、潢川县、宜阳县、滑县、封丘县、范县、台前县、社旗县、桐柏县、睢县、虞城县、上蔡县、平舆县、确山县

17. 湖北省(28 个)

郧阳区、郧西县、竹山县、竹溪县、房县、丹江口市、保康县、团风县、红安县、罗田县、英山县、蕲春县、麻城市、恩施市、利川市、建始县、巴东县、宣恩县、咸丰县、来凤县、鹤峰县、孝昌县、大悟县、秭归县、长阳土家族自治县、五峰土家族自治县、阳新县、神农架林区

18. 湖南省(40 个)

新邵县、邵阳县、隆回县、洞口县、绥宁县、新宁县、城步苗族自治县、武冈市、石门县、慈利县、桑植县、中方县、沅陵县、辰溪县、溆浦县、会同县、麻阳苗族自治县、新晃侗族自治县、芷江侗族自治县、靖州苗族侗族自治县、通道侗族自治县、新化县、涟源市、泸溪县、凤凰县、保靖县、古丈县、永顺县、龙山县、花垣县、茶陵县、炎陵县、宜章县、汝城县、桂东县、安仁县、安化县、平江县、新田县、江华瑶族自治县

19. 广东省(3 个)

乳源瑶族自治县、连山壮族瑶族自治县、连南瑶族自治县

20. 广西壮族自治区(66 个)

隆安县、马山县、上林县、融安县、融水苗族自治县、三江侗族自

治县、龙胜各族自治县、资源县、田阳区、田东县、德保县、靖西市、那坡县、凌云县、乐业县、田林县、西林县、隆林各族自治县、昭平县、富川瑶族自治县、凤山县、东兰县、罗城仫佬族自治县、环江毛南族自治县、巴马瑶族自治县、都安瑶族自治县、大化瑶族自治县、忻城县、金秀瑶族自治县、宁明县、龙州县、大新县、天等县、宾阳县、横州市、柳城县、鹿寨县、阳朔县、灵川县、全州县、兴安县、永福县、灌阳县、平乐县、荔浦市、恭城瑶族自治县、苍梧县、藤县、蒙山县、合浦县、上思县、灵山县、浦北县、平南县、容县、陆川县、博白县、兴业县、平果市、钟山县、南丹县、天峨县、象州县、武宣县、扶绥县、合山市

21. 海南省(8 个)

临高县、白沙黎族自治县、保亭黎族苗族自治县、琼中黎族苗族自治县、昌江黎族自治县、乐东黎族自治县、陵水黎族自治县、东方市

22. 重庆市(4 个)

石柱土家族自治县、秀山土家族苗族自治县、酉阳土家族苗族自治县、彭水苗族土家族自治县

23. 四川省(77 个)

叙永县、古蔺县、北川羌族自治县、平武县、昭化区、朝天区、旺苍县、青川县、剑阁县、苍溪县、沐川县、马边彝族自治县、嘉陵区、南部县、仪陇县、阆中市、屏山县、广安区、宣汉县、万源市、巴州区、通江县、南江县、平昌县、汶川县、理县、茂县、松潘县、九寨沟县、金川县、小金县、黑水县、马尔康市、壤塘县、阿坝县、若尔盖县、红原县、康定市、泸定县、丹巴县、九龙县、雅江县、道孚县、炉霍县、甘孜县、新龙县、德格县、白玉县、石渠县、色达县、理塘县、巴塘县、乡城县、稻城县、得荣县、木里藏族自治县、盐源县、普格县、布拖县、金阳县、昭觉县、喜德县、越西县、甘洛县、美姑县、雷波县、峨边彝族自治县、德昌县、会理县、会东县、宁南县、冕宁县、恩阳区、西昌市、开江县、米易

县、盐边县

24. 贵州省(66 个)

六枝特区、水城区、盘州市、桐梓县、正安县、道真仡佬族苗族自治县、务川仡佬族苗族自治县、凤冈县、湄潭县、习水县、赤水市、西秀区、平坝区、普定县、镇宁布依族苗族自治县、关岭布依族苗族自治县、紫云苗族布依族自治县、大方县、黔西市、织金县、纳雍县、威宁彝族回族苗族自治县、赫章县、江口县、玉屏侗族自治县、石阡县、思南县、印江土家族苗族自治县、德江县、沿河土家族自治县、松桃苗族自治县、碧江区、万山特区、兴仁市、普安县、晴隆县、贞丰县、望谟县、册亨县、安龙县、七星关区、黄平县、施秉县、三穗县、镇远县、岑巩县、天柱县、锦屏县、剑河县、台江县、黎平县、榕江县、从江县、雷山县、麻江县、丹寨县、荔波县、贵定县、瓮安县、独山县、平塘县、罗甸县、长顺县、龙里县、惠水县、三都水族自治县

25. 云南省(87 个)

隆阳区、施甸县、龙陵县、昌宁县、昭阳区、鲁甸县、巧家县、盐津县、大关县、永善县、绥江县、镇雄县、彝良县、威信县、玉龙纳西族自治县、永胜县、宁蒗彝族自治县、宁洱哈尼族彝族自治县、墨江哈尼族自治县、景东彝族自治县、景谷傣族彝族自治县、镇沅彝族哈尼族拉祜族自治县、江城哈尼族彝族自治县、孟连傣族拉祜族佤族自治县、澜沧拉祜族自治县、西盟佤族自治县、临翔区、凤庆县、云县、永德县、镇康县、双江拉祜族佤族布朗族傣族自治县、耿马傣族佤族自治县、沧源佤族自治县、双柏县、牟定县、南华县、姚安县、大姚县、永仁县、武定县、屏边苗族自治县、石屏县、泸西县、元阳县、红河县、金平苗族瑶族傣族自治县、绿春县、文山市、砚山县、西畴县、麻栗坡县、马关县、丘北县、广南县、富宁县、勐海县、勐腊县、漾濞彝族自治县、祥云县、宾川县、弥渡县、南涧彝族自治县、巍山彝族回族自治县、永平县、云龙县、洱源县、剑川县、鹤庆县、芒市、梁河县、盈江县、陇川县、泸水

市、福贡县、贡山独龙族怒族自治县、兰坪白族普米族自治县、香格里拉市、德钦县、维西傈僳族自治县、峨山彝族自治县、新平彝族傣族自治县、元江哈尼族彝族傣族自治县、河口瑶族自治县、元谋县、禄丰县、建水县

26. 西藏自治区(全区共74个)

27. 陕西省(56个)

扶风县、陇县、千阳县、麟游县、永寿县、长武县、淳化县、周至县、太白县、南郑区、城固县、洋县、西乡县、勉县、宁强县、略阳县、镇巴县、留坝县、佛坪县、汉滨区、汉阴县、石泉县、宁陕县、紫阳县、岚皋县、平利县、镇坪县、旬阳县、白河县、商州区、洛南县、丹凤县、商南县、山阳县、镇安县、柞水县、横山区、绥德县、米脂县、佳县、吴堡县、清涧县、子洲县、印台区、耀州区、宜君县、旬邑县、合阳县、澄城县、蒲城县、白水县、富平县、延长县、延川县、宜川县、定边县

28. 甘肃省(67个)

永登县、皋兰县、榆中县、靖远县、会宁县、景泰县、麦积区、清水县、秦安县、甘谷县、武山县、张家川回族自治县、古浪县、天祝藏族自治县、崆峒区、泾川县、灵台县、庄浪县、静宁县、庆城县、环县、华池县、合水县、正宁县、宁县、镇原县、安定区、通渭县、陇西县、渭源县、临洮县、漳县、岷县、武都区、成县、文县、宕昌县、康县、西和县、礼县、徽县、两当县、临夏市、临夏县、康乐县、永靖县、广河县、和政县、东乡族自治县、积石山保安族东乡族撒拉族自治县、合作市、临潭县、卓尼县、舟曲县、迭部县、玛曲县、碌曲县、夏河县、肃北蒙古族自治县、阿克塞哈萨克族自治县、肃南裕固族自治县、平川区、永昌县、民勤县、民乐县、山丹县、金塔县

29. 青海省(41个)

大通回族土族自治县、湟中区、湟源县、平安区、民和回族土族自治县、乐都区、互助土族自治县、化隆回族自治县、循化撒拉族自治县、门源回族自治县、祁连县、海晏县、刚察县、同仁市、尖扎县、泽库县、河南蒙古族自治县、共和县、同德县、贵德县、兴海县、贵南县、玛沁县、班玛县、甘德县、达日县、久治县、玛多县、玉树市、杂多县、称多县、治多县、囊谦县、曲麻莱县、格尔木市、德令哈市、乌兰县、都兰县、天峻县、茫崖市、大柴旦行委

30. 宁夏回族自治区(13个)

盐池县、同心县、原州区、西吉县、隆德县、泾源县、彭阳县、海原县、永宁县、贺兰县、平罗县、中宁县、红寺堡区

31. 新疆维吾尔自治区(100个)

乌鲁木齐县、独山子区、克拉玛依区、白碱滩区、乌尔禾区、高昌区、鄯善县、托克逊县、伊州区、巴里坤哈萨克自治县、伊吾县、昌吉市、阜康市、呼图壁县、玛纳斯县、奇台县、吉木萨尔县、木垒哈萨克自治县、博乐市、阿拉山口市、精河县、温泉县、库尔勒市、轮台县、尉犁县、若羌县、且末县、焉耆回族自治县、和静县、和硕县、博湖县、阿克苏市、温宿县、库车市、沙雅县、新和县、拜城县、乌什县、阿瓦提县、柯坪县、阿图什市、阿克陶县、阿合奇县、乌恰县、喀什市、疏附县、疏勒县、英吉沙县、泽普县、莎车县、叶城县、麦盖提县、岳普湖县、伽师县、巴楚县、塔什库尔干塔吉克自治县、和田市、和田县、墨玉县、皮山县、洛浦县、策勒县、于田县、民丰县、伊宁市、奎屯市、霍尔果斯市、伊宁县、察布查尔锡伯自治县、霍城县、巩留县、新源县、昭苏县、特克斯县、尼勒克县、塔城市、乌苏市、额敏县、沙湾市、托里县、裕民县、和布克赛尔蒙古自治县、阿勒泰市、布尔津县、富蕴县、福海县、哈巴河县、青河县、吉木乃县、石河子市、阿拉尔市、图木舒克市、五家渠市、北屯市、铁门关市、双河市、可克达拉市、昆玉市、胡杨河市、新星市

附件 2

## 2021 年国家统一法律职业资格考试工作时间表

| 序号 | 时间 | 周期 | 工作内容 |
|---|---|---|---|
| 一、客观题考试 | | | |
| 1 | 5 月 17 日—21 日 | | 举办全国司法厅(局)考试管理干部业务培训 |
| 2 | 5 月底 | | 发布考试公告、通知 |
| 3 | 5 月底前 | | 开通报名系统内部测试网络平台,各地登录系统进行测试 |
| 4 | 5 月下旬至 6 月初 | | 各地与机考服务公司工作对接,开展考试培训工作 |
| 5 | 6 月 10 日—24 日 | 15 天 | 网上报名、审核 |
| 6 | 6 月 28 日前 | | 完成报名审核和交费工作 |
| 7 | 6 月上旬 | | 发布应届毕业生资格申请审核公告、通知,开展网上申请,各地进行申请受理、审查和核查 |
| 8 | 6 月上旬—7 月底 | | 各地组织开展对预选考点考场机位测试 |
| 9 | 7 月 27 日前 | | 各地确定考点考场,完成考试环境及机位测试 |

续表

| 序号 | 时间 | 周期 | 工作内容 |
| --- | --- | --- | --- |
| 10 | 8月上旬 | | 组织应届毕业生资格集中审核、进行考务工作培训 |
| 11 | (待定) | | 召开全国司法厅(局)考试工作座谈会 |
| 12 | 8月16日前 | | 各地完成考点考场信息录入 |
| 13 | 8月16日—26日 | 11天 | 各考区上报草稿纸封装表及接收信息,做好接收、保管和分发工作 |
| 14 | 8月27日—31日 | 5天 | 编排考场、生成准考证 |
| 15 | 9月1日—10日 | 10天 | 打印准考证 |
| 16 | 9月9日、10日 | | 完成全要素测试和全时空演练、系统部署、仿真测试、封场测试等考务准备工作 |
| 17 | 9月11日、12日 | 2天 | 客观题考试 |
| 18 | 9月23日 | | 公布客观题考试成绩和合格分数线 |
| 二、主观题考试 | | | |
| 19 | 9月23日—27日 | 5天 | 主观题考试网上确认报名交费 |
| 20 | 9月28日前 | | 各地审核主观题考试阶段申请享受放宽政策人员信息 |
| 21 | 9月29日 | | 各考区上报草稿纸封装表及接收信息,做好接收、保管和分发工作 |
| 22 | 9月29日前 | | 各地完成主观题机考(含纸笔答题)考点考场信息录入 |
| 23 | 9月29日 | | 编排考场、生成准考证 |

续表

| 序号 | 时间 | 周期 | 工作内容 |
|---|---|---|---|
| 24 | 9月30日 | | 各地生成并上报答题纸封装表及接收时间、地点、联系人及联系方式至部考试中心 |
| 25 | 10月11日—14日 | 4天 | 各地接收答题纸、草稿纸 |
| 26 | 10月12日—16日 | 5天 | 打印准考证 |
| 27 | 10月13日—16日 | 4天 | 完成全要素测试、全时空演练、系统部署、封场测试等考务工作准备 |
| 28 | 10月17日上午 | | 主观题考试 |
| 29 | 10月17日—19日 | 3天 | 答题纸返送至评卷地 |
| 30 | 11月30日 | | 公布主观题考试成绩和合格分数线 |
| 31 | 12月中旬前 | | 受理主观题成绩分数核查申请 |
| 32 | 2022年1月 | | 完成分数核查,下发结果 |
| 三、法律职业资格审核认定 | | | |
| 33 | 待定 | | 受理、审查和核查资格申请材料 |
| 34 | 待定 | | 各地报送审核工作报告和申请材料 |
| 35 | 待定 | | 审核、制作、发放资格证书 |

附件 3

## 2021 年国家统一法律职业资格考试考区报表

____________________省(区、市)

| 序号 | 拟设考区的地(市) | 考区涵盖的地(市) |
|---|---|---|
| | | |
| | | |
| | | |
| | | |
| | | |
| | | |
| | | |
| | | |
| | | |
| | | |
| | | |

制表人:　　　　签报人:　　　　上报时间:

# 中华人民共和国司法部公告

（2021 年 5 月 27 日　2021 年第 4 号）

根据《国家统一法律职业资格考试实施办法》等有关规定，现就 2021 年国家统一法律职业资格考试公告如下。

**一、报名条件**

（一）符合以下条件人员，可以报名参加国家统一法律职业资格考试：

1. 具有中华人民共和国国籍；

2. 拥护中华人民共和国宪法，享有选举权和被选举权；

3. 具有良好的政治、业务素质和道德品行；

4. 具有完全民事行为能力；

5. 具备全日制普通高等学校法学类本科学历并获得学士及以上学位，全日制普通高等学校非法学类本科及以上学历并获得法律硕士、法学硕士及以上学位，全日制普通高等学校非法学类本科及以上学历并获得相应学位且从事法律工作满三年。

《国家统一法律职业资格考试实施办法》实施前已取得学籍（考籍）或者已取得相应学历的高等学校法学类专业本科及以上学历毕业生，或者高等学校非法学类专业本科及以上学历毕业生并具有法律专业知识的，可以报名参加国家统一法律职业资格考试。

为巩固和拓展脱贫攻坚成果，贯彻落实党中央、国务院关于过渡期内保持主要帮扶政策总体稳定的政策要求，2021 年继续实施国家统一法律职业资格考试放宽政策（2021—2025 年），报名人员户籍在放宽条件地方的，可以将报名学历条件放宽为高等学校本科毕业。

普通高等学校、军队院校2022年全日制应届本科毕业生（包括专升本，下同）和以同等学力报考的应届硕士毕业生，可以报名参加2021年国家统一法律职业资格考试。其中，《国家统一法律职业资格考试实施办法》实施后取得学籍（考籍）的普通高等学校2022年全日制应届本科毕业生应获得法学类专业本科学历及学士学位；《国家统一法律职业资格考试实施办法》实施后取得学籍（考籍）的军队院校2022年全日制应届本科毕业生应获得本科学历及学士学位。

《国家统一法律职业资格考试实施办法》实施前已取得学籍（考籍），并于2021年国家统一法律职业资格考试报名时已经完成学业但尚未取得学历学位证书的普通高等学校、军队院校2021年应届本科毕业生和以同等学力报考的应届硕士研究生及继续教育（包括网络教育、成人教育、开放大学等）的2021年本科毕业生，以及参加高等教育自学考试单科成绩已全部合格且本年度内能取得毕业证书人员，可以报名参加2021年国家统一法律职业资格考试。

持港澳台或国外高等学校本科及以上学历学位人员，学历学位证书经过教育部留学服务中心认证后，可以报名参加国家统一法律职业资格考试。《国家统一法律职业资格考试实施办法》实施后取得学籍（考籍）的港澳台或者国外高等学校法学（法律）类本科及以上学历学位的人员，学历学位证书经过教育部留学服务中心认证后，可以报名参加国家统一法律职业资格考试。

（二）有下列情形之一的人员，不得报名参加国家统一法律职业资格考试：

1. 因故意犯罪受过刑事处罚的；

2. 曾被开除公职或者曾被吊销律师执业证书、公证员执业证书的；

3. 被吊销法律职业资格证书的；

4. 被给予二年内不得报名参加国家统一法律职业资格考试处理期限未满或者被给予终身不得报名参加国家统一法律职业资格考试

(国家司法考试)处理的；

5. 因严重失信行为被国家有关单位确定为失信联合惩戒对象并纳入国家信用信息共享平台的；

6. 因其他情形被给予终身禁止从事法律职业处理的。

有前款规定情形之一的人员，已经办理报名手续的，报名无效；已经参加考试的，考试成绩无效。

已经取得 A 类法律职业资格证书的，不得报名参加 2021 年国家统一法律职业资格考试。

(三)2020 年国家统一法律职业资格考试客观题考试成绩达到全国统一合格分数线或者放宽合格分数线的，合格成绩在 2021 年国家统一法律职业资格考试中有效。其中，达到全国统一合格分数线的，可在主观题考试报名时确认参加 2021 年主观题考试，符合放宽政策的可同时申请享受放宽政策；达到放宽合格分数线的，可报名参加 2021 年客观题考试和主观题考试，或者在主观题考试报名时确认参加 2021 年主观题考试。

(四)报名人员应选择使用汉文试卷参加考试，也可以选择使用蒙古文、藏文、维吾尔文、哈萨克文、朝鲜文五种少数民族语言文字试卷参加考试。应试人员应当使用同一语言文字试卷参加客观题考试和主观题考试。香港、澳门和台湾居民可以选择使用简体汉字或者繁体汉字填报本人信息和答题。

**二、客观题考试**

(一)报名方式与时间

2021 年国家统一法律职业资格考试客观题考试实行网上报名，报名时间为 6 月 10 日 0 时至 6 月 24 日 18 时。报名人员应当在规定期限内登录司法部网站(www. moj. gov. cn)，按照网上报名要求、流程及步骤填报个人信息。逾期不予补报。

(二)报名材料

报名人员报名时应当具有以下材料：

1. 有效居民身份证。

2. 毕业证书。本人毕业证书应当能够在全国高等学校学生信息咨询与就业指导中心网站查询或认证。

3. 申请享受放宽政策人员，须具有放宽报名学历条件地方户籍。网上报名时，应上传户口簿首页及本人页电子照片。

4. 电子证件照片。报名人员应当提供符合规定格式（宽 413 像素 × 高 626 像素）要求的本人近三个月内彩色（红、蓝、白底色均可）正面免冠电子证件照片。此照片将作为本人准考证、考试成绩通知单、法律职业资格申请表、法律职业资格证书唯一使用照片。

5. 司法行政机关要求的其他材料。报名人员应当如实、准确填报个人信息，对报名信息作出真实有效承诺，并对填报材料实质内容的真实性负责。普通高等学校、军队院校 2022 年全日制应届本科毕业生和以同等学力报考的应届硕士毕业生网上报名时，应当签署《应届毕业生承诺书》。参加高等教育自学考试单科成绩已全部合格人员网上报名时，应当签署《单科成绩已全部合格承诺书》。

报名人员填报虚假信息或以其他方式骗取报名的，司法行政机关将按照《国家统一法律职业资格考试违纪行为处理办法》等规定进行处理。

（三）交纳考试费及选择报名地

报名人员应当按照报名地司法行政机关公告的标准和支付方式交纳考试费。客观题考试网上交费截止时间为 6 月 28 日 18 时。

报名人员可在各省（区、市）、新疆生产建设兵团司法行政机关设置的考区选择报名。交纳客观题考试的考试费后，不得更改报名地。

选择使用少数民族语言文字试卷的需在设置相应考点考场的考区报名，内蒙古自治区设蒙古文考点考场，西藏自治区、青海省设藏文考点考场，新疆维吾尔自治区设蒙古文、维吾尔文、哈萨克文考点考场，吉林省设朝鲜文考点考场。

（四）考试内容与科目

国家统一法律职业资格考试实行全国统一命题。司法部制定并公布的《2021 年国家统一法律职业资格考试大纲》作为命题依据。

2021 年国家统一法律职业资格考试客观题考试共两卷。分为试卷一、试卷二，每张试卷 100 道试题，分值为 150 分，其中单项选择题 50 题、每题 1 分，多项选择题和不定项选择题共 50 题、每题 2 分，两张试卷总分为 300 分。具体考查科目为：

试卷一：习近平法治思想、法理学、宪法、中国法律史、国际法、司法制度和法律职业道德、刑法、刑事诉讼法、行政法与行政诉讼法

试卷二：民法、知识产权法、商法、经济法、环境资源法、劳动与社会保障法、国际私法、国际经济法、民事诉讼法（含仲裁制度）

（五）考试时间与方式

2021 年国家统一法律职业资格考试客观题考试实行分批次考试方式。报名地司法行政机关按各考区机位数量和报考人数确定应试人员考试批次，分为 9 月 11 日、12 日共两个批次，应试人员参加其中的一个批次考试。具体为：

第 1 批次考试时间：

试卷一：9 月 11 日 9:00—12:00，考试时间 180 分钟。

试卷二：9 月 11 日 14:30—17:30，考试时间 180 分钟。

第 2 批次考试时间：

试卷一：9 月 12 日 9:00—12:00，考试时间 180 分钟。

试卷二：9 月 12 日 14:30—17:30，考试时间 180 分钟。

2021 年国家统一法律职业资格考试客观题考试实行闭卷、计算机化考试方式，试题、答题要求和答题界面均在计算机显示屏上显示，应试人员应当使用计算机鼠标或键盘在计算机答题界面上直接作答。

（六）打印准考证

报名人员经司法行政机关审核，符合报考条件的，准予核发准考证。报名人员可于 9 月 1 日至 9 月 10 日登录司法部网站自行打印准考证。

（七）合格分数线

国家统一法律职业资格考试客观题考试实行全国统一计算机评卷。

根据《国家统一法律职业资格考试实施办法》，2021 年国家统一法律职业资格考试客观题考试合格分数线由司法部商最高人民法院、最高人民检察院等有关部门确定。9 月 23 日，司法部公布客观题考试成绩及合格分数线，应试人员可在司法部网站自行打印考试成绩通知单。

客观题考试合格成绩在本年度和下一个考试年度内有效。

**三、主观题考试**

（一）报名与交费

2020 年客观题考试保留有效成绩人员、2021 年客观题考试成绩合格人员，可以报名参加 2021 年主观题考试。应试人员应当在客观题考试成绩公布之日起 5 日内登录司法部网站确认参加主观题考试并按规定交纳考试费。

2020 年客观题考试保留有效成绩人员，确认报名参加 2021 年主观题考试的（不含参加 2021 年客观题考试的），可以选择在工作、生活地所在省（区、市）、新疆生产建设兵团司法行政机关设置的考区参加主观题考试。

2021 年客观题考试成绩合格人员，应当到客观题考试报名地所在的省（区、市）、新疆生产建设兵团司法行政机关设置的考区参加主观题考试。

（二）考区考点设置

主观题考试的考区考点应当按照参加主观题考试报考人数、交通状况、疫情防控工作需要和组织实施能力等因素进行集中设置。

（三）考试内容与科目

主观题考试为一卷，包括案例分析题、法律文书题、论述题等题型，分值为 180 分。具体考查科目为：

习近平法治思想、法理学、宪法、刑法、刑事诉讼法、民法、商法、

民事诉讼法(含仲裁制度)、行政法与行政诉讼法、司法制度和法律职业道德

主观题考试设置选作题的,应试人员可选择其一作答。

(四)考试时间与方式

2021年国家统一法律职业资格考试主观题考试时间为10月17日。

主观题试卷:9:00—13:00,考试时间240分钟。

2021年国家统一法律职业资格考试主观题考试实行计算机化考试,试题、答题要求和答题界面均在计算机显示屏上显示。应试人员应当使用计算机鼠标及键盘在计算机答题界面上直接作答。考试系统支持5种输入法:搜狗全拼输入法、QQ全拼输入法、谷歌双拼输入法、搜狗五笔输入法(86版)、极品五笔输入法(86版),港澳考区应试人员可以选择使用仓颉输入法和速成输入法,应试人员使用其中一种输入法作答。考试系统不支持手写板、语音等辅助输入设备与软件。

应试人员因身体、年龄等原因使用计算机考试确有困难的,可在确认报名参加主观题考试时申请使用纸笔答题方式,试题、答题要求均在计算机显示屏上显示,应试人员在答题纸上作答。

选择使用少数民族语言文字试卷的,实行纸笔答题方式,试题、答题要求均在计算机显示屏上显示,应试人员在答题纸上作答。

省(区、市)司法行政机关根据参加纸笔答题人员数量等情况集中设置纸笔考试考区考点考场,新疆生产建设兵团不设置纸笔考试考点考场。

主观题考试由司法行政机关为应试人员统一提供电子法律法规,应试人员在计算机上查阅。

(五)打印准考证

参加主观题考试人员,可于10月12日至16日登录司法部网站自行打印准考证。

(六)合格分数线

国家统一法律职业资格考试主观题考试实行全国统一评卷。

根据《国家统一法律职业资格考试实施办法》,主观题考试合格分数线由司法部商最高人民法院、最高人民检察院等有关部门确定。司法部于11月30日公布主观题考试成绩及合格分数线,应试人员可在司法部网站自行打印考试成绩通知单。

**四、香港、澳门和台湾居民报考事宜**

香港、澳门特别行政区永久性居民中的中国公民和台湾居民,可以报名参加国家统一法律职业资格考试。

司法部在香港、澳门特别行政区设立考区,举行考试。香港、澳门考区考试的具体工作,由香港、澳门特别行政区有关机构承办。

(一)报名信息

香港、澳门和台湾居民报名时须如实填报以下信息,并作出承诺。

1. 身份信息。

(1)香港、澳门居民。应使用香港、澳门居民身份证和香港、澳门居民来往内地通行证(回乡证)或者港澳居民居住证报名。不能填报来往内地通行证(回乡证)或者港澳居民居住证相关信息的,应在网上报名时间截止前,向香港或澳门考试承办机构提交由特别行政区身份证明机关出具的未放弃中国国籍的相关证明。香港居民也可以提交根据香港法例第十一章《宣誓及声明条例》作出的证明其未申请放弃中国国籍的法定声明。

(2)台湾居民。应使用台湾居民身份证和来往大陆通行证(台胞证)或者台湾居民居住证报名。没有办理台湾居民来往大陆通行证的,应当填报台湾居民身份证和户籍誊本或者户口名簿相关信息。

2. 学历信息。香港、澳门和台湾居民持内地(大陆)高等学校毕业证书报名的,可以直接填报相关信息;持香港、澳门、台湾地区或者国外高等学校学历学位证书报名的,其学历学位证书须经教育部留学服务中心认证,符合报考学历学位条件的,可以报名参加国家统一法律职业资格考试。国(境)外学历学位认证的具体要求,可以查阅教育部留学服务中心网站(www. cscse. edu. cn)。

(二)报名方式及交费

1. 报名方式。香港、澳门和台湾居民参加2021年国家统一法律职业资格考试,实行网上报名。逾期不予补报。

2. 报名及审核。香港、澳门和台湾居民选择在香港、澳门考区报名参加考试的,由香港、澳门考区考试承办机构核验相关信息,根据香港、澳门考区考试承办机构规定的时间办理交费和自行打印准考证事宜;选择在内地(大陆)报名参加考试的,应当按照报名地司法行政机关的公告办理有关报考事项。

(三)考试地点

1. 在内地(大陆)报名的,应当在报名地司法行政机关设置的考点参加考试。

2. 在香港、澳门考区报名的,应当在香港、澳门考区考试承办机构设置的考点参加考试。

3. 居住在台湾或者国(境)外的台湾居民网上报名时,可以选择在广东省深圳市考区或福建省厦门市考区参加考试。

香港、澳门和台湾居民参加2021年国家统一法律职业资格考试的其他事宜,按照《国家统一法律职业资格考试实施办法》及年度考试公告和通知有关规定执行。司法行政机关可告知应试人员登录司法部网站查询,并接受有关问题的咨询。

**五、法律职业资格审核认定**

2020年客观题考试保留有效成绩人员、2021年客观题考试成绩合格人员,参加2021年主观题考试取得合格成绩的,经审核符合资格授予条件的,由司法部授予法律职业资格,颁发法律职业资格证书。具体事宜由司法部另行公告。

普通高等学校、军队院校2022年全日制应届本科毕业生和以同等学力报考的应届硕士毕业生参加2021年国家统一法律职业资格考试客观题考试和主观题考试成绩合格的,应在规定期限内向司法行政机关申请授予法律职业资格。具体事宜由司法部另行公告。

法律职业资格证书的适用范围及管理,按《法律职业资格管理办法》及司法部和最高人民法院、最高人民检察院等部门的有关规定执行。

**六、其他事宜**

(一)符合条件的报名人员,因不具备网络通讯条件或无法自行操作等原因不能完成网上报名或自行打印准考证的,可在规定期限内到报名地司法行政机关办理。

(二)符合条件的现役军人报考国家统一法律职业资格考试,应当通过司法部网站进行网上报名、交纳考试费、打印准考证,并到地方司法行政机关设置的考区参加考试。司法部会同中央军委政法委员会对现役军人相关信息进行统一核验,现役军人报名参加考试的其他事宜,按照司法部和中央军委政法委员会有关通知要求办理。

(三)2021 年国家统一法律职业资格考试不公布试题及参考答案。主观题考试成绩公布后,应试人员如对考试成绩有异议的,可自考试成绩公布之日起 15 日内,向报名地司法行政机关提出分数核查的书面申请。

(四)国家统一法律职业资格考试组织实施相关规定出台前,适用原国家司法考试相关规定。

(五)司法部制定并公布的《2021 年国家统一法律职业资格考试大纲》可作为应试人员备考依据。司法部和各地司法行政机关不举办考前培训班,也不委托任何单位进行 2021 年国家统一法律职业资格考试考前培训辅导。

(六)应试人员参加考试,应当遵守考区所在地有关新冠肺炎疫情防控工作规定,自觉配合做好疫情防控工作。

(七)司法部将根据疫情防控工作形势,对考试组织实施工作进行相应调整并发布相关公告,请应试人员及时关注。

关于 2021 年国家统一法律职业资格考试的其他事宜,应试人员可登录司法部网站查询或向司法部、报名地司法行政机关咨询。

附件:国家统一法律职业资格考试放宽条件地方名单

附件

## 国家统一法律职业资格考试放宽条件地方名单

1. 北京市(无)

2. 天津市(无)

3. 河北省(48个)

涞水县、阜平县、唐县、涞源县、望都县、易县、曲阳县、顺平县、宣化区(原宣化县辖区)、张北县、康保县、沽源县、尚义县、蔚县、阳原县、怀安县、万全区、承德县、平泉市、隆化县、丰宁满族自治县、围场满族蒙古族自治县、宽城满族自治县、大厂回族自治县、孟村回族自治县、行唐县、灵寿县、赞皇县、平山县、青龙满族自治县、大名县、魏县、临城县、巨鹿县、新河县、广宗县、平乡县、威县、赤城县、崇礼区、滦平县、海兴县、盐山县、南皮县、武邑县、武强县、饶阳县、阜城县、(涿鹿县赵家蓬区)

4. 山西省(36个)

娄烦县、阳高县、天镇县、广灵县、灵丘县、浑源县、云州区(原大同县)、平顺县、壶关县、武乡县、右玉县、左权县、和顺县、平陆县、五台县、代县、繁峙县、宁武县、静乐县、神池县、五寨县、岢岚县、河曲县、保德县、偏关县、吉县、大宁县、隰县、永和县、汾西县、兴县、临县、石楼县、岚县、方山县、中阳县

5. 内蒙古自治区(75个)

武川县、阿鲁科尔沁旗、巴林左旗、巴林右旗、林西县、翁牛特旗、喀喇沁旗、宁城县、敖汉旗、科尔沁左翼中旗、科尔沁左翼后旗、库伦旗、奈曼旗、莫力达瓦达斡尔族自治旗、鄂伦春自治旗、卓资县、化德

县、商都县、兴和县、察哈尔右翼前旗、察哈尔右翼中旗、察哈尔右翼后旗、四子王旗、阿尔山市、科尔沁右翼前旗、科尔沁右翼中旗、扎赉特旗、突泉县、苏尼特右旗、太仆寺旗、正镶白旗、土默特左旗、托克托县、和林格尔县、清水河县、土默特右旗、固阳县、达尔罕茂明安联合旗、克什克腾旗、开鲁县、扎鲁特旗、达拉特旗、准格尔旗、鄂托克前旗、鄂托克旗、杭锦旗、乌审旗、伊金霍洛旗、阿荣旗、鄂温克族自治旗、陈巴尔虎旗、新巴尔虎左旗、新巴尔虎右旗、五原县、磴口县、乌拉特前旗、乌拉特中旗、乌拉特后旗、杭锦后旗、凉城县、阿巴嘎旗、苏尼特左旗、东乌珠穆沁旗、西乌珠穆沁旗、镶黄旗、正蓝旗、多伦县、阿拉善左旗、阿拉善右旗、额济纳旗、白云鄂博矿区、根河市、额尔古纳市、牙克石市、扎兰屯市

6. 辽宁省(8 个)

岫岩满族自治县、新宾满族自治县、清原满族自治县、本溪满族自治县、桓仁满族自治县、宽甸满族自治县、阜新蒙古族自治县、喀喇沁左翼蒙古族自治县

7. 吉林省(11 个)

长白朝鲜族自治县、前郭尔罗斯蒙古族自治县、伊通满族自治县、靖宇县、镇赉县、通榆县、大安市、龙井市、和龙市、汪清县、安图县

8. 黑龙江省(67 个)

巴彦县、通河县、木兰县、延寿县、龙江县、泰来县、甘南县、富裕县、林甸县、克东县、拜泉县、鹤岗市区(向阳区、工农区、南山区、兴安区、东山区、兴山区)、萝北县、绥滨县、饶河县、杜尔伯特蒙古族自治县、伊美区、南岔县、友好区、金林区、乌翠区、丰林县、汤旺县、大箐山县、嘉荫县、铁力市、桦南县、桦川县、汤原县、抚远市、同江市、孙吴县、五大连池市、逊克县、北安市、嫩江市、爱辉区、绥棱县、庆安县、明水县、青冈县、望奎县、兰西县、海伦市、呼玛县、塔河县、漠河市、加格

达奇区、松岭区、新林区、呼中区、密山市、虎林市、鸡东县、恒山区、滴道区、集贤县、友谊县、宝清县、四方台区、勃利县、新兴区

9. 上海市(无)

10. 江苏省(无)

11. 浙江省(1个)

景宁畲族自治县

12. 安徽省(20个)

潜山市、太湖县、宿松县、望江县、岳西县、利辛县、寿县、霍邱县、金寨县、临泉县、阜南县、颍上县、颍东区、砀山县、萧县、灵璧县、泗县、裕安区、舒城县、石台县

13. 福建省(无)

14. 江西省(24个)

莲花县、赣县区、上犹县、安远县、宁都县、于都县、兴国县、会昌县、寻乌县、石城县、瑞金市、南康区、遂川县、万安县、永新县、井冈山市、乐安县、修水县、吉安县、广昌县、广信区、横峰县、余干县、鄱阳县

15. 山东省(无)

16. 河南省(38个)

嵩县、汝阳县、洛宁县、栾川县、鲁山县、卢氏县、南召县、内乡县、镇平县、淅川县、商水县、沈丘县、郸城县、淮阳区、太康县、新蔡县、兰考县、民权县、宁陵县、柘城县、光山县、新县、固始县、淮滨县、商城县、潢川县、宜阳县、滑县、封丘县、范县、台前县、社旗县、桐柏县、睢

县、虞城县、上蔡县、平舆县、确山县

17. 湖北省(28 个)

郧阳区、郧西县、竹山县、竹溪县、房县、丹江口市、保康县、团风县、红安县、罗田县、英山县、蕲春县、麻城市、恩施市、利川市、建始县、巴东县、宣恩县、咸丰县、来凤县、鹤峰县、孝昌县、大悟县、秭归县、长阳土家族自治县、五峰土家族自治县、阳新县、神农架林区

18. 湖南省(40 个)

新邵县、邵阳县、隆回县、洞口县、绥宁县、新宁县、城步苗族自治县、武冈市、石门县、慈利县、桑植县、中方县、沅陵县、辰溪县、溆浦县、会同县、麻阳苗族自治县、新晃侗族自治县、芷江侗族自治县、靖州苗族侗族自治县、通道侗族自治县、新化县、涟源市、泸溪县、凤凰县、保靖县、古丈县、永顺县、龙山县、花垣县、茶陵县、炎陵县、宜章县、汝城县、桂东县、安仁县、安化县、平江县、新田县、江华瑶族自治县

19. 广东省(3 个)

乳源瑶族自治县、连山壮族瑶族自治县、连南瑶族自治县

20. 广西壮族自治区(66 个)

隆安县、马山县、上林县、融安县、融水苗族自治县、三江侗族自治县、龙胜各族自治县、资源县、田阳区、田东县、德保县、靖西市、那坡县、凌云县、乐业县、田林县、西林县、隆林各族自治县、昭平县、富川瑶族自治县、凤山县、东兰县、罗城仫佬族自治县、环江毛南族自治县、巴马瑶族自治县、都安瑶族自治县、大化瑶族自治县、忻城县、金秀瑶族自治县、宁明县、龙州县、大新县、天等县、宾阳县、横州市、柳城县、鹿寨县、阳朔县、灵川县、全州县、兴安县、永福县、灌阳县、平乐县、荔浦市、恭城瑶族自治县、苍梧县、藤县、蒙山县、合浦县、上思县、

灵山县、浦北县、平南县、容县、陆川县、博白县、兴业县、平果市、钟山县、南丹县、天峨县、象州县、武宣县、扶绥县、合山市

21. 海南省(8个)

临高县、白沙黎族自治县、保亭黎族苗族自治县、琼中黎族苗族自治县、昌江黎族自治县、乐东黎族自治县、陵水黎族自治县、东方市

22. 重庆市(4个)

石柱土家族自治县、秀山土家族苗族自治县、酉阳土家族苗族自治县、彭水苗族土家族自治县

23. 四川省(77个)

叙永县、古蔺县、北川羌族自治县、平武县、昭化区、朝天区、旺苍县、青川县、剑阁县、苍溪县、沐川县、马边彝族自治县、嘉陵区、南部县、仪陇县、阆中市、屏山县、广安区、宣汉县、万源市、巴州区、通江县、南江县、平昌县、汶川县、理县、茂县、松潘县、九寨沟县、金川县、小金县、黑水县、马尔康市、壤塘县、阿坝县、若尔盖县、红原县、康定市、泸定县、丹巴县、九龙县、雅江县、道孚县、炉霍县、甘孜县、新龙县、德格县、白玉县、石渠县、色达县、理塘县、巴塘县、乡城县、稻城县、得荣县、木里藏族自治县、盐源县、普格县、布拖县、金阳县、昭觉县、喜德县、越西县、甘洛县、美姑县、雷波县、峨边彝族自治县、德昌县、会理县、会东县、宁南县、冕宁县、恩阳区、西昌市、开江县、米易县、盐边县

24. 贵州省(66个)

六枝特区、水城区、盘州市、桐梓县、正安县、道真仡佬族苗族自治县、务川仡佬族苗族自治县、凤冈县、湄潭县、习水县、赤水市、西秀区、平坝区、普定县、镇宁布依族苗族自治县、关岭布依族苗族自治县、紫云苗族布依族自治县、大方县、黔西市、织金县、纳雍县、威宁彝

族回族苗族自治县、赫章县、江口县、玉屏侗族自治县、石阡县、思南县、印江土家族苗族自治县、德江县、沿河土家族自治县、松桃苗族自治县、碧江区、万山特区、兴仁市、普安县、晴隆县、贞丰县、望谟县、册亨县、安龙县、七星关区、黄平县、施秉县、三穗县、镇远县、岑巩县、天柱县、锦屏县、剑河县、台江县、黎平县、榕江县、从江县、雷山县、麻江县、丹寨县、荔波县、贵定县、瓮安县、独山县、平塘县、罗甸县、长顺县、龙里县、惠水县、三都水族自治县

25. 云南省(87 个)

隆阳区、施甸县、龙陵县、昌宁县、昭阳区、鲁甸县、巧家县、盐津县、大关县、永善县、绥江县、镇雄县、彝良县、威信县、玉龙纳西族自治县、永胜县、宁蒗彝族自治县、宁洱哈尼族彝族自治县、墨江哈尼族自治县、景东彝族自治县、景谷傣族彝族自治县、镇沅彝族哈尼族拉祜族自治县、江城哈尼族彝族自治县、孟连傣族拉祜族佤族自治县、澜沧拉祜族自治县、西盟佤族自治县、临翔区、凤庆县、云县、永德县、镇康县、双江拉祜族佤族布朗族傣族自治县、耿马傣族佤族自治县、沧源佤族自治县、双柏县、牟定县、南华县、姚安县、大姚县、永仁县、武定县、屏边苗族自治县、石屏县、泸西县、元阳县、红河县、金平苗族瑶族傣族自治县、绿春县、文山市、砚山县、西畴县、麻栗坡县、马关县、丘北县、广南县、富宁县、勐海县、勐腊县、漾濞彝族自治县、祥云县、宾川县、弥渡县、南涧彝族自治县、巍山彝族回族自治县、永平县、云龙县、洱源县、剑川县、鹤庆县、芒市、梁河县、盈江县、陇川县、泸水市、福贡县、贡山独龙族怒族自治县、兰坪白族普米族自治县、香格里拉市、德钦县、维西傈僳族自治县、峨山彝族自治县、新平彝族傣族自治县、元江哈尼族彝族傣族自治县、河口瑶族自治县、元谋县、禄丰县、建水县

26. 西藏自治区(全区共74个)

27. 陕西省(56个)

扶风县、陇县、千阳县、麟游县、永寿县、长武县、淳化县、周至县、太白县、南郑区、城固县、洋县、西乡县、勉县、宁强县、略阳县、镇巴县、留坝县、佛坪县、汉滨区、汉阴县、石泉县、宁陕县、紫阳县、岚皋县、平利县、镇坪县、旬阳县、白河县、商州区、洛南县、丹凤县、商南县、山阳县、镇安县、柞水县、横山区、绥德县、米脂县、佳县、吴堡县、清涧县、子洲县、印台区、耀州区、宜君县、旬邑县、合阳县、澄城县、蒲城县、白水县、富平县、延长县、延川县、宜川县、定边县

28. 甘肃省(67个)

永登县、皋兰县、榆中县、靖远县、会宁县、景泰县、麦积区、清水县、秦安县、甘谷县、武山县、张家川回族自治县、古浪县、天祝藏族自治县、崆峒区、泾川县、灵台县、庄浪县、静宁县、庆城县、环县、华池县、合水县、正宁县、宁县、镇原县、安定区、通渭县、陇西县、渭源县、临洮县、漳县、岷县、武都区、成县、文县、宕昌县、康县、西和县、礼县、徽县、两当县、临夏市、临夏县、康乐县、永靖县、广河县、和政县、东乡族自治县、积石山保安族东乡族撒拉族自治县、合作市、临潭县、卓尼县、舟曲县、迭部县、玛曲县、碌曲县、夏河县、肃北蒙古族自治县、阿克塞哈萨克族自治县、肃南裕固族自治县、平川区、永昌县、民勤县、民乐县、山丹县、金塔县

29. 青海省(41个)

大通回族土族自治县、湟中区、湟源县、平安区、民和回族土族自治县、乐都区、互助土族自治县、化隆回族自治县、循化撒拉族自治县、门源回族自治县、祁连县、海晏县、刚察县、同仁市、尖扎县、泽库县、河南蒙古族自治县、共和县、同德县、贵德县、兴海县、贵南县、玛沁县、班玛县、甘德县、达日县、久治县、玛多县、玉树市、杂多县、称多

县、治多县、囊谦县、曲麻莱县、格尔木市、德令哈市、乌兰县、都兰县、天峻县、茫崖市、大柴旦行委

30. 宁夏回族自治区(13 个)

盐池县、同心县、原州区、西吉县、隆德县、泾源县、彭阳县、海原县、永宁县、贺兰县、平罗县、中宁县、红寺堡区

31. 新疆维吾尔自治区(100 个)

乌鲁木齐县、独山子区、克拉玛依区、白碱滩区、乌尔禾区、高昌区、鄯善县、托克逊县、伊州区、巴里坤哈萨克自治县、伊吾县、昌吉市、阜康市、呼图壁县、玛纳斯县、奇台县、吉木萨尔县、木垒哈萨克自治县、博乐市、阿拉山口市、精河县、温泉县、库尔勒市、轮台县、尉犁县、若羌县、且末县、焉耆回族自治县、和静县、和硕县、博湖县、阿克苏市、温宿县、库车市、沙雅县、新和县、拜城县、乌什县、阿瓦提县、柯坪县、阿图什市、阿克陶县、阿合奇县、乌恰县、喀什市、疏附县、疏勒县、英吉沙县、泽普县、莎车县、叶城县、麦盖提县、岳普湖县、伽师县、巴楚县、塔什库尔干塔吉克自治县、和田市、和田县、墨玉县、皮山县、洛浦县、策勒县、于田县、民丰县、伊宁市、奎屯市、霍尔果斯市、伊宁县、察布查尔锡伯自治县、霍城县、巩留县、新源县、昭苏县、特克斯县、尼勒克县、塔城市、乌苏市、额敏县、沙湾市、托里县、裕民县、和布克赛尔蒙古自治县、阿勒泰市、布尔津县、富蕴县、福海县、哈巴河县、青河县、吉木乃县、石河子市、阿拉尔市、图木舒克市、五家渠市、北屯市、铁门关市、双河市、可克达拉市、昆玉市、胡杨河市、新星市

# 司法部关于做好审核授予参加2020年国家统一法律职业资格考试成绩合格的2021年应届毕业生法律职业资格工作的通知

（2021年6月15日　司发通〔2021〕41号）

各省、自治区、直辖市司法厅（局），新疆生产建设兵团司法局：

司法部于6月16日公布参加2020年国家统一法律职业资格考试成绩合格的普通高等学校、军队院校2021年应届毕业生申请授予法律职业资格事项。现就有关工作通知如下：

**一、网上申请**

参加2020年国家统一法律职业资格考试达到合格分数线的普通高等学校、军队院校2021年全日制应届本科毕业生（包括专升本）和以同等学力报考的应届硕士毕业生，应于2021年6月23日9时至25日24时登录司法部网站或者司法部政务服务平台，填报申请授予法律职业资格相关信息。申请人可以选择在报名地、户籍地、工作和生活所在地申请授予法律职业资格。

户籍在放宽报名学历条件地方、考试成绩达到放宽合格分数线的申请人，应当选择户籍所在地设区的市级司法行政机关申请授予法律职业资格。申请人毕业后因学习、工作等原因将户籍已迁至放宽报名学历条件地方的，比照上述规定办理。本人应直接前往户籍所在地司法行政机关提出书面申请，不在网上填报信息。

在内地就学毕业的香港、澳门、台湾地区申请人，可以选择内地司法行政机关办理申请授予法律职业资格事宜。

已取得2020年考试合格成绩人员放弃申请的，应向报考地司法行政机关说明情况。

**二、审查核查工作**

网上申请工作结束后，司法部对申请人学历信息、户籍信息进行统一核验，于7月5日前通过法律职业资格管理系统下发核验结果。各地市司法行政机关应于7月5日至9日期间现场接收申请材料，统一受理法律职业资格申请，统一受理日期为7月9日。对于申请材料已齐全或已补正全部材料的上批次资格申请人，可在此期间集中进行个别受理，相关地市司法行政机关单独报送申请材料。

申请材料包括：

（一）居民身份证原件。港澳居民需同时提交港澳居民来往内地通行证或者港澳居民居住证原件；台湾居民还需同时提交台湾居民来往大陆通行证或者台湾居民居住证原件。

享受放宽政策的申请人，需提供本人户口簿原件。

（二）普通高等学校、军队院校2021年毕业证书原件。

（三）证件照片。与本人2020年国家统一法律职业资格考试网上报名上传照片同一底片2寸（46mm×32mm）免冠彩色证件照片4张。

（四）根据审核需要提交的学信网学历查询结果、中国高等教育学历认证报告等补正材料。

上述材料原件经司法行政机关审验后扫描留存归档，原件退回申请人。

各地市司法行政机关在接收申请材料时，应当根据不同情况，依据《法律职业资格管理办法》第八条规定分别作出处理。对符合受理条件的，向申请人出具《法律职业资格申请受理单》（附件4）；对需要补充其他相关材料的，当场或者五个工作日内向申请人出具《法律职业资格申请补正材料通知书》（附件6或者附件7），告知申请人需要补正的全部材料及内容；对不属于法律职业资格认定事项或不符合申请条件的，向申请人出具《法律职业资格申请不予受理通知书》（附件5）并说明理由。

各地市司法行政机关应当自7月9日起对申请人提交的申请材料进行审查，通过法律职业资格管理系统扫描制作申请材料电子档案，及时将书面审查报告与申请材料报本省（区、市）司法厅（局）核查。各省（区、市）司法厅（局）应于7月23日前完成核查工作，并在司法部集中审核期间向我部提交核查工作报告和申请材料。司法部拟于7月26日至30日期间对各省（区、市）司法厅（局）报送的申请人材料进行集中审核。经审核符合资格授予条件的，授予法律职业资格，颁发《法律职业资格证书》。

司法部集中审核具体安排和证书颁发事宜另行通知。如因疫情影响需对法律职业资格审核和证书颁发工作进行调整，我部另行发布公告、通知。

**三、工作要求**

（一）各级司法行政机关要认真落实《法律职业资格管理办法》《法律职业资格认定工作规范》等规章规范性文件，加强组织领导，建立工作机制，明确岗位责任，提高服务质量，认真做好法律职业资格审核认定工作。

（二）各地应在政务大厅或其他规范场所开展现场统一受理申请工作，按照各地疫情防控工作要求，提前制定疫情防控工作方案和应急预案，严格落实疫情防控措施，确保工作场所和人员安全。如因突发疫情，确需对现场受理等工作进行调整的，及时报部职业资格局研究确定。

（三）各地应认真落实现场统一受理、补正事项告知、审查核查等工作程序，严格执行审核工作标准，熟练操作法律职业资格管理系统，细致做好申请材料接收、汇总、电子档案制作和数据报送工作，妥善处理特殊情况，为申请人提供优质便捷服务。

（四）各地应严格遵守审核工作制度和纪律，按照规定时间和工作安排，认真完成材料审核和逐级上报工作，严禁弄虚作假、瞒报漏报，确保信息数据安全。鉴于审核工作时间紧、任务重，建议各省（区、市）采取省、市两级司法行政机关集中审核本地申请人申请材料的工作方法，提高审核质量和工作效率。

附件：1. 2020 年国家统一法律职业资格考试法律职业资格申请表

2. 2020 年法律职业资格审批呈报表

3. 2020 年不予授予法律职业资格意见表

4. 法律职业资格申请受理单

5. 法律职业资格申请不予受理通知书

6. 法律职业资格申请补正材料通知书（学历）

7. 法律职业资格申请补正材料通知书（其他）

8. 户籍信息确认表

附件 1

## 2020 年国家统一法律职业资格考试法律职业资格申请表

<table>
<tr><td>姓名</td><td></td><td>性别</td><td></td><td>年龄</td><td colspan="2"></td><td rowspan="5">贴照片处<br>46mm×32mm</td></tr>
<tr><td>身份证号</td><td></td><td>民族</td><td></td><td>政治面貌</td><td colspan="2"></td></tr>
<tr><td>学历</td><td></td><td>毕业专业</td><td></td><td>职业</td><td colspan="2"></td></tr>
<tr><td>客观题考区</td><td></td><td>准考证号</td><td colspan="2"></td><td>成绩</td><td></td></tr>
<tr><td>主观题考区</td><td></td><td>准考证号</td><td colspan="2"></td><td>成绩</td><td></td></tr>
<tr><td>申请地</td><td colspan="4">省（区、市）　　市</td><td>代码</td><td colspan="2">□□□□</td></tr>
<tr><td>户籍地</td><td colspan="4">省（区、市）　　市　　县</td><td>代码</td><td colspan="2">□□□□□□</td></tr>
<tr><td>联系地址</td><td colspan="3"></td><td colspan="2">联系电话</td><td colspan="2"></td></tr>
</table>

续表

<table>
<tr><td rowspan="2">毕业院校</td><td rowspan="2"></td><td>毕业证书编号</td><td></td></tr>
<tr><td>毕业年份</td><td>□□□□</td></tr>
<tr><td>学习情况、学历学位及其证明</td><td colspan="3"></td></tr>
<tr><td>有无《国家统一法律职业资格考试实施办法》第十条规定的情形</td><td></td><td>有无《国家统一法律职业资格考试违纪行为处理办法》第五、六、七、八、九条规定情况</td><td></td></tr>
<tr><td>受理机关意见</td><td>市司法局</td><td colspan="2">省(区、市)司法厅(局)</td></tr>
</table>

本人承诺:以上填报内容真实准确。如有不实,本人自愿承担由此引起的一切后果,并放弃法律职业资格申请。

申请人签名:

年　　月　　日

附件 2

## 2020 年法律职业资格审批呈报表

呈报机关：(盖章)　　　　　　　　　　　　　　　　　类别：(　　)类

| 序号 | 姓名 | 性别 | 年龄 | 民族 | 职业 | 毕业专业 | 最后学历 | 准考证号 | 客观题分数 | 主观题分数 | 呈报机关意见 | 司法部审核意见 | 备注 |
|---|---|---|---|---|---|---|---|---|---|---|---|---|---|
| | | | | | | | | | | | | | |
| | | | | | | | | | | | | | |
| | | | | | | | | | | | | | |
| | | | | | | | | | | | | | |
| | | | | | | | | | | | | | |
| | | | | | | | | | | | | | |
| | | | | | | | | | | | | | |
| | | | | | | | | | | | | | |
| | | | | | | | | | | | | | |
| | | | | | | | | | | | | | |

附件 3

# 2020 年不予授予法律职业资格意见表

呈报机关:(盖章)　　　　　　　　　　　　　　　　　　类别:(　　)类

| 序号 | 姓名 | 性别 | 年龄 | 民族 | 职业 | 毕业专业 | 最后学历 | 准考证号 | 客观题分数 | 主观题分数 | 不予授予资格理由 | 呈报机关意见 | 司法部审核意见 | 备注 |
|---|---|---|---|---|---|---|---|---|---|---|---|---|---|---|
| | | | | | | | | | | | | | | |
| | | | | | | | | | | | | | | |
| | | | | | | | | | | | | | | |
| | | | | | | | | | | | | | | |
| | | | | | | | | | | | | | | |
| | | | | | | | | | | | | | | |
| | | | | | | | | | | | | | | |
| | | | | | | | | | | | | | | |
| | | | | | | | | | | | | | | |
| | | | | | | | | | | | | | | |

附件 4

## 法律职业资格申请受理单

流水号：

<table>
<tr><td>事项名称</td><td colspan="3">法律职业资格认定</td></tr>
<tr><td rowspan="4">申请人信息</td><td>姓名</td><td colspan="2"></td></tr>
<tr><td>电话</td><td colspan="2">手机：　　　　　　　座机：</td></tr>
<tr><td>地址</td><td colspan="2"></td></tr>
<tr><td>电子邮箱</td><td colspan="2"></td></tr>
<tr><td>受理机关</td><td colspan="3">申请地司法行政机关</td></tr>
<tr><td>受理依据</td><td colspan="3">《法官法》第十二条;《检察官法》第十二条;《公务员法》第二十五条;《律师法》第五条;《公证法》第十八条;《仲裁法》第十三条;《行政复议法》第三条;《行政处罚法》第五十八条。《国家统一法律职业资格考试实施办法》;《法律职业资格管理办法》。</td></tr>
<tr><td>申请材料</td><td colspan="3">1.《法律职业资格申请表》(现场确认并打印);<br>2. 居民身份证原件;<br>3. 普通高等学校、军队院校 2021 年毕业证书原件;<br>4. 享受放宽报名学历条件地方申请人户口簿(集体户口)原件;<br>5. 与网上报名同底版二寸免冠彩色证件照片 4 张;<br>6. 司法部公告要求的有关材料。</td></tr>
<tr><td>接收材料时间</td><td>年　月　日</td><td>接收时限</td><td>2021 年 7 月 5 日—7 月 9 日</td></tr>
<tr><td>统一受理日期</td><td>2021 年 7 月 9 日</td><td>办结时限</td><td>40 个工作日</td></tr>
<tr><td>审批编号</td><td></td><td>批件发放方式</td><td>统一通知、颁发证书</td></tr>
<tr><td>受理工作人员</td><td></td><td>联系电话</td><td></td></tr>
</table>

注：申请人凭受理单及有效身份证件领取审批结果。

受理机关盖章

日期：　　年　月　日

《行政许可法》相关条文：

第三十一条：申请人申请行政许可，应当如实向行政机关提交有关材料和反映真实情况，并对其申请材料实质内容的真实性负责。行政机关不得要求申请人提交与其申请的行政许可事项无关的技术资料和其他材料。

第七十八条：行政许可申请人隐瞒有关情况或者提供虚假材料申请行政许可的，行政机关不予受理或者不予行政许可，并给予警告；行政许可申请属于直接关系公共安全、人身健康、生命财产安全事项的，申请人在一年内不得再次申请该行政许可。

附件5

## 法律职业资格申请不予受理通知书

文号：

__________（申请人姓名）：

________年____月____日，你向__________提交的法律职业资格申请及相关材料收悉。经审查，你提交的申请存在《中华人民共和国行政许可法》和《法律职业资格管理办法》规定的下列不予受理的情形，具体为：__________________________________________________

根据《中华人民共和国行政许可法》第____条和《法律职业资格管理办法》第____条的规定，本机关决定不予受理。

如对本决定不服，可以自收到本决定之日起六十日内，依法向__________（行政复议机关）提出行政复议申请，或在六个月内向人民法院提起行政诉讼。

特此通知。

联系人及电话：________________

（本机关行政许可专用章）

________年____月____日

（相关依据附后，双面打印）

**注：**

1.《中华人民共和国行政许可法》第三十二条第一款：

（一）申请事项依法不需要取得行政许可的，应当及时告知申请人不受理；

（二）申请事项依法不属于本行政机关职权范围的，应当即时作出不予受理的决定，并告知申请人向有关行政机关申请。

2.《中华人民共和国行政许可法》第七十八条：行政许可申请人隐瞒有关情况或者提供虚假材料申请行政许可的，行政机关不予受理或者不予行政许可，并给予警告。

3.《法律职业资格管理办法》第八条：受理机关收到申请人的申请材料后，应当根据下列情况分别作出处理：

……

（三）不符合法律职业资格申请条件的，应当出具不予受理通知书并说明理由。

附件6

## 法律职业资格申请补正材料通知书（学历学位）

____________（申请人姓名）：

________年____月____日，本机关收到你提交的法律职业资格申请材料。经审查，你所提交的学历（毕业证书、学位证书）信息材料，未能通过教育部学历认证机构核验。

依据《中华人民共和国行政许可法》第三十二条第一款第（三）项、第（四）项规定，请你于__2021__年__7__月__20__日前向本机关补正提交由教育部全国高等学校学生信息咨询与就业指导中心出具的学历信息查询结果或中国高等教育学历认证报告（网址：http://www.chsi.com.cn）。

特此通知。

司法行政机关

________年____月____日

**温馨提示**:请在申请学历认证时注明**“参加国家统一法律职业资格考试申请法律职业资格人员”**,学历认证机构将提供便利快捷服务。

附件 7

## 法律职业资格申请补正材料通知书(其他)

____________(申请人姓名):

________年____月____日,本机关收到你提交的法律职业资格申请材料。经审查,你需提交____________________等补正材料。

依据《中华人民共和国行政许可法》第三十二条第一款第(三)项、第(四)项规定,请你于 2021 年 7 月 20 日前向本机关提交补正材料。

特此通知。

司法行政机关

________年____月____日

附件 8

## 户籍信息确认表

<table>
<tr><td>姓名</td><td></td><td>性别</td><td></td><td rowspan="4">照片</td></tr>
<tr><td>出生日期</td><td></td><td>民族</td><td></td></tr>
<tr><td>身份证号</td><td colspan="3"></td></tr>
<tr><td>准考证号</td><td></td><td>成绩</td><td></td></tr>
<tr><td>申领地</td><td colspan="4">省　　　市</td></tr>
<tr><td>户籍所在地</td><td colspan="4"></td></tr>
<tr><td>户籍地公安机关名称</td><td></td><td>户号</td><td colspan="2"></td></tr>
<tr><td>住址</td><td colspan="4"></td></tr>
<tr><td>户主姓名</td><td></td><td>与户主关系</td><td colspan="2"></td></tr>
<tr><td colspan="5">注:黑体内容为本人报名时填写信息,审核工作人员应对申请人提交的户口簿相关内容进行核验,并填写以下处理意见。</td></tr>
<tr><td>如信息不一致须填写</td><td colspan="4">内容:<br>原因:</td></tr>
<tr><td>审核机关意见</td><td colspan="4">审核人签字:</td></tr>
</table>

本人承诺:以上填报内容真实准确,如有不实,本人自愿承担由此引起的一切后果,并放弃法律职业资格申请。

申请人签字:

日期:　　年　月　日

# 中华人民共和国司法部公告

（2021 年 6 月 15 日　2021 年第 5 号）

根据司法部 2021 年 1 月 7 日发布的公告(第 1 号),现就参加 2020 年国家统一法律职业资格考试成绩合格的普通高等学校、军队院校 2021 年全日制应届本科毕业生(包括专升本)和以同等学力报考的应届硕士毕业生申请授予法律职业资格事项公告如下:

**一、网上申请**

参加 2020 年国家统一法律职业资格考试达到合格分数线的普通高等学校、军队院校 2021 年全日制应届本科毕业生(包括专升本)和以同等学力报考的应届硕士毕业生,应于 2021 年 6 月 23 日 9 时至 25 日 24 时,登录司法部网站或者司法部政务服务平台,填报申请授予法律职业资格相关信息。申请人可以选择在报名地、户籍地、工作和生活所在地申请授予法律职业资格。

户籍在放宽报名学历条件地方、考试成绩达到放宽合格分数线的申请人,应当选择户籍所在地设区的市级司法行政机关申请授予法律职业资格。申请人毕业后因学习、工作等原因将户籍已迁至放宽报名学历条件地方的,比照上述规定办理。

在内地就学毕业的香港、澳门、台湾地区申请人,可以选择内地司法行政机关办理申请授予法律职业资格事宜。

已取得 2020 年考试合格成绩人员放弃申请的,应向报考地司法行政机关说明情况。

**二、现场提交材料**

申请人应于 7 月 5 日至 9 日期间,按照资格申请地司法行政机关公告公布的地点和有关疫情防控要求现场提交申请材料，办理资格申请和信息核验事宜。申请材料包括：

（一）居民身份证原件。港澳居民需同时提交港澳居民来往内地通行证或者港澳居民居住证原件；台湾居民还需同时提交台湾居民来往大陆通行证或者台湾居民居住证原件。

享受放宽政策的申请人，需提供本人户口簿原件。

（二）普通高等学校、军队院校2021年毕业证书原件。

（三）证件照片。与本人2020年国家统一法律职业资格考试网上报名上传照片同一底片2寸（46mm×32mm）免冠彩色证件照片4张。

（四）根据审核需要提交的学信网学历查询结果、中国高等教育学历认证报告等补正材料。

上述材料原件经司法行政机关审验后扫描留存归档，原件退回申请人。

司法行政机关统一受理法律职业资格申请，在法定时限内完成法律职业资格审核认定工作，统一受理日期为2021年7月9日。

**三、证书颁发**

申请授予法律职业资格人员经审核符合授予条件的，由司法部授予法律职业资格，颁发《法律职业资格证书》。证书颁发事宜由各地司法行政机关另行通知。

# 司法部办公厅关于做好2021年国家统一法律职业资格考试客观题考试成绩公布和主观题考试组织实施工作的通知

（2021年10月22日　司办通〔2021〕86号）

各省、自治区、直辖市司法厅（局），新疆生产建设兵团司法局：

为做好2021年国家统一法律职业资格考试客观题考试成绩公布和主观题考试报名、交费等相关组织实施工作，现通知如下：

**一、客观题考试成绩公布、查询**

2021年国家统一法律职业资格考试客观题考试成绩于10月25日公布。应试人员可自10月25日0时起，通过司法部网站、司法部微信公众号和中国普法网、中国普法微信公众号查询本人成绩，登录司法部网站自行下载打印成绩通知单。

**二、客观题考试合格分数线**

依据《国家统一法律职业资格考试实施办法》，司法部商最高人民法院、最高人民检察院等部门，确定2021年国家统一法律职业资格考试客观题考试合格分数线。全国合格分数线为180分。放宽合格分数线分为三档，西藏自治区放宽合格分数线为140分；青海、四川、云南、甘肃四省涉藏州县，新疆南疆四地州，四川凉山州、云南怒江州和甘肃临夏州以及国家乡村振兴重点帮扶县放宽合格分数线为150分；其他放宽地方放宽合格分数线为160分。

客观题考试合格成绩在本年度和下一个考试年度内有效。

### 三、主观题考试相关事宜

(一)报名与交费

主观题考试的报名和交费时间为10月25日0时至10月29日24时。通过2021年客观题考试的应试人员和2020年客观题考试保留有效成绩人员,可以报名参加2021年主观题考试。应试人员应当在规定时间内登录司法部网站报名确认参加主观题考试,逾期不予补报。

(二)选择考区

2021年客观题考试成绩合格人员,应当在客观题考试报名地所在的省(区、市)司法行政机关设置的考区参加主观题考试。

2020年客观题考试保留有效成绩人员,确认报名参加2021年主观题考试,可以选择在2020年客观题考试报名地或者工作、生活地所在的省(区、市)司法行政机关设置的考区参加考试。

黑龙江省、福建省及新疆维吾尔自治区伊犁州考区因新冠肺炎疫情形势,2021年法律职业资格考试延期举行。已在黑龙江省、福建省及新疆维吾尔自治区伊犁州工作、生活的2020年客观题考试保留有效成绩人员,可以选择在2020年客观题考试报名地或者黑龙江省、福建省及新疆维吾尔自治区伊犁州考区参加主观题考试。

各司法厅(局)应综合疫情防控工作要求以及参加主观题考试的人数、交通情况、组织实施能力等因素集中设置主观题考试考区考点考场。

(三)打印准考证

确认参加2021年国家统一法律职业资格考试主观题考试人员,可于11月16日至11月20日登录司法部网站自行下载打印准考证。

(四)考试时间与方式

主观题考试时间为11月21日9:00—13:00,考试时间240分钟。

2021年国家统一法律职业资格考试主观题考试实行计算机化

考试。试题、答题要求和答题界面均在计算机显示屏上显示，应试人员应当在计算机答题界面上直接作答。

应试人员因身体、年龄等原因使用计算机考试确有困难的，可在确认报名参加主观题考试时申请使用纸笔答题方式，试题、答题要求均在计算机显示屏上显示，应试人员在答题纸上作答。

选择使用少数民族语言文字试卷的，实行纸笔答题方式，试题、答题要求均在计算机显示屏上显示，应试人员在答题纸上作答。

各地司法行政机关根据使用纸笔答题方式人员数量等情况，集中设置纸笔答题方式的考区考点考场。

主观题考试设置选作题的，应试人员应选择其一作答。

主观题考试由司法行政机关为应试人员统一提供电子法律法规，应试人员在计算机上查阅。

考试结束后，各司法厅（局）要根据考试工作规则要求，做好主观题考试机考答题数据的回收上传工作，做好纸笔考试答卷的清点、封装、返送工作。纸质答卷应于11月22日至23日返送至华东政法大学（上海）评卷地。同时，做好草稿纸的回收保管工作。

**四、其他事宜**

应试人员参加主观题考试，应当遵守国家、考区所在地新冠肺炎疫情防控工作的各项规定，自觉配合做好疫情防控工作。

应试人员（包括香港、澳门居民和台湾居民）参加2021年国家统一法律职业资格考试主观题考试的其他事宜，按照《中华人民共和国司法部公告》（第4号）执行。应试人员参加黑龙江省、福建省及新疆维吾尔自治区伊犁州考区2021年法律职业资格考试事宜，由考区所在地的省、自治区司法行政机关另行公告。

应试人员主观题考试成绩、合格分数线的公布及申请授予法律职业资格等事宜，由司法部另行通知。

**五、工作要求**

各地要认真落实《司法部关于做好2021年国家统一法律职业资格考试工作的通知》（司发通〔2021〕36号）等工作要求，在当地党委、政府统一领导下,充分发挥卫健、教育、公安、工信、保密等部门的职能作用,统筹做好常态化疫情防控下的主观题考试组织实施工作,确保疫情防控和法律职业资格考试万无一失。

(一)严格落实常态化疫情防控要求。认真落实司法部办公厅、教育部办公厅、国家卫生健康委办公厅关于《新冠肺炎疫情防控常态化下国家统一法律职业资格考试组织实施与防疫工作指导意见》,严格执行当地疫情防控工作规定,坚持科学防控、依法防控、精准防控,做好常态化精准防控和应急处置有机结合,严格落实各项防疫措施,继续做好考前人员健康筛查、防疫物资准备、考点考场设置、考试期间防护及应急处置等各项防控措施要求。做好有非低风险地区旅居史以及进入内地(大陆)的港澳台考生的数据筛查、报考审核、健康筛查等工作,切实做到横向到边、纵向到底、全向到位,确保万无一失。

(二)继续做好考试组织实施工作。坚持"从严治考、规范管理、热情服务"的总原则,认真落实机考工作"十个百分之百"的要求,继续深化与相关考点院校的协作关系,挖掘优质考点考场资源,优先使用客观题考试运行稳定的考点考场。适应疫情防控和主观题考试防作弊等要求,合理设置机考考区考点考场,拉开机位间距,降低考场考生密度;每个省(区、市)设置 1 至 2 个纸笔考试考点考场,纸笔考场按每考场 30 人的标准进行设置和编排,机位超过 30 台的可在管理上进行划分,座位间距应为 80 厘米以上。

(三)切实做好考试服务管理工作。要严肃考风考纪,严格考场秩序,积极发挥考试监考系统等信息化手段,加强对无线电作弊等违纪作弊行为的防范和惩处力度,坚决做到零容忍,确保考试的权威性和公正性。做好考生服务工作,做到组织精细、服务到位、保障周全,努力为考生提供全方位、全过程、精细化、个性化服务,营造良好考试环境。

(四)及时做好信息宣传和舆情应对工作。根据司法部发布的《公告》要求,及时发布本地考试《公告》,做好报名、交费、考区选择以及疫情防控要求等信息发布和政策宣传工作，对未确认参加主观题考试的应试人员要及时提醒，确保政策信息宣传告知到位。加强对考试工作网络舆情的监测、研判和引导工作，按照舆情处置三同步原则，做好依法处置、舆论引导、协调有关部门做好社会面管控工作，确保不发生负面舆情。

（五）积极提高技术保障和应急处置能力。认真总结客观题考试工作经验，进一步完善预案措施，强化技术力量，扎实做好网络、电力等运维保障。做好事故隐患排查，加强应急演练和应急培训，有效提高防范和处置考试机、监考机故障以及网络、电力等方面的突发事件和异常情况的能力和水平。

# 中华人民共和国司法部公告

（2021年10月22日　2021年第8号）

依据《国家统一法律职业资格考试实施办法》等有关规定，现就2021年国家统一法律职业资格考试客观题考试成绩、合格分数线公布和主观题考试报名、交费等事项公告如下：

**一、客观题考试成绩公布、查询**

2021年国家统一法律职业资格考试客观题考试成绩于10月25日公布。应试人员可自10月25日0时起，通过司法部网站、司法部微信公众号和中国普法网、中国普法微信公众号查询本人成绩，登录司法部网站自行下载打印成绩通知单。

**二、客观题考试合格分数线**

司法部商最高人民法院、最高人民检察院等部门，确定2021年国家统一法律职业资格考试客观题考试合格分数线。全国合格分数线为180分。放宽合格分数线分为三档，西藏自治区放宽合格分数线为140分；青海、四川、云南、甘肃四省涉藏州县，新疆南疆四地州，四川凉山州、云南怒江州和甘肃临夏州以及国家乡村振兴重点帮扶县放宽合格分数线为150分；其他放宽地方放宽合格分数线为160分。

客观题考试合格成绩在本年度和下一个考试年度内有效。

**三、主观题考试相关事宜**

（一）报名与交费

主观题考试报名和交费时间为10月25日0时至10月29日24时。通过2021年客观题考试的应试人员和2020年客观题考试保留有效成绩人员，可以报名参加2021年主观题考试。应试人员应当在规定时间内登录司法部网站报名确认参加主观题考试，逾期不予补报。

（二）选择考区

2021年客观题考试成绩合格人员，应当在客观题考试报名地所在的省（区、市）司法行政机关设置的考区参加主观题考试。

2020年客观题考试保留有效成绩人员，确认报名参加2021年主观题考试，可以选择在2020年客观题考试报名地或者工作、生活地所在的省（区、市）司法行政机关设置的考区参加考试。

黑龙江省、福建省及新疆维吾尔自治区伊犁州考区因新冠肺炎疫情形势，2021年法律职业资格考试延期举行。已在黑龙江省、福建省及新疆维吾尔自治区伊犁州工作、生活的2020年客观题考试保留有效成绩人员，可以选择在2020年客观题考试报名地或者黑龙江省、福建省及新疆维吾尔自治区伊犁州考区参加主观题考试。

（三）打印准考证

确认参加主观题考试人员，可于11月16日至11月20日登录司法部网站自行下载打印准考证。

（四）考试时间与方式

主观题考试时间为11月21日9：00—13：00，考试时间240分钟。

2021年国家统一法律职业资格考试主观题考试实行计算机化考试。试题、答题要求和答题界面均在计算机显示屏上显示，应试人员应当在计算机答题界面上直接作答。

应试人员因身体、年龄等原因使用计算机考试确有困难的，可在确认报名参加主观题考试时申请使用纸笔答题方式，试题、答题要求均在计算机显示屏上显示，应试人员在答题纸上作答。

选择使用少数民族语言文字试卷的，实行纸笔答题方式，试题、答题要求均在计算机显示屏上显示，应试人员在答题纸上作答。

省（区、市）司法行政机关根据使用纸笔答题方式人员数量等情况,集中设置纸笔答题方式的考区考点考场。

主观题考试设置选作题的,应试人员应选择其一作答。主观题考试由司法行政机关为应试人员统一提供电子法律法规,应试人员在计算机上查阅。

**四、其他事宜**

应试人员参加主观题考试,应当遵守国家、考区所在地新冠肺炎疫情防控工作的各项规定,自觉配合做好疫情防控工作。

应试人员(包括香港、澳门居民和台湾居民)参加 2021 年国家统一法律职业资格考试主观题考试的其他事宜,按照《中华人民共和国司法部公告》(第 4 号)执行。应试人员参加黑龙江省、福建省及新疆维吾尔自治区伊犁州考区 2021 年法律职业资格考试事宜,由考区所在地的省、自治区司法行政机关另行公告。

应试人员确认参加主观题考试的具体要求,可登录司法部网站查阅各省(区、市)司法行政机关公告。

应试人员主观题考试成绩、合格分数线的公布及申请授予法律职业资格事宜,由司法部另行公告。

# （十二）人事管理工作类

# 司法部关于印发《司法行政机关警务督察规定》的通知

（2021 年 1 月 22 日　司发通〔2021〕11 号）

各省、自治区、直辖市司法厅（局），新疆生产建设兵团司法局、监狱管理局：

现将《司法行政机关警务督察规定》印发给你们，请结合实际认真贯彻执行。

## 司法行政机关警务督察规定

### 第一章　总　　则

**第一条**　为了进一步规范司法行政机关警务督察工作，深入贯彻落实习近平新时代中国特色社会主义思想，认真贯彻落实习近平法治思想，增强“四个意识”、坚定“四个自信”、做到“两个维护”，加强党对监狱戒毒工作的绝对领导，推进司法行政机关人民警察队伍革命化、正规化、专业化、职业化建设，根据《中华人民共和国人民警察法》《中华人民共和国监狱法》《中华人民共和国禁毒法》等规定，结合工作实际，制定本规定。

**第二条** 本规定所称警务督察，是指司法行政机关警务督察机构及其警务督察人员采取现场督察的方式对监狱、司法行政戒毒管理机关及其人民警察依法履行职责、行使职权和遵守纪律的情况进行同步监督和检查。

**第三条** 开展警务督察工作，应当坚持党的绝对领导，坚持全面从严治警，坚持依法、客观、公正，坚持监督检查与改进工作相结合，促进司法行政机关人民警察队伍职业化建设、规范化执法。

**第四条** 开展警务督察工作，应当严格执行《中共中央办公厅关于统筹规范督察检查考核工作的通知》的要求，力戒形式主义、官僚主义，切实减轻基层负担。

**第五条** 开展警务督察工作，应当与纪检监察、执法监督、信访和监狱戒毒日常管理等工作有机结合、相向而行，构建统一协调的监狱戒毒工作监督体系。

**第六条** 监狱、司法行政戒毒管理机关及其人民警察应当自觉接受警务督察。

**第七条** 各级司法行政机关应当保障警务督察工作所需的经费，配备必要的交通、通讯、取证工具及其他装备。

## 第二章 警务督察机构和人员

**第八条** 司法部成立警务督察领导小组，由司法部领导和政治部、监狱管理局、戒毒管理局等厅局有关负责人组成，指导司法行政系统警务督察工作。司法部政治部承担司法部警务督察领导小组办事机构职能。

**第九条** 省级司法行政机关成立警务督察委员会或者警务督察领导小组，成员由司法厅(局)、监狱管理局、戒毒管理局有关负责人等组成，负责本地区司法行政系统警务督察工作。

管理监狱、戒毒场所的设区的市级司法行政机关比照前款规定成立警务督察委员会或者警务督察领导小组。

省级司法行政机关、监狱管理局、戒毒管理局,管理监狱、戒毒场所的设区的市级司法行政机关,监狱、戒毒场所应当明确具体承担警务督察职责的机构,建立专职、兼职相结合的警务督察队伍。

**第十条** 警务督察人员应当具备下列条件:

(一)坚持原则,忠于职守,清正廉洁,不徇私情,严守纪律;

(二)具有5年以上司法行政工作经历;

(三)具有大学专科以上学历,以及监狱、戒毒业务知识和实践经验;

(四)经过专门培训合格。

**第十一条** 警务督察机构及其警务督察人员应当依法履行职责,遵守纪律,保守在警务督察工作中知悉的国家秘密、工作秘密、个人隐私,自觉接受监督。

警务督察人员违反本规定或者在警务督察工作中违纪违法的,应当依规依纪依法追究责任。

## 第三章 警务督察的实施

**第十二条** 警务督察机构对下列事项进行现场督察:

(一)认真贯彻落实习近平新时代中国特色社会主义思想,深入贯彻落实习近平法治思想和习近平总书记重要指示批示、重要训词精神,贯彻落实党中央决策部署,坚持党对监狱戒毒工作的绝对领导,严守政治纪律和政治规矩,坚决做到“两个维护”等情况;

(二)重要的警务部署、措施、活动的组织实施情况;

(三)突发事件的处置情况;

(四)监狱、戒毒工作有关的法律、法规、规章等执行情况,以及刑罚执行、行政执法、内部管理制度措施的实施情况;

(五)使用武器、警械及警用车辆、警用标志的情况;

(六)文明执勤、文明执法和遵守警容风纪规定的情况;

(七)组织管理和警务保障的情况;

（八）监狱、司法行政戒毒管理机关及其人民警察依法履行职责、行使职权和遵守纪律的其他情况。

**第十三条** 警务督察机构应当拟定年度警务督察工作计划，报本级机关批准后执行。

警务督察机构可以要求下级机关警务督察机构对专门事项进行督察。

司法部可以根据工作需要，向本级机关所属人民警察建制单位和下级监狱、司法行政戒毒管理机关派出警务督察人员进行督察。

**第十四条** 警务督察机构可以根据工作需要，组织有关业务部门的兼职警务督察人员或下级机关专职、兼职警务督察人员参加督察活动。

**第十五条** 警务督察机构开展督察活动，应当事先制定工作方案，明确任务、对象、人员、方式和时间等，并由本机关主要负责人审核批准。

**第十六条** 警务督察人员执行督察任务时，不得少于二人；根据任务需要，可以采取明察和暗访等形式。

警务督察人员执行明察任务时，应当佩带督察证件；执行暗访任务时，当场处理督察发现的问题的，应当出示督察证件。

督察证件的式样由司法部制定。

**第十七条** 警务督察人员凭督察证件和警务督察机构所在司法行政机关出具的执行督察任务的证明文件出入本级机关或者下级机关管理的监狱监管区、戒毒场所管理区。进入监狱监管区或者戒毒场所管理区后，警务督察人员应当及时通知被督察单位相关负责人。

**第十八条** 警务督察人员可以采取实地查看、视频检查、模拟设置警情、查阅文件资料、谈话等多种方法进行现场督察。

**第十九条** 警务督察人员可以通过录音、拍照、录像等获取信息资料和证据；可以要求被督察的单位和个人提供与督察事项有关的情况说明；可以复制与督察事项有关的文件和资料等。

**第二十条** 警务督察人员执行督察任务，应当书面记录督察时间、地点、内容和发现的问题，并由警务督察人员和被督察单位的主要负责人签字确认；对记录有异议的，警务督察人员应当进行核实并注明情况。

**第二十一条** 省、自治区、直辖市监狱管理局、戒毒管理局召开警务工作会议或者部署重大警务活动，应当告知省级司法行政机关警务督察机构，省级司法行政机关警务督察机构可以派员参加或者列席。

省、自治区、直辖市监狱管理局、戒毒管理局应当及时将刑罚执行、行政执法、内部管理等所依据的有关文件送省级司法行政机关警务督察机构。

## 第四章 督察发现问题的处理

**第二十二条** 警务督察机构对督察中发现的问题，可以以警务督察整改通知书形式，及时通知被督察单位，责令限期整改。

被督察单位应当在规定期限内将整改情况书面报告警务督察机构。

**第二十三条** 警务督察机构认为被督察单位需要认真总结经验教训、健全内部管理制度、加强管理的，报本级机关批准后，可以以警务督察建议书形式向被督察单位或者有关业务主管部门提出加强和改进管理工作、队伍建设等方面的建议。被督察单位或者有关业务主管部门应当及时将落实建议的情况报警务督察机构。

**第二十四条** 在警务督察中发现被督察单位不执行法律、法规和上级决定、命令的，可以责令执行；发现被督察单位在执法中作出的处理或者决定有错误的，可以提出撤销或者变更的意见，报本级机关主要负责人批准后按程序予以纠正；发现本级机关的决定和命令与上级机关不相符的，应当及时向本级机关主要负责人提出，同时报告上一级机关警务督察机构。

**第二十五条** 在警务督察中发现人民警察有下列情形之一的，警务督察人员可以采取相应措施当场处置：

(一)对违反警容风纪规定的，可以当场予以纠正；

(二)对违反规定使用武器、警械以及警用车辆、警用标志的，可以扣留其武器、警械、警用车辆、警用标志；

(三)对涉嫌违纪违法情节严重、影响恶劣的，以及拒绝、阻碍警务督察人员执行现场督察工作任务的，必要时可以带离现场；

(四)对执法不当或者不履行法定职责的，应当予以纠正；对违反人民警察法定职责的行为，应当予以制止。

警务督察人员在督察中扣留武器、警械、警用车辆和警用标志，应当分别填写现场处置记录和统一印制的扣留凭据，并及时将扣留物品等移交有关部门。

**第二十六条** 在警务督察中发现人民警察有下列行为之一，应当对其采取停止执行职务措施的，由警务督察机构提出建议，报本级机关批准后，按照干部管理权限和有关规定办理：

(一)拒绝执行上级依法作出的决定、命令的；

(二)涉嫌泄露国家秘密、警务工作秘密，以及违规发布、传播监狱戒毒工作信息的；

(三)违反规定使用武器、警械，造成严重后果的；

(四)殴打、体罚虐待或者指使、纵容他人殴打、体罚虐待罪犯、戒毒人员的；

(五)为罪犯、戒毒人员传递、提供违禁品的；

(六)索取、收受、侵占罪犯、戒毒人员及其亲属、关系人的财物，以及接受罪犯、戒毒人员亲属、关系人吃请的；

(七)玩忽职守，不履行法定义务的；

(八)违规办理罪犯减刑、假释、暂予监外执行和戒毒人员提前解除强制隔离戒毒、变更强制隔离戒毒措施、所外就医，以及在计分考核等执法管理中弄虚作假的；

(九)执行公务时擅自离岗或者饮酒的；

(十)从事营利性经营活动或者受雇于任何个人或者组织的;

(十一)其他有必要采取停止执行职务措施的。

**第二十七条** 在警务督察中发现人民警察违反纪律,认为需要给予处分、组织处理、降低警衔、取消警衔的,报本级机关批准后,警务督察机构可以向有关部门提出建议。

**第二十八条** 在警务督察中发现人民警察有下列行为之一,应当依规依纪依法追究相应责任的,由警务督察机构提出建议,报本级机关批准后,交由有关部门处理:

(一)拒绝警务督察机构及其警务督察人员督察的;

(二)在被督察时故意设置障碍,隐瞒事实真相,伪造或者隐匿、毁灭证据的;

(三)在被督察时包庇违规违纪违法人员的;

(四)拒不执行督察决定、命令或者无正当理由拒不采纳督察建议的;

(五)打击、报复警务督察人员的;

(六)其他应予追责的事项。

## 第五章 附 则

**第二十九条** 本规定所称监狱、司法行政戒毒管理机关及其人民警察,是指司法行政机关内设或者直属的人民警察建制单位、监狱管理局、戒毒管理局以及监狱、戒毒场所及其人民警察。

**第三十条** 本规定所称警务督察机构是指司法部,省、自治区、直辖市司法厅(局),新疆生产建设兵团司法局、监狱管理局,管理监狱、戒毒场所的设区的市级司法局,监狱、戒毒场所中具体承担警务督察职责的机构。

**第三十一条** 本规定自发布之日起施行。

# 司法部关于印发《人民警察警旗管理试行办法（司法行政机关适用）》的通知

（2021 年 12 月 27 日　司发通〔2021〕82 号）

各省、自治区、直辖市司法厅（局），新疆生产建设兵团司法局、监狱管理局：

《人民警察警旗管理试行办法（司法行政机关适用）》已经 2021 年 12 月 22 日司法部第 17 次部长办公会议审议通过。现印发给你们，请结合实际认真贯彻执行。

## 人民警察警旗管理试行办法

（司法行政机关适用）

**第一条**　为规范和加强司法行政机关警旗（以下简称警旗）管理，维护警旗尊严，增强人民警察使命感责任感荣誉感，根据《中华人民共和国人民警察法》和《人民警察警旗管理规定（试行）》，制定本办法。

**第二条**　警旗是人民警察队伍的重要标志，是人民警察荣誉、责任和使命的象征,是人民警察忠诚履行新时代使命任务的重要指引。

**第三条** 人民警察必须树立警旗意识,尊重和爱护警旗,维护警旗尊严。

**第四条** 警旗旗面为长方形,警徽置于左上角,底色上部三分之二区域为国旗红,下部三分之一区域为警察蓝。警旗按照旗面通用规格分为一号旗:长240厘米、宽160厘米;二号旗:长192厘米、宽128厘米;三号旗:长144厘米、宽96厘米;四号旗:长96厘米、宽64厘米。桌旗为固定尺寸的非通用规格警旗,长15厘米,宽10厘米。

**第五条** 警旗附属物包括旗杆、旗杆套、系带、球冠、矛头、旗锥、旗穗、底座等。其中,旗杆为银白色或者红黄两色相间的旋纹,旗杆套和系带为白色,球冠、矛头、旗锥和底座为银白色,旗穗为金黄色。

**第六条** 执行警务司礼任务时,使用二号警旗,旗杆为红黄两色相间的旋纹,配旗杆套、系带、矛头和旗穗。悬挂使用的警旗一般使用警旗旗面。使用警旗的其他场合和情形,可以按照需要选择使用警旗或警旗附属物。

**第七条** 司法行政机关政治工作部门是警旗管理的主管部门,负责警旗授予、请领、核发、宣传教育、监督使用、保管等事项;装备财务保障部门负责警旗制作、发放、回收处理等事项。

**第八条** 警旗授予下列单位:

(一)司法部内设或者直属的人民警察建制单位;

(二)省、自治区、直辖市司法厅(局)内设或者直属的人民警察建制单位;

(三)省、自治区、直辖市监狱管理局、戒毒管理局,新疆生产建设兵团监狱管理局;

(四)监狱、戒毒所;

(五)其他需要授予警旗的单位。

**第九条** 授予警旗可以组织授旗仪式,通常在新组建单位成立时进行。授旗仪式由受旗单位所属的司法行政机关或者上一级司法行政机关组织实施。授旗仪式按照下列程序进行:

（一）宣布授旗仪式开始；

（二）奏唱中华人民共和国国歌；

（三）宣读授旗决定；

（四）授予警旗；

（五）授旗人讲话；

（六）受旗单位人民警察集体宣读《人民警察入警誓词（司法行政机关适用）》；

（七）奏唱《中国人民警察警歌（司法行政机关适用）》；

（八）宣布授旗仪式结束。

**第十条** 司法部内设或者直属的人民警察建制单位警旗的请领，经司法部政治部核准后，由司法部装备财务保障局统一发放。

省、自治区、直辖市司法厅（局）内设或者直属的人民警察建制单位警旗的请领，由请领单位报请司法厅（局）政治部核准后，由请领单位装备财务保障部门统一发放。

省、自治区、直辖市监狱管理局、戒毒管理局及其所属监狱、戒毒所警旗的请领，由请领单位报请司法厅（局）政治部核准后，由请领单位装备财务保障部门统一发放。

设区的地市级司法局所属的监狱、戒毒所警旗的请领，由请领单位报请司法局政治工作部门核准后，由请领单位装备财务保障部门统一发放。

**第十一条** 受旗单位可以在下列警务活动中使用警旗：

（一）符合警旗授予条件的单位组建成立仪式；

（二）人民警察宣誓活动，入警、授衔、表彰奖励、退休等职业荣誉仪式；

（三）警察节、阅警、重要典礼、纪念活动和重大节日的集会；

（四）维稳处突、抢险救灾、安全保卫等重大警务活动；

（五）演练演习、实战比武、警体赛事、文化宣传、警营开放等重要活动；

（六）国际会议、交流培训等国际警务合作活动；

（七）其他需要使用警旗的警务活动。

**第十二条** 使用警旗应当报经受旗单位主要负责人或者授旗单位负责人批准，不得超出规定的使用范围。

**第十三条** 警旗与国旗同时使用时，国旗应当置于中心、较高或者突出的位置。

列队举持国旗和警旗行进时，国旗应当在警旗之前。

**第十四条** 升挂警旗时，可以举行升旗仪式。举行升旗仪式时，应当奏唱《中国人民警察警歌（司法行政机关适用）》，在警旗升起的过程中，参加仪式的人民警察应当面向警旗肃立敬礼，或者按有关规定行注目礼，不得有损害警旗尊严的行为。

警旗应当在直立的旗杆上升挂，旗杆高度与所在建筑物和周边环境相适应。升降警旗应当徐徐升降，升起时，必须将警旗升至旗杆顶。警旗升旗仪式结束后，应当适时将警旗降下，警旗不得触及地面，并妥善保管。

**第十五条** 人民警察符合《人民警察抚恤优待办法》（民发〔2014〕101号）确认因公牺牲情形的，经地市级以上司法行政机关或者省级监狱管理局、戒毒管理局批准，可以在其遗体、灵柩或者骨灰盒覆盖警旗。警旗不得随遗体火化或者随骨灰盒掩埋。

按照前款规定覆盖警旗时，警旗不得触及地面。有关仪式结束后，装备财务保障部门应当及时做好回收处理工作。

**第十六条** 因工作需要使用警旗旗面图案，应当报经受旗单位主要负责人或者授旗单位负责人批准，使用警旗旗面图案应当严肃、庄重，不得修饰。

**第十七条** 因涉司法行政机关工作相关影视拍摄、文艺演出等特殊需要，经使用单位所在地或者使用地地市级以上司法行政机关批准，可以按照警旗通用规格成比例适当放大或者缩小，制作和使用非通用规格警旗，并由使用单位及时做好回收处置工作。

**第十八条** 不得升挂或者使用破损、污损、褪色或者不合规格的警旗。警旗不得倒挂或者倒插，不得以其他有损警旗尊严的方式升挂和使用。警旗及其图案不得用于商标、商业广告和商业活动,不得用于私人婚、丧、庆、悼等不适宜的情形。

**第十九条** 在网络中使用警旗图案,应当遵守相关网络管理规定,不得损害警旗尊严。

**第二十条** 各级司法行政机关制作、采购的警旗应当严格执行《人民警察警旗》行业标准,具备标准符合性检测报告或者通过检测认证。

**第二十一条** 警旗应当妥善保管,防止损坏、丢失,不得随意丢弃。出现破损、污损、褪色的警旗,应当及时更换。更换警旗的请领按照第十条规定办理。

**第二十二条** 任何组织和个人未经批准不得制造、买卖、持有、使用警旗。对非法制造、买卖、持有、使用警旗的,或者在公共场合故意以损坏、涂划、玷污、践踏、焚烧等方式侮辱警旗的,依法予以处罚;构成犯罪的,依法追究刑事责任。

**第二十三条** 对违反《人民警察警旗管理规定(试行)》和本办法使用警旗的单位应当责令限期改正并给予通报批评,依法依规追究相关人员责任;情节严重的,应当依法给予处分或者组织处理。

**第二十四条** 本办法自发布之日起施行。

# 四、附　　　录

## （一）律师协会工作类

# 关于印发《中华全国律师协会章程》的通知

（2021 年 11 月 18 日　律发通〔2021〕17 号）

各省、自治区、直辖市律师协会，新疆生产建设兵团律师协会：

新修订的《中华全国律师协会章程》已经第十次全国律师代表大会审议通过，并于 2021 年 11 月 4 日经中华人民共和国民政部核准，现予印发。

# 中华全国律师协会章程

（1999年4月28日第四次全国律师代表大会通过;2002年5月21日第五次全国律师代表大会修订;2008年10月27日第七次全国律师代表大会修订;2011年12月25日第八次全国律师代表大会修订;2016年3月31日第九次全国律师代表大会修订;2018年7月1日第九届全国律师代表大会第二次会议修订;2021年10月14日第十次全国律师代表大会修订。）

## 第一章　总　　则

**第一条**　为完善律师协会管理,保障律师的合法权益,规范律师行业管理和律师执业行为,依据《中华人民共和国宪法》和《中华人民共和国律师法》的规定,制定本章程。

**第二条**　中华全国律师协会（以下简称"本会"）是由律师、律师事务所组成的社会团体法人,是全国性的律师自律组织,依法对律师行业实施管理。

**第三条**　本会宗旨:坚持以习近平新时代中国特色社会主义思想为指导,学习贯彻习近平法治思想,坚持中国共产党领导,团结带领会员高举中国特色社会主义伟大旗帜,增强政治意识、大局意识、核心意识、看齐意识,坚定中国特色社会主义道路自信、理论自信、制度自信、文化自信,坚决维护习近平总书记党中央的核心、全党的核心地位,坚决维护党中央权威和集中统一领导,坚持正确政治方向,忠实履行中国特色社会主义法治工作队伍的职责使命,加强律师队伍思想政治建设,把拥护中国共产党领导、拥护社会主义法治作为律师从业的基本要求,增强广大律师走中国特色社会主义法治道路的自觉性和坚定性,忠于宪法和法律,维护当事人合法权益,维护法律正确实施,维护社会公平和正义,依法依规诚信执业,认真履行社会责任,为深入推进全面依法治国、建设中国特色社会主义法治体系、建设社会主义法治国家,推进国家治理体系和治理能力现代化,把我国建设成为富强民主文明和谐美丽的社会主义现代化强国,实现中华民族伟大复兴的中国梦而奋斗。

本会遵守宪法、法律、法规和国家政策,自觉践行社会主义核心价值观,弘扬爱国主义精神,遵守社会道德风尚,自觉加强诚信自律建设。

**第四条** 本会坚持中国共产党的全面领导,根据中国共产党章程的规定,设立中国共产党的组织,开展党的活动,为党组织的活动提供必要条件。

**第五条** 本会接受中华人民共和国司法部的监督和指导。

本会接受中华人民共和国民政部的登记管理。

本会接受中国共产党全国律师行业委员会的领导,组织开展律师行业党的建设工作。

本会对地方律师协会进行指导。

**第六条** 本会中文名称:中华全国律师协会,简称:全国律协;英文名称:All China Lawyers Association,缩写:ACLA。

本会的住所设在北京。

## 第二章 职　　责

**第七条** 本会履行下列职责:

(一)加强律师行业管理,规范律师执业行为;

(二)保障律师依法执业,维护律师的合法权益;

(三)总结、交流律师工作经验;

（四）制定行业规范和惩戒规则；

（五）组织律师业务培训和职业道德、执业纪律教育，对律师的执业活动进行考核；

（六）组织管理申请律师执业人员的实习活动，对实习人员进行考核；

（七）对律师、律师事务所实施奖励和惩戒；

（八）受理对律师的投诉或者举报，调解律师执业活动中发生的纠纷；

（九）法律、行政法规和规章规定的其他职责。

## 第三章　会　　员

**第八条**　本会会员分为团体会员和个人会员。

依照律师法取得律师执业证书的律师，为本会个人会员；依法批准设立的律师事务所为本会团体会员。

个人会员是中国共产党党员的，应当履行党员义务，享有党员权利，自觉接受党组织的监督，弘扬伟大建党精神。符合设立党组织条件的团体会员应当根据中国共产党章程的规定，设立党的组织，开展党的活动，加强党的建设。

**第九条**　个人会员的权利：

（一）享有表决权、选举权和被选举权；

（二）享有依法执业保障权；

（三）参加本会组织的学习和培训；

（四）参加本会组织的专业研究和经验交流活动；

（五）享受本会举办的福利；

（六）使用律师协会的图书、资料、网络和信息资源；

（七）提出立法、司法和行政执法的意见和建议；

（八）对本会的工作进行监督，提出批评和建议；

（九）通过本会向有关部门反映意见。

**第十条** 个人会员的义务：

（一）遵守本会章程，执行本会决议；

（二）遵守律师执业行为规范，遵守本会行业规则和准则；

（三）接受本会的指导、监督和管理；

（四）承担本会委托的工作；

（五）承担律师协会委托的工作，履行律师协会规定的法律援助义务；

（六）自觉维护律师职业声誉，维护会员间的团结；

（七）按规定交纳会费。

**第十一条** 团体会员的权利：

（一）参加本会举办的会议和其他活动；

（二）使用本会的信息资源；

（三）对本会工作进行民主监督，提出意见和建议。

**第十二条** 团体会员的义务：

（一）遵守本会章程；

（二）遵守本会的行业规范，执行本会决议；

（三）教育律师遵守律师执业行为规范；

（四）组织律师参加本会的各项活动；

（五）制定、完善内部规章制度；

（六）为律师行使权利、履行义务提供必要条件；

（七）组织和参加律师执业责任保险；

（八）对实习律师加强管理；

（九）对律师的执业活动进行考核；

（十）按规定交纳会费；

（十一）承担本会委托的工作。

**第十三条** 个人会员应当在本人执业注册所在地的省、自治区、直辖市律师协会办理会员登记手续。

## 第四章　全国律师代表大会

**第十四条**　全国律师代表大会是本会的最高权力机构。代表由个人会员组成。

全国律师代表大会每届四年。因特殊情况需提前或延期换届的,须由常务理事会表决通过。全国律师代表大会必须有三分之二以上的代表出席方能召开,其决议须经到会代表半数以上表决通过方能生效。

**第十五条**　全国律师代表大会代表由省、自治区、直辖市律师协会从个人会员中选举或推举产生。各省、自治区、直辖市律师协会中担任会长的执业律师为全国律师代表大会的当然代表。

根据需要,本会可以邀请有关人士作为特邀代表参加全国律师代表大会。

全国律师代表大会代表应当出席代表大会,并行使下列职权:

(一)在代表大会上行使审议权、表决权、提案权、提议权、选举权和被选举权;

(二)联系会员、反映会员呼声,维护会员权益;

(三)章程规定的其他职权。

**第十六条**　全国律师代表大会的职权是:

(一)制定修改本会章程;

(二)讨论并决定本会的工作方针和任务;

(三)审议本会理事会的工作报告、财务报告和监事会工作报告;

(四)选举、罢免理事、监事;

(五)制定和修改会费标准;

(六)决定终止事宜;

(七)审议大会主席团提出的其他重大事宜。

# 第五章　理事会、常务理事会及负责人

**第十七条**　本会理事会由全国律师代表大会选举产生。理事会是全国律师代表大会的常设机构，对全国律师代表大会负责。理事会任期四年。

本会理事成员应从具有良好的政治素质和职业道德，较高的业务水平，执业三年以上，具有奉献精神，热心律师行业公益活动的执业律师代表中选举产生。

理事应当履行诚信和勤勉义务，维护本会利益，接受代表对其履行职责的监督和合理建议。

**第十八条**　理事会职责：

（一）执行全国律师代表大会的决议；

（二）选举和罢免会长、副会长、常务理事；

（三）筹备召开全国律师代表大会；

（四）向全国律师代表大会报告工作和财务状况；

（五）在全国律师代表大会闭会期间，讨论决定重大事项；

（六）增补或更换理事；

（七）审议、批准常务理事会的年度工作报告和财务报告；

（八）决定办事机构、分支机构、代表机构和实体机构的设立、变更和注销；

（九）根据工作需要，决定聘请名誉会长和顾问；

（十）其他应由理事会履行的职责。

**第十九条**　理事会全体会议选举会长、副会长及常务理事若干名组成常务理事会。常务理事人数不得超过理事人数的三分之一。每届常务理事的更新应不少于三分之一。

常务理事会在理事会闭会期间主持本会工作，按照理事会的决议研究、决定、部署本会的工作，行使第十八条第（一）、（三）、（五）、（六）、（八）、（九）项职责，对理事会负责。

**第二十条**　理事会会议每年至少举行一次，常务理事会会议一般三个月举行一次。情况特殊的，可采用通讯形式召开。

**第二十一条**　本会设会长一名，副会长若干名，每届任期四年。会长可以连选连任，但连续任期不得超过两届。副会长可以连选连任，但连任一般不超过两届。

会长、副会长应当具备下列条件：

（一）拥护中国共产党领导，拥护社会主义法治，坚持党的路线、方针、政策，具有良好的政治素质；

（二）执业十年以上，在业内具有较高的影响力；

（三）最高任职年龄一般不超过七十周岁；

（四）身体健康，能坚持正常工作；

（五）无法律法规规章和行业规范禁止任职的其他情形。

**第二十二条**　会长为本会法定代表人。

因特殊情况，经会长委托、理事会同意，报业务主管单位审查并经社团登记管理机关批准后，可以由副会长担任法定代表人。

法定代表人代表本会签署有关重要文件。

本会法定代表人不得兼任其他团体法定代表人。

**第二十三条**　会长行使下列职权：

（一）主持律师代表大会；

（二）召集和主持理事会、常务理事会；

（三）检查全国律师代表大会、理事会、常务理事会决议的落实情况；

（四）行使理事会授予的其他职权。

副会长协助会长开展工作。必要时，可受会长委托，召集、主持理事会、常务理事会会议。

**第二十四条**　本会实行会长办公会议制度，会长办公会议由会长、副会长组成，由会长定期召集开会。会长办公会议负责督促、落实理事会、常务理事会决议和决定。

## 第六章　监　事　会

**第二十五条**　本会监事会由全国律师代表大会选举产生。监事会是全国律师代表大会的监督机构，对全国律师代表大会负责。监事会与理事会任期相同。

监事会设监事长一名，副监事长若干名。监事应从具有良好的政治素质和职业道德，较高业务水平，执业十年以上，年龄一般不超过七十周岁，坚持原则、公道正派的执业律师代表中选举产生。

监事应当遵守有关法律法规和本会章程，忠实、勤勉履行职责。

**第二十六条**　本会的会长、副会长、常务理事、理事和财务管理人员不得兼任监事。

**第二十七条**　监事会职责：

（一）监督理事会、常务理事会执行全国律师代表大会决议的情况；

（二）监督理事、常务理事履行职责的情况，对严重违反本会章程或者全国律师代表大会决议的人员提出罢免建议；

（三）检查本会财务报告，监督会费的收缴使用情况，监督预算执行及重大事项的财务收支情况；

（四）指派监事列席理事会、常务理事会会议，并对决议事项提出质询或建议；

（五）监督专门委员会、专业委员会履行职责的情况；

（六）对理事、常务理事、财务管理人员损害本会利益的行为，要求其及时予以纠正；

（七）全国律师代表大会授权其履行的其他监督职责。

**第二十八条**　监事会全体会议推举产生监事长、副监事长。

监事长和副监事长可以连选连任，但连任不得超过两届。

**第二十九条**　监事会每年至少举行一次会议。监事会由监事长召集和主持，监事长因特殊原因不能履行职务的，由监事长指定的副监事长召集和主持。监事会会议须有三分之二以上监事出席方能召开,其决议须经到会监事半数以上通过方为有效。

## 第七章　秘书处与专门委员会、专业委员会

**第三十条**　本会设秘书处,负责实施全国律师代表大会、理事会、常务理事会的各项决议、决定,承担本会日常工作。

**第三十一条**　本会秘书处设秘书长一名,副秘书长若干名。秘书长由常务理事会聘任,副秘书长由秘书长提名,常务理事会决定。

秘书长在常务理事会的授权范围内,领导秘书处开展工作。秘书长、副秘书长列席理事会议、常务理事会议、会长办公会议。

秘书长履行下列职责:

(一)主持秘书处日常工作;

(二)组织实施律师代表大会、理事会、常务理事会的各项决议;

(三)拟定秘书处机构设置方案;

(四)制定、实施秘书处各项规章制度;

(五)向常务理事会提请聘任或解聘副秘书长;

(六)完成律师代表大会、理事会、常务理事会、会长交办的其他工作;

(七)协调与司法行政等机关的关系。

**第三十二条**　专门委员会是本会履行职责的专门工作机构。本会设立维护律师执业合法权益委员会、律师纪律委员会、规章制度委员会、财务委员会等。经常务理事会决定,可以设立其他专门委员会。

**第三十三条**　本会设立若干专业委员会。各委员会设主任一名,副主任若干名和委员若干名。专业委员会的设置、调整和主任、副主任人选由常务理事会决定。

专业委员会按照专业委员会工作规则,组织开展理论研究和业务交流活动,起草律师有关业务规范。

常务理事会可以聘请专家、学者和有关领导担任专业委员会的顾问。

## 第八章　奖励、惩戒与纠纷调解

**第三十四条**　本会可以对团体会员、个人会员进行奖励和惩戒。

**第三十五条**　对会员的奖励和惩戒规则,由本会理事会制定。

**第三十六条**　会员有下列情形之一的,由本会给予奖励:

(一)在民主与法治建设中作出突出贡献的;

(二)在维护国家和人民利益方面作出重大贡献的;

(三)推进律师行业党建工作成绩突出的;

(四)成功办理在全国或本地区有重大影响的案件,成绩显著的;

(五)对完善立法和司法工作起到推动作用,为律师事业的改革发展作出突出贡献的;

(六)其他应予奖励的情形。

**第三十七条**　地方律师协会依据本会惩戒规则对会员有下列行为之一的,应当给予行业纪律处分:

(一)违反律师法和其他法律法规规定的;

(二)违反本章程和律师行业规范的;

(三)严重违反社会公共道德,损害律师职业形象和信誉的;

(四)违反律师职业道德和执业纪律的;

(五)其他应受处分的违纪行为。

对于会员的违法违纪行为,律师协会有权建议有处罚权的行政部门给予行政处罚;个人会员是中国共产党党员的,或者团体会员设立党的组织的,律师协会应当建议其所属党组织依纪依规处理。

**第三十八条**　律师协会作出处分决定前,应认真听取当事人的申辩。作出中止会员权利、取消会员资格的处分决定前,当事人有要求听证的权利。当事人要求听证的,律师协会应当组织听证。

**第三十九条** 会员因违法违纪受到司法行政部门停止执业处罚的,在停止执业期间,不享有本会的选举权、被选举权等会员权利。

**第四十条** 本会可以调解会员间的纠纷、会员与当事人的纠纷。

## 第九章 资产管理、使用

**第四十一条** 本会经费来源包括:

(一)会费;

(二)财政拨款;

(三)社会捐赠;

(四)其他合法收入。

**第四十二条** 会员必须履行交纳会费的义务。各省、自治区、直辖市律师协会收缴本地区会员的会费,本会向各省、自治区、直辖市律师协会收缴会费。

对截留、拖欠本会会费的各省、自治区、直辖市律师协会及其会员可给予通报批评。

**第四十三条** 地方律师协会确定的会费标准,应报本会备案。

**第四十四条** 各省、自治区、直辖市向本会交纳会费的数额,由本会理事会根据国家规定的标准和各地律师人数、业务发展状况、业务总收入等确定。

**第四十五条** 会费按年度收缴,会员必须于每年年度考核前交纳会费。各省、自治区、直辖市律师协会应于每年六月三十日前向本会交纳会费。

**第四十六条** 本会应加强对会费的收缴和管理,制定会费的预、决算计划,单独建立会费收支账目,每年将会费收支情况提交会计师事务所审计,并将审计结果向理事会报告,接受会员的监督。

**第四十七条** 会费应用于下列开支:

(一)工作和业务研讨会议支出;

(二)本会执行机构的各项支出;

（三）开展律师国内和国际交流活动；

（四）进行律师舆论宣传；

（五）律师专门委员会、专业委员会活动的开展；

（六）维护律师合法权益、奖惩会员；

（七）为会员提供学习资料和培训；

（八）对特殊困难会员给予补助；

（九）会员福利事业；

（十）党的建设工作；

（十一）经常务理事会通过的其他必要支出。

**第四十八条** 会费收支具体管理办法由本会制定，报有关部门备案。

**第四十九条** 本会建立严格的财务管理制度，保证会计资料合法、真实、准确、完整。

**第五十条** 本会配备具有专业资格的会计人员。会计不得兼任出纳。会计人员必须进行会计核算，实行会计监督。会计人员调动工作或者离职时，必须与接管人员办清交接手续。

**第五十一条** 本会的资产管理必须执行国家规定的财务管理制度，接受全国律师代表大会和有关部门的监督。资产来源属于国家拨款或者社会捐赠、资助的，必须接受审计机关的监督，并将有关情况以适当方式向社会公布。

**第五十二条** 本会换届或者更换法定代表人之前必须进行财务审计。

**第五十三条** 本会经费必须用于本章程规定的业务范围和事业的发展，不得在会员中分配。

本会的资产，任何单位、个人不得侵占、私分和挪用。

**第五十四条** 本会终止后的剩余财产，在业务主管单位和社团登记管理机关的监督下，按照国家有关规定，用于发展与本会宗旨相关的事业。

# 第十章　附　　则

**第五十五条**　经中华人民共和国司法部批准在中华人民共和国设立办事机构的外国律师事务所常驻律师和在内地设立办事机构的香港、澳门律师事务所的常驻律师,应当受本会和所在地律师协会的监督、管理。具体规定由本会另行制定。

**第五十六条**　本会为加强交流合作,可以吸收香港法律执业者和澳门执业律师成为特邀会员。具体规定由本会另行制定。

**第五十七条**　本章程由全国律师代表大会修改。出现下列情形时,应当修改章程:

(一)章程的规定与宪法、律师法或有关法律、行政法规、规章规定相抵触的;

(二)全国律师代表大会决定修改章程。

章程的修改,必须有全体代表的三分之二以上(含本数)出席,并经出席代表的三分之二以上(含本数)通过。

本章程由常务理事会负责解释。

**第五十八条**　本章程经全国律师代表大会表决通过后,报中华人民共和国民政部核准之日起实施。

**第五十九条**　本章程报中华人民共和国司法部备案。

## （二）公证协会工作类

# 关于印发《公证机构窗口服务规范化建设指引》的通知

（2021年7月2日　中公通〔2021〕19号）

各省、自治区、直辖市公证协会，新疆生产建设兵团公证协会：

现将经中国公证协会八届八次常务理事会审议通过的《公证机构窗口服务规范化建设指引》印发给你们，请结合工作实际认真贯彻落实。

## 公证机构窗口服务规范化建设指引

为进一步规范公证机构窗口服务，提升窗口服务效能，持续加强和改进公证行风建设，特制定本指引。

**一、窗口服务场所建设**

（一）行业标识

1. 公证机构应当按照中国公证协会《中国公证行业徽标使用管理办法》《中国公证行业标识制作规范》要求，制作、使用公证徽标，设计、制作行业标识。

2. "公证执业理念"表述语应当在接待区域内醒目位置进行展示。

3. 在行政审批中心、行政服务中心、公共法律服务中心、人民法院等场所设置的公证服务窗口,可以在醒目位置设置公证徽标、公证行业标识。

（二）接待区域

1. 公证机构应具有独立、专用的办公场所,并合理设置功能区域,接待区域与内部办公区域相对分离。执业公证员 5 人以上的公证机构,应当有独立的接待大厅。

2. 公证机构设置服务窗口(含接待室)的数量与执业公证员人数配比应当达到 1/3 以上。有条件的公证机构可以设置网上预约办证窗口、涉企“绿色通道”等专门办证窗口。

3. 在行政审批中心、行政服务中心、公共法律服务中心、人民法院等场所设置的公证服务窗口,应当具有相对独立的办公区域。

4. 有条件的公证机构可以在接待区域设置不动产登记、房屋交易管理、社保、金融等部门机构的办事窗口。

（三）服务设施

1. 接待区域应当设置数量适当的等候座椅,有条件的公证机构可以配置自动叫号系统。

2. 接待区域应当为当事人现场起草文书、填写材料配备桌椅、笔墨、纸张、印泥、申办表格等必要的物品。有条件的公证机构可为当事人提供起草、打印文件所需电脑、打印机、公证自助办理机等设施。

3. 接待大厅区域应当设置公证宣传资料架,摆放行业期刊、办证须知、服务指南等业务宣传资料。有条件的公证机构可以设置电子显示屏,播放法律宣传、公证知识宣传、防骗风险警示等视频短片。

4. 接待区域应当配备饮用水设备、轮椅、老花镜、雨伞、便携式血压测量仪等适老便民设施和物品。有条件的公证机构可以设置无障碍通道,配备母婴室、公共厕所、无线网络和移动设备充电装置等设施。

（四）公开公示

1. 接待区域醒目位置公示公证人员名录、办证流程、收费项目、收费标准、服务内容、监督电话等内容。

2. 有条件的公证机构可以使用电子显示屏对上述内容进行滚动播出公示，自觉接受社会监督。

（五）服务环境

1. 接待区域应当保持环境整洁，工作时间保持安静，禁止大声喧哗，禁止吸烟。

2. 接待区域办公物品应摆放整齐，地面、墙面、门窗、办公设施、服务设施、宣传设施无污迹、积灰，整洁整齐。

（六）安全管理

1. 公证机构应当建立各类应急处置预案，保证能够及时有效处置各类突发事件。

2. 公证机构应当建立健全突发公共卫生事件防控制度和措施，配备相应应急和防护用具。

3. 接待区域应当配备消防、防爆等安全防护设施，安全指示完备清晰。有条件的公证机构应当设置电子监控设施，监控录像应保存三个月以上。

4. 有条件的公证机构可以聘用安保人员维持窗口服务秩序，处理窗口突发事件。

**二、窗口服务行为规范**

（一）仪容得体

1. 公证人员应当按照中国公证协会《公证员服装使用管理办法》《关于开展公证员服装换装工作的通知》要求，规范统一穿着公证员服装，保持合体、洁净、平整；佩戴公证徽章、胸牌，中国共产党党员应同时佩戴党徽。

2. 公证人员应当保持行为形象端庄、大方、整洁、得体，不得佩戴夸张首饰、饰物。

（二）标准规范

1. 公证机构应当推进窗口服务标准化建设，规范窗口服务用语、服务流程。

2. 公证人员应职责明确，按时到岗，尽职履责，工作时间不得从事与本职工作无关事宜。

3. 公证人员相互之间应做好工作配合,禁止推诿扯皮、敷衍塞责、消极应付。

(三)告知充分

公证机构应当落实首问负责制,严格执行一次性告知制度,告知当事人办理公证的条件、程序、期限以及需要提交的材料、获取材料的途径和方式等。

(四)服务热情

公证人员执业过程中应当保持良好的精神状态和精神面貌,文明用语,热情服务。依法依规不能满足的公证服务需求,应耐心解释说明,做好疏导工作。

(五)便民利民

1. 公证机构应当为老年人、残疾人或有其他特殊困难的当事人开辟绿色通道,应当为符合法律援助条件的当事人减免公证费。

2. 公证机构对行动不便或者其他合理理由无法到公证机构办理公证的当事人,可以提供预约上门服务。

3. 有条件的公证机构可以建立周末值班制度,对时间要求紧迫的公证事项,实行延时服务、代办服务。有条件的公证机构可以通过线上平台提供预约、在线申办服务。

**三、窗口服务监督机制**

(一)行业监督

1. 各地方公证协会应当依法依规加强对公证机构窗口规范化建设的指导和监督。

2. 公证机构应当建立负责人值班巡查制度,及时处理窗口服务问题。

3. 公证机构应当定期对窗口服务情况进行总结评估,及时进行整改。

(二)当事人监督

1. 公证机构应当通过设立群众意见箱、举报监督电话、网络投票等方式，广泛开展人民满意度调查，及时汇集社情民意，接受群众监督。

2. 有条件的公证机构可以通过信息化手段建立公证服务窗口匿名评价机制，由公证当事人对窗口服务现场评价。

（三）社会监督

1. 公证机构应当每年至少组织一次“公证开放日”活动，听取新闻媒体、人大代表、政协委员等社会各界人士对公证窗口服务的意见建议。

2. 有条件的公证机构可以建立服务满意度调查制度，定期自行或委托第三方进行社会满意度测评，根据测评结果，优化服务环境，改进服务工作，提高服务质量。

3. 有条件的公证机构可以聘请社会监督员，通过定期巡查或者随机明察暗访等方式监督公证窗口服务，汇集群众意见、反映群众诉求、提出整改建议。

# 关于印发《关于实施〈公证执业违规行为惩戒规则(试行)〉若干问题的规定》的通知

(2021年8月2日　中公通〔2021〕23号)

各省、自治区、直辖市公证协会，新疆生产建设兵团公证协会：

现将中国公证协会八届九次常务理事会审议通过的《关于实施〈公证执业违规行为惩戒规则(试行)〉若干问题的规定》印发给你们，请结合工作实际认真贯彻落实。

## 关于实施《公证执业违规行为惩戒规则(试行)》若干问题的规定

**第一条**　为进一步完善公证行业惩戒制度，规范公证协会对会员违规行为的惩戒工作，维护执业秩序，根据中国公证协会《公证执业违规行为惩戒规则(试行)》(以下简称《惩戒规则》)，制定本规定。

**第二条**　地方公证协会设立惩戒委员会负责处理公证执业投诉，对会员的违规行为进行惩戒，协助和配合司法行政机关开展执业投诉处理工作。

设区的市未设立公证协会的，由省、自治区公证协会惩戒委员会履行前款所规定的全部职责。省、自治区公证协会可以指定惩戒委员会的部分委员协助本会驻当地的联络组等派出机构履行前款所规定的职责。

**第三条** 投诉人向地方公证协会提起的投诉中既包括其认为公证书有错误的，又包括对公证机构或者公证员的执业行为有异议的，由复查争议委员会统一受理，依据《公证复查争议投诉处理办法（试行）》第十条、《惩戒规则》第四十一条的规定一并作出是否立案的决定，并由复查争议委员会按照《惩戒规则》第四十三条、第四十四条的规定通知投诉人、被投诉人。

复查争议委员会对公证机构或者公证员的执业行为投诉作出受理决定后，应当将投诉材料和受理决定及时移交惩戒委员会处理。

**第四条** 设区的市公证协会之间因受理惩戒案件发生争议的，由省或自治区公证协会指定受理案件的协会。

设区的市公证协会怠于履行职责的，省或自治区公证协会可以督促其在规定的期限内处理完毕，也可以亲自处理相关案件。

省或自治区公证协会怠于履行职责的，中国公证协会可以督促其在规定的期限内处理完毕，也可以指定其他地方公证协会处理相关案件。

涉及全国有重大影响的案件，或者有其他特殊情形的案件，中国公证协会认为必要时可以参照《惩戒规则》第三十七条的规定主动调查，并作出惩戒决定。

**第五条** 依据《惩戒规则》第二十条责令违规会员接受专门培训的，公证机构根据违规会员的违规情节和本机构的内部管理规定，可以要求其承担部分或者全部培训费用。

依据《惩戒规则》第二十条责令违规会员限期整改的，公证机构可以依据《公证程序规则》第五条的规定，在限期整改期间暂停指派相关公证员受理某一类或者某几类公证业务。

**第六条** 地方公证协会依据《惩戒规则》第十五条第一款、第二十二条和第三十七条做出惩戒决定的,适用《惩戒规则》第四十四条和第六章所规定的程序。

**第七条** 惩戒决定书由地方公证协会会长签发,加盖地方公证协会的印鉴。

设区的市公证协会做出的惩戒决定书应当在生效后的十个工作日内,报送同级司法行政机关和省、自治区、直辖市公证协会备案,并由省、自治区公证协会在收到备案文件之后的十个工作日内报中国公证协会备案;省、自治区公证协会做出的惩戒决定书应当在生效后的十个工作日内,报送同级司法行政机关和中国公证协会备案。

**第八条** 决定书生效后,地方公证协会应当在十个工作日内将处理结果告知投诉人。决定不予惩戒或者给予被投诉人通报批评及以下惩戒的,采用口头方式或者电子送达方式告知;给予被投诉人公开谴责及以上处分的,采用书面或者电子送达方式告知。

**第九条** 地方公证协会做出的中止会员权利或者取消会员资格的惩戒决定书生效后,被惩戒会员在中国公证协会以及其他地方公证协会的会员资格同时被中止或者取消。

**第十条** 本规定自印发之日起实施。

# 关于印发《中国公证协会关于贯彻落实〈关于优化公证服务更好利企便民的意见〉的意见》的通知

（2021年8月2日　中公通〔2021〕24号）

各省、自治区、直辖市公证协会，新疆生产建设兵团公证协会：

现将经中共中国公证协会党组2021年第2次会议审议通过的《中国公证协会关于贯彻落实〈关于优化公证服务更好利企便民的意见〉的意见》印发给你们，请结合工作实际认真贯彻落实。

## 中国公证协会关于贯彻落实《关于优化公证服务更好利企便民的意见》的意见

为深入贯彻落实司法部《关于优化公证服务更好利企便民的意见》（以下简称“《意见》”）精神，现就积极发挥公证行业自律管理职能，深化公证“放管服”改革，更好的优化和提升公证服务提出以下意见。

**一、坚持以人民为中心，增强公证服务为民的责任感、使命感**

公证是公共法律服务的重要组成部分。党中央、国务院高度重视公共法律服务体系建设。公证行业作为现代公共法律服务业，具有基础性、服务性和保障性的特点，人民群众对于公证服务效果的追求随着经济社会发展不断提升，贯穿公证执业活动全过程，切实增强人民群众在公证执业活动中的获得感、幸福感、安全感，是优化公证服务的最终目标要求。当前，公证行业还存在部分公证机构办理公证“难、繁、慢”的问题，与人民群众对公证行业的期望有较大差距，给公证行业的社会形象造成了一定影响。公证行业必须正视公证服务问题，坚持以人民为中心的发展理念，围绕更好满足人民群众对美好生活的向往和日益增长的公证法律服务需求，激发内驱动力，自我革新发展，切实增强公证服务为民的责任感、使命感，将公证服务为民的执业要求落实在每一个具体的公证执业活动中。

**二、坚持以深化公证改革为基础，建立公证服务长效机制**

1. 深化公证体制机制改革

各地方公证协会、公证机构要充分认识到深化公证体制机制改革是解决公证服务深层次矛盾的有效途径，要通过深化改革破除公证行业发展中存在的体制机制障碍，激发公证机构自我发展的活力，催生公证员干事创业的动力。各地方公证协会要从推动公证行业长远健康发展的高度，主动作为，积极配合省（区、市）司法行政机关做好公证体制机制改革工作，落实事业体制公证机构改革“三项政策”，规范有序推进合作制公证机构建设发展，完善公证机构保障机制。适时开展本地合作体制公证机构规范化发展、公证机构执业主体地位、县域公证机构发展路径等涉及公证改革重大问题的调查研究，要及时发现公证改革中存在的问题，能解决的要推动尽快解决，涉及改革政策制定的要勇于代表行业提出意见建议，反映行业呼声，为改革决策提供第一手材料。

2. 推进公证执业方式变革

中国公证协会将根据公证行业实际，研究推出 12 大类 22 小项涉及民生、企业的高频公证事项公证证明材料清单，于 2021 年 8 月底前与部公共法律服务管理局共同向社会公布。研究制定公证一次性告知内容概要，对公证机构在受理阶段进行一次性告知的范围提出明确要求。组织修订《办理继承公证的指导意见》和《办理小额遗产继承公证的指导意见》，进一步规范办理继承公证程序，切实减轻公证当事人提供证明材料的压力。配合部公共法律服务管理局科学制定公证公益服务事项范围，鼓励公证机构为老年人、未成年人、残疾人、农民工以及困难群众提供公益性法律服务，依法开展公证法律援助，依法减免公证费用。各地方公证协会要加强对告知承诺与公证职责关系的研究，积极配合省（区、市）司法行政机关确定本地区告知承诺事项范围。要建立健全保障机制，引导和鼓励公证机构主动走出去帮助当事人收集调查证明材料，要健全完善跨地区间公证机构协查的监督保障机制，切实解决跨区域收集核查证明材料难的问题。要引导和鼓励有条件的公证机构开展代办等延伸服务，探索推动公证机构与不动产登记等部门、行业合作开展跨行业业务联办，实现"一站式"通办服务。

**三、坚持以公证窗口建设为突破，树立公证行业服务形象**

3. 加强公证机构窗口规范化建设

各地方公证协会要按照中国公证协会印发的《公证机构窗口服务规范化建设指引》要求，从窗口服务场所建设、窗口服务行为规范、窗口服务监督机制等方面，引导各地公证机构进一步规范公证机构窗口服务，优化公证服务环境，持续加强和改进公证行风建设。各地方公证协会可以根据本地实际，研究制定本地公证机构窗口建设的细化意见。

4. 加强公证机构窗口服务能力建设

公证机构要将服务窗口作为本公证机构最主要的服务平台，加大人员投入、物资保障和技术支持力度，做好办证需求分流、窗口流量管理和现场申办引导，切实缓解人民群众办证难、办证等待时间长的问题。中国公证协会、各地方公证协会都要有针对性的设计窗口服务能力的课程，将窗口服务能力提升纳入年度公证员培训内容。鼓励地区间、公证机构之间以及与外行业间相互进行窗口服务的观摩学习交流和检查。培养树立窗口服务先进典型，总结推广公证机构窗口服务经验。

5. 加强对公证机构窗口服务的监督

各地方公证协会要探索建立包括公证行业内部监督、公证当事人监督和社会监督的公证机构窗口服务三级监督体系。探索建立公证机构窗口服务评价机制，由公证当事人对窗口服务进行综合评价，商省（区、市）司法行政机关将窗口年度评价情况纳入公证机构、公证员年度考核。探索建立窗口服务满意度调查机制，每年至少自行或委托第三方进行一次社会满意度测评。公证机构应当每年至少组织一次“公证开放日”活动，听取新闻媒体、人大代表、政协委员等社会各界人士对公证窗口服务的意见建议。有条件的公证机构可以聘请社会监督员，通过定期巡查或者随机明察暗访等方式监督公证窗口服务，汇集群众意见、反映群众诉求、提出整改建议。

**四、坚持以公证信息化建设为依托，提升公证行业服务能力**

6. 加大数据共享推进力度

中国公证协会将依托全国一体化政务服务平台，于 2021 年底前与民政（婚姻、收养）、公安（人口基本信息）、自然资源（不动产登记）、住建（房产开发、房产交易、住房租赁、公积金）、市场监管（企业登记）等部门实现数据共享，为公证机构核查提供在线数据查询服务。各地方公证协会要以公证执业需求为导向，梳理公证执业数据共享目录清单，积极配合省（区、市）司法行政机关做好与本地相关部门的数据共享工作。要探索推动建立在线数据查询疑义信息快速校核和反馈机制，加强与信息提供部门的互动，共同推动提升共享数据质量。

7. 加快推进公证行业数据的内外应用

中国公证协会将分阶段探索建立公证书在线核验机制，在全国公证管理系统中增设公证书在线核查功能，2021 年底前基本实现公证行业内部查询，对外逐步实现与人民法院、司法行政系统（仲裁）、住建部（房地产开发、住房公积金）、自然资源部（不动产登记）等部门（机构）的对接，并通过公证服务查询系统满足社会公众对公证书的在线核查需求。后续将根据使用需求,进一步强化技术支持,健全完善查询渠道,通过区块链等技术方式加强公证书在线核查的安全性和稳定性。支持和鼓励各地方公证协会以开展公证档案的数据化应用为先导,探索公证行业数据的多元化应用,通过大数据应用为公证执业服务,为公证行业管理服务,为公证参与社会治理服务。

8. 加快推进公证在线服务平台建设

中国公证协会将组织研发全国统一的在线申办公证业务平台,支持电脑、手机移动端等多元方式登录。针对高频公证事项,组织研发在线办理公证业务平台,通过平台统一工作标准,实现在线流程的规范和管控。通过两个平台的建设,实现全国公证机构在线开展公证服务的全覆盖,2022 年底前统一接入全国一体化政务服务平台,提升公证行业的整体服务能力和水平。鼓励各地结合本地实际,探索通过远程视频方式办理公证业务,中国公证协会将会同部公共法律服务管理局及时总结当前海外远程视频公证试点工作经验,于2022 年底前研究制定相关公证业务操作指引。

**五、坚持以行业自律管理为保障,筑牢公证服务监管防线**

9. 通过专项治理推进解决突出问题

各地方公证协会要将贯彻落实《意见》精神,切实优化公证服务纳入当前公证行业正在开展的公证专项治理工作,要聚焦公证服务中存在的"难、繁、慢"等突出问题,深挖症因,对症施策,探索推进,总结经验,建立长效机制并总结推广。各地方公证协会要充分履行行业自律管理职能,依法依章程开展行业自律管理工作,对于本地公证行业存在的公证质量不高、服务不好等突出问题,要敢于动真,坚持碰硬,毫不留情开展治理,从严从实抓好整改,切实解决问题、改变面貌、提升形象。

10. 加强公证复查与投诉处理工作

各公证机构要正确认识和高度重视公证复查工作,要将公证复查作为检查公证服务、监督公证质量的重要抓手,要通过公证复查复盘公证执业程序,查摆公证执业中存在的问题,从程序上和实体上维护当事人及利害关系人合法权益。各地方公证协会要依法依规履行公证执业监督职责，做好公证复查争议投诉处理工作，要通过处理投诉发现和解决公证执业中存在的服务和质量问题，对于久投不决的公证投诉要下大力气进行梳理分析，查找症因，集中力量妥善解决。坚决杜绝公证复查、投诉处理走过场、搞形式，切不可怠于履责、搞推诿，更不能态度生硬、搞对立，要将公证行业的职责扛在肩头，让人民群众在复查和投诉处理中同样感受到公证行业的责任感。要通过公证复查与投诉处理工作，举一反三，引以为戒，形成良性反馈，切实推进公证服务和公证质量的稳步提升。

11. 加强公证行业社会宣传

各地方公证协会、公证机构要善于综合运用多元化媒体渠道，宣传公证法律制度、公证价值作用，宣传公证服务经济发展、社会治理和保障民生的案例和成效。要坚持“请进来、走出去”，与媒体建立良好的工作沟通机制，请媒体和有关群众到公证执业一线亲自感受公证执业的严谨认真，及时向媒体通报公证行业有关改革发展情况。要积极走进学校、工厂、社区、机关等单位机构宣讲中国法治建设成就，宣讲中国特色社会主义公证制度。要通过公证行业的社会宣传，讲好公证故事，传达公证声音，让社会各界知晓公证、了解公证，认可公证的服务价值，选择和运用公证维护自身合法权益，为公证事业规范建设与改革发展营造良好的社会环境。

各地方公证协会要组织本地公证机构认真学习，切实领会《意见》精神，配合省（区、市）司法行政机关结合本地实际，研究制定具体落实方案，确保优化公证服务各项举措落地见效。

# 关于印发《中国公证协会关于贯彻落实司法部〈关于进一步加强公证协会建设的意见〉的实施意见》的通知

（2021年12月29日　中公通〔2021〕33号）

各省、自治区、直辖市公证协会，新疆生产建设兵团公证协会：

现将中国公证协会八届十二次会长办公会审议通过的《中国公证协会关于贯彻落实司法部〈关于进一步加强公证协会建设的意见〉的实施意见》印发给你们，请结合工作实际认真贯彻落实。

## 中国公证协会关于贯彻落实司法部《关于进一步加强公证协会建设的意见》的实施意见

2021年9月26日，司法部印发《关于进一步加强公证协会建设的意见》（司发通〔2021〕59号）（以下简称《意见》），就进一步加强公证协会建设作出了全面部署。为做好《意见》的贯彻落实工作，提出如下实施意见。

**一、充分认识进一步加强公证协会建设重要性**

公证协会是公证行业自律性组织，发挥着党和政府联系广大公证人员的桥梁纽带作用。司法部《关于深化公证体制机制改革促进公证事业健康发展的意见》明确提出要加强公证协会建设。《意见》的出台对于充分发挥公证协会职能作用,完善“两结合”公证管理体制,促进公证事业健康发展具有重要意义。各地公证协会要制定专门学习计划,采取多种形式认真学习《意见》,真正把《意见》精神学深学透。要把学习《意见》与学习贯彻党的十九大和十九届历次全会精神和深入学习贯彻习近平法治思想结合起来,与贯彻落实司法部党组《关于全面加强公证行业党的建设的指导意见》和司法部《关于深化公证体制机制改革促进公证事业健康发展的意见》《关于优化公证服务更好利企便民的意见》精神结合起来,确保学习贯彻工作取得实效,促进行业自律管理能力和水平整体提升,把协会真正建成“会员之家”。

**二、工作措施及要求**

公证协会要结合工作实际,制定工作方案,进一步明确公证协会建设的具体任务,发挥公证协会在行业党建、行业自律、深化公证制度改革、推动公证事业发展工作中的重要作用。

(一)加强协会党的建设

1. 坚持以党的政治建设为统领,组织广大公证人员认真学习习近平新时代中国特色社会主义思想特别是习近平法治思想。分级开展党建工作培训,对全国公证机构党组织书记实行一年一轮训,各省(区、市)对公证机构党员原则上两年一轮培训教育。

2. 要始终把加强公证行业党建工作作为协会的重要政治任务,省级公证协会要在司法厅(局)党委(党组)的领导下,强化督导检查,推动党建工作任务落地见效。每年要对行业党建工作进行定期分析通报和开展党建工作专项检查,并形成年度行业党建工作报告,及时报送司法厅(局)党委(党组)和中国公证协会。

3. 有 3 名以上正式党员的公证协会秘书处,都要单独设立党组织,秘书处不能单独组建党支部的,应当与主管司法行政机关组建联合党支部或加入主管司法行政机关党组织。

4. 要将加强党的领导和党建工作要求写入协会章程，明确党组织地位作用、职责任务、基本保障等内容，为公证行业党组织有效开展活动、发挥作用提供制度保障。

5. 要坚持以党建带队建，深入开展各类主题教育活动，不断加强公证行业党员队伍建设。省级公证协会要依托当地党校和高等教育院校，建立公证行业党建工作教育培训基地，定期开展公证行业党建工作专题培训。

6. 要组织开展公证行业党建工作示范点创建活动和加强公证机构党组织活动场所规范化建设。加强选树、扶持、指导和宣传工作，努力挖掘在党建工作等方面表现突出的公证机构和公证人员典型，发挥典型示范作用，为行业党建工作营造良好氛围。

（二）加强协会组织建设

7. 加强领导班子建设。要选好会长，配强专职秘书长。专职秘书长要保证专门负责协会工作，在会长领导下主持协会秘书处工作，负责协会各项工作的总体协调和组织实施。

8. 加强秘书处建设。省级公证协会秘书处要配备专用办公场所和公证专用纸独立保管场所。要设置会员部、业务部等发挥行业管理职能作用的工作部门，秘书处专职工作人员一般不少于5人。

9. 完善专门工作机构。省级公证协会要加强工作委员会建设，根据工作实际成立业务指导、惩戒维权、会员教育培训等工作委员会，进一步加强投诉受理查处中心建设。

10. 建立年度工作评价机制。省级公证协会要建立年度工作计划和年度工作报告制度，对公证协会领导班子、工作委员会、协会秘书处开展年度工作综合考评，强化实绩考核。

11. 严肃换届工作要求和纪律。省级地方公证协会要在司法厅（局）党委（党组）领导下，按照民政登记的有关要求，依章程按时换届。不能按时换届的，要在届满前书面说明原因并报中国公证协会。省级公证协会换届前要将换届方案提前报中国公证协会备案。

（三）完善协会工作制度

12. 健全完善行业工作规范。要制定完善协会章程、议事规则、会费管理、赔偿基金管理、公证专用纸管理、公证服装使用管理、工作委员会工作规则、业务规则制定程序、执业诚信档案管理、信息化建设、投诉处理、惩戒规则、维权规则等行业工作规范，相关制度要集合成册，规范执行。

13. 健全完善业务规范。要根据公证业务实践，不断加强公证基础理论和实务课题研究，制定修订完善相关业务研究、业务拓展、业务指导、质量监管、责任追偿等公证业务规范，进一步规范公证业务发展和公证质量监管。

14. 健全完善秘书处工作制度。要健全完善秘书处经费审批、人事管理、财务管理、工资福利、招标投标、教育培训、党风廉政责任、廉洁管理、公文处理、档案管理等相关具体工作制度。相关制度要集合成册，规范执行。

（四）增强协会自律管理

15. 省级公证协会要在司法厅（局）党委（党组）领导下，扎实推进领导班子作风建设和反腐倡廉建设，严格落实党风廉政建设责任制，强化教育，落实责任，完善制度，严格监督。加强会费收支管理，增强财务透明度和公开度，严格遵守财经纪律。

16. 改进工作作风，增强服务意识，省级公证协会要统筹建立公证机构联络员制度，每年面向本省（区、市）全体公证从业人员集中开展一次征求意见活动，及时听取意见，回应关切，改进工作。

17. 依托公证信息化建设，发挥公证行业统一监管信息平台作用，健全完善行业内部查询核验机制，通过业务备案、数据分析等手段加强公证执业日常监测，提升自律监管效率和水平。

18. 高度重视公证投诉工作，进一步加强投诉受理查处中心建设，健全工作制度，完善工作机制，规范工作流程，畅通投诉渠道。省级公证协会每年要梳理总结公证复查争议投诉案件，对受理案件要分类汇总，剖析原因，总结典型案例，形成书面报告报送司法厅（局）

和中国公证协会。

19. 认真做好保障公证员执业权利工作，健全完善保障公证员执业权利快速处置机制和联动机制。研究制定会员激励表彰制度和工作机制，关心青年公证员成长发展，关爱困难公证员群体，进一步完善会员福利制度。

20. 严格执行会员惩戒制度和工作机制，坚持问题导向，每年对自律管理工作进行排查，重点查找是否存在自律监管的漏洞、真空、盲点，认真分析并查明症结。坚持依法监管、从严监管，常态化开展公证执业警示教育活动。

21. 加强公证宣传工作。省级公证协会要统筹建立公证机构通讯员制度，及时收集整理报送公证行业宣传信息。与主流媒体建立良好工作沟通机制，综合运用多元化媒体渠道，加强公证正面宣传，让社会各界知晓和认同公证服务价值，为公证事业改革发展营造良好社会舆论环境。

**三、检查督导**

各地公证协会要按照司法部的统一部署和要求，把贯彻落实《意见》列入重要议事日程，认真研究部署，狠抓工作落实，确保各项任务落地见效。中国公证协会承担工作指导、统筹协调、督促落实责任，定期开展省级公证协会建设工作检查评估，对工作中存在较多问题的省级公证协会，中国公证协会将向有关司法厅（局）进行工作通报和督促整改。整改不到位的，中国公证协会将向司法部报告有关情况。省级公证协会要在司法厅（局）党委（党组）领导下，做好组织实施和政策保障工作，明确牵头部门和实施主体，做好工作督导。要加强对《意见》贯彻落实的工作研究，及时发现、认真研究解决《意见》贯彻过程中出现的新情况新问题。要综合运用多种监督方式，就重点问题组织持续监督、联动监督，加强跟踪问效，使监督压力真正转化为协会和行业改进工作的动力。要坚持开门纳谏，充分利用媒体融合优势，进行宣传监督。

各地贯彻落实情况请及时报中国公证协会。